中国金融安全论

王元龙 - 著

RESEARCH ON FINANCIAL SECURITY IN CHINA

知识产权出版社
全国百佳图书出版单位

图书在版编目（CIP）数据

中国金融安全论 / 王元龙著 . —北京：知识产权出版社，2019.6
ISBN 978-7-5130-6266-4

Ⅰ.①中… Ⅱ.①王… Ⅲ.①金融风险—风险管理—研究—中国 Ⅳ.① F832.1

中国版本图书馆 CIP 数据核字（2019）第 097862 号

内容提要

本书对金融全球化的发展态势与实质、金融全球化背景下的金融安全理论，以及中国金融安全的环境进行了深入分析和探讨，在此基础上对中国金融安全总体状况进行了评析，多角度、全方位地对维护中国金融安全的战略问题进行研究，并提出了一系列维护中国金融安全的政策建议。本书试图为中国应对金融全球化浪潮、维护金融安全提供理论基础，并为政府部门、金融机构、公司企业提供决策依据和参考。

总 策 划：王润贵	项目负责：蔡 虹
套书责编：蔡 虹 石红华	责任校对：谷 洋
本书责编：韩 冰	责任印制：刘译文

中国金融安全论

王元龙 著

出版发行：知识产权出版社有限责任公司	网 址：http://www.ipph.cn
社 址：北京市海淀区气象路 50 号院	邮 编：100081
责编电话：010-82000860 转 8126	责编邮箱：hanbing@cnipr.com
发行电话：010-82000860 转 8101/8102	发行传真：010-82000893/82005070/82000270
印 刷：三河市国英印务有限公司	经 销：各大网上书店、新华书店及相关专业书店
开 本：787mm×1092mm 1/32	印 张：18.75
版 次：2019 年 6 月第 1 版	印 次：2019 年 6 月第 1 次印刷
字 数：520 千字	定 价：78.00 元

ISBN 978-7-5130-6266-4

出版说明

知识产权出版社自 1980 年成立以来，一直坚持以传播优秀文化、服务国家发展为己任，不断发展壮大，影响力和竞争力不断提升。近年来，我们大力支持经济类图书尤其是经济学名家大家的著作出版，先后编辑出版了《孙冶方文集》《于光远经济论著全集》《刘国光经济论著全集》和《苏星经济论著全集》等一批经济学精品力作，产生了广泛的社会影响。受此激励和鼓舞，我们和孙冶方基金会携手于 2018 年 1 月出版《孙冶方文集》之后，又精选再版孙冶方经济科学奖获奖作品。

"孙冶方经济科学奖" 是中国经济学界的最高奖，每两年评选一次，每届评选的著作奖和论文奖都有若干个，评选的对象是 1979 年以来的所有公开发表的经济学论著。其获奖成果基本反映了中国经济科学发展前沿的最新成果，代表了中国经济学研究各领域的最高水平。这次再版的孙冶方经济科学奖获奖作品，是我们从孙冶方经济科学奖于 1984 年首次评选到 2017 年第十七届共评选出的获奖著作中精选的 20 多部作品。这次再版，一方面是为了缅怀和纪念中国卓越的马克思主义经济学家和中国经济改革的理论先驱孙冶方同志；另一方面有助于系统回顾和梳理我国经济理论创新发展历程，对经济学同人深入研究当代中国经济学思想史，在继承基础上继续推动我国经济学理论创新、更好构建中国特色社会主义政治经济学都具有重要意义。

在编辑整理"孙冶方经济科学奖获奖作品选"时，有几点说明如下。

第一，由于这20多部作品第一版时是由不同出版社出版的，所以开本、版式、封面和体例不太一致，这次再版都进行了统一。

第二，再版的这20多部作品中，有一部分作品这次再版时作者进行了修订和校订，因此与第一版内容不完全一致。

第三，大部分作品由于第一版时出现很多类似"近几年""目前"等时间词，再版时已不适用了。但为了保持原貌，我们没有进行修改。

第四，本书再版时作者对文字与观点未作任何修订或校订，与第一版（中国金融出版社，2003年11月第1版，2005年1月第2次印刷）内容一致，以保持历史原貌。

在这20多部作品编辑出版过程中，孙冶方经济科学基金会的领导和同事对本套图书的出版提供了大力支持和帮助；86岁高龄的著名经济学家张卓元老师亲自为本套图书作了思想深刻、内涵丰富的序言；这20多部作品的作者也在百忙之中给予了积极的配合和帮助。可以说，正是他们的无私奉献和鼎力相助，才使本套图书的出版工作得以顺利进行。在此，一并表示衷心感谢！

知识产权出版社

2019年6月

中国金融安全论

序　言

张卓元

　　知识产权出版社领导和编辑提出要统一装帧再版从 1984 年起荣获孙冶方经济科学奖著作奖的几十本著作，他们最终精选了 20 多部作品再版。他们要我为这套再版著作写序，我答应了。

　　趁此机会，我想首先简要介绍一下孙冶方经济科学基金会。孙冶方经济科学基金会是为纪念卓越的马克思主义经济学家孙冶方等老一辈经济学家的杰出贡献而于 1983 年设立的，是中国在改革开放初期最早设立的基金会。基金会成立 36 年来，紧跟时代步伐，遵循孙冶方等老一辈经济学家毕生追求真理、严谨治学的精神，在经济学学术研究、政策研究、学术新人发掘培养等方面不断探索，为繁荣我国经济科学事业做出了积极贡献。

　　由孙冶方经济科学基金会主办的"孙冶方经济科学奖"（著作奖、论文奖）是我国经济学界的最高荣誉，是经济学界最具权威地位、最受关注的奖项。评奖对象是改革开放以来经济理论工作者和实际工作者在国内外公开发表的论文和出版的专著。评选范围包括：经济学的基础理论研究、国民经济现实问题的理论研究，特别是改革开放与经济发展实践中热点问题的理论研究。强调注重发现中青年的优秀作品，为全面深化改革和经济建设，为繁荣和发展中国的经济学做出贡献。自 1984 年评奖活动启动以来，每两年评选一次，累计已评奖 17 届，共评出获奖著作 55 部，获奖论文 175 篇。由于孙冶方经济科学奖的评奖过程一直是开放、公开、公平、公正的，在作者申报和专家推荐的基础上，由全国著名综合性与财经类大学经济院系和中国社会科学院经济学科领域研究所各推荐一名教授组成的初评小组，进行独立评审，提出建议入围的论著。然后由基金会评奖委员会以公开讨论和无记名投票方式，以简单多数选定获奖作品。最近几届的票决结果还要进行公示后报基金会理事会最终批准。因此，所有获奖论著，都是经过权威专家几轮认真的公平公正的评审筛选后确定的，因此这些论著可以说代表着当时中国经济学研究成果的最高水平。

作为 17 届评奖活动的参与者和具体操作者，我不敢说我们评出的获奖作品百分之百代表着当时经济学研究的最高水平，但我们的确是尽力而为，只是限于我们的水平，肯定有疏漏和不足之处。总体来说，从各方面反映来看，获奖作品还是当时最具代表性和最高质量的，反映了改革开放后中国经济学研究的重大进展。也正因为如此，我认为知识产权出版社重新成套再版获奖专著，是很有意义和价值的。

首先，有助于人们很好地回顾改革开放 40 年来经济改革及其带来的经济腾飞和人民生活水平的快速提高。改革开放 40 年使中国社会经济发生了翻天覆地的变化。贫穷落后的中国经过改革开放 30 年的艰苦奋斗于 2009 年即成为世界第二大经济体，创造了世界经济发展历史的新奇迹。翻阅再版的获奖专著，我们可以清晰地看到 40 年经济奇迹是怎样创造出来的。这里有对整个农村改革的理论阐述，有中国走上社会主义市场经济发展道路的理论解释，有关于财政、金融、发展第三产业、消费、社会保障、扶贫等重大现实问题的应用性研究并提出切实可行的建议，有对经济飞速发展过程中经济结构、产业组织变动的深刻分析，有对中国新型工业化进程和中长期发展的深入研讨，等等。阅读这些从理论上讲好中国故事的著作，有助于我们了解中国经济巨变的内在原因和客观必然性。

其次，有助于我们掌握改革开放以来中国特色社会主义经济理论发展的进程和走向。中国的经济改革和发展是在由邓小平开创的中国特色社会主义及其经济理论指导下顺利推进的。中国特色社会主义理论体系也是在伟大的改革开放进程中不断丰富和发展的。由于获奖著作均系经济理论力作，我们可以从各个时段获奖著作中，了解中国特色社会主义经济理论是怎样随着中国经济市场化改革的深化而不断丰富发展的。因此，再版获奖著作，对研究中国经济思想史和中国经济史的理论工作者是大有裨益的。

再次，有助于年轻的经济理论工作者学习怎样写学术专著。获奖著作除少数应用性、政策性强的以外，都是规范的学术著作，大家可以从中学到怎样撰写学术专著。获奖著作中有几套经济史、经济思想史作品，都是多卷本的，都是作者几十年研究的结晶。我们在评奖过程中，争议最少的就是颁奖给那些经过几十年研究的上乘成果。过去苏星教授写过经济学研究要"积之十年"，而获奖的属于经济史和经济思想史的专著，更是积之几十年结出的硕果。

是为序。

2019 年 5 月

序言

目　录

导　言　1

上篇　金融全球化与中国金融安全

第一章　金融全球化：国际金融发展的时代特征　33

　　第一节　金融全球化的含义与主要表现形式　33

　　第二节　金融全球化的动因与影响　42

　　第三节　金融全球化的实质与发展趋势　52

第二章　金融全球化下的金融安全理论　62

　　第一节　金融安全的含义　62

　　第二节　国外关于金融安全问题的研究　75

　　第三节　中国金融安全理论的发展　92

第三章　中国金融安全的国际金融环境　105

　　第一节　国际金融监管的变化与发展趋势　105

　　第二节　国际银行业的发展趋势　120

第四章　中国金融安全状况总体分析与评价　149

　　第一节　金融全球化对中国的挑战　149

第二节　世纪之初中国金融安全状况　163

第三节　维护中国金融安全的思考　188

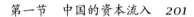

下篇　维护中国金融安全的战略和政策选择

第五章　中国国际资本流动态势　201

第一节　中国的资本流入　201

第二节　中国的资本流出　217

第三节　中国资本外逃的宏观分析　223

第四节　中国资本外逃的动因与渠道　233

第五节　资本外逃与中国金融安全　239

第六章　国际资本流动的风险控制　245

第一节　风险控制的一般性措施　245

第二节　抑制资本外逃的对策　251

第三节　建立资本流动风险的监控体系　254

第四节　外债风险控制的指标体系　260

第五节　外债风险控制的对策　270

第七章　银行业的改革与发展　279

第一节　加入世界贸易组织后的中国银行业　279

第二节　中国银行业的改革发展之路　290

第三节　中国国有商业银行的股份制改革　321

第八章　金融监管体系的完善与强化　336

第一节　国际金融监管体制　336

第二节　中国金融监管体系的缺陷及其矫正　345

第三节　确立审慎的金融监管体制　354

第四节　对外资银行的监管　362

第九章　汇率制度与人民币汇率制度评析　374

第一节　国际汇率制度的演变及发展趋势　374

第二节　发展中国家汇率制度的选择　384

第三节　人民币汇率制度评析　392

第十章　人民币汇率制度改革与汇率政策取向　416

第一节　人民币汇率制度改革　416

第二节　人民币汇率制度的选择　425

第三节　人民币汇率制度改革的操作　433

第四节　人民币汇率政策取向　436

第十一章　中国的货币政策及其协调　442

第一节　中国货币政策的现状与再思考　442

第二节　货币政策和汇率政策的协调　463

第三节　利率市场化改革与利率政策调整　470

第十二章　中国的资本项目开放　486

第一节　金融开放与资本项目开放　486

第二节　推进资本项目开放的动因　491

第三节　金融安全：开放资本项目的政策基本点　496

第四节　中国资本项目开放的实践　499

第五节　中国基本开放资本项目的重点与步骤　511

第十三章　国际收支政策调整　520

第一节　中国国际收支的调节　520

第二节　外汇储备政策及其调整　530

参考文献　559

后记　572

目
录

图 表 目 录

表 1.1　金融市场全球化形成的三个阶段　39

表 1.2　西方主要发达国家国际收支平衡表中的对外投资差额　54

表 1.3　西方主要发达国家国际收支平衡表中的直接投资收益差额　55

表 1.4　发展中国家和地区及转型国家外债占国内生产总值的比重　56

表 2.1　受金融危机影响的亚洲主要国家和地区的国内生产总值增长率　92

表 2.2　金融运行的四种基本态势　95

表 2.3　金融安全状况与等级划分　100

表 2.4　宏观经济运行状况子系统指标体系　100

表 2.5　金融机构子系统指标体系　101

表 2.6　外部金融状况子系统指标体系　102

表 3.1　亚洲金融危机后有关国际金融监管的建议和政策指引　106

表 3.2　新资本协议的风险权重　115

表 3.3　世界 1000 家大银行中的超级银行　122

表 3.4　银行并购的互补效应　124

表 3.5　国外银行净利息收益占总营业收益的比重　131

表 3.6　国际银行业的对外资产　134

表 3.7 全球前 10 家海外银行排名 *135*

表 3.8 银行业全球化发展的四个阶段 *136*

表 3.9 网络银行两种发展模式比较 *138*

表 3.10 各种银行服务方式比较 *139*

表 3.11 网络银行与传统银行经营成本比较 *140*

表 3.12 美国银行业各类服务渠道所占业务比例的变化 *141*

表 4.1 加入世界贸易组织后中国对外资银行开放人民币业务
时间表 *156*

表 4.2 中国国家财政与中央财政债务依存度 *170*

表 4.3 中国的国债偿债率变化情况 *172*

表 4.4 中国国债负担率和赤字率 *174*

表 4.5 国内外对中国政府隐性债务的五种估计 *175*

表 4.6 中国股票市场状况（1994—2002 年） *177*

表 4.7 中国中央银行连续 8 次降息情况 *178*

表 4.8 中国国内生产总值（GDP）、居民消费价格指数和
城镇实际失业率（1993—2001 年） *184*

表 4.9 中国不同时期城镇失业率变化 *185*

表 4.10 中国国民经济综合债务风险指数 *186*

表 4.11 中国个人金融资产总余额分布状况（2001 年） *188*

表 5.1 中国吸收 FDI 占全球的比重 *201*

表 5.2 中国利用外资规模：协议金额与实际利用额 *202*

表 5.3 中国 FDI 规模：协议金额与实际利用额 *205*

表 5.4 中国对外借款规模：协议金额与实际利用额 *207*

表 5.5 世界银行对中国贷款项目 *208*

表 5.6 中国外债余额（1996—2002 年） *210*

表 5.7　中国外商其他投资规模：协议金额与实际利用额　*211*

表 5.8　中国资本流出情况　*218*

表 5.9　中国对外投资及其相关比较　*219*

表 5.10　中国资本外逃规模的测算　*221*

表 5.11　全球资本外逃最多的 10 个国家（1988—1994 年）　*232*

表 5.12　中国通货膨胀与实际利率水平（1990—2002 年）　*233*

表 5.13　中国财政赤字状况（1990—2001 年）　*235*

表 5.14　中国资本外逃的典型方式　*237*

表 5.15　中国 BOP 中的 *ERR* 数值及其占进出口总额的比例　*241*

表 5.16　中国财政收入：增速及占国内生产总值（GDP）的比重　*242*

表 6.1　中国外债风险指标（1985—2002 年）　*262*

表 6.2　中国外汇储备与外债余额的比率（1996—2002 年）　*264*

表 6.3　中国外债余额中的类型结构（1996—2001 年）　*265*

表 6.4　中国外债余额中的期限结构（1996—2002 年）　*267*

表 6.5　中国新增外债与外债还本付息额　*269*

表 7.1　中国四大银行与国际大银行的财务状况比较（1）　*282*

表 7.2　中国四大银行与国际大银行的财务状况比较（2）　*284*

表 7.3　中国近年来金融业恶性事件一览表　*295*

表 7.4　中国资产管理公司处置不良资产情况　*309*

表 7.5　中国的社会融资结构　*316*

表 7.6　中国的金融市场结构　*318*

表 7.7　德国商业银行（Commerz bank）股权结构　*331*

表 7.8　汇丰控股（HSBC HOLDINGS PLC.）主要持股者　*332*

表 8.1　美国的多元化金融监管体制　*337*

表 8.2　西方主要国家的银行、证券和保险监管模式　*344*

表 8.3　CAMEL 评级体系　**355**

表 8.4　外资金融机构参股中资银行情况　**364**

表 8.5　美联储就中国银行申请设立分行提出要求答复的问题
　　　　（1999 年 2 月 9 日）　**368**

表 9.1　布雷顿森林体系之后的各国汇率制度　**376**

表 9.2　国际货币基金组织新的汇率制度分类　**378**

表 9.3　人民币汇率变动情况　**398**

表 9.4　中国宏观经济主要指标　**401**

表 10.1　开放经济体三难选择的组合　**426**

表 11.1　中国货币供应量变化情况（1996—2002 年）　**448**

表 11.2　中国外汇储备和外汇占款情况（1990—2001 年）　**466**

表 12.1　国际货币基金组织成员经常项目和资本交易监管框架
　　　　概要　**500**

表 12.2　中国资本项目开放现状一览表　**502**

表 13.1　20 世纪 90 年代以来中国外汇储备增长情况　**531**

表 13.2　中国银行挂牌的四种主要外币现钞收兑价格　**535**

表 13.3　中国国际收支平衡表中的储备资产项目　**536**

表 13.4　中国外汇储备与短期外债余额的比率（1996—2002 年）　**538**

表 13.5　中国经常项目顺差与国内生产总值的比率
　　　　（1996—2002 年）　**540**

表 13.6　中国 FDI、经常项目顺差与国内生产总值的比率
　　　　（1996—2002 年）　**541**

表 13.7　中国外汇储备来源变动情况（1994—2002 年）　**556**

图 3.1　信息技术引导银行再造的五个层次　*145*

图 4.1　中国外商直接投资流入量（1996—2001 年）　*150*

图 4.2　中国外商直接投资流入存量（1980—2001 年）　*150*

图 4.3　中国海外投资流出量（1996—2001 年）　*152*

图 4.4　中国海外投资流出存量（1985—2001 年）　*152*

图 4.5　中国债务依存度的变化趋势　*171*

图 4.6　20 世纪 90 年代以后的中国国债偿债率　*172*

图 4.7　中国财政还本付息占债务收入比率的变化　*173*

图 5.1　中国利用外资发展态势（1985—2001 年）　*203*

图 5.2　中国 FDI 发展态势（1985—2001 年）　*206*

图 5.3　中国对外借款发展态势（1985—2000 年）　*208*

图 5.4　中国外商其他投资规模实际利用额　*212*

图 5.5　中国资本外逃规模（1990—1999 年）　*223*

图 5.6　中国财政收入状况　*243*

图 6.1　中国外债债务结构（2002 年）　*274*

图 9.1　国际汇率制度的演变　*377*

图 9.2　中国经常项目与资本项目结售汇比例　*397*

图 9.3　人民币汇率变动趋势　*399*

图 9.4　中国出口额及其占世界的比重（1990—2000 年）　*402*

图 9.5　中国进出口增长速度（1995—2002 年）　*402*

图 9.6　中国进出口总额（1995—2002 年）　*403*

图 9.7　1994 年以来中国外汇储备增长情况　*404*

图 9.8　人民币名义汇率与实际有效汇率　*408*

图 10.1　采用不同汇率制度的国家和地区数（2001 年）　*420*

图 10.2　Mundell-Krugman 三元悖论及其制度选择组合　*426*

图
表
目
录

图 10.3　Mundell-Krugman 三元悖论的应用模型　*433*

图 13.1　1994—2002 年中国外汇储备变动情况　*532*

图 13.2　中国外汇储备支持进口的时间变化　*537*

图 13.3　中国快速偿债能力的变化　*539*

图 13.4　1989—2002 年中国国际清偿能力的变化　*549*

中国金融安全论

专 栏 目 录

专栏 1.1　金融全球化中的国际垄断资本扩张　56

专栏 2.1　亚洲金融危机的成因：宏观经济基础论　82

专栏 2.2　亚洲金融危机的成因：金融恐慌论　83

专栏 2.3　亚洲金融危机的成因：金融体系脆弱论　85

专栏 2.4　亚洲金融危机爆发的外因与内因　87

专栏 3.1　巴塞尔新资本协议的结构　116

专栏 3.2　赢得 21 世纪金融服务最重要的 10 项战略措施　147

专栏 7.1　泰国政府对银行危机的处理　292

专栏 7.2　阿根廷对发生问题的银行的解决方法　293

专栏 7.3　日本银行业的不良资产问题　307

专栏 8.1　美国的银行监管模式　338

专栏 8.2　日本的金融监管模式　339

专栏 8.3　英国的金融监管模式　341

专栏 8.4　韩国的金融监管模式　342

专栏 8.5　CAMEL 综合评级与问题银行　357

专栏 9.1　日元汇率变化对中国出口的影响　409

专栏 9.2　对紧缩货币政策的抵消　411

专栏 9.3　对扩张货币政策的抵消　*412*

专栏 11.1　货币政策中介目标的四种类型　*453*

专栏 13.1　外汇储备合理规模的理论　*542*

专栏 13.2　外汇储备的基本功能与作用　*547*

中国金融安全论

导　言

一、研究对象

　　世界各国在其发展过程中，都十分关注国家经济安全问题。1993 年时任美国总统克林顿提出将经济安全作为美国对外政策的主要目标；1997 年 11 月俄罗斯制定了国家经济安全战略。国外学者发表和出版了大量关于国家安全的学术论文和专著，其中，美国前国防部长威廉·佩里与美国前助理国防部长艾什顿·卡特在 1999 年 10 月出版的《Preventive Defense: A New Security Strategy For America》（《预防性防御：一项美国新安全战略》）一书，即是论述冷战后时代美国新安全战略的代表作。需要指出的是，国外学者基本上都是从国家安全特别是军事、外交的角度来研究经济安全的，如佩里与卡特在其著作中提出，国家安全战略新机制的四个要素是谍报与预警、预防与威慑、危机与后果管理以及以协调一致的方式获得所需的技术。而在当时专门论述金融安全的著作尚未见到。

　　国内学者对于经济金融安全问题的关注主要是在亚洲金融危机爆发之后。尽管近年来中国关于经济安全特别是金融安全问题的研究取得了一定的进展，但已发表和出版的论著仍然有限，至于将金融全球化与金融安全二者结合的研究，则更不多见。显然，目前中国对于金融安全的研究还处于起步阶段。因此，本书的研究具有开创性，有助于弥补金融安全这一领域研究的不足。其研究目的是力求为中国应对金融全球化的浪潮以及维护金融安全的目标和举措提供理论基础。本书中关于维护中国金融安全的战略和政策选择方面的研究，可直接为中国政府部门、金融机构、公司企业提供决策依据和参考。

二、体系结构安排

本书共13章，除导言外，分为上下两篇。上篇为"金融全球化与中国金融安全"（第一章至第四章），对金融全球化的发展态势与实质、金融全球化背景下的金融安全理论，以及对中国金融安全的环境进行了深入分析和探讨，在此基础上对中国金融安全总体状况进行了分析与评价；下篇为"维护中国金融安全的战略和政策选择"（第五章至第十三章），从多角度、全方位对维护中国金融安全的战略问题进行分析和研究，并提出了一系列维护中国金融安全的政策建议。

第一章，金融全球化：国际金融发展的时代特征。在这一章中首先对金融全球化的含义进行了界定，其次分析了金融全球化的主要表现形式、金融全球化的动因与影响，进而揭示了金融全球化的实质，并对金融全球化发展的若干趋势进行了探讨。

第二章，金融全球化下的金融安全理论。在这一章中，首先，对国内外尚无定论的金融安全的概念进行了界定，并以此为基础对金融安全概念的内涵展开深入分析，进一步探讨了金融安全与金融风险、金融危机之间的相关性及重要区别。其次，对国外关于金融安全问题的研究状况和研究理论进行了评析。由于金融危机日益对国家安全造成威胁和实际伤害并具有传统安全观所包括的部分内容，因此金融危机的理论已成为构成西方金融安全理论的基础，因此在本章中着重对金融危机理论的最新发展，特别是对亚洲金融危机爆发之后的金融危机理论进行了研究，探讨了金融危机对金融安全的危害。最后，探讨了中国金融安全理论的发展，如影响金融安全的内在因素与外在因素以及建立金融安全态势的监测预警系统等。本章与第一章的研究共同构成了本书的理论基础。

中国金融安全论

第三章，中国金融安全的国际金融环境。20世纪90年代以来，中国金融安全的国际金融环境发生了重大的变化，在本章中分析了国际金融监管的新变化和发展趋势，重点论述了巴塞尔新资本协议的出台对银行业的挑战；本章还从全新的视野对国际银行业的发展趋势进行了深入分析，揭示了在21世纪国际银行业将进入一个全新的时代：银行并购时代、全能银行时代、跨国银行时代、网络银行时代和银行再造时代。

第四章，中国金融安全状况总体分析与评价。加入世界贸易组织（WTO）后中国金融对外开放进一步扩大，参与金融全球化的进程也随之加快，中国经济金融所面临的风险也日益增强，对维护金融安全的要求也越来越高。在本章中首先对中国参与金融全球化的利益与风险进行了评析；其次，全面分析了21世纪初中国金融安全状况，列举了影响中国金融安全的主要因素，并对影响中国金融安全若干突出问题进行了较为深刻的剖析；最后，提出了中国参与金融全球化的总体思路、维护中国金融安全的战略选择和政策建议。

第五章，中国国际资本流动态势。从这一章开始，转入对维护中国金融安全的战略和政策选择的研究，特别是对具体战略和政策选择的研究。在这一章中，着重研究中国国际资本流动的态势，分析中国资本流入和资本流出的基本状况、基本方式，以及资本流动的发展趋势。资本外逃是一种特殊的资本流出。由于资本外逃是衡量一国经济增长稳定状况、反映金融体系潜在危机程度的重要指标，已成为影响中国金融安全的一个重要因素。因此，在本章中用较大的篇幅对中国资本外逃问题进行了全面的研究，包括资本外逃的理论、定义、规模的测算模型，中国资本外逃的规模、动因与渠道，在此基础上分析了资本外逃对中国金融安全的危害。

第六章，国际资本流动的风险控制。为了对国际资本流动的风险进行有效的控制，在本章中研究了国际资本流动风险控制的一般性措施，包括控制措施的分类与实施、加强资本流动的国际监控；提出了抑制资本外逃的对策以及建立风险监控体系的设想（包括风险控制的政策体系与风险监控体系的基本框架）；较为详细地研究了外债风险控制的指标体系，在此基础上对中国外债总体状况做出了基本判断，提出了中国外债风险控制的对策。

第七章，银行业的改革与发展。在这一章，以加入世界贸易组织为大背景来研究中国银行业的改革与发展：首先，全面分析了加入世界贸易组织后中国银行业的竞争态势，并提出了应对措施；其次，深入研究中国银行业改革中的一些重大理论问题，如银行业改革的基本原则与制度性措施、公司治理结构建设、历史包袱问题的解决、改革的宏观环境、信用文化的重新构造、结构性改革等；最后，探讨了中国国有商业银行的股份制改革问题，如股份制改革的目标、股份制改革的操作，对控股权与股权结构的安排，以及改革中的风险防范等。

第八章，金融监管体系的完善与强化。在这一章中，首先考察了国际金融监管体制及其新变化，在此基础上对中国金融监管体系进行了剖析，提出了矫正中国金融监管体系缺陷的思路：重新确立金融监管目标、重构金融监管体制和提高金融监管水平；认为中国应确立审慎的金融监管体制，并且提出了实施金融审慎监管的举措。随着中国加入世界贸易组织后金融市场的进一步开放、银行结构的复杂化以及层出不穷的金融创新而使银行体系的不稳定性和系统性风险进一步增加，外资银行的大量进入对中国金融监管提出了新的挑战。为应对这一新形势，就必须尽快完善外资银行监管法规，采取各种措施来加强对外资银行的监管，为此在本章中提出了一系列的对策建议。

第九章，汇率制度与人民币汇率制度评析。在这一章中，对国际汇率制度的演变及发展趋势、发展中国家汇率制度选择进行了深入的分析；在此基础上，对人民币汇率制度做出全面的、实事求是的评析，例如对人民币汇率制度市场化改革的分析评价、对现行人民币汇率制度的基本判断，对现行人民币汇率制度缺陷评析。本章的分析研究，实际上是为人民币汇率制度改革的研究提供了理论准备。

第十章，人民币汇率制度改革与汇率政策取向。这一章是第九章分析研究的继续：首先，论述了人民币汇率制度改革的必要性与紧迫性，提出了人民币汇率制度改革的基本原则；其次，通过对三元悖论及其制度选择组合的研究，并结合中国的国情，提出了中国人民币汇率制度的选择方案，即重归有管理的浮动汇率制度；再次，提出了人民币汇率制度改革的操作目标与操作思路；最后，探讨了人民币汇率政策取向问题，主要包括：人民币汇率政策目标的确定、汇率稳定政策与金融安全的关系、改进人民币汇率调节机制。

第十一章，中国的货币政策及其协调。在这一章中，首先分析了中国货币政策面临的困境：货币政策受到多重目标约束、货币政策传导机制受阻、货币政策中介目标的有效性削弱以及货币政策工具选择余地狭小；并对中国货币政策重新审视：探讨了货币政策的最终目标与中介目标、未来一段时期中国货币政策方针与措施，以及维护货币政策的独立性等问题。其次对中国货币政策和汇率政策的协调问题进行了研究，如利率变动对汇率的影响、汇率变动对利率的影响、中国利率—汇率传导机制、中国货币政策与汇率政策的协调方向。

第十二章，中国的资本项目开放。首先，将中国金融改革开放的进程划分为四个阶段，对资本项目的内涵进行了界定；其次，在对各国推进资本项目开放动因分析的基础上，对我国推进资本项目开放的主要动因进行了深入的分析；再次，以金融安全作为开放资本项目的政策基本点，提出开放资本项目需持认真而慎重的态度，并对开放资本项目的一些观点进行了评析；最后，在深入分析中国资本项目开放的实践之后，提出了中国基本开放资本项目的重点与步骤。

第十三章，国际收支政策调整。首先，分析了加入世界贸易组织对中国国际收支的影响，对中国国际收支调节需解决的问题进行了探讨并提出相应的对策；其次，重点研究了中国外汇储备政策及其调整，在分析中国外汇储备基本格局的基础上，深入探讨了中国外汇储备的安全性问题和中国外汇储备合理规模问题。

三、基本结论

在本书中得出若干比较重要的基本结论，主要包括：

（1）金融全球化的实质。金融全球化具有广泛的内涵，它是一个综合性的概念，可以将其表述为：金融全球化是经济全球化的重要组成部分，是金融业跨国境发展而趋于全球一体化的趋势，是全球金融活动和风险发生机制日益紧密关联的一个客观历史过程。实际上，这种认识仅仅是对金融全球化表面现象的简单概括，从本质上来看，金融全球化只不过是国际垄断资本主义的表现形式而已，但是金融全球化的实质却被其表面现象所掩盖。事实已经充分表明：所谓经济全球化，实质上就是资本运动的全球化；而作为经济全球化重要组成部分的金融全球化，实质上就是金融资本的全球化，其核心依然是垄断。

（2）金融全球化的表现形式。金融全球化的微观表现是：资本流动全球化、金融机构全球化和金融市场全球化；金融全球化的宏观表现是：金融政策关联化、金融监管全球化、货币体系全球化和金融风险全球化。

（3）金融全球化的动因。作为经济全球化重要组成部分的金融全球化，由于其表现形式出现了新的变化，造成金融全球化动因的表象化，即实体经济因素、金融创新因素与制度因素成为推动金融全球化的重要动因。但是金融全球化的根本动因并没有改变，仍然取决于金融资本的本质，即金融全球化的根本动因是金融资本由其本质所决定的对利润的追逐。金融全球化实际上是金融资本向全世界扩张而形成的，推动经济金融全球化的驱动力是资本无限扩张的冲动。

（4）重视金融全球化的负面影响。金融全球化的影响具有两

中国金融安全论

面性，其积极影响在于可提高国际金融市场的效率，有效地配置资源，促进世界经济的发展。但金融全球化也带来了众多负面影响，突出表现为：加大金融风险和引发金融危机；加大了发达国家和发展中国家之间的差距，即金融全球化的影响存在着明显的差异性。

（5）金融全球化的发展趋势：经济金融全球化是一个漫长的历史过程；发达国家主导金融全球化的状况在相当长的一段时期内很难有根本性的改变；金融全球化不是不可逆转的，金融发展史已证明金融全球化具有可逆性；金融全球化存在着极大的不公正性并突出表现为利益与风险的分配不均，这种状况在相当长的时期内也很难有根本性的改变。

（6）必须正确认识金融全球化的两重性，即利益和风险共存。如果只看到金融全球化的利益，而忽视风险防范，就有可能导致金融危机的发生；如果片面夸大金融全球化的风险，在对外开放中裹足不前，或者如果因为存在着利益分配不公平而拒绝参与金融全球化，就会贻误发展的时机，将导致经济发展缓慢，最终反而影响金融安全。金融全球化既不是"陷阱"，也不是"馅饼"，只有积极投入金融全球化的过程中，充分利用金融全球化带来的发展机会，同时又注重防范和控制金融全球化带来的风险，并且与发展中国家一起维护自己的利益，才有可能在不均等的利益分配中得到尽可能多的利益，并在一定程度上改变不公平的分配格局。

（7）中国参与金融全球化的利益与风险评价。加入世界贸易组织对中国金融业的利益主要包括：促进金融业竞争机制的形成、促进金融业与国际金融业接轨、促进金融业改革的深化。加入世界贸易组织对中国金融业的风险主要包括：金融全球化进程中国有风险影响加大；金融波动和危机传染风险增加，对中国国内金融体系特别是中资银行、金融监管、金融宏观调控带来严峻的挑战。从长远来看，加入世界贸易组织对于中国金融业将是净收益，即收益大于成本；但从短期甚至中期来看，加入世界贸易组织对于中国金融业可能是成本大于收益。因此，如何兴利除弊、趋利避害、扬长避短，是亟待研究的重大课题。

（8）中国参与金融全球化的总体思路。中国参与金融全球化的总体思路可概括为：积极、稳妥、高效。这实际上意味着，中国参与金融全球化的进程与方式必须与解决中国经济发展中的关键难题（如建立新型投融资机制、加快产业结构调整、增强技术创新实力、培植和发展动态优势、开展跨国经营、实现经济可持续增长和宏观经济稳定等）有机结合，发挥最大的效应。根据上述总体思路，必须处理、协调好以下几方面的关系：防范金融风险与促进经济发展的关系；金融开放与保护的关系；金融自由化与金融监管的关系；速度与效益、规模与质量的关系。

（9）金融安全概念的界定。金融安全是指在金融全球化条件下，一国在其金融发展过程中具备抵御国内外各种威胁、侵袭的能力，确保金融体系、金融主权不受侵害，使金融体系保持正常运行与发展的一种态势。

（10）需要准确把握金融安全概念的内涵。首先，金融风险的产生构成对金融安全的威胁，金融风险的积累和爆发造成对金融安全的损害，对金融风险的防范就是对金融安全的维护；金融风险主要从金融结果的不确定性来探讨风险产生和防范问题，金融安全则主要从保持金融体系正常运行与发展的角度来探讨威胁与侵袭来自何方及其如何消除。其次，金融危机是指金融体系和金融制度的混乱和动荡，金融安全的反义词是金融不安全，但绝不是金融危机的爆发。金融危机是金融不安全状况积累的爆发结果，它是金融风险的结果。再次，金融安全是动态发展的安全，金融安全是特定意义上的金融稳定。最后，金融安全观的提出是特定历史发展阶段的产物，是金融全球化的产物，更确切地说，金融安全是应对金融全球化负面影响的产物。

（11）金融危机理论是金融安全理论的基础。金融危机是金融安全问题的根源，而且金融危机的严重程度与金融不安全的严重程度成正比。金融危机危及金融稳定与金融发展的安全，金融危机危及金融运行的安全，金融危机威胁金融主权的安全。金融危机日益对国家安全造成威胁和实际伤害并具有传统安全观所包括的部分内容，因此金融危机的理论是构成金融安全理论的基础。

（12）影响金融安全的因素。从整体来看，一国维护其金融安全的能力至少受制于内在因素和外在因素的共同影响。内在因素包括国家的经济实力与金融体系的完善程度；外在因素包括在国际金融体系中的地位、国际游资的冲击。

（13）构建金融安全态势的监测预警系统。划分金融运行基本态势的判断标准：金融安全既包括金融体系的安全，也包括金融发展的安全。从金融运行来看，金融安全只是其中的一种客观状态和主观能力状态。金融安全的对立面就是金融不安全，临界于金融安全与金融不安全之间的就是金融基本安全，而金融危机则是金融不安全状况积累的爆发结果。

（14）影响当前中国金融安全的主要因素。影响中国金融安全的主要因素包括：金融体制改革的非均衡性、资本流入的负效应、外债运行的潜在风险、日益严重的资本外逃、金融业竞争力存在较大的差距、金融监管水平亟待提高、金融宏观调控难度增加、存在金融波动潜在压力。

（15）当前影响中国金融安全的突出问题。当前中国经济发展可用政策空间十分有限：从总体上来看，财政可用政策空间极为有限，还本付息负担沉重，发债空间狭小，股票市场融资功能萎缩造成资本可用资源下降，税率调整困难重重，利率政策几乎没有调整余地，人民币汇率缺乏灵活性导致调节功能弱化。

（16）中国存在着潜在的金融危机。当前中国金融领域仍然潜伏着隐患，由于国际国内经济环境的变化，在某种程度上中国正在孕育着金融危机，主要依据为：严峻的国际经济金融环境，金融调控的直接作用力降低，股票市场持续缩水的负面影响，超低利率环境的负面影响，由于对一些行业的过度投资对银行资产质量已构成巨大威胁，高度的经济信息化将加大危机的蔓延效应，企业"带病"运行，金融风险已初步显现。

（17）维护中国金融安全的战略选择。主要表现在以下几个方面：国际资本流动的风险控制，银行业的改革与发展，金融监管体系的完善与强化，货币政策的协调，制定与实施合理的汇率政策，外汇管理体制改革，国际收支政策的调整，积极参与国际货币体系的改革。

（18）维护中国金融安全的政策建议。最重要和紧迫的是：加快转变政府职能，应对新情况需要新思路，确保金融稳定运行，促进企业健康发展，制定新的风险控制措施，重视经济发展的质量。

（19）中国外资流入需关注的问题与外资流入的发展趋势。中国外资流入需关注的重要问题是：改善投资环境日趋紧迫，外资政策与其他政策相互协调，引资的总体竞争优势急需开发，购并政策措施的完善，资本流入的潜在风险。中国外资流入的发展趋势为：从整体上看，吸收外资在未来一段时期内再度陷入衰退或大规模增长的可能性都不大，中国的外资流入将进入一个相对较长的稳定（中低速）增长期。

（20）中国的对外投资具有广阔的发展空间。近年来中国对外投资有了较快的发展，但是与中国实际利用外商直接投资以及出口额相比，简直是微不足道。由此可见，中国的对外投资具有广阔的发展空间。

（21）非正常资本流出的特征。非正常的资本流出是指货币管理当局明文规定所禁止的资本流出活动，这种资本流动采取不合法或不公开的方式，通过非正常渠道或混入正常渠道进行。非正常资本流出的特征为：资本外逃是一种特殊的资本外流；资本外逃是宏观经济目标与微观经济目标相冲突的产物；资本外逃未必都是非法的资本外流，取决于一国资本管制的状况。

（22）从目前的情况来看，中国资本外逃的状况仍十分严峻。中国已成为世界上最大的资本外逃国之一。必须指出的是，由于中国实行外汇管制，一些资本还采用高报进口、低报出口的方式外逃，所以利用直接法和间接法计算的结果不能涵盖所有的资本外逃，实际上的外逃资本额比估算的还要大。

（23）中国资本外逃的动因与渠道。与一些发展中国家相比，中国资本外逃的动因更为复杂，既有宏观方面的原因，经济体制及经济环境中的深层次因素，也有微观经济运行机制方面的原因。宏观方面的因素：金融抑制的环境、信心缺失、制度缺陷、政策和管理漏洞。微观方面的因素：规避外汇管制、降低交易成本、转移非法所得。中国资本外逃的渠道主要有：经常项目渠道、资本项目渠道、利用银行远期信用证以及其他方式。

（24）资本外逃对中国金融安全影响的判断。资本外逃对中国经济金融的危害极大：造成国内资本的减少，致使在大量引进外资的情况下国内资金紧缺的状况不能得到有效缓解；导致国际收支逆转，给人民币汇率稳定带来极大压力；削弱金融监管的作用，给中国外汇体制和政策带来巨大冲击，进而造成国家潜在的金融风险；从微观来看，会造成企业经营的衰退，就业减少，从而影响到宏观经济金融的稳定。但是，对中国资本外逃的影响也应实事求是地分析：资本外逃目前只是构成中国产生金融危机根源的潜在因素；有些违规流出主要是躲避烦杂的审批程序或为降低其他交易费用，它们本身不具有太大的经济危害性；有些外逃的资本属于过渡性资本外逃，这也减轻了对中国经济的冲击。

（25）建立资本流动风险的监控体系。这一体系至少应当包括资本流动风险控制的政策体系和资本流动风险的监测体系。建立资本流动风险控制的政策体系的主要目的是通过运用各种政策工具，减少国际资本流动的负面影响。政策工具主要包括反周期措施、结构政策和资本管制三种类型。资本流动风险监控体系是指货币管理当局根据经济环境变化，适时调整管理目标而在银行和外汇管理部门之间建立的对跨境资本流动进行统计、跟踪、预测和分析的有效监管体系。

（26）建立外债风险控制的指标体系。外债风险及其控制是影响金融安全的重要因素，关注外债风险的控制对中国有着极其重要的意义。外债风险控制的指标体系主要包括：外债清偿能力指标、外债结构指标、外债增长指标。

（27）对中国外债总体状况的基本判断。从外债风险指标来看，中国外债总体状况较好，近期发生全局性债务风险和危机的可能性较小，对外举债还有较大的活动空间。但是，如果从外债运行来看，中国外债增长速度过快，国际商业贷款比重偏大，币种结构不合理，特别是中国借用外债局部风险和潜在外债风险仍然不可低估。

（28）当前中国的外债局部风险和潜在风险。中国一些地方和企业为追求政绩，盲目建设、重复建设，再加上投资与经营管理不善等原因，致使借用外债的部分项目效益不佳，出现偿债困难；外债运行中借、用、还各环节缺乏相互协调；外债风险控制的不确定性因素和"隐性外债"问题依然严重。

（29）中国要继续采取审慎的外债政策。采取有效措施控制外债风险，主要措施包括：外债政策应将安全性放在首位；规模适度与成本合理；清理对外窗口、完善转贷和担保机制；控制外债使用环节的风险；加强外债偿还的风险控制。

（30）国际银行业的发展趋势。在 21 世纪，国际银行业将进入一个全新的时代：银行并购时代、全能银行时代、跨国银行时代、互联网银行时代和银行再造时代。

（31）中外银行竞争力的对比。中国银行业尤其是国有商业银行的优势为：拥有国家信誉的支持和发达的国内网络系统，了解国内金融市场、熟悉客户，具有在本土经营的丰富经验。中国银行业的劣势为：体制上的劣势、经验和创新上的劣势、资金实力和盈利能力上的劣势、国际业务方面的劣势、社会负担沉重、在高风险中运行、制度环境因素使外资银行对中资银行业的冲击加剧。从整体来看，中国银行业的竞争力与外资银行相比，存在着明显的差距。

（32）中国银行业市场新的竞争格局。加入世界贸易组织之

中国金融安全论

后，中国银行业在竞争手段与措施方面受到外资银行巨大的冲击：业务选择策略，外资银行在竞争中将集中力量争夺批发银行业务即批发存款和批发贷款业务；客户选择策略，对国内优质客户的竞争将成为今后中外资银行竞争的焦点；区域选择策略，外资银行与中资银行激烈争夺的仍然是中国的中心城市；人才方面的竞争，外资银行以其富有生机的经营管理机制、良好的培训机制、优越的工作环境、优厚的工薪待遇等对中资银行业的专业人才产生了较大的吸引力，已经在人才竞争中处于优势，中资银行人才流失现象日益严重。

（33）加入世界贸易组织后中国银行业的对策。加入世界贸易组织之后，中国银行业所面临的形势更为严峻，争夺银行业市场份额的竞争将更加激烈。因此，必须制定正确的战略和策略，充分利用短暂而十分宝贵的五年过渡期，加快国有商业银行的自身改革、彻底改善商业银行的运营环境、加强对外资银行的监管。只有这样，才能使中国的银行业在激烈的竞争中立于不败之地。

（34）商业银行自身的改革与完善。为了应对加入世界贸易组织后的国际银行业市场竞争，中国银行业必须加快推进商业银行自身的改革与完善，建立健全符合市场经济要求、与国际惯例接轨的具有科学决策、监督制约、内部激励、自我发展和自我约束的现代商业银行运行机制。其中，最突出的问题主要有：健全商业银行的治理组织结构，业务经营遵循市场规律和谨慎会计等原则，精简机构与人员，改革和完善各项管理制度。

（35）改善商业银行运营环境。改善中国银行业特别是国有商业银行的运营环境，最紧迫、最主要的是：加快国有银行的股份制改造，加快商业银行实施全能化的步伐，减轻国有商业银行的负担，彻底解决国有银行的不良资产问题，完善中央银行的监管体系。

（36）银行业改革的基本原则。银行业的状况如何，不仅事关一国金融稳定和金融安全，更关乎一个国家的生死存亡。鉴于银行业在国民经济中的重要地位以及中国银行业的脆弱性，对于银行业的改革必须遵循两条基本原则：一是坚持整体设计、加强领导的原则；二是坚持循序渐进的原则。

（37）银行业改革需要采取制度性措施。中国虽然没有爆发金融危机，但必须承认潜在的危机已十分严重，而且中国也缺乏对银行危机处理的制度性措施。为了贯彻银行业改革的基本原则，并防患于未然，有必要成立一个专门的银行业改革领导委员会，其主要职责是对中国银行业的改革制定整体方案与制度设计（包括存款保险制度，设立相关机构对出问题的银行进行干预和重组，与银行业改革有利害关系的问题的研究，如利率自由化、汇率自由化、混业经营问题等）。其主要工作包括：查清各类银行的实际状况，对不同状况的银行采取不同的处置方法。

（38）循序渐进推进银行业改革的理论依据。主要有：国有商业银行改革需要适度超前，国有商业银行改革与政治体制改革保持动态的统一，依据市场经济发展程度推动国有商业银行改革。

（39）根据风险状况及时补充资本金。巴塞尔委员会推出的新资本协议框架对资本充足率提出了更高的要求。当前，中国的商业银行均不同程度地存在着资本充足率达不到8%的标准要求。资本充足率能否达到国际标准，关系到中资商业银行在国际银行界的信誉地位与评级，直接影响竞争实力。由于银行涉及金融层面和社会层面很广，及时补充银行资本金，确保银行的风险抵御能力，是实现整个金融体系稳健的必然要求，也是确保市场参与者的财产安全、实现社会稳定的必然要求。

（40）加强银行内部管理。一要尽快建立起以客户为导向的银行组织结构；二要建立精简高效的决策组织；三要建立风险综合监控系统；四要卓有成效地建立起具有前瞻性的管理信息系统。

（41）建立良好的公司治理结构。实施中资银行的公司治理改革，任务繁多，但关键在于以下几个方面：制定目标清晰、步骤稳妥、措施灵活的全球性发展战略；以健康负责董事会为核心，建立起规范的公司治理框架；创建市场敏感性强的决策机制，构建科学效能的决策系统；实施审慎的会计原则，提高透明度增强信息披露；创建有效的激励约束机制，建立严格的岗位目标责任制；构建面向未来的用人机制，引进、培养和造就多样化合格人才。

（42）通过重组上市，完善银行公司治理。国有商业银行产权结构单一引发了很多困难和问题，如资本金不足、不良资产比重过大、内部机制不健全、经营效率低等。改造国有商业银行，关键在于制度创新，实现产权主体多元化，形成具有刚性约束的资本经营机制。上市使银行接受公众的监督，提高了透明度，同时在交易所上市所要达到的要求也是影响银行业公司治理质量的重要工具。此外，银行上市也是优化股东结构的有效方式，并为愿意积极参与银行公司治理的企业及机构提供了直接渠道。

（43）必须迅速果断地解决历史包袱。在设计银行业的整体改革方案时，对不良资产的处置居于核心地位。随着中国全面履行加入世界贸易组织的承诺，银行业的竞争将不可避免地加剧，如何在较短的时间内降低银行的不良资产，增强国内银行的竞争力，是一个迫切需要解决的问题。中国银行业的开放采取的是内外并举的思路，从一定意义上说，甚至是"外促内"的方式，即在外资银行的压力下对国内银行业进行改革和整顿。如果仅靠留存收益来化解不良资产，国内银行必须获得较高的收益率，但随着外资银行进入步伐的加快，这样做就越来越困难。其间如果发生经济形势恶化，依靠银行本身的力量来化解历史包袱更是杯水车薪。因此，对于历史包袱不能采取渐进的办法（即由银行自己消化），绝不可"久拖不决"，需要有壮士断腕的勇气，应该迅速果断，由政府消化银行的不良贷款，使银行轻装上阵。

（44）为银行业改革提供良好的宏观环境。银行业改革需要有一个良好的宏观环境，最重要的有三个方面：一是国有银行改革与国有企业改革同步进行；二是建立规范、完善的资本市场；三是以市场化的方式建立社会保障体系，彻底解决冗员的消化问题。这些问题也是国企改革重组成功的重要外在条件。

（45）重构信用文化。信用文化的缺失严重破坏了市场秩序，大大提高了市场交易的成本，降低了交易效率，直接影响市场体系的健康成长，成为制约市场机制发挥基础性配置资源作用的障碍，也成为影响中国金融安全的重要因素。必须加快全社会良好信用文化的形成：一是尽快制定信用管理的法律制度，加强信用方面的立法和执法；二是树立信用观念和信用意识；三是强化企业内部的信用管理；四是引入外部监管纪律和市场纪律对企业和银行的约束力。

（46）重视结构性改革。结构性缺陷是新兴市场国家金融发展面临的共同难题。中国的金融发展缺乏一个审慎的规划，多年来"摸着石头过河"式的改革，加剧了中国金融发展的不平衡性。必须重视结构性改革：解决社会融资结构失衡状况，加快发展直接融资；调整金融中介结构失衡，加快发展中介类融资机构；通过股份制改造，实现金融产权结构多元化；调整金融市场结构的不平衡，加快发展债券市场与货币市场；投资者结构从以中小散户为主向以机构投资者为主转变。

（47）国有商业银行股份制改革的目标。解决国有商业银行资本金不足或提高资本充足率仅仅是国有商业银行股份制改革的动因之一，甚至可以说是浅层次的原因，而真正的原因或深层次的原因则是为了建立现代商业银行制度，其基本要求是：建立明晰的金融产权结构和完善的公司治理结构。只有这样，这一改革的众多积极效应才可能进一步涌现：实现国有商业银行的商业化或市场化改革；从根本上解决资本金不足问题；提高经营效率；防范和控制金融风险；应对加入世界贸易组织后的新形势；改善、优化资本市场中的上市公司结构；促进国有经济的战略调整；等等。

（48）国有商业银行股份制改革的操作。股份制改革的顺序安排：先内部改革重组、后改制上市；先试点、后全面推广；先法人持股、后社会公众持股；先境外上市、后境内上市；先部分、后整体。股份制改革的方案选择包括：组织体系改革方案、股份构成方案、上市方案、募集的股本规模、改革的时间安排等。控股权与股权结构安排：不必拘泥于必须保证国家的"绝对控股"，而相对控股则是较为理想的选择，国有股权保持在 30%~50% 之间为宜。股份制改革中的风险防范：重点防范信用风险、金融制度风险、金融市场的系统性风险。

（49）重视新巴塞尔资本协议对中国银行业的影响。根据新协议的监管要求，不断完善风险控制体系，保持合理资本充足率，提高国际竞争能力，不仅是中国银行业自身稳健经营以及向国际化发展的客观要求，也是中国加入世界贸易组织后的必然选择。新协议要求金融监管当局在监管中遵循四大原则、履行六大职能，对金融监管提出了严峻的挑战。

（50）重建中国金融监管体系。为了提高中国金融监管的有效性，必须重新确立金融监管目标：维护金融稳定和保护债权人利益；重构金融监管体制：实现职能分离、设立专门机构；提高金融监管水平：加强法制建设，强化金融监管的功能和作用，非现场监控与现场检查有机结合。

（51）中国重新构造金融监管体制的目标。建立集中统一的金融监管体制不仅是国际金融监管的发展趋势，而且也是中国重新构造金融监管体制的目标。在当前，中国组建金融监管委员会对金融业行使集中统一全面监管的条件尚不成熟的情况下，已采取实行中央银行货币政策和金融监管两项职能的分离，建立银行监管委员会的举措；在此基础上，待时机成熟时再组建金融监管委员会。

（52）确立审慎的金融监管体制。急需改革的内容主要包括：金融监管政策非行政化、监管重点由合规转向经营性风险、加强银行公司治理标准的监管、执行符合国际标准的审慎会计制度、建立银行危机救助制度、加强不同监管主体之间的合作。

（53）加强对外资银行的监管。中国引入外资银行在获得利益的同时还要付出代价。问题在于如何将外资银行给中国带来的负面影响和风险降低到最低限度，为此必须加强对外资银行的监管：对外资银行进入速度的控制、对外资银行扩张速度的控制、完善外资银行的退出机制、加强外资银行监管的国际合作、引入国际金融监管的法规和成功经验。

（54）对现行人民币汇率制度的基本判断。正确评价中国现行人民币汇率制度并以此进一步深化改革，不仅关系到中国经济金融改革与发展，而且也是维护中国金融安全的重大理论与现实问题。一种汇率制度的状况如何，最基本的评价标准主要有：汇率的决定基础是否合理、是否具有稳定性、对经济发展有无促进作用。根据这三个基本标准，对现行人民币汇率制度进行考察，得出的结论认为现行人民币汇率制度的安排基本上是适应当前中国经济的发展阶段，是符合国情的。

（55）现行人民币汇率制度缺陷。实事求是地来看，人民币汇率制度也存在着许多缺陷，而且随着中国加入世界贸易组织、对外开放进程进一步加快，这些问题和矛盾日益突出，将成为影响中国金融安全的重要因素：汇率的形成机制缺失、汇率缺乏灵活性或弹性、汇率的调整缺乏准确依据、维持现行汇率制度的成本较大、加入世界贸易组织后汇率市场化的压力增大。

（56）人民币汇率制度改革的必要性与紧迫性。在新的开放形势下，人民币汇率制度面临着严峻的挑战，加快人民币汇率制度的改革已经刻不容缓，改革的必要性和紧迫性主要表现在：应对金融开放对现行汇率制度的冲击、提高货币政策的有效性、消除汇率制度内在的不稳定性。

（57）人民币汇率制度改革的基本原则。人民币汇率制度改革的基本原则主要包括以下三个方面：借鉴国际汇率制度安排的经验、依据中国的经济规模和开放程度、考虑人民币汇率总体升值的发展趋势。

（58）重新选择人民币汇率制度的必然性。现行人民币汇率制度属于追求货币政策的独立性并坚持固定汇率制度，严格限制资本

中国金融安全论

自由流动的制度安排。在这一组合中，可将相对稳定的汇率与某种程度的货币独立性协调起来，但却要为严格的资本管制付出巨大的代价。在金融全球化不断深化的大背景下，如果继续维持这种制度安排，不仅面临着运行成本和风险递增的约束，还将使货币政策的有效性不断降低。毫无疑问，中国加入世界贸易组织后，这些问题和矛盾将日益突出，成为影响中国金融安全的重要因素。因此，重新选择汇率制度已是大势所趋。

（59）中国不宜选择浮动汇率制度。人民币汇率制度不能选择固定汇率制度，也不宜选择浮动汇率制度。在中国经济转轨和金融进一步开放的背景下，选择浮动汇率制度会受到种种的硬性约束，实践中难以发挥其理论上的优点，而且浮动汇率制度的缺陷却得到了加强，从而加剧汇率的过度波动。因此，中国金融进一步开放中不宜选择浮动汇率制度。

（60）重归有管理的浮动汇率制度。人民币汇率制度的改革方向可分为长期目标与近期目标。从长远来看，人民币汇率制度的改革方向是增加汇率的弹性和灵活性，扩大汇率的浮动区间；从近期和中期来看，人民币汇率制度改革不应以完全自由浮动为目的，而是重归真正的以市场供求为基础的有管理的浮动汇率制度。主要原因是：中国实际对外开放程度低于人们通常的估计；中国经济自由化程度还比较低；在中国制度选择组合中，以独立的货币政策为中心，兼顾资本市场开放与汇率政策的灵活性。

（61）有管理的浮动汇率制度的政策含义。根据 Mundell-Krugman 三元悖论的应用模型，中国人民币汇率制度选择，或者说重归真正的以市场供求为基础的有管理的浮动汇率制度，其政策含义为：货币政策完全独立、汇率并非固定而是具有弹性和灵活性、逐渐放松对资本和外汇的管制。

（62）人民币汇率制度改革的操作目标与思路。改革应当把握以下基本原则：真正反映市场的供求关系、管理的方式和手段多样化、适当扩大汇率的浮动区间。人民币汇率制度改革的操作思路：

完善人民币汇率的决定基础、改进人民币汇率的形成机制、健全和完善外汇市场、增加人民币汇率的灵活性。

（63）人民币汇率政策的目标。中国宏观经济政策目标的实现需要人民币汇率的稳定，汇率政策作为货币政策的重要组成部分是重要的宏观经济政策。中国当前和未来一个时期人民币汇率政策的基本目标仍然是维护人民币汇率的稳定和国际收支平衡，促进国民经济持续、快速、健康发展。

（64）汇率稳定政策与金融安全。在金融全球化迅速发展的情况下，汇率变动对一国经济的重要影响日益显著，而经济持续、快速、健康发展是维护国家金融安全的根本所在，因此，保持人民币汇率稳定的意义不仅在于促进中国经济发展，而且也是维护国家金融安全的必然选择：汇率稳定政策有利于经济发展、有利于防范金融风险、有利于保障金融体系平稳运行、有利于外汇管理体制改革。

（65）改进人民币汇率调节机制。为了使人民币汇率保持合理水平和稳定，改进人民币汇率调节机制的方法是对汇率的短期和中期波动的调节，主要通过外汇市场来进行，即依靠中央银行在外汇市场上的操作，影响外汇市场供求关系的变化来实现调节的目标；而对于汇率的长期水平及其走向，则主要依靠中央银行通过改变基准汇率（或直接改变，或通过在外汇市场上的操作来间接改变）来实现调节的目标。

（66）中国货币政策的困境。在金融全球化不断深化、国内市场供求关系发生重大变化的情况下，中国货币政策无论是最终目标、中介目标、操作工具还是传导机制方面都遇到了众多的挑战：货币政策受到多重目标约束、货币政策传导机制受阻、货币政策中介目标的有效性削弱、货币政策工具选择余地狭小。

（67）中国货币政策的重新审视。保持货币币值稳定，并以此促进经济增长，货币政策目标的这一基本规定，必须坚定不移。从中国的实际情况来看，货币供应量仍然是货币政策中介目标的最佳选择。未来一段时期中国货币政策实施的基本方针是既要防止通货紧缩，又要防止通货膨胀。为此，需要继续坚持货币政策的稳健原则，实施稳健的货币政策。要特别注意正确处理防范金融风险与促进经济增长的关系，既要保持货币供应量适度增长，促进国民经济持续、快速、健康发展，又要提高贷款质量，保证金融稳健运行。

（68）维护货币政策独立性。加入世界贸易组织后，国内金融市场对外高度开放，货币政策独立性将面临严峻挑战。建立在国际收支基本平衡基础上的货币政策，将有可能保持其独立性。坚持货币政策独立性，对中国这样的发展中大国来说极其重要，国内市场对经济的持续发展意义重大，维护国内市场总供给与总需求的平衡，其重要性无论如何估计都不会过高。

（69）中国利率—汇率传导机制。中国利率—汇率传导机制是通过国内经济迂回影响货币政策效应，这种传导效应的主要内容是：各种货币政策工具，主要是利率，通过国内经济迂回地影响汇率，而汇率变化反过来又影响国内金融运行和经济活动，从而影响国内货币政策的效应。

（70）中国货币政策与汇率政策的协调。中国目前货币政策与汇兑管理的制度框架可描述为：经常项目可兑换、资本项目实行部分管制；非市场化的利率管制；货币政策的实现手段基本市场化。中国货币政策和汇率政策的目标迄今存在很大差异。政策协调的建议：明确汇率政策是货币政策的组成部分；引入创新政策工具，提高调控目标集最优解实现的可能性；外汇储备的变化是协调的一个重要结合点；对汇率的失调予以足够警惕。从中长期看，加强政策协调的根本出路在于稳步、深入推进结构改革，实现各类市场的良好衔接，以及扩大人民币汇率浮动区间等。

（71）正确理解资本项目开放的内涵。一方面，所谓资本项目开放，不是指资本项目下任何子项都不受限制地完全开放，而是指资本项目的基本开放，即大部分或绝大部分子项已充分开放而少部分或个别子项依然有所管制的状态；另一方面，所谓资本项目开放，不是指资本项目只能对外开放不能再依据条件变化再度对某些子项实行管制，而是指资本项目的发展方向是对外开放但也可根据具体情况的变化对某些子项有开有收。总之，对"开放资本项目"不应做绝对化理解。

（72）中国推进资本项目开放的主要动因。中国重视并积极创造条件推进资本项目开放的主要动因是：加速深化金融改革、完善金融监管体系、融入金融全球化、加快经济发展步伐。与经常项目开放、加入世界贸易组织等做法相比，对中国的经济金融发展和安全来说，资本项目开放更具实质性意义；另外，对中国金融融入金融全球化过程来说，资本项目开放也是具有根本性意义的步骤，为此，深入探讨资本项目开放对中国金融改革和金融发展的各方面影响，至关重要。

（73）开放资本项目需持认真而慎重的态度。资本项目的完全开放，既标志着该国的经济金融已完全融入国际社会，也意味着其经济金融运行机制与格局要再退回到资本项目开放前的状态已极为困难。因此，对任何国家来说，是否开放资本项目都是一项重大的具有深远影响的经济决策。考虑到下述两方面情况，对中国来说，开放资本项目更需持认真而慎重的态度：不论是国际货币基金组织（IMF）还是加入世界贸易组织均没有关于开放资本项目的强制性条款或承诺要求，因此，是否、何时、如何开放资本项目完全是中国自主决策的事项，中国有着充分的选择权；发达国家普遍开放资本项目也是在 20 世纪 80 年代以后的事，绝大多数新兴工业国家也只是在进入 20 世纪 90 年代以后才开放资本项目的，对中国来说，完全不必在条件尚未有效形成时匆忙开放资本项目。

（74）开放资本项目要避免三种错误倾向。中国可充分审时度势、权衡利弊地做出开放资本项目的抉择。在这个过程中，必须始终坚持的基本点是：必须有利于增强中国主权经济（包括主权金融）的发展、维护中国经济金融安全。因此，要避免三种错误倾向：一是只为"开放"资本项目而开放资本项目，即以"开放"资

中国金融安全论

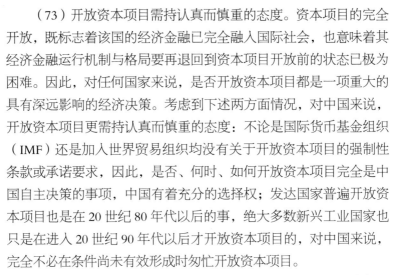

本项目为实施这一政策的目的；二是为了获得或创造"开放"政绩而开放资本项目，即将开放资本项目当作一项实现政绩的形象工程；三是开放资本项目的目的仅在于迎合境外投资者要求，忽视中国的主权利益要求和条件状况。

（75）评资本无国界与资本项目开放。资本在国际流动中的确呈现出一种无国界的现象，但是，金融是有国界的。各国具体的金融制度明显地反映着各国的金融主权要求及其与之相一致的制度要求。就直接关系来说，开放资本项目涉及的并不只是资本的国际流动问题，更重要的还在于中国金融制度体系的实质性调整。这种调整不仅将涉及金融活动的各方面，而且将影响到经济社会生活的各方面。因此，中国不应当也不可能仅从资本的无国界本性出发来考虑资本项目开放问题，只能从中国金融的主权利益来权衡开放资本项目的各种政策、各种选择的利弊关系。

（76）评市场和市场竞争无国界与资本项目开放。中国作为最大的发展中国家，不可能将国民经济的运行和发展建立在任凭国际流动资本随意冲击的基础上；中国是拥有13亿人口的大国，也不可能将经济生活秩序的稳定建立在由他国厂商控制乃至垄断中国市场的基础上，因此，中国必须从经济发展、国计民安、主权安全等角度来权衡市场开放、产业准入等诸多问题，也必然要从这些角度出发来考虑资本项目开放的步速。

（77）中国资本项目开放的"名紧实松"。随着中国改革开放的深入，资本项目的开放也在逐步展开。中国境内的资本项目实行的是一种"名紧实松"的管制，即尽管在名义上对资本项目中的许多子项仍然保持着较为严格的管制，但在实践中，资本项目下的大部分子项目已有相当大的程度的开放。与中国的"名紧实松"不同，相当多的发达国家在资本项目开放上实行的是一种"名松实紧"的政策。

（78）中国应对资本项目某些子项继续实行管制。中国是最大的发展中国家，同时，经济体制又处于从计划经济向市场经济的转轨过程中，在这种背景下，需要对资本项目中的一些子项继续实行管制：一是为了防止中国资本大量外逃，严重影响境内的经济增长和可持续发展；二是为了防范境外短期资本大量随意流入境内，冲击境内经济和金融的平稳运行。实现这两方面目的，不论对中国来说还是对国际社会来说都是极为重要的。

（79）实施有条件逐步开放资本项目的政策依据。自20世纪90年代以来，中国资本通过各种途径外逃的现象愈演愈烈，其数额甚至超过了通过合法渠道引入的外资数额；与此同时，外资通过非正规渠道进入中国资本市场的现象也逐渐增多。资本管制只能在有限的时间内起到有限的隔离作用，并不能长期有效地保护中国经济和金融的发展，更难以有效提高有关监管部门对国际资本流动的监管能力和国内金融机构的国际竞争力。上述实践经验并不足以成为贸然放开资本项目管制的理由，反而恰恰是实施有条件地、逐步地开放资本项目的政策依据。

（80）进一步开放资本项目的主要内容。中国进一步开放资本项目的主要内容应当包括14个子项：在直接投资方面主要有三个子项、在证券投资方面主要有两大类八个子项、在其他投资方面主要有三个子项。

（81）中国开放资本项目的难点与重点。在加入世界贸易组织后对外开放进一步扩大的背景下，实际上中国开放资本项目的真正难点和重点是在三大类九个子项，即国际投资类项目：对境内经营性机构和个人在境外直接投资的限制、对股权类投资的限制、对债务证券投资的限制。

（82）资本项目基本开放需考虑因素。面对复杂的国内外经济、金融环境和政治变化，对中国来说，资本项目的基本开放是一个渐进的过程，绝不可能一蹴而就、一步到位。在这个过程中，先开放哪些子项、后开放哪些子项，需要考虑的因素包括：国际资本流动的期限效应、投资者的特点、证券市场的工具种类、证券市场的结构。总之，在开放资本项目的步骤安排上，较好的选择是：先长期投资后短期投资；先机构后个人；先债权类工具后股权类工具和金融衍生产品；先发行市场后交易市场。

（83）中国基本开放资本项目的步骤。中国资本项目基本开放的步骤大体上可分为三个步骤：第一步：加入世界贸易组织后两年内的开放的主要内容有四个方面；第二步：2004—2006 年的开放的主要内容有六个方面；第三步：2007 年后的开放的主要内容有四个方面。

（84）加入世界贸易组织对中国国际收支的影响。世界贸易组织因素对中国国际收支和国内生产总值（GDP）增长的正面影响主要有：首先，促进出口和外资的增长，从而引致中国国内生产总值增长；其次，促进技术、设备和中间投入物进口的增长，从而提高中国企业的生产效率和产品质量，改善出口和经济增长效益。但短期代价可能包括：一是增加进口，迫使国内不具备对外竞争力的企业和产品逐步退出市场；二是减少了国家的财政收入，增加了结构调整、资源再配置和社会保障等项的支出。这不仅包括资源重新配置的调整成本，也包括一些具有专用性特征的设备和固定资产无法转为他用的资源净损失。

（85）加入世界贸易组织后中国国际收支状况的判断。加入世界贸易组织后，中国的国际收支状况在过渡期有可能出现先趋于下降，然后持续趋于改善的"J"字形调整轨迹。从过渡期经常项目的整体状况看，商品贸易顺差仍可能抵补服务和收益项目逆差，但逆差总规模可能小于 20 世纪 90 年代后半期。过渡期后期，世界贸易组织因素扩大出口和增加外资流入的正效应开始显露出来，然而，国际收支的状况和结构明显改善可能会出现在下一个五年；预计在过渡期前期，直接投资、证券投资和国际商贷的下降趋势仍将继续，到过渡期后期这个下降趋势将转为上升。

（86）抓住机遇改善中国国际收支。加入世界贸易组织，是中国改革开放的第二次浪潮，是中国国内经济和国际收支的重大转型，是提高中国国际地位、增强中国综合国力的契机。这项战略决策的意义，在过渡期初见端倪，下一个五年以后方可确定其历史地位，为此要抓住机遇改善中国国际收支：提高中国经济在世界市场中的份额、作为参与经济全球化的实际步骤、规范中国涉外经济体制并影响国际新规则的制定、增强中国的整体竞争优势、加速实现中国工业化和现代化的发展目标、在市场开放的过渡期内做好各项准备。

（87）应对世界贸易组织对中国国际收支的新挑战。主要表现为：一是旧体制面对的新挑战，从国际收支体制来看，要实现与国际接轨，关键是加快观念转变和学习过程；二是旧结构面对的新挑战，加入世界贸易组织后，旧结构要适应经济全球化的新形势，从国内和国外两个市场的对接和竞争力角度进行调整；三是外来竞争压力所带来的挑战；四是社会心理预期所面对的挑战。

（88）中国国际收支调节需解决的问题。主要包括：保持内外部经济的"两个平衡"；"双顺差"与保持"两个平衡"之间的关系；保持经常项目与资本和金融项目的基本平衡；中国资金和外汇短缺制约已得到根本性缓解，在此情况下需要解决的问题不是减少外资净流入，而是如何进一步促进中国投融资体制的改革，提高资金利用效益，解决资金软约束，以及资本和金融项目的信息披露和有效监管问题。

（89）中国国际收支政策取向。主要包括：进一步发展和完善"开放型经济"；进一步实施"科技兴贸"战略和"以质取胜"战略；逐步实施对国内外投资者和生产者的国民待遇和公平竞争原则；进一步发展和完善外汇市场体系；进一步完善人民币汇率制度和外汇管理体制。

（90）中国外汇储备快速增长的原因。近年来，中国外汇储备呈现出快速增长的势头，究其原因主要在于中国经济运行的良好表现、改革开放举措的积极效应、本外币利差和人民币汇率预期改善、外汇管理政策的调整等。

（91）中国外汇储备的安全性分析。外汇储备的安全性是金融

中国金融安全论

安全的重要组成部分，与外汇储备直接相关的各种因素相对于国内生产总值的比值是衡量金融安全的重要指标。从中国的情况来看，外汇储备已保持相当大的规模，巨额外汇储备为金融安全增加了保险系数。但是，值得关注的是：由于外汇储备过于庞大，当然不可避免地会降低资源使用效率、损害经济增长的潜力，给宏观经济带来众多的负面影响。

（92）外汇储备的合理规模与金融安全。对一个国家来说，如果外汇储备不足，往往会引起国际支付危机，如果长此以往，将可能导致金融危机的爆发；如果外汇储备过多，则会损害经济增长的潜力，影响其经济发展。因此，正确确定一国外汇储备的合理规模就成为一个极其重要的问题，事关金融安全和经济发展。

（93）对外汇储备合理规模理论的评析。由于合理外汇储备规模的确定是一个极其复杂的问题，迄今为止仍未找到一种较为科学、完善的方案。尽管这些理论存在着局限性，但是毕竟其中不少理论受到金融危机的检验，具有一定的参考价值。可将这些理论中提出的一些指标作为预警指标来使用。从维护金融安全的角度出发，发展中国家一般需要保持高于常规水平的外汇储备。

（94）外汇储备的基本功能与作用。在金融全球化迅速发展的当今时代，外汇储备基本功能的内涵也发生了新的重要变化，对外汇储备不仅存在交易性需求和预防性需求，而且也产生了发展性需求；与此同时，对外汇储备作用的认识也有了新的发展，在过去仅仅局限于应付国际收支逆差、维持本国货币汇率稳定的基础上，增加了维护本国国际信誉、提高国际竞争优势等新的内容。

（95）确定外汇储备规模必须综合考虑国情。在考虑中国合理的外汇储备水平时，应综合考虑中国经济的各方面因素，包括国民经济规模和发展速度、经济开放和对外依赖程度、对外贸易发展水平和结构、利用外资的程度和国际融资能力、经济调控的效率和外汇管理制度等。中国作为发展中国家，经济发展水平落后、宏观调控体系不健全、外汇资源短缺、本币不是国际货币、对国际市场有较强的依赖性，因此，对外汇储备的需求就应大一些。

（96）正确认识利用外汇储备调节国际收支的作用。利用外汇储备来调节国际收支平衡，只能是临时性的措施，不过是为国内经济结构的调整赢得时间而已。当一国出现较长时期的较大国际收支逆差时，尽管可以利用外汇储备进行干预，但外汇储备规模无论多大，都是有限度的，最终都可能告罄，并且随着外汇储备的急剧下降，还可能导致社会公众信心的崩溃，对国内经济发展带来灾难性的影响。

（97）不能把外汇储备增加作为政策目标。外汇储备是一国货币政策的重要组成部分，外汇储备变动是国际收支的平衡项目，外汇储备变动通常是各国中央银行干预外汇市场的结果，其主要目的是为了稳定汇率。即外汇储备增减本身并不是目的，而是为了维持汇率的稳定，保护本国企业的出口竞争力，这与促进经济增长、保护充分就业等对内均衡目标又是密切相关的。显然，外汇储备变动绝非货币政策的目标。从中国的情况来看，存在着把外汇储备增加作为政策目标的倾向。

（98）中国外汇储备规模的确定存在两难抉择。一方面，如果外汇储备不足或低于警戒线，就会削弱或损害调控和干预外汇市场的能力，加剧金融风险，有可能危及金融安全；另一方面，如果外汇储备过量或超出适度区间，则将会走向另一个不合理极端，即会因大量的资源闲置而承受巨大的经济损失、损害经济增长的潜力。中国的情况是，外汇储备保持了相当大的规模，巨额外汇储备为金融安全增加了保险系数；但也正是由于外汇储备过于庞大，不可避免地会降低资源使用效率、损害经济增长的潜力，给宏观经济带来众多的负面影响。

（99）中国外汇储备合理规模的政策选择。中国外汇储备合理规模的政策选择应当是：稳定外汇储备规模与加强外汇储备管理两者并举。

（100）中国应稳定外汇储备规模。考虑中国外汇储备规模至少不能忽视以下因素：中国已成为国际贸易大国，中国已成为世界上利用外商直接投资最多的国家之一，中国的外债规模已经达到较高的水平，人民币还不是可自由兑换货币，中国实行的是强制结售汇制度，国内企业正处于改革过程中，中国正处于经济转轨时期。所有这些因素，都要求中国必须持有较大规模的外汇储备，以应付不时之需。

（101）中国外汇储备应当保持在目前的水平上，不宜再继续增加。主要有以下理由：首先，鉴于中国外汇储备已经达到相当大的规模，外汇储备的各项指标均高于国际警戒线（尽管这些警戒指标不具备绝对的可靠性，但仍具有一定的参考价值），表明已具备维护金融安全的能力；其次，中国外汇储备来源的可靠性在逐步增强；再次，近年来外汇储备高速度递增，中国将无法承受如此巨大规模的外汇储备。

（102）加强外汇储备管理。在当前形势下，中国除了要控制外汇储备规模，使其保持在稳定的水平上之外，更重要的是要管理好外汇储备，利用好外汇储备：首先，创造最佳的外汇储备经济效益和社会效益；其次，提高外汇储备运营效率；再次，合理选择外汇储备的货币结构和资产结构；最后，注重对外汇储备的风险管理。

金融全球化与
中国金融安全

第一章　金融全球化：国际金融发展的时代特征

金融全球化是经济全球化的内在要求，同时又成为经济全球化的重要动力，将经济全球化推向前所未有的广度和深度。纵观几十年国际金融发展的历史，金融全球化已成为其最重要、最显著的特征，从整体上有力地推动了世界经济和国际金融的发展，带来了众多的利益。金融全球化之所以备受各界人士广泛关注，成为 20 世纪 90 年代以来使用频率很高的一个名词，其中最重要的原因就在于，现代国际金融危机的爆发和传导与金融全球化的背景有着极为密切的关系。在金融全球化的发展过程中，与其相伴的蔓延效应使金融危机迅速扩散，产生巨大的波及和放大效应，因而使国际金融动荡成为一种常态。对世界各国来说，金融全球化是一把利弊互现的"双刃剑"，机遇与风险相伴共存。加入世界贸易组织后，中国经济将全面融入金融全球化的进程之中，因此认识金融全球化、把握金融全球化带来的机遇、应对金融全球化包含的新挑战，已经成为我们无法回避的一项十分重要而紧迫的任务。

第一节　金融全球化的含义与主要表现形式

一、金融全球化的含义

"金融全球化"是近 20 年来人们频频使用的一个词语，也是整个世界日益关注的热点问题。那么，究竟什么是金融全球化？迄

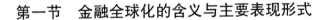

今为止，国内外学术界对此尚无统一的定义。归纳起来，其中具有代表性的看法主要有以下几种。

1. 核心论

金融全球化是经济全球化的重要组成部分，经济全球化必然要求也必然带来金融全球化，金融全球化是经济全球化的核心，正如金融是现代经济的核心一样。但金融全球化又有其自身规律和丰富内容。从金融本身的发展规律来看，推动金融全球化的主要动因是西方国家 20 世纪 80 年代以来金融自由化、信息技术、融资证券化和金融创新的发展。金融全球化在作为经济全球化的组成部分的同时，又具有相对独立性，并在很大程度上背离实质经济的全球运动。与实质经济无关的国际资本流动大多属于投机性资本流动，它们不仅无助于实质交易和投资的运动，反而与其相悖，并往往成为实质经济的不稳定和破坏性因素。❶

2. 趋势论

金融全球化是一种趋势，是指因全球范围内金融管制放松和金融业开放加速而使国别资本得以在全球范围内自由流动的趋势；是资金或资本或金融服务在全球范围内迅速、大量和自由流动，逐步形成全球统一金融市场、统一货币体系的趋势。金融全球化是与金融自由化、金融国际化和金融一体化紧密相关的，金融自由化、金融国际化和金融一体化从不同侧面推动了金融全球化。金融自由化是指一国国内金融管制的解除，包括利率自由化、银行自由化、金融市场自由化等；金融国际化包括各国银行在国外设立分支机构、发展境外金融中心与外币拆放市场、资本项目的放开等，反映金融国际化程度的关键是资本项目是否放开；金融一体化是指国内金融市场和国际金融市场相互贯通，并以国际金融中心为依托，通过信息网络和金融网络形成全球统一的、不受时空限制的、无国界的全球金融市场，各市场之间的相关性由此提高，同时金融危机的全球

---

❶　参见戴相龙：《关于金融全球化问题》，金融研究，1999年第1期。

化也将势不可免。

3. 过程论

金融全球化是一个过程，是各国经济与金融的相互依存关系因国别资本或金融服务可以迅速、大量和基本不受限制地跨国界流动而变得日益密切的动态过程；是全球金融活动和风险发生机制联系日益紧密的一个过程；是全球化进程中资本积累的金融化过程。之所以对金融全球化进行这样的表述，是因为：①金融全球化不仅是金融活动越过民族国家藩篱的过程，也是一个风险发生机制相互联系和趋同的过程；②金融全球化是一个逐步削弱民族国家经济权利的过程，对此，无论是发展中国家还是发达国家，都概莫能外；③它是一个不断深化的过程，表现为范围上的逐渐扩展，以及程度上的不断加深。金融全球化是一个自然的、历史的过程，尽管它在给全球各国带来巨大经济利益的同时也会带来极大的不安定因素，尽管它的发展历程可能存在曲折，但总体说来却是一个不可逆转的过程。❷

4. 一体化论

金融全球化是指世界各国或地区的金融活动趋于一体化，其中，一国的金融活动与其他国家金融活动密切相关，各国货币体系和金融市场之间的联系日益紧密，国际金融市场日趋一体化；金融全球化作为经济全球化的需要，既是经济全球化的一部分，也是指资金在全球范围内筹集、分配、运用和流动，包括国际金融机构及各国货币的交叉使用。金融全球化的目的是统一金融市场、金融机构、金融产品和货币，是经济发展到一定阶段的产物。市场化是金融全球化的基础。从金融市场的基本要素来看，金融全球化包括金融机构国际化、金融业务国际化和货币国际化；从金融市场的结构来看，金融全球化包括货币市场国际化、资本市场国际化、外汇市

---

❶　参见徐忠：《金融全球化与金融风险》，云南人民出版社，1999年版。

❷　参见李扬等：《金融全球化研究》，上海远东出版社，1999年版。

场国际化以及欧洲货币市场的形成与发展。❶

法国学者弗朗索瓦·沙奈认为，金融全球化是指各国货币体系和金融市场之间日益紧密的联系。这种联系是金融自由化和放宽管制的结果，但并没有取消各国的金融体系，它们只是以"不充分"或"不完全"形式使其一体化并形成一个整体。这个整体有三个特点：首先，它有明显的等级之分，美国的金融体系支配着其他国家的金融体系，这是由美元的地位以及美国的债券和股票市场的规模所决定的，各国发展的不平衡以及它们之间的竞争并未消失，甚至被金融自由化和放宽管制激活了；其次，这个整体的各个监管和监督机构是力不从心和不负责任的；最后，这个整体的各个市场的统一是由金融交易者根据各市场不同程度的差别进行交易来实现的。❷

5. 综合表述

上述定义从不同的角度对金融全球化进行了界定，但是各个定义之间也存在着一定的交叉，实际上在上述定义中有一些观点都是共同存在的，只是强调的程度不同而已，例如金融全球化在经济全球化中居于核心地位，金融全球化是一种趋势，金融全球化是一个过程，金融全球化是世界各国或地区金融活动趋于一体化，等等。由此可见，金融全球化具有广泛的内涵，它是一个综合性的概念。因此，我们不妨将金融全球化表述为：金融全球化是经济全球化的重要组成部分，是金融业跨国境发展而趋于全球一体化的趋势，是全球金融活动和风险发生机制日益紧密关联的一个客观历史过程。

二、金融全球化的主要表现形式

金融全球化有多种表现形式，为了便于观察和理解金融全球化

---

❶　参见姜波克等：《金融全球化与风险防范》，复旦大学出版社，1999年版。

❷　参见［法］弗朗索瓦·沙奈：《金融全球化》，中央编译出版社，2001年版。

的表现形式，我们主要从微观和宏观两个层次进行分析。

1. 金融全球化的微观表现

从微观层次来看，由于金融活动是投资者和融资者通过一定的金融机构、利用金融工具在金融市场进行的资金交易活动，因此金融全球化就是金融活动的全球化。金融活动的全球化主要可包括以下几个方面。

第一，资本流动全球化。随着投资行为和融资行为的全球化，即投资者和融资者都可以在全球范围内选择最符合自己要求的金融机构和金融工具，资本流动也随之出现全球化。20 世纪 80 年代以来，国际资本流动呈现出不断加速和扩大的趋势。特别是 20 世纪 90 年代以来，国际资本以前所未有的数量、惊人的速度和日新月异的形式使全球资本急剧膨胀。从国际债券市场的融资规模来看，包括银行贷款、票据融资和债券发行三项业务的融资额，1973 年为 622 亿美元，1979 年为 1450 亿美元，年均增幅为 15%；而进入 90 年代后，由 1990 年的 4276 亿美元增加到 1996 年的 15139 亿美元，年均增幅高达 23.5%。在国际证券市场上，发达国家证券资本的年平均流出入总额，1976—1980 年为 476 亿美元，而 1991—1994 年则已猛增至 6311 亿美元。共同基金的融资规模增长更是惊人，美国 1970 年的共同基金数为 400 个、资产总额约为 448 亿美元，到 1994 年则相应增加到 5300 个和 21000 亿美元。在全球外汇市场上，目前每天的交易量平均约为 2 万亿美元，比十年前增加了 10 倍。

第二，金融机构全球化。金融机构是金融活动的组织者和服务者。金融机构全球化就是指金融机构在国外广设分支机构，形成国际化或全球化的经营。20 世纪 80 年代以来，为了应对日益加剧的金融服务业全球竞争，各国大银行和其他金融机构竞相以扩大规模、扩展业务范围和推进国际化经营作为自己的战略选择。进入 20 世纪 90 年代后，一些国家先后不同程度地放松了对别国金融机构在本国从事金融业务或设立分支机构的限制，从而促进了各国银行向海外的拓展。1997 年年末，世界贸易组织成员方签署"金融服务协议"，把允许外国在其境内建立金融服务公司并将按竞争原则运行作为加入该组织的重要条件，进一步促进了各国金融业务和机构的跨国发展。随着近年全球竞争的加剧和金融风险的增加，国际上许多大银行都把扩大规模、扩展业务以提高效益和增强抵御风险能力作为发展新战略，国际金融市场掀起了声势浩大的跨国购并（即兼并和收购）浪潮。金融机构的并购与重组成为金融机构全球化的一个突出特点。全球金融业并购浪潮，造就了众多的巨型跨国银行。银行并购使全球金融机构的数量减少，单个机构的规模相对扩大，银行业的集中度迅速提高。据统计，在 2000 年以资产规模为序排名的世界 1000 家大银行中，前 25 家大银行的资产占 1000 家银行全部资产的 40%，而 1996 年仅为 28%。

　　第三，金融市场全球化。金融市场是金融活动的载体，金融市场全球化就是金融交易的市场超越时空和地域的限制而趋于一体。目前全球主要国际金融中心已连成一片，全球各地以及不同类型的金融市场趋于一体，金融市场的依赖性和相关性日益增强。金融市场全球化有两个重要的因素：一是放松或取消对资金流动及金融机构跨地区、跨国经营的限制，即金融自由化；二是金融创新，包括新的金融工具、融资方式与服务方式的创造，新技术的应用，新的金融市场的开拓，新的金融管理或组织形式的推行。特别是由于信息通信技术的高度发达和广泛应用，全球金融市场已经开始走向金融网络化，即全球金融信息系统、交易系统、支付系统和清算系统的网络化。全球外汇市场和黄金市场已经实现了每天 24 小时连续不间断交易。世界上任何一个角落有关汇率的政治、经济信息，几乎同步显示在世界任何一个角落的银行外汇交易室电脑网络终端的显示器上，远隔重洋的地球两端以亿美元为单位的外汇交易在数秒钟之内就可以完成。金融市场全球化的形成大体上经历了三个阶段，参见表 1.1。

表 1.1　金融市场全球化形成的三个阶段

"间接的"金融国际化阶段（1960—1979 年）	放宽金融管制和自由化阶段（1980—1985 年）	最新发展阶段（1986 年至今）
特征：各国分隔的金融体系的"间接的"国际化、美国金融市场的发展。	特征：金融自由化引起的向金融市场和各国金融体系相互联系的过渡。	特征：相互联系的加套利和投机的扩大、第三世界"新兴市场"的加入。
1. 主要由银行使用的债权证券（国库券）市场在美国形成；作为离岸市场的欧洲美元市场形成。 2. 布雷顿森林体系的解体和废除（1966—1971 年）。 3. 英国信贷框架结束（1971 年）。 4. 向浮动汇率过渡（1973年）和汇兑市场的第一次发展高潮。 5. 赫斯塔特银行破产①；国际清算银行开始制定谨慎规则。 6. 欧洲美元市场加速国际化（包括以非联合贷款和国际信贷形式实现的国际化）。 7. 第三世界开始负债。 8. 货币和汇率的金融衍生产品（期货）市场出现。	1. 美国和英国的货币主义开端。 2. 资本运动的自由化。 3. 利率的自由化。 4. 国债的证券化。 5. 债券市场的迅速扩张。 6. 吸引外国贷款者的货币政策。 7. 债券市场上的国际套利。 8. 工业集团和金融机构对金融流动性的私人需求开始非中介化。 9. 养老基金和互助基金、金融资产迅速增长。 10. 金融衍生品迅速增长。 11. 养老基金和互助基金的国际交易增长。 12. 纽约和伦敦股市出现"垃圾债券"和操纵公司产权的金融工具。	1. 新加坡金融大爆炸。 2. 股票市场阻隔的消除和放宽管制。 3. 汇兑市场交易的爆炸。 4. 原料市场阻隔的消除和放宽管制。 5. 金融衍生产品的爆炸。 6. 债券市场的加速发展。 7. 从 1990 年起，债券市场阻隔消除和放宽管制开始；新兴工业化国家和第三世界国家的股市形成。 8. 直接金融和国债证券化制度向经合组织以外地区扩展。 9. 墨西哥金融危机后关于国际货币基金组织作用扩大的争论（1995 年）。

① 1974 年 6 月，联邦德国的赫斯塔特（Herstatt）银行因巨额外汇损失而破产。该事件导致许多国家的中央银行和商业银行的管理部门加强了对金融交易的监管。

资料来源：弗朗索瓦·沙奈，《金融全球化》，中央编译出版社，2001 年版。

2. 金融全球化的宏观表现

从宏观层次来看，金融全球化可表现为以下几个方面。

一是金融政策关联化。随着金融全球化的加速发展，各国金融的相互关联程度大大提高，一国的金融政策要远离金融全球化发展大潮而"独善其身"，已是不可能的了。一国特别是主要发达国家的金融政策调整，将会引起世界各地金融市场的连锁反应，并有可能迫使许多国家在金融政策方面做出相应的调整。如果一个国家甚至是一个中小国家的金融出现问题或发生金融危机，也有可能引发一场严重的地区性金融危机，并有可能对全球经济发展产生严重影响。为适应国际金融领域的新变化和新要求，提高本国经济和金融的国际竞争力，许多国家都加大了对本国金融体制的改革力度，逐渐放松或取消了原有的金融管制，从而使各国金融政策呈现出密切关联的趋势。例如，2000 年美国联邦储备委员会数次提高利率，采用紧缩性的货币政策以防止通货膨胀，许多国家为避免由于利差扩大导致汇率的大幅度贬值而随之提高了本国货币利率；2001 年美国联邦储备委员会采用扩张性的货币政策以刺激经济增长，连续 11 次降低利率，从而对许多国家的货币政策产生了压力，为避免对本国的消极影响，各国纷纷减息。

二是金融监管全球化。金融活动的全球化，特别是金融机构的全球化必然要求具备相应的国际金融协调、监管机构和机制。健全有效的监管体系是保障金融活动顺利运行和深化不可或缺的重要条件。建立统一的金融操作规程是金融全球化发展的大势所趋，其内涵包括：金融规则统一化、监管机制统一化、会计准则统一化、信息披露的透明度标准统一化。金融协调和监管的全球化即由此应运而生。在金融监管国际合作的深化和发展过程中，巴塞尔银行监管委员会（Basel Committee on Banking Supervision）的作用与影响日益显著。❶ 巴塞尔银行监管委员会简称为"巴塞尔委员会"，是设在国际清算银行（Bank for International Settlements，BIS）下的常设机构。由巴塞尔委员会发起拟定的一系列重要协议，如《巴塞尔协议》《有效银行监管的核心原则》等，已为众多的国家所接受，成为国际金融监管的基本准则。金融监管全球化的另一个重要标志是各金融领域监管的国际合作不断加强。巴塞尔委员会与作为国际证券业和保险业重要监管者的国际证券委员会组织（IOSCO）、国际保险者监管协会（IAIS）之间早在1993年就建立了协调机制，其协调与合作正变得日益密切。除了这三家国际金融监管机构之外，国际货币基金组织作为世界上最重要的国际金融协调机构，已经对巴塞尔委员会的《有效银行监管的核心原则》表示认同，明确提出了介入银行监管的任务和原则，开始介入金融监管。

三是货币体系全球化。全球贸易和资本流动的发展，需要与其相适应的全球化的货币体系即国际货币体系。国际货币体系包括了支配各国货币关系的规则和机构，以及国际间进行各种支付交易所依据的一套安排和惯例，如国际储备资产与汇率制度的确定、国际收支的调节方式等。国际货币体系的发展经历了金本位制度、布雷顿森林体系和牙买加体系三个阶段。目前的国际货币体系实际上是一种多元化国际储备的浮动汇率体系，也可以称之为"没有体系"的体系，即各个国家都分别采用适合于本国的不同的汇率安排。尽管如此，在未来一段时期，美元在国际货币体系中仍将继续占据主

❶　巴塞尔银行监管委员会由西方"十国集团"（实际上是12个发达国家）的中央银行和金融监管当局组成，秘书处设在国际清算银行，其主要任务是"制定广泛的监管标准和指导原则，提倡最佳监管做法，期望各国采取措施，根据本国的情况通过具体的立法或其他安排予以实施"。巴塞尔银行监管委员会在国际上有着广泛的影响，它所制定的指导性文件不仅为其成员国监管当局所接受，而且往往成为其他发达国家和众多发展中国家共同遵循的标准。

导地位。

四是金融风险全球化。金融风险既可属于微观领域，如表现为某一金融机构的破产或某笔金融资产的损失；又可属于宏观领域，如表现为一种货币制度的解体或货币秩序的崩溃。这种划分也并非是绝对的，有时候宏观与微观领域的金融风险是交织在一起的，例如，由一家或多家银行的倒闭，继而在整个银行体系中引发"多米诺骨牌效应"，即所谓银行业的系统性风险，造成银行危机。伴随着金融全球化程度的加深，金融风险随之加剧，主要表现为：金融机构全球化使经营风险急剧增加；金融活动全球化加大了原有的利率风险、市场风险、信用风险、流动性风险和经营风险，而国际资本流动的扩大和加速、金融市场全球化使上述风险和市场风险进一步加剧。在金融风险加剧的同时，金融危机也出现了全球化的趋势，在过去的 20 多年里，世界上共有 36 个国家和地区共爆发了 41 次程度和规模不同的金融危机，另外金融体系在全球范围内，还发生过 108 次严重的问题。

第二节　金融全球化的动因与影响

一、金融全球化的动因

1. 金融全球化的表象动因

金融全球化的表象动因主要有三类：一是实体经济因素，是指作为经济全球化主要构成的生产和直接投资全球化、贸易全球化和现代科学技术的发展；二是金融创新因素，数十年来金融创新以迅猛之势席卷全球，其发展方兴未艾；三是制度因素，这主要指 20 世纪 70 年代以来全球的金融自由化浪潮。

（1）金融全球化的实体经济因素。在金融全球化的实体经济因素中，生产和直接投资全球化、贸易全球化是推动金融全球化发展的基本动力；现代科学技术的发展则为金融全球化奠定了雄厚的物质基础。

第二次世界大战后，生产全球化最突出的特点是跨国公司的迅速崛起。据统计，目前跨国公司控制了世界生产的 40% 左右，国际贸易的 50%~60%，国际技术贸易的 60%~70% 以及全球外国直接投资的 80%~90%。发达国家 40% 的国内生产总值来自跨国公司的海外收益。1950—1997 年，全球生产增长了 5 倍多，而同期全球贸易的增长则达 15 倍之多。贸易的增长超过生产的增长，表明对外贸易对各国经济的影响日益增大，各国的生产也越来越多地面向全球市场。1950—1997 年，全球对外直接投资增长了近 20 倍，超过了国际贸易的增长。与单纯的金融资本的流动不同，直接投资是一种生产资源的转移，是整个生产设备、资本品、生产技术和销售市场的转移。这种实物资本作为重要的生产要素的流动，对提高全球的资本生产率起着重要作用。生产的全球化、跨国公司的迅速发展、对外直接投资的急剧增加，必然要求国际金融市场与之相适应，以保证跨国经济活动的顺利进行；生产和直接投资全球化的发展也要求在全球范围内对包括资金在内的资源进行配置，这就必然要求资本在全球范围内的流动。贸易全球化的发展客观上要求资本在国际间进行大规模流动，以便利国际间的贸易结算；同时，贸易全球化也要求金融业务和金融机构的跨境发展、国际金融市场的迅速发展。因此，生产和直接投资全球化、贸易全球化的发展成为金融全球化发展的重要推动力。

科学技术的发展对金融全球化产生了极其重要的推动作用。第二次世界大战后，以通信技术和信息技术为代表的现代科学技术迅速发展，极大地缩短了时间、压缩了空间，从而拉近了世界市场各部分的距离，为人们参与跨国经贸活动和全球交流提供了极大的便利，使全球化向前所未有的广度和深度发展。通信技术和信息技术的迅速发展，促进了金融业务和金融工具的电子化和网络化，这不仅使资金的全球调拨在瞬间完成，而且大大降低了交易费用和成本，同时也使分布在全球各地的金融市场和金融机构紧密地联系在一起，形成了全天候的全球金融市场。正是在这个意义上，我们说现代科学技术的发展，特别是通信技术和信息技术的发展，为金融全球化提供了物质基础和技术条件。

（2）金融全球化的金融创新因素。始于20世纪60年代，在80年代席卷全球、迅猛发展的金融创新活动，极大地推进了金融全球化的进程。

金融创新通常是指金融领域内部各种要素的重新组合和创造性变革或引进新事物。由于金融创新是一个动态的广义概念，因而具有众多的表现形式，如货币信用形式与制度的创新、金融机构组织和经营管理上的创新、金融体系创新，以及金融工具、交易方式、操作技术、服务种类和金融市场等业务上的创新。如果从国际金融市场的角度来考察，金融创新主要包括金融市场创新、金融技术创新和金融产品创新。

新型金融市场的崛起是金融市场创新的重要标志，如欧洲货币市场、金融衍生工具市场等已成为国际金融市场上最活跃的部分。金融技术创新主要表现在，现代化信息通信技术与计算机网络的应用和发展，带来金融交易手段的变革，金融资料的处理和传递更加便捷，计算机网络技术促进了全球交易体系的形成，使客户能够得到比以往更为方便和低成本的服务，任何交易者都能够通过计算机终端了解所需要的各种金融信息。金融产品创新是国际金融市场金融创新活动的焦点所在，因为任何金融市场创新和金融技术创新只有体现在金融产品创新上才实现其自身的价值。20世纪80年代以来，金融产品创新层出不穷，令人目不暇接。目前国际金融市场上已知的金融创新产品多达1200种以上，主要有金融远期、金融期货、金融期权、金融互换和票据发行便利五大类。

金融市场创新、金融技术创新和金融产品创新的不断发展，为金融全球化提供了必要的载体；而且，由于金融创新能够为投资者提供低成本、高效率的规避风险手段，能够提高金融市场和金融机构的运作效率，能够增强金融业的发展能力，因而对金融全球化产

中国金融安全论

44

生了重要的推动作用。

（3）金融全球化的制度因素。20 世纪 70 年代以来的全球金融自由化浪潮为金融全球化的发展创造了制度环境。金融自由化主要表现为改革金融制度，即政府改变对金融的过度干预，放宽对金融机构和金融市场的限制，增强国内的筹资功能以改变对外资的过分依赖，放松对利率和汇率的管制使之市场化，最终达到抑制通货膨胀、刺激经济增长、形成金融资产增长与经济增长之间的良性循环的目的。

从发展中国家金融自由化改革的情况来看，20 世纪 70 年代末到 80 年代后期，各国基本上完成了利率市场化改革；此后进行了以国内银行业务自由化为主的金融改革，建立和完善了国内金融市场；20 世纪 90 年代初，各国先后进入了完全开放资本项目的改革阶段。在发展中国家普遍进行金融自由化改革的同时，发达国家的金融自由化改革也在不断深入：由放松利率管制到放松金融业务管制，再发展到放松资本项目管制，极大地促进了金融机构之间的竞争，推动了金融机构向全能化、国际化发展。金融自由化改革对全球金融活动、金融机构和金融市场产生了巨大而深远的影响。正是由于各国金融活动的逐步自由化以及阻碍资金跨国流动的藩篱被不断拆除，使得本来各自独立运行的各国国内金融，日益融合在全球金融自由化的大潮之中。全球金融自由化构造了一种真正的金融活动的全球基础，从而促进了金融全球化的发展，也为金融全球化提供了制度环境。

2. 金融全球化的根本动因

早在 150 多年前，马克思和恩格斯就已经在撰写《共产党宣言》时涉及了全球化问题，尽管当时并没有使用"全球化"这一概念。他们认为："资产阶级，由于开拓了世界市场，使一切国家的生产和消费都成为世界性的了。……新的工业的建立已经成为一切文明民族生死攸关的问题；这些工业所加工的，已经不是本地的原料，而是来自极其遥远的地区的原料；它们的产品不仅供本国消费，而且同时供世界各地消费。旧的、靠国产品来满足的需要，被新的、要靠极其遥远的国家和地带的产品来满足的需要所代替了。过去那种地方的和民族的自给自足和闭关自守状态，被各民族的各方面的互相往来和各方面的互相依赖所代替了。""随着资产阶级的发展，随着贸易自由的实现和世界市场的建立，随着工业生产以及相适应的生活条件的趋于一致，各国人民之间的民族隔绝和对立日益消失了。"❶

法国学者阿兰·杜兰（Allain Touraine）在其论文《共产党宣言的现实性》中指出："重读1848年的《共产党宣言》，惊讶它的现实性，从最初几页开始，只需将资产阶级换成全球化，就是当今的现实。20世纪70年代全球化以来，我们正处于资本主义的第二个时期，全球化掩盖资本主义的本质，商品主义的统治，就是资本主义的统治。"❷ 由此可见，今天人们谈论的全球化并非新生事物，只不过是很久以前已经出现的现象在广度和深度甚至在制度等方面的加速演进阶段而已。

作为经济全球化重要组成部分的金融全球化，由于其表现形式出现了新的变化，造成金融全球化动因的表象化，即实体经济因素、金融创新因素与制度因素成为推动金融全球化的重要动因。实际上，金融全球化的根本动因并没有改变，仍然取决于金融资本的本质，即金融全球化的根本动因是金融资本由其本质所决定的对利润的追逐。

法国学者弗朗索瓦·沙奈认为，"就金融领域而言，全球化意味着允许尽可能经常地和稳妥地通过操纵不论发达资本主义工业化国家还是'新兴'国家的金融中心来获取工业利润、金融企

　　❶　参见马克思和恩格斯：《马克思恩格斯选集》第1卷，人民出版社，1972年版，第254-255页。

　　❷　转引自程新章：《经济全球化的政治经济学分析》，《华东师范大学学报》，2001年第1期。

业收益以及利息和红利。全球化构架的主要目标是允许国际范围的'金融投资资本'在 20 来个放宽了管制的金融市场上进行增值活动，正是这些市场构成了今天'金融全球化'的空间。""金融增值的实际内容，即分享和攫取生产的价值，说明了金融全球化的一个主要原动力就是通过操纵在'新兴'金融中心进行的金融投资，实现让他人支付一部分发达资本主义国家退休人口社会保障的目的。"❶

金融资本自形成以来，就从未停止其对外扩张的冲动。金融资本对高额利润的追求是其扩张的内在动因，而竞争的压力则是其扩张的外在动因。这种对外扩张的冲动必然要求跨越国境向全世界发展。在 20 世纪 50 年代以前，金融资本对外扩张采取的主要形式是银行贷款；从 20 世纪 50 年代到 80 年代，直接投资逐渐成为金融资本对外扩张采取的主要形式；20 世纪 80 年代以来，证券投资形式与直接投资形式共同成为金融资本采用的对外扩张的形式。只要制度条件和技术条件许可，金融资本必然向世界各个角落渗透以获取高额利润。显而易见，金融全球化实际上是由金融资本向全世界进行扩张所形成的，而推动经济金融全球化的驱动力本质上便是资本无限扩张的冲动。

二、金融全球化的影响

在经济全球化大潮中，金融领域的跨国活动也以汹涌澎湃之势迅猛发展，金融全球化对全球经济产生了重大的影响。对世界各国来说，金融全球化是一把"双刃剑"，利弊兼而有之，风险与机遇始终相伴。

1. 金融全球化的积极影响

金融全球化是经济全球化的内在要求，同时又成为经济全球化

---

❶　参见［法］弗朗索瓦·沙奈：《金融全球化》，中央编译出版社，2001年版。

的重要动力，将经济全球化推向前所未有的广度和深度。纵观几十年世界经济发展的历史，金融全球化从整体上有力地推动了世界经济和国际金融的发展，带来了众多的利益，它的积极影响主要包括以下几个方面。

（1）促进了资金在全球范围内的有效配置。资金是经济发展中最重要的资源之一。金融全球化是经济全球化的组成部分，它的不断发展以及资本跨国界流动的增加，使有限的资金在全球范围内得到了更合理的分配，在世界经济高速增长时期，起到了及时调剂资金余缺的作用。金融全球化促进资金在全世界范围内重新配置，一方面使欧美等国的金融中心迅速发展，另一方面也使发展中国家特别是新兴市场经济国家获得了大量急需的经济发展启动资金，带动了地区经济和世界经济的增长。历史已经证明，国际资本流动带来的要素转移推动了经济的发展。

（2）促进了国际投资和贸易的迅速发展。金融全球化消除了国际资本流动的障碍，并且极大地减小了国际金融市场上的时空阻隔，使国际资本流动可以在全世界范围内瞬间完成。资金调拨的迅速、方便，资金交易成本的大幅度降低，使投融资和贸易更加便利，极大地促进了国际投资和国际贸易的发展，也为各国经济发展提供了有利条件。近20年来世界贸易以高出世界产出两倍的速度增长。1986—1990年国际直接投资仅为1690亿美元，1991—1995年增加到2299亿美元，1996—1999年增加到6418亿美元。其中近10年来，国际直接投资更是以高出世界产出近三倍的速度增长。

（3）促进了全球金融体制与金融结构的整合。金融全球化促进了全球金融体制的整合，有利于金融机构加速改革和重组，提高金融体系的效率。这种变化主要表现在两个方面。

首先，金融全球化促进了金融体制的整合，使一些国家的专业银行制度逐渐向全能银行制度转变。全能银行是指不受金融业务分工限制，经营所有的金融业务的金融中介机构。全能银行既可以经营商业银行的存款和贷款及结算业务、投资银行和保险公司的业务，又可以经营信托业务，并且持有非金融公司的股份。由于全能银行业务范围广泛，有利于形成规模经济和范围经济；全能银行的业务分散化和收入来源多元化，有利于风险分散化和降低替代风险；全能银行能够为客户提供全方位多元化的服务，使银行与客户的关系更加密切。全能银行在应对金融全球化和自由化带来的金融市场深刻变化的挑战中，表现出较高的应变能力、灵活性以及较强的竞争力。在金融全球化的推动之下，原先实行专业银行制度的美国、英国、日本等国都在向德国式的全能银行制度转变，导致了金融体制的整合趋势。

其次，金融全球化促进了金融结构的整合，在西方发达国家中，德国、日本等国的金融体系过去都是以间接金融为主，资金供求双方密切依赖银行。20 世纪 80 年代以来，这些以间接金融为主导的国家的金融结构向以直接金融为主导的金融结构转变，在金融结构上出现了与美国、英国等国趋同的趋势。金融全球化促进各国金融结构的整合还突出表现为金融证券化的发展。20 世纪 80 年代以来，西方发达国家和国际金融市场上出现了金融证券化浪潮。金融证券化又称为金融非中介化或融资脱媒，是指直接金融的发展速度大大超过间接金融的发展速度，在整个金融市场上直接金融所占的比重接近或超过间接金融的现象。金融证券化实际上就是筹资手段的证券化，即传统的通过银行等金融机构来筹资的方式逐渐转变为通过证券市场发行债券的方式。金融证券化的发展与金融创新、金融自由化和金融全球化交织在一起，使各国的金融结构和运行机制发生了根本性的变化。

2. 金融全球化的负面影响

金融全球化的影响具有双面性：一方面，金融全球化大大提高了国际金融市场的效率，实现资源的有效配置，促进了世界经济的发展，有利于全球福利的增进。另一方面，金融全球化也带来了众多负面影响。

（1）金融全球化使国际资本的流动越来越脱离实体经济运行，资本大规模无序流动，往往造成各国金融市场的动荡不安，而一国的金融动荡又极易"传染"给其他国家，引起全球金融危机。

（2）金融全球化促进了虚拟金融资本对利润的追逐，加剧其投机性，而虚拟金融资本和交易的膨胀易于诱发金融泡沫，导致经济和金融的动荡。

（3）金融全球化导致金融体系和金融机构内在脆弱性的加深。由于信息不对称以及委托代理关系容易引起逆向选择和道德风险，使金融机构具有内在脆弱性，金融全球化使各国的宏观经济政策趋同，使金融体系和金融机构的稳健性下降。

（4）金融全球化增加了汇率波动的不可预测性和不确定性，从而使金融市场风险增大。

（5）金融全球化使金融政策关联化，使一些经济体部分地丧失宏观经济决策的独立性和宏观经济的控制能力。由于各国经济决策的独立性降低，减弱了政府的宏观调控能力，削弱了国别宏观经济政策效应。

（6）金融全球化加大了各国金融监管的难度，金融混业经营向分业监管模式提出新的更高要求，金融监管难以适应金融业务的发展，而且跨国界金融监管更加难以实施。

（7）金融全球化对银行体系和金融市场尚待完善的发展中国家会构成较大的冲击，是地区性金融危机发生频率加快的重要原因之一。

（8）金融全球化扩大了发达国家和发展中国家之间的差距。金融全球化的发展使国际社会日益重视统一标准的制定与实施，由于发达国家掌握了金融全球化的主导权，按发达国家水平制定的标准必然不利于发展中国家，使后者难以获得所需的发展资金，从而进一步扩大了其与发达国家之间的差距。

综上可见，金融全球化的负面影响最主要表现在以下两个方面。

一是加大了金融风险并易于引发金融危机。金融全球化给世界一些国家带来经济失衡和金融不稳定的更大风险,同时还蕴藏着引发金融危机的风险。在金融全球化的发展过程中,与其相伴的蔓延效应使金融危机迅速扩散,产生巨大的波及效应和放大效应,国际金融动荡因此而成为一种常态。

二是扩大了发达国家和发展中国家之间的差距,即金融全球化的影响存在着明显的差异性。

3. 金融全球化影响的差异性

金融全球化对发达国家和发展中国家的影响程度很不相同。在发达国家,资本的跨国流动也会带来风险,如 1992 年的西欧货币危机、1995 年英国巴林银行倒闭事件等。但是,这些金融动荡的不利后果大多局限在某个金融领域。从总体上看,金融全球化对发达国家的不利影响相对较小。而发展中国家的情况则大不相同,金融领域某一方面出现问题往往会带来连锁反应。从泰国发端的亚洲金融危机就是一个典型的案例。1997 年 7 月 2 日,泰国中央银行在外汇市场抛售泰铢的强大压力下被迫实行浮动汇率制,泰铢一日之间贬值约 15%。由此开始,货币贬值如风暴般席卷菲律宾、马来西亚、印尼等东南亚各国,使整个地区发生了严重的金融危机,经济陷于衰退。对发展中国家而言,金融全球化一方面使其传统的金融风险进一步扩大,另一方面又增加了新的风险因素,包括国际经济传递机制和协调机制、汇率机制、短期国际资本流动等方面。金融全球化对发展中国家的金融体系至少会产生以下七种风险:恶性通货膨胀与货币对内急剧贬值;主权国家和地区的债务违约与信用危机;本国货币对外急剧贬值;金融资产和不动产价格大幅下跌;大量金融机构破产或处于不稳定状态;货币替代以及本国资本外逃。由于金融全球化使发展中国家的货币政策与宏观金融调控的自主性、有效性大为降低,这种状况实际上已成为其最大的综合性风险。这七种风险的交互作用,对发展中国家金融体系的稳定构成了极大的威胁。

　　既然金融全球化对不同的国家影响不同，因而不同国家在金融全球化中的地位也不尽相同。发达国家和一些有条件的发展中国家在金融全球化中处于优势，获得了极大的利益。美国前副国务卿艾森斯塔在 1999 年曾提出"最大限度地从全球化中受益，是美国政府近年来对外政策的优先目标"，美国凭借其垄断地位已从金融全球化中获得了巨大的利益。而大部分发展中国家在金融全球化中处于劣势，金融全球化对它们来说可能是弊大于利。在分析金融全球化的影响时，必须考虑以下这些现实情况：以美国为首的发达国家在金融全球化中居于支配地位，掌握着资金、生产要素等各种资源以及国际金融机构，还操纵着全球贸易和跨国投资；绝大多数的跨国公司为发达国家所控制，而 80% 以上的高技术又被跨国公司所垄断；金融全球化是在不合理、不公正的国际货币制度下发展起来的，因此也具有极大的不公正性。

　　显然，对于金融全球化的潮流，绝不可盲目顺应。从现阶段各方面的情况来看，中国还不可能对金融全球化产生导向性的影响，但也并非无所作为，重点是要在参与金融全球化的过程中扬长避短、趋利避害，使中国尽可能减少损失，付出较小的代价，获得最大的收益。

第三节　金融全球化的实质与发展趋势

一、金融全球化的实质

　　究竟什么是金融全球化，国内外学术界众说纷纭，从不同的角度对金融全球化进行了界定，但至今尚无定论。我们认为，金融全球化具有广泛的内涵，它是一个综合性的概念，可以将其表述为：金融全球化是经济全球化的重要组成部分，是金融业跨国境发展而趋于全球一体化的趋势，是全球金融活动和风险发生

中国金融安全论

机制日益紧密关联的一个客观历史过程。实际上,这种认识仅仅是对金融全球化表面现象的简单概括,并没有揭示金融全球化的深刻内涵及其实质,因为金融全球化远远不是一个单纯的金融问题。

当代资本主义正在经历着新的发展和变化,出现了一系列新现象、新特点和新问题,而金融全球化就是当代资本主义经济即国际垄断资本主义经济新特点的主要表现之一。金融全球化的产生、发展,归根到底都是源于新的科技革命和生产力的迅速发展以及在此基础上资本主义生产关系所进行的自我调整。当代垄断资本主义,已经远远超出了私人垄断资本的范围,发展成为国家垄断资本主义和国际垄断资本主义。国际垄断资本主义是与资本国际化特别是产业资本国际化的发展相联系的。生产的国际化,特别是跨国公司的迅速发展,必然要求在全球范围内配置各种资源,必然要求资本全球流动,也就是说,金融全球化是生产全球化的必然要求。金融全球化并没有改变资本主义追逐高额垄断利润的本质,它的实质仍然是垄断。从本质上看,金融全球化只不过是国际垄断资本主义的表现形式而已,但是金融全球化的实质却被其表面现象所掩盖。

第二次世界大战以后,以信息革命为核心的第三次科技革命迅猛发展,使世界经济格局发生了重大变化:以美国为首的国际垄断资本主义的资本扩张进程进一步加快,大量的剩余资本急于寻求进一步增值的出路;许多独立后的第三世界国家走上了资本主义道路,并相继进入工业化阶段而急需大量的资金。正是这种变化,引发了资本在世界范围内的大规模流动。资本的扩张从商业资本、借贷资本的国际化发展到产业资本的广泛国际化,资本主义的生产方式覆盖了全球大部分地区。特别是在 20 世纪 80、90年代之交,东欧剧变、苏联解体,为垄断资本的进一步国际化消除了壁垒。正是在这样的背景下,经济金融全球化迅速发展成为一种举世瞩目的汹涌潮流。到 20 世纪末,全球有 6 万多家跨国公

第一章 金融全球化:国际金融发展的时代特征

53

司，其对外投资总额超过 1 万亿美元，控制了世界生产的 40%，国际贸易的 50%~60%，国际直接投资的 90% 以上。凭借其雄厚的资本和先进的技术，以美国为首的国际垄断资本主义通过不平等交换，把广大发展中国家变成它们的廉价资源供应地、获取高额利润的投资对象和推销剩余产品的市场。在金融全球化过程中，垄断资本扩张表现出的明显特征是：资本流向世界，利润流回西方，参见表 1.2 与表 1.3。

表 1.2　西方主要发达国家国际收支平衡表中的对外投资差额

（单位：亿美元）

国家	1996 年	1997 年	1998 年	1999 年	2000 年	2001 年
美国						
本国在外国直接投资	−918.8	−1048.2	−1426.4	−1889.1	−1782.9	−1278.4
证券投资资产	−1498.3	−1189.8	−1361.3	−1284.4	−1275.0	−946.6
其他投资资产	−1789.0	−2628.3	−742.1	−1690.0	−3004.0	−1435.4
英国						
本国在外国直接投资	−348.2	−624.4	−1220.6	−2015.7	−2662.5	−342.4
证券投资资产	−931.3	−849.9	−529.8	−330.9	−998.9	−1343.4
其他投资资产	−2153.1	−2758.7	−268.4	−940.7	−4115.3	−2590.2
日本						
本国在外国直接投资	−234.5	−260.6	−246.2	−222.7	−315.3	−385.0
证券投资资产	−1006.1	−470.6	−952.4	−1544.1	−833.6	−1067.9
其他投资资产	52.1	−1919.6	379.4	2663.4	−41.5	465.9

注："−"表示逆差，"+"（或不标注）表示顺差。

资料来源：国际货币基金组织，《国际金融统计》，2002 年 12 月。

表 1.3   西方主要发达国家国际收支平衡表中的直接投资收益差额

（单位：亿美元）

国家	1996 年	1997 年	1998 年	1999 年
美国	677.47	692.20	594.03	584.38
英国	189.17	245.58	338.28	180.38
日本	109.88	121.02	99.14	38.12

资料来源：日本银行国际局，《国际比较统计》，2000 年版。

在经济金融全球化的进程中，西方发达国家与广大发展中国家的地位和处境有着天壤之别。在发达国家尽享全球化"红利"的同时，广大发展中国家却仍饱受贫穷落后之苦：发展资金匮乏、债务负担沉重（参见表 1.4）、贸易条件恶化、金融风险增加以及技术水平的落后，使发展中国家总体上处于极为不利的地位。随着这一进程的发展，发展中国家与发达国家的差距越来越大：一边是发达国家财富的不断积累，另一边是发展中国家贫困的不断加剧。富者越富，贫者越贫的"马太效应"，就是这种状况的真实写照。在全世界 60 亿人口中，极度贫困人口的比例为 23%，即 13.8 亿人生活在绝对贫困线以下；全世界有近半数的人每天生活费不足 2 美元，1/5 的人口每天生活费不足 1 美元；超过 1.13 亿的儿童仍未上学，有 1.5 亿儿童发育不良，1999 年有 1000 万 5 岁以下的儿童夭折，他们大多是被可以预防的疾病夺去了生命。❶ 发达国家拥有全球生产总值的 86% 和出口市场份额的 82%，而占世界人口绝大多数的发展中国家仅分别拥有 14% 和 18%。据有关统计资料，40 年前，全世界最富的人口和最穷的人口人均收入之比为 30∶1，而今已上升到 74∶1；20 年前，联合国成员国中最不发达国家仅为 20 有余，而今已增加到 48 个。❷

---

❶   参见世界银行：《世界银行2001年度报告：第1卷　年度回顾》。

❷   参见课题组：《经济全球化进程中的社会主义》，《求实》，2001年第1期。

表 1.4 发展中国家和地区及转型国家外债占国内生产总值的比重

(%)

年份	1998	1999	2000	2001	2002	2003
非洲	67.5	67.1	63.6	62.5	62.8	58.3
亚洲	36.0	33.5	30.1	29.6	27.8	26.4
中东和土耳其	62.8	62.2	59.1	60.7	62.3	60.8
拉丁美洲	37.8	44.3	39.3	39.6	44.3	42.0

注：2002 年与 2003 年为预计数。

资料来源：国际货币基金组织，《世界经济展望》，2002 年 9 月。

如前所述，金融资本自形成以来，其扩张的冲动从来没有停止。金融资本对高额利润的追求是其扩张的内在动因，金融全球化实际上是金融资本向全世界扩张所形成的。反过来，金融全球化的不断发展，又加剧了金融资本，特别是国际垄断资本无限扩张的冲动，更进一步推动其扩张活动，参见专栏 1.1。

事实已经充分表明：所谓经济全球化，实质上就是资本运动的全球化；而作为经济全球化重要组成部分的金融全球化，实质上就是金融资本的全球化，其核心依然是垄断。

专栏 1.1 金融全球化中的国际垄断资本扩张

从金融全球化发展进程来看，20 世纪 90 年代以来，国际垄断资本加强了对国际金融市场的控制，凭借其在国际金融体系中占据主导地位，在整个体系中推行其意志和原则，以获得垄断利润。在当前的国际金融体系中，这种状况比以往任何时期都更加突出。前美国政治学会会长塞缪尔·亨廷顿在《文明冲突与世界秩序》一书中，列举了西方文明控制世界的 14 个战略要点，其中有三条与垄断资本有关：一是控制国际银行系统，二是控制全球硬通货，三是掌握国际资本市场。

美国是世界上最大的金融霸权国，主要通过以下四种形式进行资本对外扩张，实现其高额垄断利润：

（1）美元霸权。美元仍是当前最重要的国际储备货币，占全球外汇储备的 64%、外贸结算的 48% 和外汇交易结算的 83%。美元的这种特权地位给美国带来了巨大的利益，使美国获得巨额的铸币税。据国际货币基金组织统计，约有半数美元（约3750 亿美元）在美国境外流通，使其每年约获益 150 亿美元，占美国国内生产总值的 0.2%；美国还通过美元贬值，来转嫁危机并获得收益。

（2）资本输出。追逐高额利润是国际资本的本性，发展中国家经济的高速增长为国际资本获利提供了有利环境。1990—1998 年流入新兴市场国家的国际资本总额达 14622 亿美元。美国利用其美元霸主地位和在国际金融领域中的众多优势，在国际金融市场上的资金运用十分成功，低成本的资本输入和高回报的资本输出，使美国获取了发展中国家经济增长中的大部分利益。

（3）投机资本的冲击。国际投机资本的流动具有极强的投机性、无序性和破坏性。目前，美国有 1 万多只共同基金拥有近 4 万亿美元资产，3000 只对冲基金拥有 4000 亿美元资产。迄今为止，不少新兴市场国家均被美国投机基金所攻击，使这些国家陷入了严重的经济金融危机。

（4）廉价收购金融机构。亚洲金融危机后，危机爆发国金融机构和企业倒闭、破产成为普遍现象。国际垄断资本得以低价收购东南亚国家的金融机构和企业，而后者此时已无讨价还价的余地，只有任人宰割。

资料来源：根据《财经问题研究》2002 年第 2 期提供的资料制作。

二、金融全球化发展的若干趋势分析

由于金融全球化是经济全球化的重要组成部分，在分析金融全球化的发展趋势时，有时会将两者结合在一起进行分析。

1. 经济金融全球化是一个漫长的历史过程

讨论全球化的发展趋势，有必要对两种不同性质的全球化加以区分：当前的现实的全球化和未来的理想的全球化。[1] 今天人们所讨论的全球化是当前的现实的全球化，而不是未来的理想的全球化。当前的现实的全球化是资本主义生产方式的全球化，是与资本主义生产方式相适应的生产关系和交换关系的全球化。资本增值，剩余价值的生产和占有，是全球化最深刻的动因。因此，当前的现实全球化的实质是资本主义全球化。而马克思主义创始人科学地证明了资本主义最终将被社会主义所取代，人类社会最终将过渡到共产主义社会。与资本主义全球化不同，未来的理想的全球化将是社会主义全球化和共产主义全球化。由此可见，经济金融全球化的真正实现将是一个漫长的历史过程。

2. 金融全球化不是不可逆转的

有些观点认为金融全球化是不可逆转的，那么金融全球化究竟是否不可逆转？我们认为，答案是否定的。这里，我们引用法国学者弗朗索瓦·沙奈的一段论述对此加以说明。[2] 沙奈从以下三个方面进行了分析。

首先，金融全球化形势下的金融统治不是不可逆转。"我们经常可以听到议论，特别是随声附和的议论，认为金融全球化是不可逆转的，其结果是不可避免的，除了尽力与其适应，别无其他

---

[1] 参见吴易风：《全球化的性质和利弊》，《中国人民大学学报》，2001年第4期。

[2] 参见[法]弗朗索瓦·沙奈：《金融全球化》，中央编译出版社，2001年版。

选择。诚然，我们所分析的金融、现行经济政策、生产水平、就业之间的许多联系的确具有机械性质。这是因为某些关键性机制（例如实际利率的增长率必须高于国内生产总值增长率）产生的积累效果和反应在既定前提条件下是可以预见和难以避免的。但是这种'不可逆转'和'不可避免'的用语完全可以做其他解释。如果说金融全球化形势下的金融统治是'不可逆转的'，这无异于赞成这样的观点：应该把'债权人专政'看作是天然合理的，把利用实际正利率制度转移财富、牺牲工资，甚至非金融利润，看作是永恒的存在。"

其次，不可逆转实际上是为现存秩序辩护。"宣称金融的畸形发展及其所带来的各种弊病是'不可逆转的'，就是赋予历史决定论一种充满疑义的形式。从严格意义上来说，就是赋予社会进程，即人的活动的产物是一种类似生物进化的性质。在某些人那里，'不可逆转'思想往往还伴随着对'现实主义'的呼吁，这些人站在为现存秩序（事物的自然秩序）辩护的立场上。这种思想在另一些人那里则反映了他们对经济和政治关系的无可奈何的服从，因为他们无法从这种关系中摆脱出来，他们既看不到出路，也没有明确的选择。"

最后，不可逆转不符合金融发展的历史。"从金融领域角度来看，'不可逆转'思想也是不正确的。我们简单回顾一下 20 世纪金融发展的历史，就可以得出令人信服的结论。1913 年间，金本位制度保证了资本的自由流动，而各种贸易和投资条约则保证了贸易的自由，当时金融全球化在国际范围内所达到的程度似乎是'不可逆转的'。但是后来发生的情况并非如此。此外，在 20 世纪 20 年代，金融市场特别是股票市场十分强大，它们对经济的导向似乎也是'不可逆转的'。在 1928 年年末和 1929 年年初，美国总统库利奇对那些为华尔街投机泡沫的高度危险以及这种金融统治对投资的分配和导向感到忧心忡忡的人嗤之以鼻。但曾几何时，在经历了一场世界性的经济、政治和军事磨难以后，人们对金融市场所造成的恶果不再感到陌生，于是在几年时间里，建立了有管理的金融体系，在这个体系中，银行和金融活动受到政府的严密监督。"

3. 金融全球化主导地位的变化

金融全球化是在以美国为首的发达国家主导和支配下的全球化。在金融全球化过程中，发达国家控制了资金、生产要素等各种资源以及国际金融机构，控制了全球贸易和跨国投资，金融全球化是在不合理、不公正的国际货币制度下发展起来的，因此也具有极大的不公正性。有些论者尽管也承认当前的经济金融全球化是以发达国家为主导的，但否认经济全球化的实质是资本主义的全球化，认为主导不等于本质，这种主导地位的形成和发展是不断变化的，并不能一成不变地固定在某一个国家。

实际上，这种判断值得商榷：首先，主导不等于本质，但主导是本质的典型特征。既然当前的现实的全球化是资本主义生产方式的全球化，是与资本主义生产方式相适应的生产关系和交换关系的全球化，那么必然由发达资本主义国家为主导，其实质自然就是资本主义的全球化。其次，认为这种主导地位的形成和发展是不断变化的，并不能一成不变地固定在某一个国家的判断也是不符合实际的。自从经济金融全球化开始至今，资本主义始终占主导地位，更确切地说，是少数发达资本主义国家占主导地位，经济金融全球化是发达资本主义国家有意识推动的结果。显而易见，从当前发达国家和发展中国家的实力对比来看，发达国家主导金融全球化的状况，恐怕在 21 世纪相当长的一段时期内很难有根本性质的改变。

4. 金融全球化利益和风险的分配

经济金融全球化是把双刃剑，它既有利又有弊，这已经是人们的共识。实事求是地来看，金融全球化会同时给发达国家与发展中国家带来利益和风险，否则，发达国家的资本就不会外流，发展中国家也不会放宽对资本流入的限制。金融全球化给各国带来的共同利益表现在：它所导致的国际资本流动促进了国际贸易的发展以及使社会资源在国与国之间得到更有效的配置。但是，由于发达国家主导着金融全球化，使金融全球化存在着极大的不公正性并突出表现为利益与风险的分配不均等：在金融全球化过程中，发达国家从中获得了大部分的利益，而发展中国家却承担了更多的风险。发达国家在与发展中国家获得共同利益之外，还得到了众多的特殊利益，如其货币作为国际储备货币而无偿占有各国的财富并获得低成本的资金来源，利用其经验和资金优势进行投机获利，通过控制国际金融市场来获取垄断利润，等等。

金融全球化也给发达国家带来了一定的风险，如金融资本投资或投机有可能遭受失败的风险。但对发展中国家来说则承担了较大的风险，如国际资本流动带来的金融市场动荡与风险、资本外逃、外国金融资本对发展中国家国内资源或某些行业的控制等。

因此，必须正确认识金融全球化的两重性，即利益和风险共存。如果只看到金融全球化的利益，而忽视风险防范，就有可能导致金融危机的发生；如果片面夸大金融全球化的风险，在对外开放中裹足不前，或者如果因为存在着利益分配不公平而拒绝参与金融全球化，就会贻误发展的时机，将导致经济发展缓慢，最终反而影响金融安全。毫无疑问，金融全球化既不是"陷阱"，也不是"馅饼"，只有积极投入金融全球化的过程中，充分利用金融全球化带来的发展机会，同时又注重防范和控制金融全球化带来的风险，并且与发展中国家一起维护自己的利益，才有可能在不均等的利益分配中得到尽可能多的利益，并在一定程度上改变不公平的分配格局。

第二章　金融全球化下的
金融安全理论

　　在本章中，首先对国内外尚无定论的金融安全的概念进行了界定，并以此为基础对金融安全概念的内涵展开分析，进一步探讨了金融安全与金融风险、金融危机之间的相关性及重要区别。其次对国外关于金融安全问题研究的状况、国外关于金融安全的理论进行了评析。由于金融危机日益对国家安全造成威胁和实际伤害，并具有传统安全观所包括的部分内容，因此金融危机的理论已成为构成西方金融安全理论的基础，因此在本章中着重对金融危机理论的最新发展，特别是对亚洲金融危机爆发之后的金融危机理论进行了研究，探讨了金融危机对金融安全的危害。最后，探讨了中国金融安全理论的发展，如影响金融安全的内在因素与外在因素以及建立金融安全态势的监测预警系统等。

第一节　金融安全的含义

一、关于安全的相关概念

　　为了理解金融安全的含义，首先需要了解安全的概念。由于金融安全是经济安全的重要组成部分，而经济安全又是国家安全的重要组成部分，因此理解国家安全和经济安全的概念对于理解金融安全的含义就显得至关重要。

1. 安全

什么是安全？众所周知，安与危相对应，安全与危险、威胁相关联。根据《现代汉语词典》的解释，安全在汉语中有三方面的含义，即没有危险、不受威胁、不出事故。在英语中，安全（Security）有两方面的含义：一是指处于安全的状态，即不存在危险，没有恐惧；二是指维护安全的行为，如安全措施与安全机构。

所谓的安全，就是在宏观上不存在威胁，在主观上不存在恐惧。安全具有三个重要的特点：相对性、主观性、客观性。所谓安全的相对性，一是指安全与危险相对而存在，没有危险，就谈不上安全，反之亦然，有危险，更显得安全的重要；二是指判断的标准是相对的，从哲学上来讲，危险是绝对的，是无时无刻不存在的，而安全则是相对的，危险小就是安全，危险大则不安全，只有在一定的条件下才能获得安全。所谓安全的主观性，就是指人们主观上对危险的估计和预期。人们对危险的预期越低，就觉得越安全，疑虑和恐惧就越少。所谓安全的客观性，则是指客观条件和态势所决定的安全或不安全，或者说免除危险是安全的客观性，失去安全是危险的客观性。❶

2. 国家安全

迄今为止，关于国家安全的概念尚无统一的定义。

尽管中国学术界对国家安全的概念尚无统一的界定，但中国的学者在论述国家安全时的基本点是一致的，即国家不受侵犯和威胁或潜在威胁是国家安全的主要因素，并认为国家安全应包括两方面的内容：一是保卫国家生存和发展的基础不受侵犯和威胁；二是维护国家战略安全，即在战略态势上保卫国家不受潜在威胁。因此，国家安全的指向可分为两类：一是国家外部的不安全，如一个国家对另一个国家的颠覆和分裂活动，出兵侵占其领土，通过经济制裁、经济封锁、经济入侵、走私等手段，危害该国基本

---

❶　参见阎学通：《中国崛起》，天津人民出版社，1997年版。

社会制度，掠夺该国的国民财富，陈兵边界在军事上构成威胁等；二是一国内部的不安全，如国内某种势力的分裂活动，国家长期遭受严重自然灾害，大量居民为文盲或处于贫穷状态或长期生病或沉溺于毒品，治安混乱导致人们长期生活在被抢劫和攻击的恐惧之中，经济系统无法运转，国民利益被大量侵吞和流失等。❶ 显而易见，中国学者对国家安全内涵的理解比国外学者要更广泛，不仅考虑到来自国家外部的不安全因素，而且也十分关注来自国家内部的不安全因素。由此可见，国家安全就是指保卫国家生存和发展的基础不受侵犯和威胁，并在战略态势上保卫国家不受潜在的威胁。

3. 经济安全

对经济安全问题的研究始于冷战结束之后。在冷战时期特定的国际环境中，有关国家安全问题的研究往往都带有浓厚的军事色彩，冷战结束之后，包括美国在内的西方国家都认识到，国家安全的重点已由军事转向经济和生态方面。因此，经济安全问题成为一个具有安全与发展双重意义的重大课题。但是，究竟什么是经济安全，目前仍无定论。西方学者从不同的角度阐述了对经济安全的看法，尽管说法各异，但仍然可从中归纳出基本点，即一个国家的经济安全取决于国际安全条件和国内安全条件，而正是这两个条件成为支撑一国经济发展的关键性因素，同时经济竞争力是保证国家经济安全的重要基础。例如美国经济学家罗伯特·吉尔平就认为，经济安全是经济竞争力及其带来的相应的国际政治地位和能力。❷

国内一些学者认为，经济安全反映的是一个国家的竞争力和各

❶ 参见郑汉通：《经济全球化中的国家经济安全问题》，国防大学出版社，1999年版。

❷ 参见［美］罗伯特·吉尔平：《世界政治的战争与变革》，中国人民大学出版社，1994年版。

种能力。赵英认为，经济安全是指一个国家的经济竞争力；一个国家的经济抵御国内外各种干扰、威胁、侵袭的能力；一个国家的经济得以存在并不断发展的国内、国际环境。❶雷家骕也有同样的看法，他认为国家经济安全，即一国根本的经济利益不受伤害，主要指一国经济在整体上基础稳固、健康运行、稳健增长、持续发展，在国际经济生活中具有一定的自主性、自卫力和竞争力，不致因为某些问题的演化而使整个经济受到过大的打击和（或）损失过多的国民经济利益，能够避免或化解可能发生的局部性或全局性的经济危机。❷

国内还有一些学者认为，经济安全反映的是一个国家实现其经济发展既定目标的保障手段和过程。王逸舟认为，经济安全指的是在与政治、军事安全相区别的经济领域里，各国为实现本国经济的稳定、内部发展的可持续、各个部门的平衡等目标所确立的保障手段和过程，涉及金融安全、贸易安全、投资安全、避免世界周期波动的冲击、本国经济对外开放的速度和范围等内容。❸

我们认为，经济安全是指在经济全球化发展条件下，一国在其经济发展过程中具备抵御国内外各种干扰、威胁、侵袭的能力，从而保证经济主权不受侵害，并使国民经济保持持续快速健康发展的一种态势。经济安全的重要标志是，在保证经济主权独立的条件下，经济能够持续快速健康地发展。

二、金融安全概念的界定

从目前掌握的资料来看，国外学者尚未对金融安全的概念进行

❶ 参见赵英等：《中国经济面临的危险——国家经济安全论》，云南人民出版社，1994年版。

❷ 参见雷家骕：《国家经济安全导论》，陕西人民出版社，2000年版。

❸ 参见王逸舟：《关于经济安全的若干观点综述》，《学术动态》，1998年6月30日。

第二章 金融全球化下的金融安全理论

界定。这表明，对金融安全的概念进行具体和明确界定较为困难。同时也表明，由于经济安全的内容涉及一国经济发展中的诸多要素，而金融安全作为经济安全的一个重要组成部分，在经济安全中具有举足轻重的地位，因此国外学者通常都将金融安全放在国家安全战略和国家经济安全的系统中来探讨。中国学者对金融安全的研究和探讨是在1997年亚洲金融危机之后。应当说相关的研究仍处于起步阶段，根据现已掌握的资料，中国对金融安全较早进行界定的是王元龙博士（1998）和梁勇博士（1999）。❶

1. 从金融的实质角度界定

在1998年年初召开的"中国金融论坛"专题讨论会上，笔者做了"对外开放的中国与金融安全"问题的专题发言，❷认为：所谓金融安全，简而言之就是货币资金融通的安全，凡是与货币流通以及信用直接相关的经济活动都属于金融安全的范畴。一国国际收支和资本流动的各个方面，无论是对外贸易，还是利用外商直接投资、借用外债等也都属于金融安全的范畴，其状况如何直接影响着经济安全。❸

对金融安全概念的上述界定，具有以下几个方面的特点。

首先，根据金融的实质对金融安全概念进行界定。金融可以理解为凡是既涉及货币又涉及信用的所有经济关系和交易行为的集合。❹把金融安全的概念界定为货币资金融通的安全，并强调凡是与货币流通以及信用直接相关的经济活动都属于金融安全的范畴，这实际上是根据金融的实质对金融安全概念进行界定。

❶　参见刘沛：《金融安全的概念及金融安全网的建立》，《国际金融研究》，2001年第11期。

❷　参见王元龙：《对外开放的中国与金融安全》，《金融时报》，1998年5月18日。

❸　参见王元龙：《我国对外开放中的金融安全问题研究》，《国际金融研究》，1998年第5期。

❹　参见戴相龙等：《中华金融辞库》，中国金融出版社，1998年版。

其次，反映了金融安全概念的广泛性。要进行货币资金融通、从事信用活动，就需要有一个健全、完善的金融体系。金融体系则由五个基本的构成要素组成：一是金融制度，具体包括货币制度、汇率制度、信用制度、银行制度和金融机构制度、利率制度、金融市场的种种制度，以及支付清算制度、金融监管制度和其他。二是金融机构，通常划分为银行和非银行金融机构两类。三是金融工具，这是指信用关系的书面证明、债权债务关系的契约文书等，其包括的范围极为广泛，从传统的商业票据、银行票据，直到期货、期权和种种金融衍生工具的标准合约。金融工具可以在金融市场上进行交易，是金融活动的载体。四是金融市场，它是金融工具发行和流转的场所，金融市场主要包括资本市场、货币市场、外汇市场及衍生性金融工具市场。五是金融调控机制，这是指政府进行政策性调节的机制，金融调控机制的内容包括决策执行机构、金融法规和货币政策。❶ 既然金融安全是货币资金融通的安全，凡是与货币流通以及信用直接相关的经济活动都属于金融安全的范畴，那么毫无疑问，在金融安全概念中理所当然包括了整个金融体系和金融运行的安全。

最后，将金融安全的概念置于金融全球化的大背景下讨论。金融全球化的影响具有两重性，在大大提高国际金融市场效率、有效配置资源，促进世界经济发展的同时，也带来了众多负面影响，最突出的表现是加大金融风险和引发金融危机。金融全球化给世界一些国家带来经济失衡和金融不稳定的更大风险，同时还蕴藏着引发金融危机的风险。在金融全球化的发展过程中，与其相伴的蔓延效应使金融危机迅速扩散，产生巨大的波及效应和放大效应，国际金融动荡因此而成为一种常态。亚洲金融危机的爆发敲响了金融安全问题的警钟，也为人们在金融全球化潮流中维护金融安全提供了极其重要的经验教训，其中最为深刻的警示就是：中国在对外开放

---

❶ 参见戴相龙等：《中华金融辞库》，中国金融出版社，1998年版。

过程中必须高度重视经济安全和金融安全。正因如此，王元龙在界定金融安全概念时特别强调一国对外金融的安全，认为一国国际收支和资本流动的各个方面，无论是对外贸易，还是利用外商直接投资、借用外债等都属于金融安全的范畴，其状况如何直接影响着经济安全。需要指出的是，强调对外金融的安全，并不意味着忽略内部金融的安全，正如一些学者指出的："对目前的开放经济体而言，内外部经济往往是交织和融合在一起的。过分强调外部均衡的能力和状态而忽略内部均衡的状态来谈金融安全可能有失偏颇。"❶其实，在王元龙对金融安全概念的界定中，本身就已经包含了内外部金融安全，因为货币资金融通既可以在国内金融市场进行，也可能在国际金融市场进行。

2. 从国际关系学角度界定

梁勇在其博士论文中也对金融安全的概念进行了界定。他认为，从概念的源泉看，安全本来是国际关系学的概念，因此需要从国际关系学基本概念出发，结合经济学的思维方式给金融安全下定义。抽象地说，金融安全是对"核心金融价值"的维护，包括维护价值的实际能力与对此能力的信心这两个紧密相关的方面。那么什么是"核心金融价值"？这种所谓的"核心金融价值"包含哪些内容？梁勇博士认为，可以从三个层次来理解"核心金融价值"和该价值所维系的金融安全。

第一，"核心金融价值"是金融本身的"核心价值"，主要表现为金融财富安全、金融制度的维持和金融体系的稳定、正常运行与发展。这意味着金融安全是金融本身（当然包括王元龙所说的货币资金融通）的稳定和金融发展的安全，这也是对金融安全最普遍的理解和最常见的金融安全问题。

第二，"核心金融价值"是受金融因素影响的国家的"核心价

❶ 参见刘沛：《金融安全的概念及金融安全网的建立》，《国际金融研究》，2001年第11期。

值", 表现为国家的经济、政治和军事等领域的安全受金融因素的影响 (包括危害和维护两种情况) 程度。这意味着金融安全是在金融领域对国家经济、政治和军事等领域的安全的维护, 即把金融的正常运行和发展看成是对国家安全的支撑。

第三, "核心金融价值" 是国际金融运行中本国的 "金融价值", 其内容除了避免金融财富外流、外来冲击危及国内金融制度与体系进而危及经济、政治和军事安全外, 主要是 "金融主权"。这种 "金融主权" 是控制金融体系的力量, 它保持着对国内金融运行和金融发展的控制。这一内容是前两个层次的自然延伸, 它既包括金融本身的安全, 也包括金融对其他领域安全的影响。之所以在前两个层次之外特别强调对金融体系的外来冲击, 是因为在金融日益全球化的今天, 外部因素冲击国内金融体系所产生的不利影响日益突出, 金融安全因此被赋予了更大的紧迫性价值。

根据对 "核心金融价值" 的解释, 梁勇认为, 国家金融安全是指一国能够抵御内外冲击, 保持金融制度和金融体系正常运行与发展, 即使受到冲击也能保持本国金融及经济不受重大损害, 如金融财富没有大量流失、金融制度与金融体系基本保持正常运行与发展的状态, 包括维护这种状态的能力和对这种状态与维护能力的信心与主观感觉, 以及由这种状态和能力所获得的政治、军事与经济的安全。❶

郑汉通博士和雷家骕博士对金融安全的概念也做了类似的界定。郑汉通认为, 所谓的金融安全, 即一国金融利益不受侵犯, 金融体系的正常运转不受破坏和威胁, 金融体系能抵御各种金融危机对其的侵害。反之, 当一国金融利益受到侵犯, 金融体系不能正常

---

❶ 参见梁勇:《开放的难题: 发展中国家的金融安全》, 高等教育出版社, 1999年版。

运转，面对各种各样的金融危机毫无抵抗能力，就是金融不安全。❶

雷家骕认为，所谓金融安全，主要是指金融领域能够通过采取各种手段抵御和消除来自内部及外部的各种威胁和侵害，以确保正常的金融功能和金融秩序。❷

3. 对金融安全概念的再认识

从国内外学者对经济安全和金融安全概念已有的解释来看，要准确界定金融安全的概念需要考虑以下因素。

一是金融的含义与主要内容。金融是既涉及货币，又涉及信用的所有经济关系和交易行为的集合，金融运行需要有一个健全、完善的金融体系，而金融体系则由金融制度、金融机构、金融工具、金融市场和金融调控机制所组成。

二是安全的含义。安全是指在宏观上不存在威胁，在主观上不存在恐惧。安全是一种状态，也是一种行为，如安全措施与安全机构。

三是国际经济环境的变化。对经济安全问题的研究始于冷战结束之后，而对金融安全的研究和探讨是在 1997 年亚洲金融危机之后。金融安全观是特定历史发展阶段的产物，是国家安全战略的重要组成部分，它的提出与国际经济环境的变化，特别是经济金融全球化的发展有密切的关系。

综上所述，可将金融安全的概念界定为：金融安全是指在金融全球化条件下，一国在其金融发展过程中具备抵御国内外各种威胁、侵袭的能力，确保金融体系、金融主权不受侵害，使金融体系保持正常运行与发展的一种态势。

---

❶ 参见郑汉通：《经济全球化中的国家经济安全问题》，国防大学出版社，1999年版。

❷ 参见雷家骕：《国家经济安全理论与方法》，经济科学出版社，2000年版。

三、金融安全概念的内涵

为了准确理解金融安全的概念，还需要进一步探讨金融安全与金融风险、金融危机之间的相关性及重要区别。

1. 金融风险与金融安全

金融风险与金融安全有密切的联系，但也存在着重要的区别。金融风险是指金融机构贷出款项，可能遭受损失的危险性。金融风险通常包括：信用风险、市场风险、国家风险。❶金融风险是金融行为的结果偏离预期结果的可能性，是金融结果的不确定性。金融风险的本质含义是指金融资产损失和盈利的可能性。这种可能性伴随着一切金融活动的进行。只要有银行业的资金借贷、有证券市场的融资和资产价格的变动、有保险业等金融活动，就必然存在金融风险，金融风险的存在是经济运行的常态状况。

金融风险与金融安全密切相关，金融风险的产生构成对金融安全的威胁，金融风险的积累和爆发造成对金融安全的损害，对金融风险的防范就是对金融安全的维护。❷但是，金融风险与金融安全又相互区别。金融风险主要从金融结果的不确定性的角度来探讨风险产生和防范问题，金融安全则主要从保持金融体系正常运行与发展的角度来探讨威胁与侵袭来自何方及如何消除。国内一些学者认为，金融安全就是没有金融风险的状态。其实，金融风险不一定会导致金融的不安全。现实的状况是，如果对金融风险控制得好、运筹得好，那么在广泛金融风险中也可保持金融安全的态势。金融不安全并不等于金融风险。因为金融风险是与金融活动相伴生的。只要从事金融活动，就存在着金融风险。它的根源在于金融活动所必然伴随的时空差。因此，金融风险并不意味着金融不安全。

---

❶ 参见戴相龙等：《中华金融辞库》，中国金融出版社，1998年版。

❷ 参见李翀：《国家金融风险论》，商务印书馆，2000年版。

一般来说，在国际经济活动中，金融风险的大小与该国对外依存度的高低是成正比例变化的，即对外依存度越低，则该国面临的风险就越小；反之，对外依存度越高，则该国面临的风险就越大。这是经济国际化发展过程中的客观规律，是不以人们的意志为转移的。然而，由于金融安全的概念是相对的，只能将一国抗拒风险、抵御侵害的能力作为衡量金融安全程度的标准。也就是说，金融风险的大小、金融安全程度的高低取决于该国防范和控制风险的能力如何，即防范和控制风险的能力越强，则该国面临的风险就越小，金融安全程度就高；反之，防范和控制风险的能力越弱，则该国面临的风险就越大，金融安全程度就低。显然，如果一国的对外依存度提高，可使其从中获得众多利益，并促进其经济的发展，但同时也意味着其防范金融风险，抵御外部冲击，维护金融安全的压力和责任的增加。

2. 金融危机与金融安全

金融危机是指金融体系和金融制度的混乱和动荡。主要表现为：强制清理旧债；商业信用剧减；银行资金呆滞，存款者大量提取现钞，部分金融机构倒闭；有价证券行市低落，发行锐减；货币饥荒严重，借贷资金缺乏，市场利率猛烈提高，金融市场动荡不宁；本币币值下跌。❶

金融危机，即发生在货币与信用领域的危机。在西方经济学中，对金融危机的含义有多种表述，但最有代表性的是著名的《新帕尔格雷夫经济学大辞典》中对金融危机的定义："全部或大部分金融指标——短期利率、资产（证券、房地产、土地）价格、商业破产数和金融机构倒闭数——的急剧、短暂和超周期的恶化。"金融危机的特征是基于资产价格下降的预期而大量抛出不动产或长期金融资产，将其换成货币。这与金融繁荣或景气时的特征正好相反：基于资产价格上涨的预期而大量抛出货币，购置不动产或长期

---

❶ 参见戴相龙等：《中华金融辞库》，中国金融出版社，1998年版。

金融资产。❶ 金融危机可包括货币危机、债务危机、金融市场危机与银行危机等具体的金融危机。

马克思主义对金融危机有精辟的论述。马克思认为金融危机大多都是经济危机的征兆，金融恐慌是经济危机的初始阶段。金融危机的根源在于制度，即生产的社会性与资本主义私人占有制之间的矛盾。当资本主义的这一基本矛盾达到难以调和的地步时，就会以危机爆发的形式来暂时强制性解决，使社会生产力受到巨大的破坏。信用、货币和金融不过是其中的一个环节而已。

马克思在他的光辉巨著《资本论》中指出："乍看起来，好像整个危机只表现为信用危机和货币危机。而且，事实上问题只是在于汇票能否兑换为货币。但是这种汇票多数是代表现实买卖的，而这种现实买卖的扩大远远超过社会需要的限度这一事实，归根到底是整个危机的基础。"❷ "如果说信用制度表现为生产过剩和商业过度投机的主要杠杆，那只是因为按性质来说可以伸缩的再生产过程，在这里被强化到了极限"，"信用加速了这种矛盾的暴力的爆发，即危机"。❸

当然，马克思也并不否认独立金融危机的存在，这是因为货币信用金融活动对于生产活动有一定程度的独立性。信用的过度扩张、银行的迅速发展和投机活动的高涨，都可以导致危机的发生。因此货币危机可以单独发生，金融领域也有自己的危机。

金融安全的反义词是金融不安全，但绝不是金融危机的爆发。中国有些学者将金融安全的实质描述为金融风险状况，而金融不安全的表现主要是金融风险与金融危机。实际上，金融危机是指一个

❶ 参见［英］约翰·伊特韦尔等：《新帕尔格雷夫经济学大辞典》，第2卷，经济科学出版社，1992年版，第362页。

❷ 参见马克思：《资本论》，第3卷，人民出版社，1975年版，第555页。

❸ 参见马克思：《资本论》，第3卷，人民出版社，1975年版，第555页。

国家的金融领域已经发生了严重的混乱和动荡，并在事实上对该国银行体系、货币金融市场、对外贸易、国际收支乃至整个国民经济造成了灾难性的影响。它往往包括全国性的债务危机、货币危机和金融机构危机等。这说明，金融危机是金融不安全状况积累后的爆发结果，是金融风险的结果。

3. 金融安全是动态发展的安全

世界上并没有绝对的安全，安全与危险都是相对而言的。例如，对于市场基础良好、金融体系制度化、法律环境规范化且监管有效的一些国际金融中心来说，没有人担心金融工具创新会使银行处于不安全状态；而对于不良资产比例过高、十分脆弱的国内商业银行来说，新的金融工具带来金融风险的可能性就比较高。因此，金融安全应当是面对不断变化的国际、国内金融环境，所具备的应对能力的状态。

金融安全应当是动态发展的安全状态。这是因为，经济运行的态势是一种连续不断的变化过程，而在这一过程中，金融运行往往处在一种连续的压迫力和惯性之中。在经济快速增长时期，银行会不断扩张信贷，其结果有可能导致不良资产增加；在经济衰退时期，银行经营环境恶化，被迫收缩信贷，从而又迫使经济进一步衰退。这种状况可用现代金融危机理论中的金融体系脆弱性的长波进行解释。因此，金融安全是基于信息完全和对称及其反馈机制良好的运行基础上的动态均衡，安全状态的获得是在不断调整中实现的。

金融安全是特定意义上的金融稳定。由于金融安全是一种动态均衡状态，这种状态即往往表现为金融稳定发展。但金融稳定与金融安全在内容上仍有不同：金融稳定侧重于金融的稳定发展，不发生较大的金融动荡，强调的是静态概念；而金融安全侧重于强调一种动态的金融发展态势，包括对宏观经济体制、经济结构调整变化的动态适应。国外的学者在研究有关金融危机的问题时，则更多地运用金融稳定的概念而较少使用金融安全概念。

4. 金融安全是金融全球化的产物

金融安全观的提出是特定历史发展阶段的产物，是金融全球化的产物，更确切地说，是应对金融全球化负面影响的产物。尽管金融全球化具有促进世界经济发展的积极效应，但不可否认，金融全球化也带来了众多负面影响，其中最突出的是加大金融风险和引发金融危机。金融全球化给世界一些国家带来经济失衡和金融不稳定的更大风险，同时还蕴藏着引发金融危机的风险。在金融全球化的发展过程中，与其相伴的蔓延效应使金融危机迅速扩散，产生巨大的波及效应和放大效应，国际金融动荡因而已成为一种常态。因此，金融安全被作为应对金融全球化的一个重要战略而提出，已成为国家安全战略的一个重要组成部分。

金融安全状态赖以存在的基础是经济主权独立。如果一国的经济发展已经受制于他国或其他经济力量主体，那么无论其如何快速发展，应当说金融安全隐患始终存在，金融安全的维护也无从谈起。❶ 金融全球化加大了发达国家和发展中国家之间的差距。金融全球化的发展使国际社会日益重视统一标准的制定与实施，由于发达国家掌握了金融全球化的主导权，按发达国家水平制定的标准必然不利于发展中国家，使后者难以获得所需的发展资金，从而进一步扩大发展中国家与发达国家的差距。国际经济金融中存在着不平等的客观现实，促使一些国家开始关注金融安全。

第二节 国外关于金融安全问题的研究

一、国外金融安全问题研究概况

世界各国在其发展过程中，都十分关注国家经济安全问题。早

---

❶ 参见刘沛等：《金融安全的概念及金融安全网的建立》，《国际金融研究》，2001年第11期。

在20世纪60年代后期和70年代，美国、日本的一些学者就已经开始关注国家经济安全问题，如日本学者对"日本的生存空间和经济安全问题"所进行的研究。20世纪90年代以后，关于国家经济安全的研究受到众多国家的重视，许多国家都设立了在政府高层直接领导下的专门机构。国际货币基金组织、世界银行、经济合作与发展组织、美国兰德公司、美国斯坦福研究院、加拿大社会发展院、俄罗斯社科院经济研究所、韩国产业研究院，德国、法国及印度等国的有关研究机构，都在有组织地研究国家经济安全问题。一些国际金融机构和一些国家的银行业对金融安全进行了深入、具体的研究，提出了相应的反危机战略和策略。

　　值得注意的是，自20世纪90年代以来，国家经济安全的概念被逐渐用于国家政策之中，西方主要国家开始将经济安全战略提高到国家安全的重要战略地位。美国、日本和欧洲对维护国家经济安全的研究成果已经被政府纳入到国家对外战略的范畴考虑。1993年，美国总统克林顿明确提出，要把经济安全作为美国对外政策的主要目标，并在政策上将经济安全确立为国家安全战略的三大目标之一。其战略目标包括：加强自身经济实力的建设和积累，为国家安全目标的实现奠定坚实的物质基础；保持与盟国经济竞争的主导地位，通过经济一体化制约与盟国的经济关系；通过"和平投资"巩固在苏联、东欧的成果；运用经济制裁、经济援助等手段加强对各种国际矛盾的调控，尤其是影响和控制第三世界国家。显然，美国正致力于运用时代给予的机会来构筑一个全面出击的国家战略体系，来保障其"在21世纪全球中的领导地位"。❶继美国之后，越来越多的国家开始重视本国经济安全。1996年，俄罗斯也明确提出了"国家经济安全战略"和"国家安全基本构想"。除此之外，印度、日本等国也提出了本国的国家

---

❶　参见雷家骕：《国家经济安全理论与方法》，经济科学出版社，2000年版。

经济安全思路。

国外学者发表和出版了大量的关于国家安全的学术论文和专著，其中，美国前国防部长威廉·佩里与美国前助理国防部长艾什顿·卡特在 1999 年 10 月出版的《预防性防御：一项美国新安全战略》（Preventive Defense：A New Security Strategy For America）一书，是论述冷战后时代美国新安全战略的代表作。需要指出的是，国外学者基本上都是从国家安全特别是军事、外交的角度来研究经济安全的，如佩里与卡特的著作中提出的国家安全战略新机制的四个要素是谍报与预警、预防与威慑、危机与后果管理、以协调一致的方式获得所需的技术。❶目前尚未见到专门论述金融安全的著作，而是把金融安全作为经济安全的一个重要组成部分与经济安全一起来研究。

1999 年 12 月，美国白宫新闻出版署公布了《新世纪的国家安全战略》报告，该报告也是从国家安全的角度分析了美国的经济安全。❷报告将美国的国家利益分为三类，第一类是关系国家生死存亡的利益，这些利益包括：美国及其盟国的领土完整，美国公民的安全，国民经济的发展，以及保护关系国计民生的重要经济部门（含能源、银行和金融系统、通信、交通、水资源、应急服务等）的安全。第二类是影响美国和世界的事件，如在经济上与美国密切相关的国家和地区结盟，保护世界环境，以及避免可能引发大动乱的难民潮等。第三类是人道主义及其他，主要指保护人权、应对天灾人祸、支持民主、环境保护等。该报告认为，为了维护美国的国家利益，美国国家安全战略的三个核心目标是增强美国的安全、保障美国的经济繁荣、促进国外的民主和

---

❶　参见［美］艾什顿·卡特等：《预防性防御：一项美国新安全战略》，上海人民出版社，2000年版。

❷　参见雷家骕：《国家经济安全理论与方法》，经济科学出版社，2000年版。

人权。显而易见，该报告把金融安全置于关系国家生死存亡的利益之列。

把保障美国的经济繁荣作为美国国家经济安全战略的核心目标之一，是因为经济利益与安全利益密不可分。美国本土的经济繁荣依赖于战略物资的进出口贸易的稳定，例如石油和天然气；同时，为了保证经济的繁荣，美国还应拥有国际发展、金融和贸易组织中的领导地位，力图通过国内和国外的努力来保障美国的经济繁荣。反过来，美国的外交强度、军事实力和美国价值观的吸引力，都在相当大的程度上取决于美国的经济实力。

美国《新世纪的国家安全战略》报告认为，保障美国经济繁荣的措施主要包括以下三个方面。

第一，加强金融合作。该报告认为，国际金融危机的频繁爆发表明，在由私人资本主义主宰的全球金融市场中，机遇与风险并存。美国的目标是建立一个稳定的、有弹性的全球金融体系，以促进全球经济发展，为所有的国家带来广泛的利益。美国将与各国、各国际金融组织合作，致力于推进六个领域的改革：加强并改革国际机构；增加透明度；加强工业国家的金融立法；强化新兴市场的宏观经济政策和金融体系；改善管理，防范危机；推进社会福利措施，保护穷人和弱者。

第二，开放的贸易体系。该报告认为，世界上96%的消费者居住在美国以外的地方，因此美国必须扩大对外贸易，以支持本土的经济增长。不断增长的全球经济，特别是新兴市场，为美国的公司和工人带来巨大的商机。21世纪美国的繁荣取决于美国在国际市场上的竞争力。为此，美国将把世界贸易组织作为一个公开解决贸易纠纷的论坛。

第三，提高美国的竞争力。该报告认为，为了获得开放市场的最大利益，美国必须有一个完整的战略，以维持美国的技术优势，增加出口；同时，应实行保护国家安全的出口控制措施，以维持美国高科技公司的全球竞争力。

目前，经济安全已成为各国注目的焦点，在国家安全中占据突出地位。维护国家经济安全已经成为各国政府的头等大事。

二、国外关于金融安全的理论

1. 金融危机理论是金融安全理论的基础

安全问题与各种危机从来都是紧密相连的，危机是产生安全问题的根源。自然，金融危机与金融安全问题之间也存在着密切的关系，金融危机是金融不安全状况积累后的爆发结果，金融危机是金融安全问题的根源，而且金融危机的严重程度与金融不安全的严重程度成正比。

从历史经验来看，在过去 15 年中，181 个国际货币基金组织成员中有 131 个曾受金融危机的困扰。无论是发达国家，还是发展中国家都曾多次爆发金融危机。金融危机爆发的形式在发达国家和发展中国家有着重要的区别：爆发在发达国家的金融危机往往局限于银行部门或其他金融部门，通常由于有政府的救助，陷于困境的金融体系能够较快脱困，使金融危机的影响和危害被控制在一定的范围之内。爆发在发展中国家的金融危机，特别是新兴市场的金融危机则严重得多，往往会产生明显的"多米诺骨牌"效应，对整体经济的破坏性十分突出，因为其金融体系和金融制度都比较脆弱，存在金融部门脆弱性与宏观经济恶化之间的必然联系。尽管如此，金融危机对金融安全各个方面的影响是显而易见的：金融危机危及金融稳定与金融发展的安全，危及金融运行的安全，威胁金融主权的安全。金融危机日益对国家安全造成威胁和实际伤害并具有传统安全观所包括的部分内容，因此金融危机的理论是构成金融安全理论的基础。

从金融危机理论研究的发展过程来看，近年来也出现了重要的

---

❶ 参见梁勇：《开放的难题：发展中国家的金融安全》，高等教育出版社，1999年版。

变化，即研究的重点已由发达国家转向发展中国家。

传统的金融危机理论是将发达国家作为主要研究对象，关注的重点是发达国家的情况，而对发展中国家和地区的研究则比较少。这是因为，对发达国家来说，金融安全并不是其最迫切的大问题，因为金融危机对发达国家金融安全各个方面的影响都不很明显。虽然发达国家的金融危机与发展中国家和地区的金融危机在原因和后果等方面存在较大的差异，但传统的金融危机理论仍对发展中国家和地区反危机对策具有指导意义和借鉴意义，可以较好地揭示金融安全问题。

现代金融危机理论已经开始注重对发展中国家和地区的研究。这是因为发展中国家和地区，由于受国际利率变动、对外债务增加、国际资本流动异常变动以及国际游资投机性攻击的影响，引发金融危机的可能性较大；而金融危机不但会损害其实质经济的运行、造成经济停滞或衰退、大量失业，还会导致金融业陷入困境、投资环境恶化、资本大量外流，政局不稳、政要更迭，国内社会与政治动荡。随着经济金融的全球化的发展，发展中国家和地区，特别是新兴市场的金融危机的频频爆发，其影响已经不仅仅局限于发展中国家和地区，金融危机迅速扩散，产生巨大的波及和放大效应，造成国际经济金融的剧烈动荡，使世界经济深受其害，亚洲金融危机就是极好的例证。因此，金融危机理论研究必然要关注发展中国家和地区，金融危机理论仍是分析与研究发展中国家和地区开放进程中金融安全问题的重要理论基础。

2. 金融危机理论的最新发展

据考证，对金融危机的研究可追溯到埃铁翁（Richard Cantillon）写于18世纪20年代、发表于1755年的著作《论一般商业的性质》。[1]200多年来，特别是20世纪以来，对金融危机的研

❶　参见梁勇：《开放的难题：发展中国家的金融安全》，高等教育出版社，1999年版。

究论著可谓汗牛充栋，提出了大量具有启发性的理论。但是，金融危机研究的重大发展则是在亚洲金融危机爆发之后。

1997年7月爆发了亚洲金融危机，这是20世纪最后20年中影响最为深远的重大事件之一。亚洲金融危机之所以引起了全球的广泛关注，就是因为与以往的金融危机相比，亚洲金融危机有许多显著的特点。

一是特殊性。危机始发于经济高速增长、一向为经济学家视为良好典范的亚洲五国（泰国、印尼、韩国、马来西亚、菲律宾），而且国际金融与投资界、经济学家几乎都未能预测到危机的发生。

二是严重性。危机的后果极为严重，是1982年债务危机以来最严重的一次危机，被危机席卷的国家的经济都遭到沉重的打击，损失十分惨重，并影响到其社会、政治的稳定性，造成一些国家领导人的更迭。

三是广泛性。20世纪80年代后期以来，英国、墨西哥、日本等国家发生的金融危机，仅局限于一国一地，基本并未涉及其他国家和地区；而首先从泰国开始的亚洲金融危机是按"多米诺骨牌"效应，在亚洲范围内由南向北蔓延，并数度影响欧美等发达国家。亚洲金融危机在区内多次吹袭、反复震荡、相互影响，同时强度逐渐加大，进而波及全球，由此产生较大的破坏性。

四是挑战性。亚洲金融危机向国际金融体系提出了严峻挑战：全球资本流动本身是否是危机的内在原因，全球化的资本市场对经济增长的作用是否是利大于弊；亚洲金融危机也对国际货币基金组织（IMF）处理危机的方式提出了挑战：国际货币基金组织的援助是否导致了道德风险，国际货币基金组织处理由公共领域导致的危机的传统方式是否适合于由私人领域导致的危机。

也正是在亚洲金融危机的影响之下，国际金融理论界开始对传统的金融危机理论进行反思，并对亚洲金融危机成因进行了深入的分析。在国际金融理论界，对于亚洲金融危机的成因，有三种具有较大影响的观点，即宏观经济基础论、金融恐慌论和金融体系脆弱论，参见专栏 2.1、专栏 2.2 和专栏 2.3。

专栏 2.1　亚洲金融危机的成因：宏观经济基础论

宏观经济基础论的主要代表是美国麻省理工学院教授克鲁格曼（P. Krugman）等人。他们认为，亚洲金融危机的根源在于这些国家错误的政策，以及由此导致的宏观经济基础的恶化。政府的错误政策，如片面追求高增长的政策、固定汇率体制、政府对经济的过度干预、政府直接或间接的担保、不充分的金融管制与金融过度自由化等。这些错误的政策导致了一系列宏观经济后果，主要是实际汇率升值、巨大且不断增长的经常项目赤字、短期外债增加、过度信用扩张、高风险低收益及非贸易性的投资、脆弱的银行与金融体系、缺乏谨慎的金融监管等。如果以流程图来表示，宏观经济基础论的逻辑顺序如下：

政策不协调（追求过高的增长率、投资与风险、联系汇率制、政府担保）→汇率升值（过度风险投资与资产价格泡沫化）→经常项目赤字→大量短期、未保值外债增加（通过银行借入）→外部冲击（短期资本撤出）→汇率贬值和危机产生→外债偿付的压力（竞争性贬值、外向需求增加）→政治不稳定、银行问题→金融恐慌。

宏观经济基础论在指出亚洲金融危机主要是由不断恶化的经济基本变量和政府的错误政策导致时，也强调了金融恐慌的作用。一旦危机开始，投资者由于金融恐慌而引致市场的过度反应和"盲从效应"（Herding），使资产和汇率的变化超出了应有程度，从而放大了危机。

金融恐慌论的主要代表是美国哈佛大学教授萨克斯（J. Sachs）等人。他们认为，尽管亚洲五国经济在宏观和微观方面，尤其在金融领域中存在一定弱点，但这些弱点并不必然导致危机，准确地说，并不必然会导致如此严重的危机。如果包括亚洲五国政府、国际货币基金组织、国际社会在内的各方的应对政策适当，危机在一定程度上是可以避免的。萨克斯认为，亚洲金融危机是流动性危机而非清偿性危机。危机的起因、发展和传染的关键原因是金融恐慌，亦即市场参与者对市场的预期和信心突然改变。金融恐慌发生时，每个债权人的决策都不是建立在对债务人的基本经济变量理性分析判断的基础上，而是建立在其他债权人的行为（或预期行为）之上；换言之，每个债权人都不像正常情况下那样，根据自己掌握的信息来进行决策，而是根据其他债权人的行动来决定自己的行动方向。当看到或预期其他债权人将要撤离资金时，自己的最优理性选择应该是抢在其他投资者之前立即撤资，结果导致迅速撤离的集体行动，即所谓"羊群行为"。1997 年 6 月以后，市场普遍传言亚洲五国金融市场将出现危机。受此影响，投资者几乎是不约而同地纷纷提早行动，致使外资大量恐慌性流出。当年资本外流比例高达这五国国内生产总值的 11%。1996 年，东南亚地区吸引了 750 亿美元的外资，而在 1997 年则骤减到 120 亿美元。失去了强大的外资支撑，外汇市场和股票市场自然会一败涂地。这样，投资者的集体行动最终使预期的结果当真实现，金融恐慌便成为自我实现（self-fulfilling）的了。

1997 年年初，发生了一些不利事件。例如，在泰国，房地产与股票市场暴跌，金融公司与银行大量倒闭，政府在解救这些金融机构的过程中耗去了大量资金；在韩国，一些大企业的倒闭，给银行带来巨大压力，如此等等，引致了轻度的金融恐慌，市场信心开始动摇。当汇率贬值和外资开始撤离后，一个自我强化的恐慌链便出现了。在这个链条中，下述环节最引人注目。

（1）外资撤离导致汇率贬值，汇率贬值导致外资继续撤离，从而导致汇率进一步贬值。

（2）看到某些企业出现问题，债权人便不分青红皂白地认定所有企业都存在问题，于是撤资形成风潮。

（3）汇率贬值导致债务人债务负担加重。外国债权人担心债务人违约，不愿对债务人的贷款展期，更不愿提供再贷款。

（4）债务人购买外汇还债，增加了汇率贬值的压力。

（5）货币贬值导致银行债务恶化，银行被迫紧缩信用、提高利率。其结果又导致企业状况更加恶化，甚至原来经营良好的企业也因为利率高和缺乏流动性而陷于破产。

（6）主要国际评级机构（如穆迪、标准普尔）降低了对亚洲国家的信用等级（降到投资级以下），严重打击了投资者信心，金融恐慌进一步蔓延。这种状况，致使亚洲五国无法在国际金融市场上融资，许多国际商业银行也开始抛售这些国家的债券（因为法律规定，不许持有投资级以下的债券），许多投资者开始执行与信用级别相关的看跌期权，收回贷款。

（7）亚洲五国政府和国际金融组织（特别是 IMF）的强烈紧缩，导致进一步的金融恐慌。例如，泰国政府为保护固定汇率，购买了大量远期泰铢，并向有问题的金融公司注入大量资金，从而损失了大量外汇储备；马来西亚政府宣称恢复资本管制，吓退了潜在的投资者；印度尼西亚政府出尔反尔地整顿经济政策，使得国际投资者望而却步，等等。在国际社会方面，国际货币基金组织以紧缩为主要特征的"药方"，如提高利率、紧缩财政、大量关闭金融机构等，进一步加重了金融恐慌。

总之，在恐慌论者看来，亚洲国家的金融危机并不具有"经典性"，可以说是一些非经济因素，诸如"囚徒心态"作怪等，使亚洲金融危机发展到十分严重的程度。

专栏2.3　亚洲金融危机的成因：金融体系脆弱论

金融体系脆弱论这种观点以世界银行前首席经济学家斯蒂格里茨（J. Stiglitz）为代表。斯蒂格里茨的看法比较折中，他不是一味地谴责"东南亚模式"，也不全怪罪于西方投机者，而是认为亚洲之所以发生金融危机，既有宏观经济不稳定的原因，也有金融监管不力的因素，还有国际债权人不负责任的问题。斯蒂格里茨的观点得到了亚洲国家的普遍欢迎。

斯蒂格里茨同意"恐慌论"者的看法，认为亚洲金融危机与过去发生的危机有显著的不同，这主要指的是：危机之前，许多东南亚国家的宏观经济基础是比较好的：储蓄较高、财政比较健全、通货膨胀率较低，以及对外债务相对可承受，等等，都不是发生危机的征兆。可见，传统的宏观经济理论难以对亚洲金融危机做出令人信服的解释。

在斯蒂格里茨看来，亚洲金融危机的根源并不在于政府的恣意放纵，而在于私人部门的决策使得经济体特别易受信心失落的打击。最大的失误是投资的错误分配（流入投机性房地产领域和股票市场）和冒险的融资形式（从国际市场大量借入短期债务）。信用资源的错误配置会带来不安全贷款，并且很容易使得某一方面的信用危机扩展至经济的整体。大量未保值的短期债务的存在，使得东南亚经济在面对信心丧失时极为脆弱。一旦普遍的恐慌出现，资本外流、货币贬值以及资产价格暴跌现象就会出现，并进一步恶化私人部门的资产负债表，进而造成恶性循环。一旦金融问题导致信用紧缩，并损害实体经济，导致经济增长速度放慢，恶性循环就会越演越烈。如果整个地区的金融体系都比较脆弱，经济衰退便会自我加深并相互影响，使得破产与信心丧失齐头并进。

但是，这并不意味着政府对危机就没有责任。正是政府的政策塑造了私人部门的激励机制并导致了经济的脆弱。特别是钉住或者管理汇率与国内的高利率并存，导致冲销性资本大量流入。这些政策刺激居民从国外以低利率大量借款，而且，由于不用担心未来汇率波动，居民通常都不对这些借款加以保值措施。

除了这些宏观经济诱因以外，不充分的金融管理也使得银行在缺乏监管的情况下发放高风险贷款。导致出现这一问题的部分原因是过快的金融自由化，而强有力的金融监管却没有同时跟进。另外，还有许多监管和干预措施，比如各种税收激励政策，实际上也加重了金融的脆弱性。

斯蒂格里茨同样看重信心危机的不利影响。因为心理预期极度波动，即使良好的经济体有时也会被失望的情绪攻破。对此他做了一个形象的比喻："小型开放经济就如同狂风大浪中的小船一样，虽然我们不能确知船何时会被倾覆，但毫无疑问船最终会被一个大浪打翻，而不论船的驾驶技术如何高超。当然，糟糕的驾驶技术会增大发生灾难的可能性，一艘漏船即使在风平浪静的日子里也会倾覆。"一旦市场的"情绪"受到重创，信心开始滑落，直接的结果就是新增资本流入的停止和存量资本的外流，由此导致货币贬值和资产价格暴跌，而这一切必然会恶化私人部门的资产负债表。这样，危机的自我实现过程就出现了。一旦金融问题引发信贷紧缩，损害实体经济，并进而导致经济滑坡，恶性循环就会进一步加重。

最后，透明度的缺乏也使这场短期震动变成了长期衰退。危机发生后，市场认识到，许多东南亚国家的公司状况比自己过去所认识的要差。在没有充分可靠的信息来区别公司好坏的情况下，银行必然良莠难辨，其自然反应就是一律减少对这些公司的信用支持，或者在提供贷款时，它们要求公司普遍提高风险补偿金要求率。信用的加速紧缩也就不可避免。

在这三种金融危机理论中，宏观经济基础论将危机归因于政府的错误政策和恶化的经济基础，并认为金融恐慌加重了危机；金融恐慌论认为亚洲经济尽管存在一定的弱点，但这些弱点不足以导致危机，危机的关键原因在于投资者对市场的信心和预期的突然改变；金融体系脆弱论基本上是对上述两种观点的折中，同时它更强调金融管理的失误。

根据辩证唯物主义的基本原理，内因是事物发展的根本原因，是第一位的原因，外因只有通过内因才能起作用，所以要揭示导致亚洲金融危机的根本原因，也必须从外因和内因两个方面来分析。我们认为，亚洲金融危机是在国际经济格局发生重大变化、金融全球化和自由化步伐加快的背景下，由于东南亚国家经济处于转型期的结构性矛盾激化和政策失误而发生的，参见专栏 2.4。

专栏 2.4　亚洲金融危机爆发的外因与内因

---

1. 亚洲金融危机爆发的外因

亚洲金融危机反映了 20 世纪 90 年代以来国际金融动荡加剧的趋势，导致全球金融危机此起彼伏，这是导致亚洲金融危机的背景原因。

（1）国际游资与日俱增。随着金融全球化趋势的日益发展，伴随着资金活动趋向自由化，巨额国际游资等资金在全球范围内频繁调动。根据国际货币基金组织的粗略统计，在国际金融市场上流动的短期银行存款和其他短期证券超过 7.2 万亿美元，日成交量达到 1.5 万亿~1.7 万亿美元，并且有迅速增长的趋势。这些天文数字般的资本像幽灵一样到处游荡，特别是活动于外汇市场和股票市场以寻求高额利润。因缺乏资金而不得不利用国际游资，但金融制度尚不健全的发展中国家便成为国际货币投机商的狙击对象，从而形成国际金融动荡的重要因素。

（2）金融衍生工具不断创新。据统计，目前世界上各种金融衍生工具已超过1200多种，与此同时，金融衍生交易额也在急剧增加，这就使得具有极大投机性的国际游资变得更加活跃。利用各种金融衍生工具，凭借现代信息技术的支持，投机家能在本部办公桌前，决策于本国之外任何地区，在瞬间完成全球不同市场上的大笔投机性交易，实现巨额资金在不同地区的快速转移，更加剧了全球性的金融动荡与危机。

（3）国际金融体系的缺陷。20世纪90年代以来金融危机的频繁爆发，特别是亚洲金融危机的爆发，表明国际金融体系缺乏有效防范金融危机的防范机制。在国际金融市场迅速发展的同时，相应的监管却没有跟上，特别是跨境资本流动属于灰色地带，无人监管；金融机构的信息资料披露不够，缺乏透明度；对银行的监管十分薄弱，缺乏国际间的合作。

（4）世界经济政治矛盾交织。冷战结束之后，一些西方发达国家凭借其具有压倒优势的经济与金融实力，在国际金融体系中占据主导地位和特权地位，利用国际资本流动，进行攻击性金融投机，实现其对发展中国家的剥削而获得霸权利润。索罗斯等国际货币投机家的投机活动本身就有其政治背景。

2. 亚洲金融危机爆发的内因

东南亚国家经济在高速增长过程中，各种经济矛盾的激化和普遍存在的经济缺陷，是东南亚各国爆发金融危机的内在原因，也是金融危机爆发的根本原因。

（1）经济结构严重失衡。主要表现为四个方面：一是国际收支失衡，东南亚国家普遍因本国市场狭小而取向出口型工业化的道路，以外部需求带动国家的经济发展。而出口产品主要

中国金融安全论

是靠廉价劳动力来支撑的轻纺工业产品，技术含量低，附加值不高，国际竞争力每况愈下，出口势头锐减，经济增长乏力，从而出现经常项目的大量逆差和财政赤字。例如泰国1997年经常项目赤字达145亿美元，占国内生产总值的8%，高于国际公认的5%的安全水平，加上外汇储备减少，本币贬值，造成国内经济基础脆弱，处于一触即溃的境地。二是资金投向失衡，非生产性贷款特别是房地产和消费性贷款高于生产性贷款。三是金融资产结构失衡，商业银行和非银行金融机构资产增加普遍高于中央银行，使中央银行的调控能力下降，银行资产质量不高，金融风险加剧。四是债务结构失衡，危机爆发国的外债占国内生产总值比例过高，例如泰国外债总额超过900亿美元，占国内生产总值的46%，菲律宾高达54%；短期贷款高于长期贷款，泰国的短期贷款占贷款总量的比例高达50%以上，韩国1000亿美元的外债总额中，短期债务竟然高达60%以上，大大超过短期贷款率（短期贷款／外债余额）20%的安全标准线。

（2）金融监管体系不健全。在金融全球化浪潮中，东南亚国家在国内金融制度不健全、金融市场设施不完备、监管措施和监管机构不完善的条件下，开放了金融市场，这与本国经济发展水平极不协调。例如泰国自20世纪90年代以来，陶醉于经济增长的成就，欲趁香港回归中国之际，取代香港成为国际金融中心，因而先后推出一系列金融改革措施，包括取消经常项目国际支付的限制，减少对资本项目交易的外汇限制，允许国内投资者直接通过银行获得低息的外国资金，允许持有泰国离岸银行执照的外国银行在泰国各城市设立分支机构等，结果吹起了一个巨大的以国际资本为依托的信贷气泡，为国际资本投机活动埋下了隐患。

（3）金融政策失误。自20世纪80年代中期以来，东南亚国家实行的与美元挂钩的一揽子汇率政策，与国际经济金融关系发生变化后的实际需要很不适应。特别是进入 1997 年后，美元兑日元持续呈现强势，东南亚国家货币也随之升值，造成了币值的高估和产品国际竞争力的减弱；东南亚国家的外汇储备量普遍不高，因而政府能动用的外汇储备入市干预达不到预期的效果。以印度尼西亚为例，当外汇市场被冲击时，印度尼西亚政府在汇市上一次最多只能投入 3000 万美元，不仅压不住汇市上的对手，反被对手全部吃掉。

（4）政府干预企业行为过度。政府直接干预企业行为和主导经济发展，被称为"东亚经济模式"。这种政府行为与市场机制相互交融的模式，确实为战后东亚经济起飞提供了巨大的动力，但也渐渐积累了不少自身难以克服的矛盾：政府对经济的过度干预与日益成熟的市场机制相抵触，严重扭曲了资源的配置；企业过分依赖政府，导致自身竞争力下降，经营艰难、亏损严重；金融体系"道德危害"，导致金融秩序混乱、金融脆弱。以韩国为例，由于政府过多干预企业行为，衍生政企不分、官商勾结，腐败严重、家族统治，"政策性贷款""银行超贷""企业超借""人情贷款""优惠贷款"现象严重，企业经营困难重重，造成银行和金融机构大量呆账，仅 1997 年前 10 个月韩国破产的 10 家大企业，就留下了 270 亿美元的坏账。亚洲金融危机爆发前，东亚区域银行的坏账高达 6600 亿美元，金融体系极为脆弱。

（5）民众的信心危机。信心危机对金融危机的发展起着推波助澜的作用，犹如洪水冲垮堤围，导致灾难。以韩国为例，可以说最大的危机就是信心危机，造成信心危机的原因主要有三个方面：一是金融市场长期缺乏透明化的资讯，使得投资者对政府的信心不足；二是民众对金融危机缺乏应有的心理准备，民众信心的崩溃又加剧了经济的崩溃；三是政府对急剧变化的金融形势，缺乏有效的对策措施，引起民众对政府更加不信任。

3. 金融危机对金融安全的危害

当金融不安全状况的积累超过临界点后，就会爆发金融危机，因此金融危机是金融不安全的最终表现，金融危机对金融安全构成了极大的威胁。金融危机导致金融体系的混乱，甚至使金融制度崩溃；金融危机会激化国内社会矛盾、引起社会和政局动荡。亚洲金融危机的爆发，使人们更深刻地认识到金融危机对金融安全的危害。亚洲金融危机对持续高速发展的东南亚经济造成了严重的冲击，使亚洲一些国家蒙受了巨大的损失，并对整个世界经济产生了重大的负面影响。

（1）金融危机的影响机制。亚洲金融危机对外部产生影响的机制主要有两个方面：首先，由于经济金融全球化的发展，国与国之间的经济联系越来越深，相互依存度越来越大。一国的金融危机可以通过贸易、金融关系等渠道对其他国家产生实质影响。其次，人们普遍认为，1997年全球金融市场动荡的主要传导机制是投资者过度敏感的金融恐慌心理，加上国际资金调动的电子化程度的进一步提高以及快速的信息传递，形成了所谓"金融市场接触传染"的问题。这是亚洲金融危机与以往的金融危机不同的一个突出特点。以往大范围的金融市场动荡主要是由于一个国家对外支付清偿发生了困难，从而通过债务链造成金融危机。而在亚洲金融危机中没有出现一个国家中止对外偿付，但动荡却迅速在亚洲各国传播，以致扩散到欧美等发达国家。

（2）对危机发生国直接的影响。毫无疑问，亚洲金融危机给危机发生国带来了巨大的不利影响，主要表现在以下方面：经济增长速度放慢（参见表2.1）；延缓了产业升级的进程；债务负担加重、企业不堪重负；坏账增加、金融业陷入困境；投资环境恶化、资本大量外流；人员大量失业，导致政局不稳、政要更迭。对世界经济和其他国家的影响：降低世界经济增长速度；影响国际贸易结构，加剧贸易保护主义；影响世界资本市场；殃及其他国家金融业。

表 2.1 受金融危机影响的亚洲主要国家和地区的国内生产总值增长率

（％）

国家和地区	1997 年	1998 年	1999 年	2000 年	2001 年
日本	0.8	−1.0	0.7	2.2	−0.4
韩国	5.5	−6.7	10.9	9.3	3.0
泰国	−0.4	−6.1	4.4	4.6	1.8
菲律宾	5.1	−0.6	3.4	4.0	3.4
马来西亚	7.6	−7.4	6.1	8.3	0.4
印度尼西亚	5.7	−13.1	0.8	4.8	3.3
中国	9.7	7.8	7.1	8.0	7.3
中国香港特别行政区	5.1	−5.0	3.4	10.2	0.6
中国台湾地区	8.5	7.3	3.9	4.0	1.3
印度	5.0	5.8	6.7	5.4	4.3

注：2001 年为估计数（中国除外）；国外资料来源为国际货币基金组织数据库。

资料来源：国家统计局，《中国统计年鉴 2002》，中国统计出版社，2002 年版。

当然，从另一个角度来看。亚洲金融危机对危机发生国也存在正面影响，主要有：货币汇率下跌纠正了汇率的高估，有利于提高出口竞争力，减少经常项目赤字；从长期来看，有利于吸引外国直接投资；有利于促进东南亚各国改变落后、僵化的金融监管方式，完善金融市场的监管体制；促进亚洲各国的区域经济金融合作，共同防范金融危机。

第三节　中国金融安全理论的发展

亚洲金融危机爆发以后，中国学者才真正开始重视对经济金融安全的研究，目前的研究尚处于起步阶段。尽管如此，中国对经济金融安全的研究已经取得了众多成果。

一、影响金融安全的内在因素

金融安全状况如何、金融安全程度高低，主要取决于该国防范和控制金融风险的能力与市场的感觉与态度。这种客观上的能力与主观上的感觉与态度是以用于减轻与处理危险的各种相关资源为后盾的。❶ 也就是说，金融安全问题的国别差异使各国维护金融安全的能力与信心有所不同，故而影响各国金融安全的因素也就有所不同。但是，从整体上看，一国维护其金融安全的能力基本都受制于内在因素和外在因素的综合影响。

内在因素是指由经济体系本身的原因引起的金融形势恶化，包括实质经济和金融体系本身。

首先，国家的经济实力。国际经验表明，如果一国发生金融危机，当局通常都是通过动用各种资源来控制局势、摆脱危机。可动用的资源有行政资源和经济资源。行政资源如动员社会力量、争取国际社会的支持等，但更重要的是经济资源，而且要动用大量的经济资源来进行救助。显然，救助能否顺利实施、信心资源缺失的弥补，都取决于国家的经济实力。

其次，金融体系的完善程度。可从两个方面理解：一是该国的宏观经济环境是否与金融体系相协调，即金融体系的正常运行是否有良好的宏观经济环境；二是金融体系自身制度环境的完善程度，如金融机构的产权制度状况、治理结构状况、内部控制制度状况等。

二、影响金融安全的外在因素

首先，在国际金融体系中的地位。一国在国际金融体系中的地

---

❶　参见陈彪如、冯文伟：《经济全球化与中国金融开放》，上海人民出版社，2002年版。

位极大地影响着其维护金融安全的能力（如该国的货币是否是主要国际储备货币，该国是否拥有制定国际金融规则的主导权等）。从西方主要发达国家的情况来看，它们不仅拥有相当健全的国内金融体系，而且在国际金融体系中占据主导地位，因而对国内金融市场和国际金融市场都具有极强的控制操纵能力，维护金融安全的资源极为丰富。在这些发达国家，即使金融安全发生了问题，通常也难以扩展为全局性的金融危机，金融仍可以维持稳定发展。与发达国家的状况完全相反，发展中国家在国际金融领域处于劣势，不仅无力改变，甚至难以影响国际金融市场，而且其发育程度低的内部金融市场和脆弱的金融体系往往还受到来自于发达国家的金融资本的控制。因此，对大多数发展中国家来说，如果金融安全发生了问题，就往往会危及金融体系和金融制度的稳定，甚至还会危及经济社会安全。

其次，国际游资的冲击。来自一国经济外部的冲击，特别是国际游资的冲击将有可能成为引发金融体系不安全的直接原因。从近年来爆发的金融危机看来，国际游资通常都是将已经出现明显内部缺陷的国家或地区作为冲击的首选目标，而那些短期外债过多、本币汇率严重偏离实际汇率的国家或地区更是首当其冲。国际游资通常采用的手法是：同时冲击外汇市场和资本市场，造成市场短期内的剧烈波动，实现其投机盈利。在国际游资的冲击下，市场的剧烈波动必然影响投资者的市场预期和投资信心，这样就有可能出现市场恐慌，引发资本大量外逃，结果导致汇率和股票价格的全面大幅度下跌。为了挽救局势、捍卫本币汇率，中央银行往往采用提高利率的方式吸引外资，从而进一步打击了国内投资、恶化了经济形势，使本国经济陷入恶性循环。东南亚一些国家在亚洲金融危机中的情况基本上与这一过程相符。

三、金融安全态势的监测预警系统

1. 金融运行基本态势判断

如前所述，金融安全是指在金融全球化条件下，一国在其金融发展过程中具备抵御国内外各种威胁、侵袭的能力，确保金融体系、金融主权不受侵害，使金融体系保持正常运行与发展的一种态势。由此可见，金融安全既包括金融体系的安全（例如金融机构的安全、金融资产的安全等），也包括金融发展的安全。金融安全所要求的是一种宏观整体上的安全，是动态发展的安全状态。正如有些学者指出的，如果有几家金融机构在竞争中破产倒闭就认为金融不安全，是一叶障目，不见泰山；如果在某一时点上出现了暂时的金融困难，就认为是金融不安全，也同样是小题大做。❶ 从金融运行来看，金融安全只是其中的一种客观状态和主观能力状态。金融安全的对立面就是金融不安全，临界于金融安全与金融不安全之间的就是金融基本安全，而金融危机则是金融不安全状况积累后的爆发结果，参见表2.2。

表2.2　金融运行的四种基本态势

安全状况	风险状况	金融运行状况
金融安全	无明显风险	各项风险指标均在安全区内，金融市场稳定，金融运行有序，金融监管有效，金融业稳健发展。
金融基本安全	轻度风险	金融信号基本正常，部分指标接近预警值；不良资产占总资产比重低于10%；有正常的金融机构倒闭，但所占比重很小；货币有贬值的压力；金融运行平稳。
金融不安全	严重风险	大部分金融指标恶化；大多数金融机构有程度不同的不良资产问题，不良资产占总资产比重超过10%；有较多的金融机构倒闭；货币较大幅度贬值；金融动荡、经济衰退。
金融危机	风险总爆发	是金融不安全状况积累的结果，爆发严重的货币危机和银行危机，货币大幅度贬值，大批金融机构倒闭；金融崩溃，经济倒退，社会动荡。

---

❶　参见陈彪如、冯文伟：《经济全球化与中国金融开放》，上海人民出版社，2002年版。

金融运行的四种基本态势在1997年爆发的亚洲金融危机中表现得淋漓尽致：一是金融危机。在此期间印度尼西亚爆发金融危机，金融动荡波及了政治领域，导致政局动荡、经济倒退和社会动荡。二是金融不安全。亚洲金融危机爆发之前的泰国、韩国和日本等国的金融运行状况就是典型的金融不安全。三是金融基本安全。在此期间中国虽然面临人民币贬值的压力，但经济金融状况基本良好。四是金融安全。在此期间美国经济运行保持良好态势，失业率、消费物价指数处在低水平，金融体系稳定。

2. 金融安全监测预警系统基本方法

由于对金融安全监测预警系统的研究有较大的难度，目前国内外尚无完整的、准确性较高的研究成果，初步的研究成果主要有：

（1）信号分析法。该方法主要是以金融安全状态转化的机理为切入点，研究影响金融安全的各种因素，考察其变化规律，分析导致一国金融不安全或金融危机的因素，为提前制定应对策略和措施提供依据。

信号分析法首创于1997年，其后经逐步完善，已成为当今世界最受重视的金融安全预警理论。该理论的核心思想是：选择一系列指标并根据相关历史数据确定其临界值，[1]当某个指标的临界值在某个时点或某段时间被突破，就意味着该指标发出了一个危机信号；危机信号发出越多，表示该国在未来24个月内爆发危机的可能性就越大。[2]

在信号分析法这类方法中，典型的做法是建立计量经济模型，试图通过模型将金融安全状态的转化解释为一组变量变化的结果，

---

[1]　临界值是使干扰信号比率最小化的指标取值，$\omega = \beta / (1-\alpha)$。其中，$\alpha$ 表示第一类错误（实际中出现了危机征兆，预警指标却未发出危机信号）出现的概率，β 表示第二类错误（实际中并没有危机征兆，预警指标却发出了危机信号）出现的概率，α 和 β 均为指标取值的函数。

[2]　参见唐旭等：《论建立中国金融危机预警系统》，《经济学动态》，2002年第2期。

中国金融安全论

并且认为可以找到不同的安全状态和这些变量之间的量化关系。典型的模型有 Frankel 等人的 probit 模型或 logit 模型，以及 Sachs、Tornell 和 Velasco 等人的横截面回归模型。❶ 由于金融系统本身的复杂影响关系以及经济结构的不断变化，使得传统计量经济学模型在预测方面的作用变得十分有限。就实际效果来看，这两套模型对 1997 年爆发的亚洲金融危机都没有做出任何预警。目前理论界对此已基本达成了共识，即用传统计量经济学模型预测金融危机的思路是无效的。❷ 信号分析法能够在事后判断对一国金融安全形成威胁的主要原因，从而有利于管理者制定相应的对策。但是，由于信号分析不能给出量化的标准，就难以预测危机何时发生。而且，市场信心在决定金融安全状态转化过程中扮演着重要作用，同样的金融事件，由于人们的市场预期存在差异，在不同国家很可能形成截然不同的结果。因此，信号分析法用于预测的作用是十分有限的。

第二章　金融全球化下的金融安全理论

（2）概率分析法。该方法有两种类型：一是并不考虑促成金融安全状态转化的具体因素和机理，而只是根据历史上各种安全状态下某些经济指标的表现，制定一套指标，并通过一定的方法构造出度量总体风险程度的综合指标；二是利用模糊类比的方法，通过与历史数据相比较，对现实经济及金融运行情况进行监测和预警。前者的代表是卡明斯基（Kaminsky），后者的代表是刘遵义。值得一提的是，刘遵义的模糊类比法（或称为主观概率法）因比较成功地预测了亚洲金融危机而名声大噪。在概率分析法中，通常是根据一国的历史观察值或国际公认标准，拟定一系列安全状态临界值。对处于某个临界范围内的指标赋予相应的警戒值，并根据各个指标对一国经济安全的影响程度来确定权重。将所有这些指标的警戒值加权平均，即可以构造反映整体安全态势的综合指标。同样，由此

---

❶　指在分析中使用横截面数据，并用线性回归法建立模型。

❷　参见雷家骕：《国家经济安全理论与方法》，经济科学出版社，2000年版。

可以得出综合指标的临界值表。根据计算出的综合指标，即可判断出一国金融体系的安全状态，并可借助一定方法计算出发生危机的概率。一种计算公式为：$P_j=\text{SUM}（A_iB_i）$。其中，P_j 表示第 j 月发生危机的概率，A_i 表示第 i 项指标的警戒值；B_i 是该指标的权重。选择合适的指标是建立可靠的概率分析预警系统的关键。这些指标必须能对各种影响金融安全的因素做出迅速、准确的反应。传统的概率分析只借助可以量化的指标，所以在具体应用时，一般是与情况比较接近、并且发生过金融安全问题的国家进行比较。实际上，这种情况相似中包含了大量定性描述的信息。例如刘遵义就是在比较了亚洲国家和墨西哥发生危机时的 10 项指标之后，成功地预测了亚洲金融危机。概率分析法可以明确指出在何种情况下，发生危机的概率有多大，可以及时发出预警信号。但是它也存在着缺陷，不能直接给出引致某些指标恶化的原因，难以据此提出应对策略；而且比较的标准是历史数据，对于新问题缺乏敏感性。尽管如此，由于概率分析法在量化研究方面具有一定的优势，因此已经成为目前应用最为广泛的方法。

中国金融安全论

维护金融安全需要先进的监测预警系统。因为随着金融全球化的发展，金融市场日趋复杂，要从错综复杂的金融环境中理出对金融运行整体局势有决定性影响的因素及其脉络绝非轻而易举之事。但是，目前的概率分析技术过多地依赖量化指标，不能包含充分的市场信息，而且对金融安全影响重大的诸多因素中，还有许多因素是无法直接量化的，例如文化、心理承受能力等因素。刘遵义教授的预测之所以取得了较好的效果，是因为东南亚国家的经济发展阶段和开放程度与某些拉美国家有较多相似之处，许多定性指标能够用参照物替代。但是，在研究对象比较特殊的情况下，就很难找到

❶ 这10项指标是：实际汇率、实际国内生产总值增长率、相对通货膨胀率、国际国内利率差、国际国内利率差变化、实际利率、国内储蓄率、国际贸易差额、经常项目差额及外国组合投资与外商直接投资比例。

在各方面都很相似的参照国。例如，中国的经济体制与经济结构都处于转型阶段，如果单纯使用量化指标就不可能对金融安全状态做出有效的预警。因此，在金融安全监测预警指标体系中引入更多的定性描述信息就显得十分必要。

3. 金融安全监测预警指标体系

中国对金融安全监测预警指标体系的研究已经取得了重要的进展，这里主要参照雷家骕、唐旭、陈彪如、冯文伟、方洁等学者的研究成果，❶ 来构建金融安全监测预警指标体系。

（1）指标体系的构建原则。进行监测预警首先必须要建立一套符合国情的金融安全态势评价指标体系，这已经成为人们的共识。选取有关评价指标需要遵循的基本原则：一是准确性和适用性，能够准确反映金融安全的基本内涵和基本特征（基础稳固、健康运行、稳健增长、持续发展）的要求，而且便于进行具体领域的分析；二是系统性和多层次，金融安全体系是由涉及多要素、多层次、多类型的子系统所组成的，因此就需要有与之相适应的系统化、多类型、分层次的一整套指标；三是注重全面和适用性，既要全面反映金融安全的整体态势，又要考虑有关指标的实用性；四是定量指标与定性指标相结合。

（2）指标的等级与选取。与金融运行的四种基本态势：金融安全、金融基本安全、金融不安全、金融危机相对应，金融安全的等级分别为 A、B、C、D。同时，分别为金融安全的四种状况规定不同的分值范围，分值越高，表明安全状况越好，参见表2.3。

❶　参见雷家骕：《国家经济安全理论与方法》，经济科学出版社，2000年版；唐旭等：《论建立中国金融危机预警系统》，《经济学动态》，2002年第2期；陈彪如、冯文伟：《经济全球化与中国金融开放》，上海人民出版社，2002年版；方洁：《发展中国家银行危机研究》，中国经济出版社，2002年版。

表 2.3　金融安全状况与等级划分

安全状况	金融安全	金融基本安全	金融不安全	金融危机
等级	A	B	C	D
分值	100~80	80~50	50~20	20~0

为体现指标体系构建的基本原则，综合反映中国金融安全的各个因素，金融安全指标体系的构建需要从三个方面考虑：国内宏观经济运行状况、金融机构状况以及外部金融状况。因此，金融安全的指标体系框架由宏观经济运行状况子系统、金融机构子系统以及外部金融状况子系统等组成。对各子系统中具体操作指标的选取，参考了亚洲金融危机之后国际货币基金组织研究人员的相关分析以及中国现有的有关资料。在指标体系中，参照各具体指标的国际公认警戒值，确定出基本安全状态的上限或下限，并在此基础上，上下相应增减一定的幅度作为其他安全状态的警戒线。

（3）宏观经济运行状况子系统指标。该子系统选取 7 个量化指标和 2 个定性指标，参见表 2.4。

表 2.4　宏观经济运行状况子系统指标体系

序号	监测指标	指标取值区间			
		A	B	C	D
1.1	国内生产总值增长率	>12%	［8%，12%］	［4%，8%］	<4%
1.2	通货膨胀率	<3%	［3%，6%］	［6%，9%］	>9%
1.3	失业率	<3%	［3%，5%］	［5%，7%］	>7%
1.4	固定资产投资增长率	［13%，19%］	［10%，13%］或［19%，22%］	［7%，10%］或［22%，25%］	<7%或 >25%
1.5	财政赤字率	<2%	［2%，3%］	［3%，4%］	>4%
1.6	货币发行量增长率（M_2/GDP）	［0，10%］	［−5%，0］或［10%，15%］	［−10%，−5%］或［15%，20%］	<−10%或 >20%

序号	监测指标	指标取值区间			
		A	B	C	D
1.7	财政收入/GDP	>24%	[20%, 24%]	[15%, 20%]	<15%
1.8	股价指数变动幅度	小	较小	较大	大
1.9	政府政策有效性	有效	较有效	低效	无效

注：表中的"[ ]"为数学意义上的区间符号。

（4）金融机构子系统指标。该子系统选取 13 个量化指标和 2 个定性指标，参见表 2.5。

表 2.5　金融机构子系统指标体系

序号	监测指标	国际警戒值	指标取值区间			
			A	B	C	D
	充足性					
2.1	资本/总资产	3%	>5%	[3%, 5%]	[3%, 1%]	<1%
2.2	资本充足率	8%	>12%	[8%, 12%]	[4%, 8%]	<4%
	流动性					
2.3	备付金比率	5%	>7%	[5%, 7%]	[3%, 5%]	<3%
2.4	资产流动性比率	25%	>30%	[25%, 30%]	[20%, 25%]	<20%
2.5	存贷款比率	75%	<65%	[65%, 75%]	[75%, 85%]	>85%
2.6	拆入资金比率	4%	<2%	[2%, 4%]	[4%, 6%]	>6%
	安全性					
2.7	呆滞贷款比率	5%	<2%	[2%, 5%]	[5%, 8%]	>8%
2.8	呆账贷款比率	2%	<1%	[1%, 2%]	[2%, 3%]	>3%
2.9	逾期贷款比率	8%	<4%	[4%, 8%]	[8%, 12%]	>12%

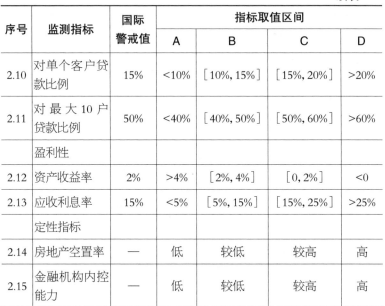

序号	监测指标	国际警戒值	指标取值区间			
			A	B	C	D
2.10	对单个客户贷款比例	15%	<10%	[10%, 15%]	[15%, 20%]	>20%
2.11	对最大10户贷款比例	50%	<40%	[40%, 50%]	[50%, 60%]	>60%
	盈利性					
2.12	资产收益率	2%	>4%	[2%, 4%]	[0, 2%]	<0
2.13	应收利息率	15%	<5%	[5%, 15%]	[15%, 25%]	>25%
	定性指标					
2.14	房地产空置率	—	低	较低	较高	高
2.15	金融机构内控能力	—	低	较低	较高	高

注：表中的"[ ]"为数学意义上的区间符号。

（5）外部金融状况子系统指标。该子系统选取 10 个量化指标，主要是关于外汇储备、外债和外贸等方面的指标，参见表 2.6。

表 2.6 外部金融状况子系统指标体系

序号	监测指标	国际警戒值	指标取值区间			
			A	B	C	D
3.1	外汇储备余额（支持进口月数）	3	[2.5, 3.5]	[2, 2.5]或[3.5, 4]	[1.5, 2]或[4, 4.5]	<1.5或>4.5
3.2	外债偿债率	20%	<15%	[15%, 20%]	[20%, 25%]	>25%
3.3	外债负债率	40%	<30%	[30%, 40%]	[40%, 50%]	>50%
3.4	外债债务率	100%	<80%	[80%, 100%]	[100%, 120%]	>120%

序号	监测指标	国际警戒值	指标取值区间			
			A	B	C	D
3.5	短期外债/外债总额	25%	<15%	[15%, 25%]	[25%, 35%]	>35%
3.6	外贸依存度	—	[20%, 30%]	[15%, 20%]或[30%, 35%]	[10%, 15%]或[35%, 40%]	<10%或>40%
3.7	外贸进出口额	—	>50	[-50, 50]	[-150, -50]	<-150
3.8	真实汇率偏离度	20%	<10%	[10%, 20%]	[20%, 30%]	>30%
3.9	经常项目赤字/GDP	5%	<4%	[4%, 5%]	[5%, 6%]	>6%
3.10	外国商品国内市场占有率	20%	<15%	[15%, 20%]	[20%, 25%]	>25%

注：表中的"[ ]"为数学意义上的区间符号。

4. 金融安全状况的综合评价

（1）计算各个子系统的评价分数。可用公式（2.1）对各具体指标所反映的分数进行加权求和，这样就可以计算出各子系统的评价分数。

$$S_i = (\sum S_{ij} \cdot W_{ij}) / \sum W_{ij} \qquad (2.1)$$

其中：i=1，2，3，代表三个子系统；

j 代表各子系统下的具体指标；

S_i 为子系统内各具体指标的量化分数；

W_{ij} 为子系统内各具体指标的权重；

$0 \leqslant S_i \leqslant 100$。

（2）对各个子系统的评价分数 S_i 进行加权求和，这样就可以计算出整体上金融安全的综合得分。

$$S = (\sum S_i \cdot W_i) / \sum W_i \qquad (2.2)$$

第二章　金融全球化下的金融安全理论

其中：S_i 是由式（2.1）计算得到的各子系统的得分；

W_i 为各子系统权重；

$0 \leqslant S \leqslant 100$。

（3）根据式（2.2）求出综合评价分数归属的分数区间，对照表 2.2，就可对整个金融系统安全状况做出客观评价。

中国金融安全论

第三章　中国金融安全的国际金融环境

金融全球化的发展，使整个国际金融领域处于剧烈的变化之中。20 世纪 90 年代以来，国际金融监管、国际银行业的经营环境、国际金融市场特别是国际资本流动等都发生了一系列新的重大变化。国际金融环境的这些变化对中国金融安全状况产生了极为重要和深远的影响。在本章中主要从国际金融监管和国际银行业发展趋势等方面对中国金融安全的国际金融环境进行分析，国际资本流动状况及风险控制等问题将在后面的章节中深入探讨。

第一节　国际金融监管的变化与发展趋势

金融全球化极大地改变了并继续改变着银行业的经营环境，银行业的经营风险与日俱增，同时，各国金融监管当局面临的挑战也日益严峻。金融全球化直接推动了全球范围内银行监管和风险管理原则和框架的整合与统一，并且促使这些原则和框架及时根据经济金融环境的变迁进行调整。如何使监管原则更为灵敏地反映银行经营环境的变化，使得银行的风险监控始终对金融市场的风险变动保持高度的敏感，越来越成为全球银行业关注的重大问题。

一、亚洲金融危机之后的国际金融监管

早在 1997 年亚洲金融危机发生之前，在国际金融监管领域，建

立国际监管标准与原则就已经成为众多监管倡议的核心，而这些标准和原则基本上是从发达国家银行监管的实践中推演出来的。1996年，巴塞尔银行监管委员会（简称为"巴塞尔委员会"或"委员会"）通过了《银行有效监管核心原则》，其内容就是对这些标准和原则的充分体现和概括。

在亚洲金融危机爆发之后，建立新的、稳健的国际金融体系的呼声高涨，而国际金融监管领域的改革与发展就是国际金融体系改革的重要组成部分。1998年以来，一系列关于加强金融监管的倡议、文件陆续出台，国际金融监管的协调有了进一步的发展，参见表3.1。与此同时，西方主要发达国家的监管机构也提出了一系列金融监管改革建议。这些规则和政策指引中的内容，反映了国际金融监管的一些新动向。

表 3.1　亚洲金融危机后有关国际金融监管的建议和政策指引

主题及发布机构	文件名称	发布日期
资本充足率		
巴塞尔银行监管委员会	《新的资本充足率框架》	1999 年 6 月
风险管理与内部控制		
巴塞尔银行监管委员会	《信用风险模型：目前的做法及应用》	1999 年 4 月
	《银行组织内部控制体系的框架》	1998 年 9 月
	《操作风险管理》	1998 年 9 月
国际证券监管委员会（IOSCO）	《证券公司及其监管机构风险管理及控制指引》	1998 年 5 月
美国联邦储备委员会	《99-3 号监管通函》	1999 年 2 月
美国货币监理署	《货币监理署 99-2 号公告》	1999 年 1 月
对高杠杆机构（HLIs）监管		

主题及发布机构	文件名称	发布日期
巴塞尔银行监管委员会	《高杠杆机构与银行的交叉》 《银行与高杠杆机构交叉的最佳范例》	1999 年 1 月 1999 年 1 月
美国总统金融市场工作委员会	《对冲基金、杠杆交易及长期资本管理公司的教训》	1999 年 4 月
德意志联邦银行	《对冲基金及其在金融市场中的作用》	1999 年 3 月
澳大利亚储备银行	《对冲基金、金融稳定与市场完善》	1999 年 3 月
对金融集团监管与国际会计标准		
国际会计准则委员会	《金融工具：确认及其衡量》	1999 年 3 月
金融集团联合论坛	《对金融集团的监管》	1999 年 2 月
巴塞尔银行监管委员会	《贷款会计处理及信息披露最佳范例》	1999 年 7 月
信息披露与市场约束		
巴塞尔银行监管委员会及 IOSCO 技术委员会	《关于银行及证券公司交易性活动及衍生业务信息公开披露的建议》 《交易性活动及衍生业务的监管信息框架》	1999 年 2 月 1998 年 9 月
巴塞尔银行监管委员会	《提高银行透明度》	1998 年 9 月

资料来源：国际货币基金组织，《国际资本市场》，1999 年 10 月。

第三章 中国金融安全的国际金融环境

1. 加强风险管理与内部控制

在亚洲金融危机过程中，金融市场频繁发生剧烈动荡，充分暴露了金融机构风险管理系统和内部控制系统存在着漏洞。亡羊补牢，未为迟也。金融业所面临的主要任务是加快改进风险管理工具与内部控制，以适应新的经营环境。风险控制是全方位的，既包括市场风险、信用风险和操作风险，也包括流动性风险和法律风险。由于完善的内部控制对于银行的稳健经营和整个金融体系的稳定都具有极其重要的意义，要求银行必须建立与其业务性质、业务复杂程度、表内外业务活动所内含的风险程度高低相对应的、有效的内部控制体系，其核心内容是：要求银行管理层必须对银行所承担的风险程度有明确的了解，并采取有效的措施对风险进行识别、衡量、监督与控制；要求银行管理层能够识别所有可能对银行产生负面影响的实质性风险，并给予不间断的控制；把内部控制作为银行日常业务的一个有机组成部分。

2. 改善信息披露与提高透明度

金融市场参与者（资金需求者、资金供应者、金融中介等）在进行决策时，必须准确、及时掌握关于金融机构的信息；而市场参与者的决策本身又会对金融机构产生直接的影响，进而对金融机构的行为构成市场约束。市场约束是监管约束的有效补充，两者共同促使金融机构稳健审慎地经营，从而使整个金融体系能够健康运行。正因如此，国际金融监管机构和各国金融监管当局都非常重视金融机构的信息披露、透明度及市场约束问题。显而易见，信息披露是为了提高透明度，而提高透明度就要求必须向市场参与者提供及时、准确、全面的相关信息，并对金融机构的状况及风险特征做出适当的评价。如果缺乏透明度，就会造成信息不对称，导致"羊群行为"的发生，即有些投资者对资产的评价不是依据被投资对象的基本状况，而是模仿其他人的投资行为（因为其他人得到了重要信息），这种状况必然引起市场价格的过度波动，金融市场动荡。在金融市场全球化、信息化程度高度发达的情况下，"羊群行为"

产生的所谓"盲从效应"可以在短期内造成极端的情况。因此，从某种意义上说，缺乏透明度是导致亚洲金融危机爆发的一个重要原因。在国际金融界，充分地披露信息已被认为是一家金融机构实力与信心的象征，因此国际金融监管当局十分重视对金融机构信息披露的规范。

3. 注重市场约束手段

西方发达国家金融监管当局在强化监管约束的同时，日益注重发挥市场约束手段的作用，即依赖市场参与者的监督力量对金融机构进行监控。显而易见，如果市场参与者出于自身利益的考虑，时刻关注银行的经营活动，并随时采取相应行动，其监控效果要比金融监管当局独自监控及时、有效得多。当然，市场约束手段要能够真正发挥作用，必须具备的重要前提条件是：解决信息披露问题和妥善处理存款保险问题。完善的信息披露有利于市场参与者进行决策和采取行动，对金融机构产生直接的影响而实现市场约束；而妥善处理存款保险问题则有利于增加存款人对银行监督的动力，如果存款人在存款保险制度的保护下不承受任何风险，他们自然也就丧失了对银行进行监督的动力。西方国家金融监管当局为了增加市场约束的动力与强度，推出了许多措施，次级债务方案就是其中之一。在次级债务方案中，监管当局明确规定商业银行必须发行一定比例的次级债券。由于这类债券的偿还顺序列在一般性债券之后，这就使债券持有人的利益与发债银行密切相关，从而促使债券持有人特别关注发债银行的命运，关心银行的盈利状况和经营管理情况，甚至对银行的一举一动都会格外关注，并会尽其所能对银行进行监督，其结果必然促使银行更加安全稳健地经营。

4. 重视内在激励机制

监管目标与金融机构内在激励机制的有机结合将成为金融监管的重要趋势。金融监管可以通过不同的方式来实施，传统的金融监管采用的是行政命令的方法，金融监管当局只是简单地列明哪些行为是所希望的、哪些行为是允许的、哪些行为是禁止的，但这种监管方法的效果却很难确定，出现的结果往往是：或者是被监管对象被动地去执行，导致资源与人力的浪费；或者是被监管对象想方设法逃避监管，二者必居其一。金融监管当局为了摆脱这种监管困境，开始注重采用监管目标与激励手段相结合的方法，即在引导银行实现自我利益的同时，有效率地实现监管目标。

5. 妥善处理成本、效率与灵活性之间的关系

金融产品创新是国际金融市场金融创新活动的重要内容之一，随着新的众多金融产品的不断产生，风险控制越来越复杂。在这种情况下，金融监管当局如果要实现监管的目标，就需要投入更多的资源，投入更多的人力和财力，即便如此，也不一定总能够适应银行业快速发展的步伐。因此，如何妥善处理监管成本、效率与灵活性之间的关系是银行监管面临的一个重要课题。在西方发达国家，金融监管当局越来越注重利用银行内部的力量来加强风险防范。例如，鼓励和支持银行自行开发、使用各类复杂的风险管理模型，无论是在风险价值的概念，还是信贷衍生产品的发展，都是如此。再如，监管当局对于大银行自行开发的、旨在确定资本要求的内部模型，也不是一概反对，而是通过一套严密的评估程序加以验收，这既鼓励了商业银行的创新能力，也节省了监管成本。总之，虽然金融监管的目的是维护金融体系的稳定，但为达此目的而过度限制金融体系使其失去活力和竞争力，同样也意味着这种监管的失败。因此，恰如其分地处理监管成本、效率与灵活性的关系已成为衡量金融监管水平的重要标志。

6. 发挥公众的监督作用

金融监管当局的主要责任是保障金融体系的安全与稳健，这就要求监管当局必须对被监管对象的风险状况做出及时、准确的评价，确保银行的资本水平与其所承担的风险相适应。但是，金融监管当局是纳税人的代理机构，它们能否完全履行监管职责，实现社会目标的最大化，则需要公众的监督与评判，以避免发生委托代理风险。值得注意的是，各国都面临着一个共同的问题，即防止出现

中国金融安全论

宽容性监管，其典型的表现形式是金融监管当局出于各种目的，对被监管对象出现的问题采取姑息迁就的态度，结果往往是掩盖或拖延问题，最终导致问题的扩大化或恶化，甚至危害整个银行体系的稳定。作为受公众之托的金融监管机构，这种做法是不符合委托人（即纳税人）的最终利益的。只有充分发挥公众的监督作用，才有利于防止委托代理风险和宽容性监管。为此，金融监管当局有义务将其监管方法及所从事的监管活动向公众解释清楚，定期对外披露银行体系的健康状况以及自己的判断，对已经发现的问题及时加以处理，切实履行监管责任。

7. 加强金融监管的国际协调

在金融全球化的发展过程中，存在着发展的非均衡性，突出表现为金融市场全球化的发展快于金融监管全球化的发展。对全球金融体系的监管在相当大的程度上仍然处于分割状态，这不仅表现在地域的分割上，而且也反映在行业（银行、证券与保险）的分割上。因此，金融监管在地域、行业监管机构之间的国际协调已是大势所趋。特别是众多跨行业、跨地区的超级金融集团的出现（如美国的花旗集团、英国的汇丰集团等），更显出加强金融监管国际协调的紧迫性。1999 年 2 月，金融集团联合论坛❶发表了关于"金融集团的监管"的文件，提出将金融集团作为一个整体对其资本充足状况进行评价的原则和方法，并对金融集团各子公司管理人员的品质、管理能力和业绩的评价做了规定，同时强调了各国不同行业的监管当局加强信息交流、建立协调机制的重要性。

二、国际金融监管的最新发展

随着金融全球化和银行混业经营趋势的不断增强，日新月异的

---

❶ 金融集团联合论坛（The Joint Forum on Financial Conglomerates），成立于1996年，它由巴塞尔银行监管委员会、国际证券监督委员会、国际保险监督委员会的代表所组成。

金融创新使银行业经营面对的信用风险、市场风险、操作风险等各种风险更加复杂，如何在变幻莫测的环境下提高银行抵御风险的能力和监管当局的监管水平再次成为国际银行界关注的焦点。2001年1月16日，巴塞尔银行监管委员会发布了新的资本协议的征求意见稿，这份新协议是以1999年6月该委员会提出的新的资本协议框架为基础修订的，它比较全面地阐述了即将在全球银行业推行的新的资本充足协议的基本原则。目前，委员会正在全球范围内征求银行业与金融监管部门的意见。按照委员会的计划，新的资本协议将于2006年开始在十国集团实施，以取代1988年制定的《巴塞尔协议》，此举引起了国际金融领域的广泛关注。

2001年1月发布的新协议由主文件与七个辅助性文件所组成。主文件的主要内容是详细介绍新协议的内容及结构，辅助性文件分别为信用风险标准法、信用风险内部评级法、资产证券化、操作风险、利率风险管理和监管原则、监管部门的监督检查、市场约束。新协议在过去协议的基础上，明确提出了五大目标，即把评估资本充足率的工作与银行面对的主要风险更紧密地联系在一起，促进安全稳健性；在充分强调银行自己的内部风险评估体系的基础上，促进公平竞争；激励银行提高风险计量与管理水平；资本反映银行头寸和业务的风险度；重点放在国际活跃银行（internationally active bank），基本原则适用于所有银行。

与1988年制定的《巴塞尔协议》相比较，2001年巴塞尔新资本协议延续了以资本充足率为核心、以信用风险控制为重点、突出强调国家风险的风险监管思路，并吸收了《银行有效监管核心原则》中提出的银行风险监管的最低资本金要求、监管当局的监督检查、市场约束等三个支柱的原则，进而提出了衡量资本充足率的新的思路和方法，以使资本充足率和各项风险管理措施更能适应金融全球化大背景下金融市场发展的新变化和新要求。巴塞尔新资本协议有以下几个十分突出的特点。

1. 进一步推行全面风险管理

巴塞尔委员会近年来一直致力于推行全面风险管理，将风险管理覆盖的范围逐步从信用风险推广到操作风险（operational risk）、市场风险等。新协议首次提出资本充足率的计算要将信用风险、市场风险和操作风险全部纳入。新协议最低资本要求对风险加权资产的修改主要表现在两个方面：第一，大幅度修改了原协议对信用风险的处理方法；第二，明确提出将操作风险纳入资本监管的范围，即操作风险将作为银行资本比率分母的一个组成部分。在确定银行资本要求时，建议使用各种技术手段，充分考虑各种信用风险缓释工具（credit risk mitigants，如抵押、担保、表内冲销、信用衍生工具等）的影响。

巴塞尔委员会认为，操作风险是银行面临的一项重要风险，在新协议中对操作风险进行了界定：操作风险是由不完善或有问题的内部程序、人员及系统或外部事件所造成损失的风险。新协议要求，银行应为抵御操作风险造成的损失配备相应资本。具体计算操作风险的方法存在相当大的差异，难易程度也不一样。在实际操作中，许多考虑操作风险的银行只是在考虑信用风险所需的资本之外，进一步增加 20% 作为覆盖操作风险的资本。新的资本协议准备采用这个 20% 的标准作为广义的指导性准备标准。由于一些风险（如利率风险等）难以准确量化，因而新协议建议各国监管当局在设定最低资本充足率要求时要充分考虑到利率风险。

2. 真实反映银行面临的风险

新协议对市场风险的衡量提出标准法和内部模型法，❶ 对操

---

❶　新资本协议提出了两种方法处理信用风险和操作风险：一是标准法，二是内部评级法。标准法以1988年资本协议为基础，采用外部评级机构决定风险权重，其使用对象是复杂程度不高的银行。相对之下，风险管理水平高的银行则可采用内部评级法。由此可见，从资本协议对整个银行业未来发展的潜在影响来看，内部评级法比标准法严密得多。

作风险的衡量提出基本指标法、标准法和内部计量法，对信用风险的衡量则提出了标准法和内部评级法（Internal Ratings-Based Approach，IRB）。提出计算信用风险的内部评级法被认为是新协议最主要的创新之一。在内部评级法中，又可以分为初级法和高级法两个阶段，允许循序渐进地提高对资本计量的准确性。内部评级法与标准法的根本不同在于，银行对重大风险要素的内部估计值将作为计算资本的主要参数，内部评级法是以银行自己的内部评级为基础，从而有可能大幅度提高资本监管的风险敏感度。可以认为，允许银行使用内部评级法确定资本充足率是新资本协议的核心内容，由此将更加强调银行应建立内部的风险评估体系，以便真实反映银行的风险状况。

标准法废除了以往按照是否为经合组织成员来确定风险权重的不合理做法，而只要求根据外部评级机构的评级结果来确定资产风险权重，并以此为基础计算最低资本要求（标准法的主要规定可参见表3.2）；而内部评级法则是采用银行内部评级结果，将银行自己测算的借款人资信水平估计值转换成潜在损失，并以此为依据计算出监管部门规定的最低资本充足率。

3. 激励商业银行改善内部控制

新协议允许符合条件的银行采用内部评级系统确定资本风险权重，在条件满足后甚至还可以采用内部评级法的高级法确定资产权重和资本水平。与标准法相比，内部评级法不仅能确保监管资本足以应付潜在的信用风险，而且在资本要求方面也可以对商业银行给予奖励。例如，巴塞尔委员会认为，内部评级法的初级法可以使总体风险加权资产下降2%~3%。在正式实施后的前两年，内部评级法的高级法所要求的资本可以是初级法所要求资本的90%。显然，这种措施的实施，必将对商业银行改善内部控制产生积极的作用。

表 3.2 新资本协议的风险权重

评级对象	AAA 到 AA−	A+ 到 A−	BBB+ 到 BBB−	BB+ 到 B−	低于 B−	未评级的
政府（主权评级）	0%	20%	50%	100%	150%	100%
银行和证券机构：方法 1[①]	20%	50%	100%	100%	150%	100%
银行和证券机构：方法 2[②]	20%	50%[③]	50%[③]	100%[③]	150%	50%[③]
公司（包括保险公司）	20%	100%	10%	100%	150%	100%

注：①这种方法下使用的是金融机构所在国家的评级来确定风险权重，金融机构的评级不能超过国家主权评级。

②这种方法下使用金融机构本身的评级确定风险权重。

③对银行的短期债权，如低于 6 个月，其风险权重比对银行的一般债权高一级。

资料来源：The New Basel Capital Accord，issued for comment by 31 May 2001，Basel Committee on Banking Supervision。

4. 加强信息披露、确保市场约束有效实施

引入市场约束机制是新协议注重和强调现代公司治理结构的充分体现。新协议对于银行的资本结构、风险状况、资本充足状况等关键信息的披露提出了更为具体的要求，充分肯定了市场具有迫使银行有效而合理地分配资金和控制风险的作用。这样，经营稳健、良好的银行可以以更为有利的价格和条件从投资者、债权人、存款人及其他交易对手那里获得资金，而风险程度高的银行在市场中则处于不利地位，它们必须支付更高的风险溢价、提供额外的担保或采取其他安全措施。巴塞尔委员会力求鼓励市场约束发挥作用，其重要措施是制定一套信息披露规定，以利于市场参与者掌握有关银行的风险状况和资本水平的信息。显然，这种市场奖惩机制可以促

第三章 中国金融安全的国际金融环境

使银行保持充足的资本水平，支持监管当局更有效地工作。建立银行信息披露制度是确保市场约束有效实施的重要前提条件。巴塞尔委员会认为，由于新协议允许银行使用内部计量方法计算资本要求，公开的信息披露就十分重要。

5. 强调三大支柱紧密联系

新协议要求最低资本要求（Minimum Capital Requirements）、监管当局的监督检查（Supervisory Review Process）、市场约束（Market Discipline）三大支柱保持平衡，表明只有三大支柱互为一体、协调发展才能达到提高银行风险计量与管理水平的目的，参见专栏 3.1。

专栏 3.1　巴塞尔新资本协议的结构

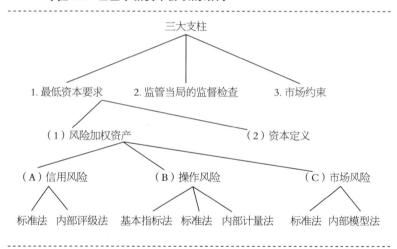

对资本充足率提出最低要求依然是新协议的重点所在，所以被安排在首要位置，称为第一支柱。尽管如此，第二支柱监管当局的监督检查和第三支柱市场约束也不可或缺，否则第一支柱就独木难支。监管当局的监督检查首次被纳入资本框架之中，表明巴塞尔委员会对其格外重视。实际上，第二支柱是建立在一些重要的指导原

则之上的，各项原则都强调银行要评估各类风险总体所需的资本，监管当局要对银行的评估进行检查及采取适当的措施。这些工作已逐渐演变成银行有效管理和监管当局有效监督的有机组成部分。第二支柱的内容也在新协议的修改过程中不断完善，例如增加了压力测试（stress testing）的内容，要求银行估计和预测在恶劣环境发生时需要增加的资本数额，进行足够保守的压力测试，如果出现资本水平下降，监管当局可要求银行降低风险，以确保银行现有的资本可以满足最低资本要求及压力测试反映的结果，以抵御恶劣及不确定的经济环境。

而第三支柱则是第一支柱和第二支柱的补充。巴塞尔委员会希望通过强化信息披露来强化市场约束。新协议的第三支柱对于帮助银行和监管当局管理风险、提高金融体系的稳定性，都具有非常重要的意义。

三、巴塞尔新资本协议对银行业及其监管的挑战

1. 巴塞尔新资本协议的实施

巴塞尔委员会认为，新协议第三次征求意见稿的各项要求适用于各种类型的银行。在十国集团内部，巴塞尔委员会成员同意于2006年年底同时开始实施新协议。在上述国家中，新协议的实施范围包括国际活跃银行以及根据各国监管当局认为需要包括的其他大银行。在十国集团国家中，新资本协议的整体框架将适用于整个银行业。十国集团各国的监管当局将确保对不实施新资本协议的银行进行审慎的资本监管。

虽然从设计上来看，新协议已经为全世界各种类型的银行和银行体系提供了多项选择，但是考虑到各国监管当局强化监管的侧重点有所不同，近期内新协议不可能在非十国集团国家全面实施，这就要求各国监管当局需结合本国银行体系的具体情况，在制定实施新协议的时间表及方式时，认真考虑实施新协议的必要性。将非十国集团国家实施新协议的时间表安排在2006年以后，主要是考虑到

资源不足以及其他方面的工作。即使是 2006 年以后实施巴塞尔新资本协议最低资本要求的各项规定，监管当局也应考虑实施新协议其他两方面的主要内容，即第二支柱监管当局的监督检查和第三支柱市场约束。

2. 巴塞尔新资本协议对商业银行的挑战

尽管新协议的侧重对象是十国集团国家的国际活跃银行，但是巴塞尔委员会同时提出，新资本协议的各项基本原则普遍适用于全世界不同类型的所有银行，并预计其他国家的许多银行都将使用新协议的标准法计算最低资本要求。因此，根据新协议的监管要求，不断完善风险控制体系，力争达到资本充足率要求，提高国际竞争能力是中国银行业面临的一项艰巨任务。

首先，新协议将对中国银行业的发展产生深远的影响。从国际通行的标准来看，低下的资本充足率难以保证商业银行抵御风险、保护存款人和股东的利益，进而危及金融体系的稳定。在激烈的国际竞争中，能否达到新协议中的各项基本要求已成为衡量银行业抵御风险能力的重要指标。特别是在新的银行业务品种和金融衍生产品不断涌现的情况下，原有协议强调的信用风险还远未消除，而市场风险、流动性风险及法律风险等的危害日趋显现。即使在银行资本与风险资本比率基本正常的情况下，以金融衍生商品交易为主的市场风险也频频发生，造成了国际银行业多起重大的银行倒闭和巨额亏损事件的发生。更为重要的是，中国加入世界贸易组织之后，国内银行业将与一些国际一流大银行展开竞争，这对国内商业银行的综合实力、经营机制以及人才素质等各方面都是一场严峻的考验。毫无疑问，按照新协议要求保持合理资本充足率，不仅是中国银行业自身稳健经营以及向国际化发展的客观要求，也是中国加入世界贸易组织后的必然选择。

其次，新协议对中国银行业内部管理提出了更高要求。新协议展示了国际银行监管发展的最新趋势，为中国银行业借鉴国外先进管理经验、缩小与国外的差距，提供了重要的参照系。由于中国银行业面临的是市场发育不完善的外部环境和风险管理基础薄弱的内部经营环境，因而为全面实施新协议增加了难度。在这种情况下，必须加快改进经营管理方式，尽快解决中国银行业存在的资本充足率低、风险控制落后等问题。为此，需要采取一系列行之有效的措施：通过多种渠道提高资本金水平，财政注资、股份制改造、发行长期金融债券等多管齐下来增加资本金；综合控制各种风险，建立完善的内部风险模型；建立并完善信贷风险监测信息系统，建立客户基础数据库，为风险控制创造必要的条件；提高盈利能力，在保证安全性和流动性的前提下，实现盈利最大化。

3. 巴塞尔新资本协议对金融监管的挑战

新协议不仅对商业银行风险管理提出了很高的要求，而且也对金融监管当局形成了严峻的挑战。

从新协议的第二支柱，即金融监管当局的监督检查的内容看，其中明确了金融监管当局监督检查的四大原则：一是银行应具备与其风险状况相适应的评估总量资本的一整套程序，以及维持资本水平的战略；二是银行经营管理层应意识到所处的经济周期，进行严格、具有前瞻性的预警；三是金融监管当局应检查和评价银行内部资本充足率的评估情况及其战略，以及银行监测和确保满足资本充足率的能力；四是金融监管当局应争取及早干预，避免银行的资本低于抵御风险所需的最低水平。而且，对于检查的透明度和具体内容还提出了更加具体、细致的要求。从第三支柱即市场约束来看，其核心是信息披露问题。显而易见，银行业信息披露的程度不仅反映了商业银行自身的规范运作和管理问题，而且也是对金融监管当局是否具有制定合理监管架构的能力及其水平的检验。

具体来看，根据新协议三大支柱的相关要求，金融监管当局对商业银行的监管至少包括以下方面：一是采用标准法时，负责对外部评级机构的评级方法和评级结果质量进行评估。二是采用内部评级初级法时，要设立最低监管标准，如内部识别信用风险的程度、评级体系标准的设立、评级过程和评级结果真实性、违约概率的估计方法、数据收集和信息技术系统标准、内部检验、信息披露等。三是采用内部评级初级法时，允许银行在符合严格的最低监管标准情况下自己测算债务人违约概率，要求监管当局必须提供对其他风险要素估计（如特定违约损失）的标准值。四是监督检查各家银行是否具备一套建立在认真分析风险基础之上评估资本充足率的完善内部程序，是否妥善处理了不同风险之间的关系，以及银行敏感性分析和压力测试结果，在确定资本时银行如何处理意外事件、银行高级管理层是否能妥善检查和监测目标资本水平。五是制定具体的信息披露规定（包括披露内容、披露手段、披露程度、披露频率等），而这些规定是将来认可内部评级法的前提条件。六是需要监督检查各家银行资本是否充足，监管当局要根据它对不同银行最佳做法的了解，确定监管资本各类方法需要满足的最低标准，必要时采取补救措施以保证银行资本不低于抵御风险所需的最低水平。七是需要监督检查银行计算操作风险最低资本的方法。八是需要监督检查银行计算账簿利率风险最低资本的方法。

总之，巴塞尔新资本协议的内容反映了国际金融监管的最新发展，风险管理水平已成为衡量商业银行经营管理水平的最重要的标志，与此同时，以风险为主的监管状况也就成为衡量监管当局的监管能力和监管效果的最重要标志。毫无疑问，这两个方面的状况又直接关系到金融体系的安全。由此看来，中国金融机构和监管当局依然任重道远。

第二节　国际银行业的发展趋势

20 世纪后期以来，金融全球化以强劲的势头迅速发展。资本流动全球化、金融机构全球化、金融市场全球化，极大地改变了并且继续改变着国际银行业的经营环境和运行方式。这种变化使国际银行业的发展出现了新的趋势：国际银行业并购及整合的步伐进一步加快，向业务综合化、国际化和高科技化发展。在 21 世纪，国际银行业将进入一个全新的时代：银行并购时代、全能银行时代、跨国银行时代、互联网银行时代和银行再造时代。

一、银行并购时代

银行业的兼并和收购（即并购）是当今与未来国际银行业发展的一个非常重要的趋势，银行并购已经成为引起国际银行业格局变动的基本动力，是推动国际银行业进入全新时代的最重要的因素之一。

1. 国际银行业并购的基本态势

20 世纪 90 年代中期以来，国际银行业出现了盛况空前的银行并购浪潮，其规模之大、范围之广、影响之深，都堪称史无前例。如 1996 年的日本东京银行与三菱银行的合并，美国大通银行与化学银行的合并，1997 年瑞士银行与瑞士联合银行的合并，都属于超大规模的航空母舰式的强强联合，曾引起国际金融界的轰动。而 1998 年 4 月，美国的银行并购更是令人瞠目结舌：4 月 6 日美国花旗银行与旅行者集团宣布合并，定名为花旗集团，资产达 7000 亿美元，在全球 100 多个国家和地区开展业务活动，拥有超过 1 亿的客户，成为世界上最大的金融服务集团；仅仅在 7 天之后，全美排名第五的美洲银行又与排名第三的国民银行合并；当日数小时之后，美国第一银行又与第一芝加哥银行合并而成为全美第五大银行。1999 年 8 月，日本第一劝业银行、富士银行和兴业银行宣布合并，组成资产超过 1.2 万亿美元的世界最大银行，定名为瑞穗金融集团，将日本银行业采取强强合并方式进行重组的改革推向高潮。当前正在进行的国际银行业并购潮的显著特点是：规模巨大、浪潮席卷全球、跨国并购和跨行业并购。在世界前 10 家大银行中除了个别银行外，几乎都是自 20 世纪 90 年代以来通过并购扩大规模的，参见表 3.3。

表 3.3　世界 1000 家大银行中的超级银行

（单位：百万美元）

2002 年排名	银行名称	一级资本	资产规模	资本充足率（%）	不良贷款比率（%）	员工人数（人）
1（1）	花旗集团（美）	58448	1051450	10.92	2.67	282461
2（3）	美洲银行集团（美）	41972	621764	12.67	1.92	142670
3（2）	瑞穗金融集团（日）	40498	1178285	10.56	6.46	34120
4（4）	JP 摩根大通公司（美）	37713	693575	11.88	2.21	95812
5（5）	汇丰控股公司（英）	35074	696381	12.99	3.00	171049
6（－）	三井住友银行公司（日）	29952	840281	10.45	10.20	24464
7（6）	农业信贷集团（法）	28876	496421	11.80	4.92	102259
8（－）	东京三菱金融集团（日）	25673	751480	10.30	4.42	21385
9（－）	联合金融控股集团（日）	23815	616485	11.04	—	24264
10（7）	中国工商银行（中）	23107	524235	—	—	471123
11（18）	中国银行（中）	22085	406150	8.30	27.51	203070
12（8）	德意志银行（德）	21859	809220	12.10	4.80	94782
13（16）	苏格兰皇家银行（英）	21830	519991	11.52	—	105700
14（11）	第一银行公司（美）	21749	268954	12.20	2.73	73519

中国金融安全论

2002 年排名	银行名称	一级资本	资产规模	资本充足率（%）	不良贷款比率（%）	员工人数（人）
15（14）	巴黎国民银行（法）	21748	727325	12.60	5.70	85288
23（21）	中国农业银行（中）	15971	262570	—	—	—
28（29）	中国建设银行（中）	14517	334061	6.88	19.35	316329

注：按一级资本排名，括弧内为 2001 年排名；为了便于比较，将中国的四大国有商业银行也列入表内。

资料来源：The Banker，July 2002，Top 1000 World Banks。

2. 国际银行业并购的原因

国际银行业并购经久不衰有其深刻的原因。从宏观因素来看，随着金融全球化的发展，金融自由化程度日益加深，大多数国家对银行业发展的限制逐步减少，大都采取了推动银行并购的宏观政策，这就为银行并购提供了较为宽松的宏观环境。例如，美国早在 1994 年 9 月就通过了《州际银行法》，允许商业银行主要以收购的方式在全国范围内设立分支机构。该法案的通过意味着美国有相当多的中小银行失去了"保护伞"而成为大银行兼并的对象，银行业的集中与垄断大幅度提高。经过银行并购和重组，美国银行业总数在过去的十多年中减少了约 1/3，由 1989 年的 12697 家减少至 1999 年的 8562 家。1999 年 11 月美国颁布了旨在提高其银行业竞争力的《金融服务现代化法案》，在美国甚至全球掀起了新一轮银行并购浪潮。并购使美国银行在 2001 年世界 1000 家大银行排名的前十大银行中占有三家，并连续数年稳坐头把交椅。经过合并和整合，日本的银行在世界十大银行中也占有四个席位，其中的瑞穗金融集团就是由 2000 年排名分别为第 6、9 和 19 名的第一劝业银行、富士银行和兴业银行合并而成的世界第二大超级银行，使日本的银行在世界十大银行中的地位不断巩固。

从银行并购的微观因素来看：

第一，并购可增强资本实力，是银行实现全球扩张的最为便捷的方式。一般来说，银行的规模与客户的信任度以及市场占有率成正比例变化，银行规模越大，就有可能更广泛地赢得客户的信任，从而大大提高市场占有率。从这个意义上来说，规模大小对银行获得竞争优势具有极其重要的影响。显而易见，并购已成为扩大银行规模的捷径。根据对美国金融史的考察，美国所有现存资产价值超过 200 亿美元的大银行，无一例外都是通过并购产生的。

第二，并购可节省资源和优化资源配置、降低经营成本、增加利润。并购在精简机构、人员和降低经营成本方面有显著的效果。而且更为重要的是，并购有利于实现优势互补效应，如地区互补效应、业务互补效应和产品交叉互补效应。在这方面，较为经典的案例是 2000 年 9 月美国第三大银行大通曼哈顿银行与第六大投资银行 JP 摩根投资银行合并，合并后的银行定名为 JP 摩根大通金融集团，成为美国规模最大的投资银行。合并使这两家银行实现了良好的互补效应，参见表 3.4。

表 3.4　银行并购的互补效应

名称	优势	劣势
大通曼哈顿银行	众多的分支机构 丰富的客户源 充足的资本金 既有的批发业务	较低的市场价值 传统的商业银行概念 较低的非利息收入 有待开发欧洲与亚洲市场
JP 摩根银行	极强的国际批发业务 成熟的投资银行技能 广泛的欧洲和亚洲业务 较高的市场价值	分支机构的局限 客户群结构的局限

第三，并购是银行业向全能银行发展的需要。金融创新和金融自由化的日益深化，使各类金融机构的业务全面交叉渗透，市场竞争日趋激烈。在这种情况下，并购不同业务类型的金融机构或非银

行金融机构使业务向综合化发展，向客户提供不同的金融产品和全面的金融服务，走全能银行的道路，就成为银行业能够在剧烈的竞争中立于不败之地的最佳选择。

第四，并购是现代信息技术迅速发展的必然结果。一是信息技术的发展为并购提供了强大动力，保证了银行并购的实现。如果没有现代高科技和信息技术的高度发展，就无法对并购后的大型银行进行控制和管理，而且也难以负担管理成本。二是并购有利于银行对信息技术的应用。信息技术的发展促使银行经营方式发生结构性转型，即由传统的劳动密集型的生产方式转向可减少长期成本的高效技术资本密集型生产方式。发达信息技术的应用将极大地提高银行竞争力，但投入的代价是高昂的。并购不但可以较好地解决巨额投资问题，而且随着规模效应的实现，也会大大降低研发成本。

第五，并购可使银行提高抵御风险的能力。并购可大幅度提高银行的竞争力，使之能够最大限度地获取利润。而竞争力的提高、盈利能力的增加，毫无疑问将增强银行抵御风险的能力。

3. 国际银行业并购潮的影响与趋势

当前国际银行业并购的浪潮方兴未艾，尽管对其产生的影响还难以做出全面的判断，但是显而易见它已经对国际金融领域产生了重要的影响，而且也带来了一些值得关注的问题。

首先，大规模的银行并购潮将改变国际银行业的竞争格局。经过多次的并购之后，银行业将更加趋向大型化、综合化和国际化，银行的数量减少。在这种情况下，一国或地区的银行业务或绝大部分银行业务将被少数几家银行所控制，银行业的竞争主要是在大银行之间进行，而且竞争更加激烈，国际银行业趋向垄断。

其次，银行垄断导致资金和服务质量下降。通过并购可使银行规模扩大，增强竞争实力，获得规模经济的好处。但实际上，银行规模的扩大并非越大越好，如果超过了银行经营的最佳盈利点，规模的扩大反而会增加单位经营成本。即在达到银行经营的最佳盈利点之前，银行的规模与效率成正比；而超过最佳盈利点之后，银行的规模则与效率成反比。因此，大银行未必就是好银行、最有效率和竞争力最强的银行，也未必就等于安全和效益最好。通过并购而形成的"超级银行"能否持久地获得规模经济效益，仍有待于进一步观察。更为重要的是，并购后的大银行在许多方面的优势有可能形成业务垄断，垄断必然导致资金配置的非合理性，从而造成资金效率的下降。而且，垄断形成之后，竞争对手的减少，也将导致银行服务质量的下降。

最后，并购加大了金融监管的难度，存在着金融动荡的潜在风险。银行并购必然促进银行业向综合化和国际化发展，金融创新工具的广泛使用使高风险投资大量增加，无疑都将加大金融监管的难度。诚然，银行并购在一定程度上有利于金融体系的稳定，但银行规模的不断扩大，随之而来的内部经营管理问题、风险控制问题、企业文化的整合问题都可能带来所谓"并购风险"，对银行经营的安全性和稳健性构成威胁，使金融动荡的潜在风险进一步加大。

总之，尽管银行并购存在着一些值得关注的问题，但从推动国际银行业并购发展的宏观与微观因素来看，这些因素对银行并购的主导作用在日益加强，因此银行业并购浪潮将会在中长期内继续迅猛发展。值得注意的是，银行业并购浪潮是国际银行业走向全能银行、跨国银行、互联网银行和银行再造时代的必然要求，同时也为此奠定了充分的基础。

二、全能银行时代

1. 全能银行的变迁

全能银行（Universal bank），又称为综合银行，是指不受金融业务分工限制，能够全面经营各种金融业务的银行。全能银行有三种类型：一是商业银行加投资银行；二是商业银行加投资银行加保险公司；三是商业银行加投资银行加保险公司加非金融公司股东。以德国为代表的欧洲全能银行大多是指第三种类型，而人们通常所指的全能银行是第二种类型。全能银行又有两种运作模式：一种是

中国金融安全论

德国模式，在银行内设置业务部门全面经营银行、证券和保险业务；另一种是英美日模式，通过设立金融控股公司，银行以控股公司的名义从事证券、保险和风险投资等业务。

19世纪中叶，德国、美国等国在工业化的过程中，都出现了全能银行，其中以联邦德国最为典型，可以提供几乎所有的银行和金融服务。20世纪30年代资本主义世界经济与金融大危机爆发后，许多经济学家将危机发生的重要根源归咎于全能银行制度。他们认为，由于全能银行将大量的资金投放在长期性证券交易上，从而使其在金融危机时陷于严重的资金短缺的困境之中，最终不得不破产倒闭。在1929—1933年世界经济危机中，美国有近万家银行倒闭。为了防止银行危机的再度发生，美国国会于1933年通过了银行法，即《格拉斯—斯蒂格尔法》，严格禁止商业银行从事投资银行业务，尤其是证券的承销和自营买卖业务，而且也禁止商业银行与从事证券业务的机构联营或人员相互兼职。此后英国、日本等国也纷纷效仿，实行了分业经营、分业管理的银行分离制度。

20世纪80年代以来，在金融自由化浪潮的冲击之下，金融创新层出不穷，金融监管逐步放松，各种金融机构之间业务相互交叉与渗透不断加剧。历史似乎是在按照螺旋形的轨迹发展，西方国家的银行业又逐渐向全能银行演变。从1987年开始，美国联邦储备委员会先后批准了一些银行持股公司经营证券业务，1989年又批准花旗等五大银行直接包销企业债券和股票，从而使美国商业银行向全能银行方向转变取得了重大的进展。

进入20世纪90年代以后，美国商业银行向全能银行发展进一步加快。1991年美国通过了《联邦存款保险公司改进法》，允许商业银行持有相当于其自有资本100%的普通股和优先股，这表明长期以来限制商业银行与工商业相互渗透的禁区已被突破。1994年美国又通过了《州际银行法》，允许商业银行充当保险和退休基金的经纪人，从而意味着对商业银行涉足保险业的限制也被突破。1998年4月美国花旗银行与旅行者集团合并，合并后的花旗集团将花旗银行的业务与旅行者的投资、保险业务集于一身，成为全球最大的金融服务公司。

美国之所以加快了商业银行向全能银行转变的步伐，一个十分重要的原因就是美国银行在国际金融市场上越来越多地受到来自欧洲和日本银行的竞争压力。进入 20 世纪 90 年代以后，西欧和日本等国的商业银行已经突破传统的分业界限，业务范围向投资、保险等领域扩展，全能银行的综合化趋势日益明显。例如，欧共体曾于 1992 年颁布第二号银行指令，决定在欧共体范围内全面推广全能银行和分行制。日本在 1996 年年底推出了名为"大爆炸"的金融业改革计划，该计划决定在已准许部分银行从事投资银行业务的基础上，继续推进日本银行业向全能银行过渡，计划在 2001 年前全面实现银行、证券公司和保险公司相互交叉经营彼此的业务。

为了应对欧洲和日本银行咄咄逼人的竞争态势，1999 年 11 月美国通过了《金融服务现代化法案》，废除了《格拉斯—斯蒂格尔法》关于银行业、证券业和保险业分业经营、分业管理的限制，允许银行扩展所有的金融服务，从而使美国的金融机构可"在一个屋檐下"和"用一种品牌"从事多种业务经营，标志着银行业进入了全能银行时代。

2. 全能银行迅速发展的必然性

自 1933 年美国通过《格拉斯—斯蒂格尔法》之后，商业银行的经营体制便出现了银行分离体制和全能银行体制并存的局面。这两种体制孰优孰劣，在理论界和金融界一直存在着广泛的争议。其中，对全能银行的批评主要集中在以下三个方面。

第一，道德风险问题。由于商业银行的收益和风险不对称而产生道德风险：商业银行高风险投资所获收益完全由其独自占有，但经营失败的风险则由存款人或存款保险公司甚至整个社会来承担，这种状况将导致商业银行只顾追求利益，忽视或放松风险控制。

第二，经营风险问题。受利益驱动，商业银行从事高风险活动，违背了存款人的意愿。尽管商业银行从事投资银行业务可增加利润来源，但也必然承担了证券业的风险。

第三，操纵证券市场问题。商业银行涉足证券业后，可利用自身资金实力的优势，参与交易、操纵市场，造成证券市场事实上的不平等，损害广大中小投资者的利益。

尽管这些批评不无道理，但是国际银行业依然最终选择了全能银行体制，特别是就连美国这个分业经营的倡导者也放弃了分业经营，这种变化值得思考。全能银行的迅速发展有其内在必然性，反映了金融全球化背景下国际金融发展的历史趋势和迫切要求。

首先，应对激烈的市场竞争。在银行分离体制下，银行开拓新业务受到严重阻碍。日益白热化的市场竞争，促使各金融机构努力拓宽服务领域和提供便捷的服务手段，各金融机构有实现相互融合的强烈动机。现代信息和通信技术的高速发展，为这一融合以及通过融合降低成本提供了技术保障。

其次，资本市场的迅速发展。由于资本市场迅猛发展，市场融资出现了"脱媒"现象，传统的商业银行业务已无法适应金融市场发展的新需求，大银行如果不能集投资银行和商业银行于一体，则其市场就会趋于萎缩，对此作为金融市场主体的商业银行必然需要进行相应的调整。

再次，金融创新的推波助澜。金融创新的发展为突破传统商业银行业务和证券业务分离提供了可能，商业银行在负债结构和资产配置方面越来越多地依靠资本市场工具，而投资银行也日益向商业银行业务渗透。金融创新使各类金融机构的业务界限逐渐消失、业务相互渗透、产品不断趋同，对分业经营提出了严峻挑战。

最后，金融机构国际化的要求。在国际银行业竞争不断加剧的情况下，实行全能银行体制国家的金融机构由于可以向全球客户提供全方位的金融服务而在竞争中处于有利地位；相反，实行银行分离体制的国家的金融机构由于存在着重重障碍，使其国际竞争力的提高受到严重影响。

3. 全能银行的优势

全能银行具有众多的优势。如果从银行的角度观察，全能银行主要有以下三大优势。

首先，成本优势。由于全能银行业务范围广泛，有利于大幅度降低经营成本。一般而言，在费用或投资水平确定的情况下，银行某种业务量的增加，将会提高效率、增加收益；全能银行的流行模式是将银行、证券、保险等各类金融业务融入一体化的架构之中，形成所谓的"金融超市"（或称"金融百货公司"），当不同的业务由一个机构提供时，其成本将低于多个机构提供时的成本。

其次，竞争优势。全能银行所具有的成本优势无疑将使其竞争力大大提高。除此之外，全能银行通过全面的金融服务，使客户与银行之间更加相互了解，加强了双方的联系，有利于巩固银行与客户之间的合作关系，从而也使其在竞争中处于有利地位。

最后，抗风险优势。全能银行具有"内在稳定"的特征。由于全能银行的业务多样化和收入来源多元化，银行的一部分业务亏损可由其他部分业务活动的盈利来补偿，即利用内部补偿机制来稳定利润收入，这就可以降低风险，使银行经营更加稳健，有利于整个银行体系保持稳定。随着银行业竞争加剧，特别是资本市场的发展对商业银行造成的冲击，商业银行本身的收入结构也由信贷业务转向了中间业务和证券业务。国际大银行的资产结构出现了重要的变化，非贷款性资产（主要是证券投资）在银行总资产中所占比重在不断上升，与此相对应，那些非传统的"其他营业收入"对传统的存贷款利差收入的比例也在迅速提高。美国花旗银行 1999 年实现的总收益中，来自贷款的利息收益所占比重不到 30%，而来自保费收入、承诺费和资产管理等收益占主要部分。1997 年，大通曼哈顿银行净利息收入占总收入的 48.6%，而 1999 年则下降到 34.6%，其他收入在 1999 年相应上升到 65.4%，参见表 3.5。

全能银行业务范围较广，能够同时为顾客提供多种服务，经营成本低，在保障资金的盈利性、安全性和流动性方面有独特优势；

中国金融安全论

全能银行在应对金融全球化和自由化带来的金融市场深刻变化的挑战中，表现出较高的应变能力和灵活性及较强的竞争力。正因如此，以美国《金融服务现代化法案》的正式生效、实行近70年的银行分离体制的彻底终结为标志，国际银行业已进入全能银行时代。

表 3.5　国外银行净利息收益占总营业收益的比重

(%)

银行	1997 年	1998 年	1999 年
美洲银行公司	61.0	57.5	55.0
BNP 巴黎巴银行	61.9	61.6	57.9
大通曼哈顿公司	48.6	45.4	34.6
花旗集团	—	38.4	35.3
汇丰控股	57.5	57.2	56.3

资料来源：Fitch IBCA Bank Scope October，2000。

三、跨国银行时代

1. 跨国银行的含义及其标准

跨国银行（Transnational bank），也称为多国银行。目前对于跨国银行的界定尚存在着不同的看法。一般认为，如果一家银行在另一国设立了分支机构，该银行就可以称为跨国银行。但是，从国际金融界通行的标准来看，一家银行能否被称为跨国银行，不仅要看其国外分支机构的形式和数量，还要看其设立分支机构的所在国家数量。联合国跨国公司中心（UNCTC）把跨国银行界定为：必须在 5 个或 5 个以上的国家或地区设立分行或附属机构。而英国《银行家》杂志在界定跨国银行时，采用了更为严格的标准：一是资本实力，一级资本（或实缴普通股本）与未公开的储备两部分之和，必须在 10 亿美元以上；二是境外业务情况，境外业务占其全部业务较大比重，而且必须在伦敦、东京、纽约等主要国际金融中心设有分支机构，开展国际融资业务，并派出一定比例的人员。近年来，《银行家》杂志在公布全球 50 家大跨国银行时使用的标准越来越广泛，包括海外资产占总资产比重、海外员工比重、在主要国际金融中心的资产分布，以及海外代表处、分行和附属银行机构的数量等。

英国《银行家》杂志从 1970 年开始对全球大银行进行排名，至今已有 30 多年的历史，在国际金融领域具有较大的影响。1998 年《银行家》将排名的银行数量增加到 1000 家，并开始按一级资本排名，此后又增加了巴塞尔协议的资本充足率等指标，使排名更能反映国际银行业的发展趋势和变化。因此，《银行家》对跨国银行界定的标准，能够较为客观、准确地反映跨国银行的内涵：跨国银行是在许多国家设有分支机构和附属机构网，跨国经营金融业务的银行。

跨国银行具有一些显著的特点：跨国银行拥有广泛的国际网络，经营广泛的国际业务（包括商业银行业务、货币市场和外汇市场业务、投资银行业务、信托业务等），从全球目标出发，制定全球经营战略，对国外分支机构实施集中统一的控制。由此可见，跨国银行与一般银行有着重要的区别。例如，有些银行在国内建立国际业务部，从事国际业务而且业务量很大，尽管如此，它也不能成为跨国银行，因为它并没有跨国界经营，这类银行充其量只能称为从事国际业务的银行。又如，一些银行虽然在国外设有分支机构，但国际业务量很少，在其总业务中无足轻重，所以也不能称其为跨国银行。

2. 跨国银行发展的动因

从历史上看，银行跨越国界的经营活动，早在自由资本主义时期就已存在，但具有现代意义的跨国银行从 20 世纪 60 年代开始才真正获得了迅速发展。

毫无疑问，银行业选择跨国经营，最根本的原因是为了谋求自身发展以实现更大的盈利。而从促进跨国银行迅猛发展的直接原因来看，主要包括三个方面的因素。

首先，国际金融市场的金融创新。20世纪60年代开始，伴随着国际贸易与国际资本流动的大规模增长以及跨国公司在全球的迅速扩张，国际金融市场也得到了空前的发展，其重要标志是金融创新的迅速发展。国际金融市场的金融创新主要包括金融市场创新、金融技术创新和金融产品创新。新型金融市场的崛起是金融市场创新的突出反映，如欧洲货币市场、金融衍生工具市场等已成为国际金融市场上最活跃的部分。金融技术创新主要表现为，现代化信息通信技术与计算机网络的应用和发展，带来金融交易手段的变革，金融资料的处理和传递更加便捷，计算机网络技术促进了全球交易体系的形成，使客户能够得到比以往更为方便和低成本的服务，任何交易者都能够通过计算机终端了解所需要的各种金融信息。金融产品创新是国际金融市场金融创新活动的焦点所在，因为任何金融市场创新和金融技术创新只有体现在金融产品创新上才能实现其自身的价值。20世纪80年代以来金融产品创新层出不穷，目前国际金融市场上已知的金融创新产品多达1200种以上，主要有金融远期、金融期货、金融期权、金融互换和票据发行便利五大类。

其次，金融自由化的深入发展。20世纪70年代以来，各国的金融自由化改革也在不断深入：由放松利率管制到放松金融业务管制，再发展到放松（或部分放松）资本项目管制，极大地促进了金融机构之间的竞争，推动了金融机构向全能化、国际化发展。金融自由化改革对全球金融活动、金融机构和金融市场产生了巨大而深远的影响。正是由于各国金融活动的逐步自由化以及阻碍资金跨国流动的藩篱被不断拆除，使得本来各自独立运行的各国国内金融，日益融合在全球金融的大潮之中。特别是进入20世纪90年代后，世界上一些国家先后不同程度放松了对别国金融机构在本国从事金融业务或设立分支机构的限制，从而促进了各国银行向海外的拓展。1997年年末，世界贸易组织成员签署《金融服务协议》，把允许外国在其境内建立金融服务公司并将按竞争原则运行作为加入该组织的重要条件，进一步促进了各国金融业务和机构的跨国发展。

国际金融市场的金融创新和金融自由化的深入发展，为跨国银行的大发展提供了物质基础和运行环境。

最后，银行业发展战略的调整。为了应对日益加剧的金融服务业全球竞争，各国大银行和其他金融机构竞相以扩大规模、扩展业务以提高效益和增强抵御风险能力作为发展新战略，国际金融市场掀起了声势浩大的跨国并购浪潮，造就了众多的巨型跨国银行。银行并购使全球金融机构的数量减少，单个机构的规模相对扩大，银行业的集中度迅速提高。据统计，在 2001 年世界 1000 家大银行中，前 25 家大银行的资产约占 1000 家银行全部资产的 50% 左右，而 1996 年仅为 28%。另外，在过去的 10 年里，国际银行业的对外资产增长高达 57%，年平均递增 5.1%（参见表 3.6）。国际银行业对外资产的急剧增加，也反映出银行业实施国际化经营战略的成效显著。

表 3.6　国际银行业的对外资产

（单位：亿美元）

年份	1990	1993	1996	1999
所有国家	62545	65026	82899	98235
欧洲 15 国	32439	35641	46353	57907
美国	5784	5427	6671	8710
日本	9506	9186	11235	11738

注：均为年末数。

资料来源：国际清算银行（BIS）统计。

3. 跨国银行的发展趋势

20 世纪 80 年代到 90 年代初期，跨国银行发展的最大特点是日本银行的异军突起，在连续数年按资产排名的世界前 10 大银行中，日本银行一直占有统治地位。20 世纪 90 年代以来，受经济泡沫引发银行大量不良资产的影响，日本银行的地位相对下降，欧盟和美国银行的地位则不断上升，而亚洲国家和其他发展中国家的跨国银

行实力也在不断增强。英国《银行家》杂志按海外资产排出了全球
50家银行，反映了跨国银行结构及其海外化程度的最新变化情况，
表3.7列举了前10名的情况。

表3.7　全球前10家海外银行排名

1999年排名	银行	海外资产占总资产比重（%）	海外利润占总利润比重（%）
1（一）	运通银行（美国）	79.89	91.49
2（1）	渣打银行（英国）	74.00	84.00
3（2）	瑞士信贷集团	73.00	45.00
4（3）	瑞士联合银行	68.40	39.50
5（5）	瑞士银行集团	67.20	38.70
6（6）	汇丰银行集团（英国）	65.00	52.00
7（7）	花旗银行集团（美国）	63.00	70.00
8（10）	奥地利信贷银行	57.35	32.99
9（14）	荷兰银行	57.09	59.76
10（8）	百利银行（法国）	55.05	38.97

注：为1999年排名，括弧内为1998年排名。
资料来源：The Banker，April 1999。

第三章　中国金融安全的国际金融环境

　　20世纪70年代到80年代期间是跨国银行数量迅速增长时期，
90年代以后，跨国银行的总体结构已经趋于稳定。当前跨国银行的
发展出现了一些新的变化：一是发达国家跨国银行进行结构调整，
主要表现为设立在发达国家的实体性机构数量出现了下降的趋势，
而电子化意义上的网络在不断扩大；设在发展中国家的机构数量则
相对增加。二是发展中国家跨国银行的海外机构数量在不断增加，
近年来已显示出大举进入发达国家开办分行或代表处的趋势。跨国
银行发展的这种态势，或许可以用"银行业全球化发展四个阶段理
论"来解释（参见表3.8）。国外研究者将银行业的全球化发展分为
四个阶段，在每个阶段有其特定的业务活动领域和经营模式。显而

易见，对于大多数工业化国家来说，它们的银行业已经越过了第三阶段，正在全面向第四阶段发展；而对于大多数发展中国家而言，则正处在第一阶段或第二阶段。因此，无论是发达国家还是发展中国家的银行业，都面临着业务活动领域和经营模式的进一步转变，跨国银行发展的上述趋势将会继续进行下去。

表 3.8　银行业全球化发展的四个阶段

	第一阶段	第二阶段	第三阶段	第四阶段
	国内银行	国际银行	国际全功能银行	全球全功能银行
主要业务对象	出口和进口	积极的海外直接投资	跨国公司的多种需要	
经营业务范围	主要是同贸易有关的外汇操作，资本操作是短期的	海外贷款和投资变得重要起来，在海外从事中长期资本业务	从事非传统银行业务，如租赁、投资银行业、咨询业、资产管理业	
			金融批发业务	金融零售业务
运作方法	同外国银行的合约	扩充海外分支机构和办事机构	在海外扩张机构，资本参与，建立非银行的附属机构，在全球范围内吸收资金，在全球范围发放贷款和从事投资	
主要服务对象	主要是居民	主要是居民	居民和非居民	

资料来源：Peter Dicken，Global Shift. The Guilford Press，1998；李扬（1999）。

四、网络银行时代

1. 网络银行的含义与发展模式

网络银行（Network bank）又称互联网银行、网上银行或在线银行，是在 1995 年 10 月才出现的新型银行。对网络银行的含义，有两种较为权威的界定。

巴塞尔银行监督委员会（BCBS）认为：网络银行是指通过电子通道，提供产品和服务的银行。这些产品和服务主要包括：存款与贷款、账户管理、投资理财、电子账务支付，以及其他一切诸如电子货币等电子支付的产品和服务。

美国财政部通货监理署（Federal Office of Currency Controller of the US Treasury，OCC）在1999年10月出版的《总监手册——网络银行业务》认为：网络银行业务是指能使银行客户通过个人电脑或其他信息终端在使用银行产品与服务时进入有关账户并获取基本信息的系统。网络银行业务的产品与服务可包括为公司客户服务的批发性产品，也包括为消费者服务的零售和信托类产品。

综上可知，网络银行是指以互联网为渠道，为客户提供多种金融服务的银行。由于网络银行利用公共互联网络作为传输媒介，以单位或个人计算机及其他通信工具为入网终端，使客户足不出户就能够安全便捷地享受金融服务，因而又被称为居家银行。

从国际银行业的现状来看，网络银行的发展有两种模式。

第一种：纯粹网络银行模式。这种模式的网络银行是完全依赖于互联网发展起来的全新的电子银行，这类银行几乎所有的银行业务交易都依靠互联网进行。这种模式又有两种情况：一是直接建立独立的网络银行；二是以原银行为依托，成立新的独立的银行来经营网络银行业务。采用这种模式的有美国安全第一网络银行、Telebank 等。

第二种：传统银行拓展网络业务模式。这种模式是指在传统银行基础上运用公共互联网服务，开展传统的银行业务交易处理服务，通过其发展家庭银行、企业银行等服务，即将传统银行业务延伸到网上，在原有银行内部发展网络银行业务。采用这种模式的有美国花旗银行集团、美洲银行、威尔士法戈银行等。

上述两种模式各有利弊，参见表3.9。美国网络银行的发展以大、中银行为主，纯粹网络银行数量较多。

表 3.9　网络银行两种发展模式比较

模式	有利条件	不利条件
纯粹网络银行模式	1）鲜明独立的品牌 2）明确的客户和业务定位 3）价格优势 4）发展自由、不受传统银行体制束缚	1）客户和业务需要从头积累 2）初始投入成本较高 3）资金来源有限、抗风险能力差 4）不利于母体电子化转型 5）可能与母体产生不必要的竞争和浪费
传统银行拓展网络业务模式	1）统一的品牌 2）共享客户和业务资源 3）降低经营成本 4）便于控制	1）形象不够鲜明 2）客户和业务的集中度弱 3）整合投入较高 4）容易受旧体制的束缚

2. 网络银行的特征

网络银行（这里主要指纯粹网络银行模式）与传统银行在运行机制和服务功能方面有许多不同，具有自身独特的运行特征，主要表现在以下几个方面。

第一，网络银行是虚拟银行。传统银行是有形银行，有现实的分支机构和网点。而网络银行没有实际营业场所，没有地址，只有网址，其营业场所是 Internet 带来的电子化空间。网络银行实现了无纸化银行服务，所处理的货币已经电子化。

第二，网络银行是智能化银行。传统银行主要借助于资金以及众多的银行员工为客户提供服务。而网络银行主要是借助知识和智能，许多工作由电子计算机自动完成，不需要柜台服务人员，因此员工人数较传统银行而言大量减少。如美国安全第一网络银行在 1995 年开业时员工只有 19 人，到 1999 年年底已拥有 21000 个账户，仅支票存款余额已达 1.35 亿美元，员工仍不到 100 名。网络银行使银行从劳动密集型企业转变成为技术密集型企业。

第三，网络银行是高效率银行。网络银行作为一个开放的体系，打破了传统银行分支机构所受到的时间和地理的局限，为客户提供跨地区、全天候的服务。对客户来说，只要接入 Internet 就能得到银行服务。网络银行能够为客户提供"3A"级服务，即在任何时候（Anytime）、任何地方（Anywhere），以任何方式（Anyway）为客户提供金融服务，这种服务包含更多的针对性、个性化和人情味。而且，网络可以方便地进行不同语言文字之间的转换，这就为网络银行开拓国际市场创造了条件。

第四，网络银行是低成本银行。网络银行的设置成本远远低于传统银行分支机构，在美国开办一家网络银行的成本约为 100 万美元，而开办一家传统银行分支机构的成本为 150 万~200 万美元。据美国联邦存款保险公司（FDIC）的统计，各种客户服务渠道的平均每项交易成本有较大的差别，利用传统手段完成一笔业务的费用高达 1.07 美元，而网络银行的成本最低，仅有 1 美分，参见表 3.10。

表 3.10　各种银行服务方式比较

项目	柜台交易	电话银行	ATM	网络银行
设置成本	成本高（包括房租、装潢、设备及人力成本）	成本较低	成本较高（包括软硬件、运营维修成本）	成本最低
服务范围	分行地理位置周围客户	本行客户	设置地点附近本行或他行客户	所有网上的 Internet 客户
服务方式	面对面双向沟通	单向服务	单向服务	任何方式（包含更多的个性化服务）
服务时间	8 小时左右	24 小时	24 小时	24 小时
收入来源	存贷利差、手续费	转账客户	跨行手续费	手续费、贷款利息
服务对象	一般大众	本行客户	现金交易客户群	高教育高收入人群
平均交易成本	1.07 美元	0.54 美元	0.27 美元	0.01 美元

项目	柜台交易	电话银行	ATM	网络银行
安全状况	面临人为操纵，如抢劫、偷窃等风险	面临人为盗窃密码转账等风险	面临抢劫、盗窃、机械故障等风险	面临偷窃交易资料、破坏主机资料等风险

资料来源：美国联邦存款保险公司（FDIC）；姜建清（1999）。

网络银行独特的经营方式使之在固定资产成本、员工数量、租金和交易成本等方面的支出大大低于传统银行，参见表 3.11。

表 3.11　网络银行与传统银行经营成本比较

银行类型	非利息营业支出／营业收入（%）	总资产／员工人数（百万美元／人）
传统银行		
汇丰银行	34.9	655
花旗银行	45.2	192
网络银行		
Telebank	20.5	2670
Net.Bank	27.6	750

资料来源：各银行 1998 年年报，转引自刘金宝（2000）。

3. 网络银行的发展及其趋势

从 1995 年 10 月 18 日世界上第一家网络银行——美国安全第一网络银行成立以来，网络银行在美国迅速发展，网络银行的数量、资产、客户规模的增长都远远超过传统银行。1997 年开通网络银行业务的银行与存款机构达到 400 家，1998 年增加到 1200 家，1999 年则猛增到 7200 家。到 2000 年，有近 40% 的美国家庭采用网络银行提供的金融服务，网络银行利润在银行业利润总额中的比重已超过 50%。银行各类服务渠道的业务量的变化情况，也反映出网络银行迅速发展的态势（参见表 3.12）。

中国金融安全论

表 3.12　美国银行业各类服务渠道所占业务比例的变化

年份	分支机构	ATM	电话	网络银行	其他
1994	61%	27%	7%	1%	4%
1998	41%	31%	15%	6%	7%
变化	−67%	+115%	+214%	+600%	+175%

资料来源：美国银行家协会和 Ernst & Young，转引自刘金宝（2000）。

　　网络银行正在迅速向世界各国蔓延。到 2000 年年初，欧洲的网络银行达到 120 家；已有 1/3 的储蓄是通过互联网进行的，总金额约 1580 亿欧元。到 2003 年，欧洲的纯粹网络银行从 2000 年的 20 家增加到 50 家，网络银行提供的金融服务额将达到 4400 亿欧元，占金融市场的 15%。与欧美相比，亚洲网络银行的规模较小，主要集中在中国台湾省、新加坡和日本。欧洲和北美的网络银行户头分别为 1000 万与 11000 万，而亚太区仅有 400 万户头。2003 年，亚太区网络银行户头可能已猛增到 3000 万，增幅为 650%；与此同时，欧洲和北美的网络银行户头分别增加到 5000 万和 4000 万。

　　国际银行业中的大银行之所以纷纷选择发展网络银行的战略，最根本的原因不外乎提高竞争力和盈利水平，这是国际银行业发展的永恒主题。而网络银行所具有的特征（即优势）极大地促进了银行业竞争力和盈利水平的提高。美国花旗银行的一项统计表明，该银行网络银行业务与传统银行业务相比，客户的忠诚度和满意度分别提高了 33% 和 27%，这就预示着银行业的未来将是建立在信息技术基础上的网络银行。

　　网络银行在发展过程中也存在着一些问题，如互联网项目实施中的风险问题、网络银行的安全问题、纯粹网络银行经营结构的局限性问题等。毕竟网络银行自产生至今还不到 10 年的时间，这些问题将随着网络银行不断走向成熟而得到解决。需要指出的是，网络银行是建立在互联网基础上的新型银行，它将随着互联网的迅速发展而向更高的层次发展。有关研究表明，未来网络银行的发展的重要趋势是：可视化、移动化与一体化将成为网络银行的主流；综合化经营将成为网络银行的主要经营模式；个性化服务将成为网络银行的主要服务方式。

网络银行的发展打破了 100 多年来银行业传统的经营管理模式，对传统银行来说无疑是一场革命，这就要求商业银行必须改变传统的经营管理理念，对其组织框架和管理模式进行彻底的改造，即银行再造。甚至可以断言，网络银行能否成功的关键不仅是技术，更重要的是要有一套能够适应和促进其发展的管理模式，如果用传统的管理模式和经营方法去经营网络银行最终将必然以失败而告终。

五、银行再造时代

银行再造分为广义的银行再造和狭义的银行再造。前者是指银行通过并购、重组或整合，加速金融创新，使其向全能化（或综合化）、国际化、电子化方向发展，因此国际银行业的并购浪潮，国际银行业走向全能银行、跨国银行、网络银行都可以看作是广义银行再造的内容；后者是指建立商业银行管理新思维和新模式。我们所说的国际银行业将进入银行再造时代，包括广义的银行再造和狭义的银行再造，广义的银行再造前已论述，这里仅讨论狭义的银行再造。

1. 银行再造的含义

银行再造（Reengineering the Bank），起源于 20 世纪 80 年代初的美国，进入 90 年代后已演变成为席卷美国银行业的一场革命。对银行再造含义的理解，目前尚无统一的表述。美国经济学家迈克尔·哈默对此进行了开创性的研究，他将银行再造表述为："银行为了获取在成本、质量和速度等绩效方面戏剧性的改变，以业务流程为核心进行的根本性的再思考和彻底性的再设计。"迈克尔·哈默的定义简明扼要，准确地指出了银行再造的核心是业务流程，但这一定义也存在着一些问题：没有强调信息技术在银行再造中的作用，"以业务流程为核心进行的根本性的再思考和彻底性的再设计"必须充分借助现代信息技术力量；银行再造是一项复杂的系统工程，它不仅包括业务流程再造（尽管这是银行再造的核心），而且还应包括组织结构、企业文化、价值观念、经营理念、管理制度等方面的再造。

根据国内外众多论著中对银行再造的种种解释，可从中归纳出银行再造的基本含义。

银行再造是指商业银行充分借助现代信息技术，以客户为目标，以业务流程改革为核心，从根本上对银行的业务流程和管理模式重新设计，以期在成本、质量、客户满意度和反应速度上有所突破，使银行集中核心力量，获得可持续竞争的优势。

这里强调了两个方面：

第一，现代信息技术在银行再造中的重要性。银行再造的核心是业务流程改革，而这一改革需要依靠现代信息技术。流程是一系列连续有规律的行动（或操作），这些行动（或操作）以确定的方式发生或执行，导致特定结果的实现。业务流程是一系列共同为客户创造价值而又相互关联的行动，每一个企业都是通过业务流程来运作的，银行也不例外。但是，银行与一般企业有重要的区别：由于银行经营的货币、信用具有同质性，银行之间的差别实际上来自各家银行的业务流程，银行的核心能力自然渗透在业务流程之中，业务流程由此成为影响银行竞争优势最重要的因素。银行业务流程改革的目的在于改变银行传统的分工方式、下放决策权力给第一线人员、减少中间管理层的审查、专业知识与决策信息的共享，这种变革如果没有信息技术的支持必然是寸步难行。

第二，强调了以客户为中心。把以客户为目标作为银行再造的出发点，从根本上对银行的业务流程和管理模式进行重新设计，建立"客户中心型"的业务流程组织。

综上可见，银行再造的实质就是要依靠信息技术从根本上改变银行经营管理的传统观念、变革传统运作模式，使人们在价值观念上产生相应的变化，从而带来组织结构、管理制度、经营环境、经营范围的深刻变化，重塑银行文化，使银行经营管理进入一个新的境界。

2. 银行再造的发展与趋势

早在 20 世纪 80 年代初，西方国家银行业面对汹涌的金融创新浪潮以及由此而来的经营成本上升的压力，开始探索摆脱困境的道路。当时推崇和流行的是成本管理理论，即通过成本管理来降低经营成本、提高盈利水平和竞争力，相继提出了"重组"（Reorganization）、"重建"（Reconstruction）、"重构"（Restructure）等思路和方法。实际上，这些方法都是按照传统的思维方式设计的，其核心是降低成本。但实践证明，单纯的成本管理难以取得明显、持久的效果，甚至会削弱银行的发展潜力。为此美国商业银行开始寻找全新的银行管理模式。与此同时，企业再造（Corporate Reengineering）与业务流程再造（Business Process Reengineering）的管理理论和方法开始在发达国家兴起，成为全面质量管理之后的一次新的工商管理革命。美国的银行家们及时将这一理论引入银行管理领域，银行再造由此应运而生。

银行再造要求银行家们改革传统的思维方式，以新的视角来思考银行经营管理。传统的银行管理思想缺陷在于：一是机械地重视局部均衡，强调各职能部门的重要性，而忽视了整体性。二是注重普遍性和共性，在业务流程设计和产品创造上强调大众化标准，适应客户群需要，追求规模效应，而忽视了特殊性和个性。三是注重从银行本身的利益出发，而不是从客户需求出发。四是强调目前的重要性，考虑问题的出发点习惯于"如何以更好的方式把目前正做的事情做得更好"，而较少考虑正在做的事是不是应该做。

银行再造所包含的新的思维方式注重整体性、特殊性、客户的需求与长远的发展。首先，银行运作本身就是一个完整的业务流程，业务流程的设计要考虑每项服务的完整性，不能让某项服务因职能分工而被分割得支离破碎；其次，要根据新的客户群概念，设

中国金融安全论

计出符合不同客户群需要的有个性、有特色的产品与服务；再次，按照最能满足客户需要、开发客户价值的要求设计业务流程，打破传统的分工概念，根据信息技术发展的要求，重组各职能部门；最后，从银行长远发展的需要来设计银行的业务流程和组织结构。银行决策层在做任何计划前都必须考虑这样三个问题：为什么要做这件事，它对银行未来发展有何重要意义；这件事从客户的角度来看是否需要；这件事是否一定要银行来做，可否外包而使银行有更多的精力从事最重要的工作。

以信息技术引导的银行再造主要包括五个层次（参见图3.1）：

（1）局部应用，信息技术单独应用于银行的不同部分，各个应用之间相互隔离。

（2）内部集成，随着银行在应用信息技术方面的成熟，有必要通过共享数据等方式把局部应用阶段形成的"自动化孤岛"（islands of automation）联结在一起。

（3）业务流程重新设计，应用信息技术来转变银行内部的管理模式和运作模式。

（4）组织结构重新设计，通过应用信息技术重新设计银行组织结构。

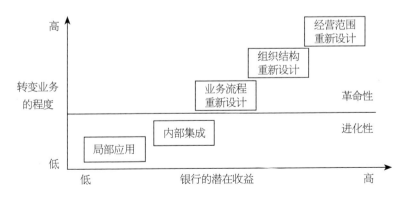

图3.1　信息技术引导银行再造的五个层次

资料来源：J. 佩帕德、P. 罗兰（1999）。

（5）经营范围重新设计，通过应用信息技术来拓展银行经营业务的范围。

从上述五个层次来看，前两个层次属于进化性阶段，即自然地发展，而后三个阶段是革命性的。因而，在不同的阶段，银行转变业务的程度与潜在收益的高低存在着较大的差别。

根据现有的研究成果，银行再造的核心策略主要包括：一是根据客户价值定价，即根据客户对银行产品的满意度和客户得到银行产品或服务后所能获得的效益来定价；二是通过战略联盟实现非核心业务外包，以利于银行集中有限的资源，有效培育和运用自身核心能力；三是整合业务流程，并且使业务流程多样化；四是实行客户与银行单点接触策略，要求银行能在一个地方为客户提供全面服务，而不需要客户为了一笔业务在不同的部门之间穿梭；五是建立中心—辐射式组织结构（即扁平化的组织结构），压缩管理环节、缩短管理半径，减少上下级之间信息传递的失真，进行银行组织结构的再造；六是经营范围再造，扩大经营范围，向综合化、全能化方向发展。

归根结底，银行再造的目的是赢得金融服务的竞争。在这方面，美国花旗集团总结的经验值得关注。美国花旗集团的前行政官员乔治·伏伊塔（George Vojta）从财务管理以及客户、产品和市场的角度，将提高金融服务竞争力的战略措施归纳为 10 个方面。在财务管理方面，主要强调持续的盈利，期限对称或已经进行了对冲的获利资产组合；允许对投资组合结构进行弹性化的调整；在面对日益缩小的差额的情况下，通过提高资产利用率维持股权收益率；通过日常开支和奖励有生产效率的人员来提高生产力。在客户、产品和市场方面则强调市场分割和地位、产品的完整和竞争力、建立完整的金融服务等，❶ 参见专栏 3.2。

---

❶　参见约瑟夫·F. 辛基：《商业银行财务管理》，中国金融出版社，2002年版。

专栏 3.2　赢得 21 世纪金融服务最重要的 10 项战略措施

----

1. 利润率。胜利者在商业周期和利率周期的任何阶段都会获得合理的利润，获得资产的期限匹配或通过衍生工具进行对冲。

2. 流动性和证券化的资产。胜利者能够变现不再适合银行账面或利润要求的资产。由于证券化的出现，资产不必持有到期限结束。

3. 正的盈余。即使差额较低，胜利者也能取得足够的资本收益率，而失败者好像有太多资产的收益率不理想。

4. 提高生产率。胜利者会尽量降低非财务支出，建立成本更低的新电子销售模式，并获得较高的生产率。较低的差额表明只有成本有效的生产者才可以生存。

5. 市场分割。胜利者将有效地确认、分割、组织和管理分散的不同市场，以便更有效地为特定顾客服务。

6. 产品的完整和竞争力。无论参与哪个市场部分的竞争，胜利者都会获得产品优势。无论是由银行提供还是由非银行提供，消费者都会选择市场中的最好产品。

7. 构建混合业务。胜利者将综合组织并有效运用附属业务。有效战略管理的关键是弄清楚什么业务在创造价值（EVA），什么业务在破坏价值。

8. 奖励政策调整。胜利者将向获得成功的人员支付报酬。等级奖励结构将成为过去，而酬劳金将发挥更大的作用。

9. 市场地位。胜利者将会选择可以抵抗所有新加入者的有利位置。对于想在强大的竞争对手面前生存下去的社区银行和小银行来说，这一点尤为重要。

10. 电子银行业务、收费收入和顾客服务。胜利者必须在维持服务质量的同时，保持电子支付系统与维持这些系统的收费收入之间的平衡。

银行再造是在金融全球化浪潮下，国际银行业为应对日趋激烈的竞争，在银行管理方面的制度创新，是国际银行业经过探索和实践后做出的具有革命性的选择，意在以变革求生存、求发展。据统计，美国每年有 10 多家大银行实施银行再造，再造后银行的资产平均收益率（ROA）从 1.0% 上升为 1.5%，资本平均收益率（ROE）从 14% 上升为 20%，成本收益比从 63% 下降到 50%~55%，成效显著。更为重要的是，伴随着银行再造，或者说在银行再造的推动之下，西方银行业进一步加快了向业务综合化、国际化和高科技化的发展。正因如此，目前银行再造运动正在从美国向欧洲、向全世界延伸，并必将对国际银行业的变革产生巨大而深远的影响。

毫无疑问，国际银行业发展的新趋势是其将全面进入银行并购时代、全能银行时代、跨国银行时代、互联网银行时代和银行再造时代。这种发展趋势必将对中国的银行业发展产生重大的影响，突出表现为将对中国银行业形成强大的竞争压力。面对 21 世纪初国际银行业的更加激烈的竞争，特别是伴随加入世界贸易组织而进一步扩大的银行业开放将成为中国银行业发展史上的一个分水岭。国际竞争将成为中国银行业体制改革及与国际接轨的催化剂，而银行业的开放则又给中国银行业改革增添了一个新的外在动力，有助于整个银行体系与国际标准接轨。中国的银行业将进入一个新的改革和发展阶段。中国银行业只有正视并慎重思考其对中国银行业的影响，才能及时调整发展战略，以期在竞争中争取有利地位，维护中国的金融安全。

第四章 中国金融安全状况总体分析与评价

第一节 金融全球化对中国的挑战

一、中国参与金融全球化的进程

改革开放伊始，中国便迅速融入金融全球化的进程之中，中国的发展一直与金融全球化紧密联系在一起，主要表现在以下几个方面。

1. 国际资本流入的规模大幅增加

中国参与金融全球化最重要的表现就是在利用外资方面取得了举世瞩目的成果。在改革开放以前，中国几乎没有外商直接投资流入。20 世纪 90 年代，中国利用外资进入增长高峰期。自 1993 年以来，中国就始终为仅次于美国的世界第二大吸收外商直接投资国，也是发展中国家中最大的吸收外商投资国。根据联合国贸发会议（UNCTAD）的统计，中国外商直接投资流入量，1996 年以来保持在 400 亿 ~500 亿美元，参见图 4.1。中国外商直接投资流入存量，1980 年仅为 62.5 亿美元，到 2001 年已增加到 3951.9 亿美元，参见图 4.2。

截止到 2002 年年底，中国累计批准设立外商投资企业 424196 家，合同外资金额 8280.60 亿美元，实际使用外资金额 4479.66 亿美元。2002 年中国吸收外商投资继续保持全面增长，全国新批设立外商投资企业 34171 家，比上年同期增长 30.72%；合同外资金额

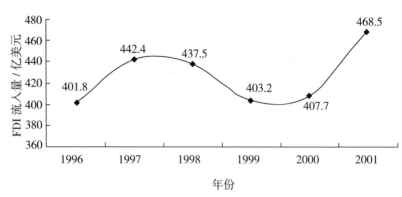

图 4.1　中国外商直接投资流入量（1996—2001 年）

资料来源：UNCTAD（United Nations Conference on Trade and Development），World Investment Report 2002。

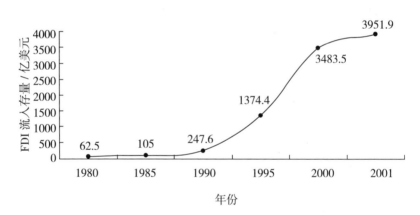

图 4.2　中国外商直接投资流入存量（1980—2001 年）

资料来源：UNCTAD（United Nations Conference on Trade and Development），World Investment Report 2002。

827.68 亿美元，同比增长 19.62%；实际使用外资金额 527.43 亿美元，同比增长 12.51%。2002 年中国在全球吸收外商直接投资中一跃超过美国，成为世界第一大吸收外商直接投资国。

　　与此同时，国外间接投资的流入也在大幅度增加。中国的外债规模已经达到较高的水平，成为世界上最大的债务国之一。1985 年中国的外债余额为 158.28 亿美元，到 2002 年 6 月，中国外债余额已增加到 1691.1 亿美元。从负债率来看，自 20 世纪 90 年代，中国的这一指标一直保持在 15% 左右，也处在比较高的水平上，表明借用外债对于中国经济增长具有重要的影响。据世界银行估计，近年来在所有发展中国家获得的跨国商业信贷总额中，中国的比重已经提高到 15%。❶

2. 资本外流呈现出迅速增加的趋势

金融全球化对中国影响日益增强的一个重要表现就是近年来中国资本流出的大幅度增加。中国资本流出主要有两种类型：一是对外直接投资和证券投资，二是非正常渠道的资本外流。

尽管中国是一个利用外资的现实大国，但也是一个海外投资的现实小国，海外投资额约占世界海外投资流出总额的 0.1%。根据联合国贸发会议（UNCTAD）的统计，中国海外投资流出量，1996 年以来在 10 亿~30 亿美元之间徘徊，参见图 4.3。中国海外投资流出存量，1985 年仅为 1.31 亿美元，到 2001 年已增加到 275.8 亿美元，参见图 4.4。据世界银行估计，中国资本实际流出量要更高，其中最大的部分在中国香港特别行政区，这主要是由于境外利润再投资普遍没有列入统计的缘故。❷

非正常渠道的资本外流，通常是指资本外逃，即短期资本持有者出于安全或保值方面的考虑，迅速将资本从一国转移到另一国的行为或过程。由于资本外逃是通过非正常渠道进行的，再加上对资本外流的概念和口径的理解不同以及计算方法的差异，因此要获得准确的统计是非常困难的。1982—1999 年，中国每年资本外逃的规

❶　参见世界银行：《2020年的中国：新世纪的发展与挑战》，中国财政经济出版社，1997年版。

❷　参见世界银行：《中国的参与：参与全球经济的一体化》，中国财政经济出版社，1997年版。

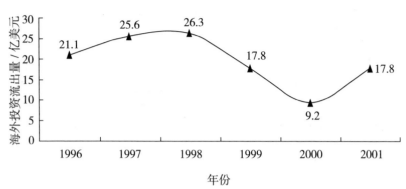

图 4.3 中国海外投资流出量（1996—2001 年）

资料来源：UNCTAD（United Nations Conference on Trade and Development），World Investment Report 2002，p.316。

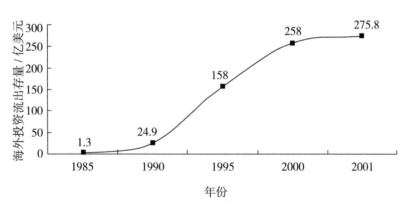

图 4.4 中国海外投资流出存量（1985—2001 年）

资料来源：UNCTAD（United Nations Conference on Trade and Development），World Investment Report 2002，p.316。

模大约有 130 亿美元。1997 年和 1998 年中国的资本外逃额达到了 20 世纪 90 年代的最高峰，分别为 364.74 亿美元和 386.37 亿美元。从目前的情况来看，中国资本外逃的状况仍十分严重，据有关测算，2000 年以来每年约在 400 亿美元。

3. 资本市场已成为全球金融市场的组成部分

在中国，除了香港特别行政区这一远东重要的国际金融中心之外，上海等一些大城市金融国际化的进程也在加速。在资本市场上，中国设立了 B 股、H 股和 N 股发行市场。

B 股即人民币特种股票，是指以人民币标明股票面值，以外币认购和交易，专供港澳台地区的投资者买卖的记名式股票。B 股发行市场是中国境内的股份公司向境外发行 B 股，以募集外币资金和境外投资者购买这些股票的交易市场。

H 股发行市场是指中国境内股份公司经批准，在香港地区的证券市场上发行 H 股，以筹集外汇资金和境外投资者认购 H 股所形成的投资过程。H 股以人民币标明面值，供境外投资者以外币认购，在香港联合交易所上市。

N 股发行市场是指中国企业按照中、美有关法律规定，通过存托凭证（ADR）方式，在美国发行股票，以募集外币资金和美国等外国投资者认购该存托凭证的过程。N 股也是以人民币标明面值，但按国际市场汇率折为美元，以美元标价发行。

B 股、H 股和 N 股发行市场为中国股份公司筹集外资提供了一条直接融资的渠道，也为境外投资者提供了一个投资于中国的机会。1993—2001 年，中国股票市场上发行 H 股和 N 股筹资额累计达 1442 亿元；1992—2000 年，中国股票市场上发行 B 股筹资额累计达 325 亿元。除此之外，中国政府在国际资本市场上的活动也日益频繁。例如，2001 年 5 月 17 日，中国政府在伦敦国际金融市场发行了 15 亿美元等值欧洲债券，这是迄今为止发行规模最大的一次。

4. 外资金融机构的准入逐步放宽

外资金融机构已成为中国金融体系的重要组成部分。中国在 2001 年 12 月加入世界贸易组织时，对外资银行正式开放了上海、深圳、天津、大连 4 个城市的人民币业务。2002 年 12 月 1 日，中国对外资银行进一步开放了广州、珠海、青岛、南京、武汉 5 个城市的人民币业务。自中国 1996 年允许在上海、深圳的外资银行试点经营人民币业务以来，获准经营人民币业务的外资银行总数已达 53 家，其中上海 30 家，深圳 14 家，天津 5 家，大连 4 家。

截至 2002 年 10 月底，外资银行在华营业性机构达到 181 家，其中外国银行分行 147 家，下设支行 8 家，在中国注册的法人机构 19 家，下设分行 7 家。在华外资银行资产总额为 379.65 亿美元，负债总额为 337.97 亿美元。其中，人民币资产总额为 495.97 亿元，负债总额为 423.46 亿元。到 2002 年年底，在华的外资保险机构有 34 家。

5. 国内金融机构的国际化程度不断提高

近年来国内金融机构特别是银行业也加快了向海外扩展的步伐，积极参与国际金融市场的竞争。根据英国《银行家》杂志的统计，2002 年度中国已有 15 家银行进入世界 1000 家大银行之列，比 2000 年增加了 6 家。尽管与发达国家的银行业相比，中国银行业在资金实力、竞争力等方面都还存在着较大的差距，但这足以表明，中国银行业参与金融全球化的进程在加快。到 20 世纪 90 年代末，国内金融机构在境外设立的银行、保险、证券、财务公司等类型的分支机构共 687 个，其中营业性机构 654 个。

值得一提的是，在国内金融机构参与金融全球化的进程中，中国银行的表现较为突出。中国银行的核心竞争力体现在四个方面：国际业务、海外分支机构、投资银行业务、国际金融专业人才。由于长期从事国内跨国公司和大型进出口企业的资本融资和进出口业务，中国银行在这方面经验丰富、人才济济，其全资附属的投资银行（BOCI）拥有一批业务精熟的资深专家，因而在海内外市场具有一定的影响力，特别是在中国内地大型企业在中国香港的海外上市项目上，取得了良好业绩，并在股票零售业务、银团贷款业务和强积金等业务的市场占有率上名列前茅。中国银行目前已在 24 个国家和地区设立了 564 个分支机构，遍布世界主要经济金融中心。

中国金融安全论

6. 与国际金融机构的联系不断加强

改革开放以来，中国陆续加入了一些国际金融机构，先后成为国际货币基金组织、世界银行集团、亚洲开发银行、非洲开发银行的会员国。中国金融机构与外国中央银行、商业银行及其他金融机构的联系不断加强，中国商业银行与外国许多银行建立了代理关系。

综上可见，中国已经成为国际金融市场最重要的参与者，无论是正常的国际资本流出入，还是非正常渠道的资本流出入，都已有非常突出的表现。尽管目前中国的金融体制与一些新兴市场经济国家相比，离最开放之列仍有一定的差距，对金融市场仍存在着一定的管制，但由于中国坚定不移地实行对外开放政策，加之中国市场潜力巨大，国民经济持续、稳定、健康发展等综合因素的影响，事实上中国已成为参与金融全球化程度最高的发展中国家之一。毫无疑问，在加入世界贸易组织之后，这一趋势将会更加明显。

二、中国金融对外开放的承诺

2001 年 12 月 11 日，中国正式成为世界贸易组织的成员。加入世界贸易组织意味着中国将全面融入金融全球化的进程之中。按照中国与有关国家签署的协议，中国的金融对外开放将是全方位的。

1. 银行业开放的主要承诺

关于业务范围准入：加入世界贸易组织当年，允许外国银行向中资企业和居民个人办理外币业务；加入后两年内，允许外资银行经营中资企业的人民币业务；加入后 5 年内，允许外资银行办理城乡居民人民币业务。关于地域准入：加入世界贸易组织后，每年增加一定数量城市向外资银行开放人民币业务，5 年内对外资银行办理人民币业务不再有地域限制；在分支机构的设立上，将由中央银行按审慎原则审批。总之，加入世界贸易组织后 5 年内，外资银行和中资银行将享有同等的国民待遇，根据中国的金融法规依法经营、合理竞争，参见表 4.1。

表 4.1　加入世界贸易组织后中国对外资银行开放人民币业务时间表

时间	取消限制的地域	取消限制客户
加入时（2001.12.11）	深圳、上海、大连、天津	中国企业
1 年内（2002.12）	广州、珠海、青岛、南京、武汉	
2 年内（2003.12）	济南、福州、成都、重庆	
3 年内（2004.12）	昆明、北京、厦门	
4 年内（2005.12）	汕头、宁波、沈阳、西安	所有中国客户
5 年内（2006.12）	所有地域	

资料来源：《金融时报》，2001 年 11 月 12 日、12 月 10 日。

2. 保险业开放的主要承诺

关于企业形式：加入世界贸易组织时，允许外国非寿险公司在华设立分公司或合资公司，外资比例可达到 51%；加入后 2 年内，允许外国非寿险公司设立独资公司；加入时，允许外国寿险公司在华设立合资公司，外资比例不超过 50%，外方可以自由选择合资伙伴；允许所有保险公司按地域限制放开的时间表设立国内分支机构。

关于开放地域：在加入 2 年内，允许外国寿险公司和非寿险公司在包括北京在内的 11 个城市提供服务；加入 3 年内，取消地域限制。

关于业务范围：加入时，允许外国非寿险公司向在华外商投资企业提供财产险及与之相关的责任险和信用险服务；加入后 4 年内，允许外国非寿险公司向外国和中国客户提供所有商业和个人非寿险服务。加入时，允许外国保险公司向外国公民和中国公民提供个人（非团体）寿险服务；加入 4 年内，允许外国保险公司向中国公民和外国公民提供健康险服务；加入 5 年内，允许外国保险公司向外国公民和中国公民提供团体险和养老金／年金险服务。

3. 证券业开放的主要承诺

允许外国证券机构（不通过中方中介）直接从事 B 股交易；外

国证券机构驻华代表处可以成为所有中国证券交易所的特别会员；允许外国机构设立合营公司，从事国内证券投资基金管理业务，外资比例不超过 33%，加入后 3 年内，外资比例不超过 49%；加入后 3 年内，允许外国证券公司设立合营公司，外资比例不超过 1/3。合营公司可以（不通过中方中介）从事 A 股的承销，B 股和 H 股、政府和公司债券的承销和交易，以及发起设立基金。

根据上述承诺，外国证券机构直接从事 B 股交易的申请及外国证券机构驻华代表处成为证券交易所的特别会员的申请，可由证券交易所受理；新建合营从事证券投资基金、证券承销业务公司的设立办法也已制定完毕，证监会可以受理有关申请。对境外证券公司来华建立合资公司，没有数量和地域上的限制。在市场准入方面的监管主要是依据市场经济的审慎原则进行的。

三、中国参与金融全球化的利益与风险

1. 加入世界贸易组织与中国金融业面临的发展良机

加入世界贸易组织使中国的金融业面临着一次良好的发展机遇。外资金融机构由此将更多地参与中国的经济建设和金融发展，这一前景不仅有利于增加国际金融资本的流入，有利于引进现代银行经营管理制度和新的业务品种，进一步提高对外开放的金融服务水平，而且会进一步促进中国金融业的改革和发展。加入世界贸易组织给中国金融业带来的利益主要表现在以下几个方面。

（1）促进金融业竞争机制的形成。加入世界贸易组织后，随着进入中国金融市场的外资金融机构数量增加，特别是外资银行经营人民币业务后，中国金融业面临着更加激烈的竞争。外资金融机构具有充足的资金实力和先进的管理经验，具有高超的服务水平和卓越的商业信誉，这些优势必然对中国的金融业产生强大的竞争压力。显然，这种状况将有利于促进中国金融业竞争机制的形成。

（2）促进金融业与国际金融业接轨。加入世界贸易组织，意味着中国的金融业将全面融入国际金融市场，中国的金融业必须遵循国际金融业经营管理的"游戏规则"，也就是要按照国际金融业经营管理的基本原则和惯例来运作，特别是要根据以巴塞尔协议为准则的国际银行业有效监管原则以及标准和方法来进行经营管理。这必然促使中国的金融机构加快建设良好的公司治理机制，进一步完善内部控制体系。国际竞争将成为中国金融体制改革及其向国际接轨的催化剂，金融业的开放将成为中国金融业改革的一个新的外在动力，也将有助于整个金融体系向国际标准接轨。

（3）促进国内金融业务的发展与国际化。加入世界贸易组织有利于中资金融机构扩展海外业务。根据世界贸易组织的互惠原则，在允许外资金融机构进入中国的同时，中资金融机构开展海外业务也将较少受到市场准入的限制，这就为国内经营状况良好的一些金融机构在国际金融市场上争取更广泛的生存空间创造了条件。加入世界贸易组织不仅可以促进国内金融业务的发展与国际化，同时也有利于提高国内金融业从业人员的素质。

（4）促进金融业改革的深化。加入世界贸易组织将极大地推进中国金融业的改革与发展。由于外部竞争力量的引进，对于中国金融业的发展具有重要的促进作用，有利于推动中国金融业素质和各方面水平的提高，有利于推动中国金融业的改革和金融业服务现代化的进程。与外资金融机构相比，中国的金融机构尤其是国有商业银行在许多方面还存在着差距，这种状况必将极大地促进中国金融业的改革与发展。

加入世界贸易组织后，随着中国金融业的进一步开放，更多外资金融机构进入中国市场，与中资金融机构展开激烈竞争，会给中资金融机构经营、中央银行货币政策和监管当局监管带来新的压力和挑战。加入世界贸易组织，将对中国的金融业产生巨大而深远的影响，可以毫不夸张地说，伴随加入世界贸易组织而进一步扩大的金融业开放将成为中国金融发展史上的一个分水岭，中国金融业的发展将进入一个新的改革和发展阶段，将全面融入金融全球化的进程之中，同时也将面临新的压力和严峻挑战。

2. 加入世界贸易组织与中国金融业面临的主要挑战

加入世界贸易组织后，中国参与金融全球化面临的主要挑战表现在以下几个方面。

（1）金融全球化进程中固有风险影响加大的挑战。金融全球化进程中存在着一些固有的风险：一是资本流动全球化带来的风险。资本流动的全球化不仅加大了利率风险和汇率风险，而且由于巨额投机性短期资本可以在全球范围内迅速流动，极易对一些国家和地区造成突然性冲击，加剧市场风险。二是金融机构全球化带来的风险。金融机构的全球化不仅加大了原有的利率风险、市场风险、信用风险、流动性风险和经营风险，而且还形成了新的国际电子风险和系统风险。三是金融市场全球化带来的风险。在金融市场全球化的过程中，原有的市场风险随着金融市场的扩大而增加，特别是由于存在着信息不对称和道德风险，金融市场上的风险随着市场的全球化扩展而增加。这些风险伴随着金融全球化的深入发展而不断增加。

在加入世界贸易组织之前，国际有关规则的约束与规范对中国金融业的影响较小，金融全球化对中国的影响是有限的。这是因为，经济与金融开放程度越低，金融全球化的影响越小，但同时从中获得的收益也越小；经济与金融开放程度越大，金融全球化的影响越大，但在收益增大的同时，受负面影响的风险也会随之增大。显然这是一个收益与风险权衡的问题。从总体上看，改革开放以来，中国从金融全球化获得的收益要大于损失。但应当清醒地看到，在中国加入世界贸易组织后，金融全球化进程中的这些固有风险会随着中国金融开放程度的不断增大而使形势变得日益严峻。

（2）中国国内金融体系面临的挑战。改革开放以来，中国金融体系在不断健全和完善中获得了长足的发展。但是，不可否认，中国的金融体系仍然存在着许多缺陷和弊端，极大地制约了银行竞争力的提高，主要表现在：银行体系存在较大的脆弱性，透明度也很低，银行资本充足率低于巴塞尔协议规定的 8% 的国际标准，不良资产比率较高；银行的经营管理水平较低，风险内控机制不健全；国有银行还不是真正的商业银行，尚未建立明晰的金融产权结构和完善的公司治理结构；银行业的人事制度与分配制度僵化；银行结构不合理等。在当今的金融全球化进程中，外国银行业正不断加强对中国银行业的渗透，这将给中国银行业带来以下挑战：对银行体制改革的挑战；对防范风险能力的挑战；对业务创新与竞争力的挑战；对人力资源管理的挑战；经营管理能力与观念的挑战；对利用高新技术能力与实力的挑战；对有效参与国际竞争的挑战。

（3）对中资银行的挑战。首先，银行业市场份额遭受损失。中国加入世界贸易组织之后，银行业付出的最明显的代价就是一部分市场份额的损失。预计在中国加入世界贸易组织 5 年之后，外资银行的外币存款和人民币存款的市场份额将分别上升到 15% 和 10% 左右；外资银行的外币贷款市场份额可超过 1/3，人民币贷款市场份额将达到 15% 左右；外资银行中间业务的市场份额很有可能超过 50%；外资银行将获得绝大部分金融衍生产品交易业务以及投资银行业务的市场份额。预计在中国加入世界贸易组织 10 年之后，从整体上来看，外资银行将占有 1/3 左右的银行业市场份额。❶

其次，盈利能力下降。中国加入世界贸易组织之后，伴随着中资银行市场份额的缩小和优质客户的减少，其盈利能力必然随之降低，最终将影响中资银行的收益。预计外资银行大规模进入后，四

---

❶ 参见王元龙：《加入WTO后的中国银行业发展战略研究》，《金融研究》，2000年第3期。

大国有商业银行将丧失很大部分的盈利业务和盈利区域，极有可能进入亏损状态。随着外资银行的扩张，很可能出现盈利业务向外资银行集中、亏损业务向中资银行集中的趋势。中资银行特别是国有商业银行不仅背负着沉重的历史包袱，而且在开展新业务时也必须顾及国家利益，因此不盈利业务在中资银行中占有相当大的比重。与中资银行形成鲜明对照的是，外资银行不仅没有历史包袱，而且在各方面享有充分的灵活性，在开展业务时完全以盈利为目标，因此其业务质量明显优于中资银行。虽然目前外资银行的许多银行业务市场份额都还不具有优势，但其业务基本上都是盈利业务。当外资银行市场份额上升后，从中资银行手中夺取的也都是盈利业务，不盈利业务则都留在中资银行，这将导致中资银行因不盈利业务比例上升而处于十分危险的境地。

最后，影响中资银行的流动性。中国加入世界贸易组织之后，进入中国银行业市场的外资银行将逐渐分流中资银行的资金来源，从而影响中资银行的流动性。由于中资银行特别是国有商业银行的历史负担都较为沉重，不良资产比例很高，不难设想，在这种情况下，如果外资银行大规模进入，并且扩大吸收国内居民与企业持有的外币和人民币存款，必然会对中资银行的流动性产生非常严重的影响，甚至会影响到中资银行的生存。

（4）对金融监管的挑战。加入世界贸易组织之后，中国金融风险监管面临严峻考验。取消对外资银行业务领域的限制，对中央银行的监管提出了更高的要求。由于中国金融监管方面的经验和能力不足，金融监管的机制和法规还不健全，如果对外资银行在经营活动中的违法违规行为监管不力，将在一定程度上加大金融体系风险。外资银行大规模进入后，银行结构日趋复杂化，金融创新层出不穷，银行体系的不稳定性和系统性风险进一步增加，谨慎性监管成本因此也将大幅度增加，金融监管将变得更加困难。这些对中国金融监管体制、监管能力与监管观念都提出了巨大的挑战。

（5）对金融宏观调控的挑战。加入世界贸易组织之后，中国金融宏观调控的难度加大：一是货币政策调控的难度加大。外资银行可以通过从国际金融市场上筹措资金来抵制货币政策的影响，从而弱化货币政策的效应。而且，外资银行进入中国货币市场将可能强化国际金融市场波动传导机制，这将进一步加大中央银行的调控难度。二是对资本流动风险控制的难度增加。由于外资银行可以在国际金融市场上进行低成本融资，中国加入世界贸易组织之后将逐步取消对外资银行经营外汇业务和人民币业务的客户限制，国内的各类企业便都可通过外资银行融资，这就意味着本币与外币的融通、国际资本的流出入将更加频繁，因此中央银行对资本流动风险控制的难度随之加大。三是将增加人民币汇率变动的不确定因素。随着外资银行的进入，外资银行在华业务将迅速增长，并持有较多的人民币资产。当人民币汇率出现波动时，持有大量人民币资产的外资银行将是一个十分不确定的因素，有可能推波助澜，加剧汇率波动，影响人民币汇率的稳定性。

（6）金融波动和危机传染风险增加的挑战。加入世界贸易组织后，金融波动的潜在压力将随之增加，因为大规模进入的外资银行可以为外资提供一个撤出东道国的渠道。根据国外经验，一旦国内金融形势稍有不稳，外资会通过外资银行撤出，从而可能引发或加剧金融危机。

随着金融全球化的深化，国际金融危机的传递机制也发生了重大变化，具有显著的可扩散性和传染性，传染中国的可能性增加，其渠道主要有：一是从众效应，即所谓"羊群行为"，指市场参与者盲目跟风，对市场的预期和信心发生改变的情况；二是相似性，指特定的经济实体之间具有的相似的金融结构脆弱性与宏观经济金融状况；三是贸易与金融联系，指由于与危机发生国存在出口竞争关系，国外同一投资者为了避险或进行资产重组而转移资本的可能性。

第二节　世纪之初中国金融安全状况

一、影响中国金融安全的主要因素

1. 影响金融安全的四大因素

经过 20 多年的改革开放，中国实际上已经在很大程度上融入到了金融全球化的潮流之中，主要表现在中国经济发展中的对外依存度大幅度提高，包括外贸依存度、外资依存度（外商直接投资存量与国内生产总值的比重，即 FDI/GDP）、外债依存度（外债余额与财政收入之比）、金融对外开放度等的大幅度提高。对外开放促进了中国经济国际化的发展，对外依存度的提高表明中国利用国际资源和国际市场的水平有了很大的提高，参与国际分工和国际竞争的能力进一步增强，这对于提高中国国民经济的总体水平具有极其重要的作用。但是，毫无疑问，随着经济国际化发展水平和对外依存度的提高，中国经济金融所面临的风险也日益增强，对维护金融安全的要求也越来越高。

如果从金融体制、金融政策、金融监管以及资本流动等方面来看，影响中国金融安全的主要因素有以下几个方面：金融体制改革的非均衡性、资本流入的负效应、外债运行的潜在风险、日益严重的资本外逃。

（1）金融体制改革的非均衡性。中国金融体制改革存在着非均衡性，新旧体制过渡中体制交替引起的混乱，导致金融体系运营效率下降，资金配置效率下降，金融风险增加。中国金融体制改革虽然已经取得了很大的进展，但金融体制还具有明显的过渡性，完善的金融监管体系尚未完全建立起来，使得金融风险发生的概率增大。中国金融体制改革的非均衡性在一定程度上增加了金融风险，从而成为威胁金融安全的一个重要因素，这主要表现为以下几个方面。

首先，金融资产数量与质量的非均衡，即在金融资产数量迅速增长的同时，金融资产质量的提高却十分缓慢，甚至下降。

其次，金融市场发展与市场机制建设的非均衡，即在金融市场迅速发展的同时，市场机制和市场监管制度的建设却明显滞后。

最后，金融对外开放与内部体制转变的非均衡，即在金融对外开放不断扩大和深化的同时，国内金融体制改革却相对缓慢，如国有银行的商业化转轨进展缓慢，一定数量的非银行金融机构经营机制还很不健全等。

当前中国金融领域存在的一些主要问题，从一定程度上来说就是金融改革非均衡性的突出反映，如金融机构资产质量不高；国有商业银行经营管理水平较低，经营效益下降；金融服务的品种和质量跟不上经济与社会发展的需要；金融机构违规违章现象和金融市场秩序混乱问题还未得到根本性的治理，金融秩序很不稳定；金融的系统性风险和区域性风险明显增加。

（2）资本流入的负效应。资本流入在促进中国经济增长的同时，也带来了一些潜在的风险。这是因为，资本流入具有双重效应，即正效应与负效应。所谓负效应，是指外资产生的消极作用及其给受资者即东道国造成的不良影响。负效应主要有两种类型：一是外生因素产生的负效应，一般是指由资本趋利性所驱动，通过外商投资者的各种行为活动而产生的负效应；二是内生因素产生的负效应，是指受资者（即东道国）在引进外资的过程中，由于政策失误、管理不善或调控不力而造成的负效应。外资的负效应会严重威胁中国的金融安全。

在中国，由外生因素产生的外资负效应主要包括：部分损害经济自主权，如一部分经济发展权被外商所控制；侵占市场份额；影响经济政策的效果；转移利润和逃避税收；转嫁投资风险；转嫁环境污染等。外国资本持续大规模流入中国，对中国的资本流动风险控制提出了新的挑战：国际收支管理的难度日益增大；国际经济和金融的动荡将影响国内经济，中国金融市场也将越来越多地受到境外金融市场波动的影响；外资流入区域结构不合理，会进一步加剧中国地区经济发展的不平衡。

（3）外债运行的潜在风险。到 2002 年年底，中国外债余额已相当于中国全部外汇储备的 170%。❷ 按照国际上通行的一些衡量指标，中国外债规模被控制在国力所能承受的范围之内，各种外债风险指标均低于国际公认的警戒线（即外债安全线），更远远低于危险线。从外债风险指标来看，中国外债状况良好，似乎并不存在问题。但是，如果从外债运行来看，其中的潜在风险不可低估，主要表现在以下几个方面。

首先，外债结构的局部风险不容忽视。中国一些地方和企业为追求政绩，盲目建设、重复建设，再加上投资与经营管理不善等原因，致使在借用外债的项目中有 10%~15% 的项目效益不佳，出现偿债困难。

其次，外债运行中借、用、还各环节缺乏相互协调。中国的举债窗口依然比较分散，优惠性中长期贷款由财政统一谈判，商业性中长期贷款由国内金融机构代为筹措，并实行转贷制度。但是这种转贷制度存在着严重的缺陷；中国目前具备国际商业贷款借款资格的金融机构达 100 多家，其中多为地方性非银行金融机构，由于其自身规模较小、资产质量较差，对外资信不佳，筹资成本较高，因而加大了转贷项目偿还风险。另外，由于外债的借、用、还三个环

❶　参见王元龙：《外商直接投资宏观调控论》，中国人民大学出版社，1998年版。

❷　外汇储备与外债余额比率是反映一国在偿还外债的其他支付手段不足时，可动用外汇储备资产清偿外债的能力，当该比率大于100%时，表明偿债能力较强。有关外债风险控制指标体系的详细情况可参见第六章的论述。

节分别由不同的部门审批和监控，外债项目的运行中普遍存在重事前审核、轻事后监管以及跟踪全过程等现象。

最后，外债风险控制的不确定性因素和"隐性外债"问题依然严重。根据国际通行的外债属地原则，中国的外债中包括外商投资企业债务。但由于外商投资企业的外债不受国家外债计划指标的限制，只是事后办理登记手续，外商投资企业的外债呈逐年增加趋势，成为外债风险控制的一个重要的不确定性因素，且外商投资企业的"隐性外债"问题依然十分严重。

（4）日益严重的资本外逃。1982年至1999年期间，中国传统意义上的资本外逃额累计约2329亿美元，即中国每年资本外逃的规模大约有130亿美元。从目前的情况来看，中国资本外逃的状况仍十分严峻，据有关测算，2000年以来每年在400亿美元左右。资本外逃对中国经济金融的危害极大：它是资本形成中的漏出因素，并且具有循环反应螺旋上升的作用，因而造成国内资本的减少，致使在大量引进外资的情况下国内资金紧缺的状况不能得到有效缓解；资本外逃还会使国际收支出现逆转，给人民币汇率稳定带来极大压力；资本外逃也会削弱金融监管的作用，给中国外汇体制和政策带来巨大冲击，进而造成国家潜在的金融风险；在微观上，资本外逃还会造成企业经营的衰退，就业减少，从而影响宏观经济金融的稳定。

2. 严峻的金融安全环境

值得重视的是，进入21世纪之后中国金融安全环境将更为严峻。这是因为，中国金融体制、金融政策、金融监管以及资本流动等方面存在问题的彻底解决仍有待于进一步艰苦努力；与此同时，中国又面临着加入世界贸易组织之后由于金融市场的进一步开放而对维护金融安全产生的更大压力。

以银行业为例，加入世界贸易组织之后，中国银行业将得到众多的收益，如引进竞争机制、增加外部资金进入中国的渠道、有利于中资银行扩展海外业务、有利于国际标准接轨等。但中国银行业

中国金融安全论

也面临着严峻的挑战，如银行业市场份额的损失、盈利能力降低、流动性受到影响、金融风险监管面临严峻考验、金融宏观调控的难度加大、金融波动的潜在压力增加等。

3. 金融业竞争力存在较大的差距

随着进入中国金融市场的外资银行数量增加，特别是外资银行经营人民币业务后，中国金融业面临着更加激烈的竞争。与外资银行相比，尽管中国银行业也拥有一些竞争优势，如国有商业银行有国家信誉的支持，已拥有极为发达的国内网络系统，了解国内金融市场和具有在本土经营的丰富经验等，但是，中国银行业尤其是国有商业银行也存在许多劣势，主要表现在以下几个方面：体制上的劣势、经验和创新上的劣势、资金实力和盈利能力上的劣势、国际业务方面的不足、社会负担沉重、在高风险中运行等。另外，制度环境因素也会加剧外资银行对中资银行的冲击。从整体来看，中国银行业的竞争力与外资银行竞争力相比较，存在着明显的差距。

4. 金融监管水平亟待提高

由于中国金融监管水平较低，监管工作落后于形势的发展，如果对外资银行在经营活动中的违法违规行为监管不力，将在一定程度上加大金融体系风险。在追求高额利润的动机驱动之下，外资银行将其业务的重点集中在成本低、风险小、收益高的中间业务方面，特别是国际结算业务，在这些方面与国有银行展开激烈的竞争，而对那些中国经济建设中急需资金支持的项目则不屑一顾。外资银行的这种经营活动将风险转嫁给中资银行，在一定程度上增加了中国金融业的风险。外资银行大规模进入后，随着银行结构的复杂化以及层出不穷的金融创新而使银行体系的不稳定性和系统性风险进一步增加，对这一体系的监管将变得更为困难，谨慎性监管成本将大幅度增加。

5. 金融宏观调控难度增加

加入世界贸易组织之后，中国金融宏观调控的难度加大：首先，货币政策调控的难度加大。外资银行大规模进入后，对中国货币政策将产生一定的影响。这是因为外资银行可以通过从国际金融市场上筹措资金来抵制货币政策的影响，从而弱化货币政策的效应。而且，外资银行进入中国货币市场将可能强化国际金融市场波动传导机制，这将进一步加大中央银行的调控难度。

其次，对资本流动风险控制的难度增加。由于外资银行可以在国际金融市场上进行低成本融资，中国加入世界贸易组织之后将逐步取消对外资银行经营外汇业务和人民币业务的客户限制，中国的各类企业都可通过外资银行融资，这就意味着本币与外币的融通、国际资本的流出入将更加频繁，因此中央银行对资本流动风险控制的难度加大。

最后，在短时间内外资银行大规模进入后，将增加人民币汇率变动的不确定因素。随着外资银行在华业务将迅速增长，并持有较多的人民币资产，在中国金融业监管措施尚不够严密和完善的情况下（据估计近年来每年约有上百亿美元的资本通过各种途径外逃），当人民币汇率出现波动时，持有大量人民币资产的外资银行将是一个十分不确定的因素，有可能推波助澜，加剧汇率波动，影响人民币汇率的稳定性。

6. 存在金融波动潜在压力

加入世界贸易组织之后，使中国金融波动的潜在压力增加。大规模进入的外资银行可以为外资提供一个撤出东道国的渠道。根据国外经验，一旦国内金融形势稍有不稳，外资会通过外资银行撤出，从而可能引发或加剧金融波动，威胁金融安全。

就中国银行业而言，从长远来看，加入世界贸易组织对于中国的银行业来说将是净收益，即收益大于成本或利大于弊。但是，从短期甚至从中期来看，加入世界贸易组织对于中国的银行业来说可能是成本大于收益即弊大于利。因此，如何兴利除弊、趋利避害、扬长避短，是中国理论界和经济界亟待研究的重大课题，也是本书研究的重点。

二、对影响中国金融安全若干突出问题的分析

改革开放以来，中国经济获得的长足发展举世瞩目，但是经济发展中仍然存在一些突出问题，影响着中国经济的可持续发展和金融安全。这些问题经常被提出，但遗憾的是大部分没有进行充分的分析，也没有找出解决的措施，以至于重复发生。例如，一个很重要的问题，就是在国有企业（包括金融企业）改革中，强调股份制改革以及具体的改革管理措施多，但较少突出保障企业良好运行的基础——公司治理结构的建设。❶

1. 经济发展可用政策空间十分有限

中国积极的财政政策和货币政策自 1998 年以来已施行 5 年，进一步刺激经济所需的可用政策资源和空间相当有限。

（1）从总体上来看，财政可用政策空间极为有限。债务依存度（政府的债务收入／财政支出）是反映政府还债压力大小以及政府财政支出对债务依赖程度的重要指标。20 世纪 90 年代中期以来，中国债务依存度呈不断上升趋势（参见表 4.2 与图 4.5），国家财政债务依存度 1985 年为 4.48%，1990 年为 12.18%，1994 年上升到 20.29%，1998 年高达 30.66%，2001 年仍在 24.36%；中央财政债务依存度上升速度则更为迅速，1985 年为 11.3%，此后一路飙升，1990 年为 37.38%、1992 年为 57.22%、1995 年为 77.67%、1996 年为 91.45%，1998 年达到最高点 105.93%，2001 年仍高达79.82%。

---

❶ 近年来中国提出加强国有企业的法人治理结构建设，是一个很大的进步。公司治理的内涵比法人治理结构更广，起的作用更重要。法人治理结构强调的是董事会、监事会在形式上的设立，但没有硬的约束手段促使这一套监控制度行之有效地约束和激励经理层。公司治理结构则是有关公司控制权和剩余索取权分配的一整套法律、文化和制度性安排，它解决的是所有者、管理者、监督者和生产者等不同利益主体间的收益、决策、监督、激励和风险分配问题。

表 4.2　中国国家财政与中央财政债务依存度

（单位：亿元）

项目	1985 年	1990 年	1991 年	1992 年	1993 年	1994 年	1995 年
政府债务收入	89.85	375.45	461.40	669.68	739.22	1175.25	1549.76
国家财政支出	2004.25	3083.59	3386.62	3742.20	4642.30	5792.62	6823.72
中央财政支出	795.25	1004.47	1090.81	1170.44	1312.06	1754.43	1995.39
国家财政债务依存度（%）	4.48	12.18	13.62	17.90	15.92	20.29	22.71
中央财政债务依存度（%）	11.30	37.38	42.30	57.22	56.34	66.99	77.67

项目	1996 年	1997 年	1998 年	1999 年	2000 年	2001 年	2002 年
政府债务收入	1967.28	2476.82	3310.93	3715.03	4180.10	4604.00	5679
国家财政支出	7937.55	9233.56	10798.18	13187.67	15886.50	18902.58	22012
中央财政支出	2151.27	2532.50	3125.60	4152.33	5519.85	5768.02	14118
国家财政债务依存度（%）	24.78	26.82	30.66	28.17	26.31	24.36	25.80
中央财政债务依存度（%）	91.45	97.80	105.93	89.47	75.73	79.82	40.23

资料来源：国家统计局，《中国统计年鉴 2002》，中国统计出版社，2002 年版。

图 4.5 中国债务依存度的变化趋势

资料来源：国家统计局，《中国统计年鉴 2002》，中国统计出版社，2002 年版。

　　从国际经验来看，国家财政债务依存度的警戒线为 15%~20%，中央财政债务依存度的警戒线为 25%~30%。中国这两项指标都分别高于国际警戒标准，其中中央财政债务依存度已超出国际警戒标准一倍以上。债务依存度过高表明中国财政状况脆弱，政府财政支出对债务收入的依赖程度极大，特别是中央财政债务依存度过高表明目前中央财政支出 50% 以上要靠债务来维持，财政运行面临着巨大的风险。

　　（2）还本付息负担沉重。更为严重的是，面对有限的财政资源，中国每年新发的国债中用于还本付息的比重很大。进入 20 世纪 90 年代以后，财政赤字和债务规模不断膨胀，加之债期较短，还本付息负担剧增（参见表 4.3 与图 4.6）。国债偿债率（还本付息额／财政收入）是表明一定时期财政收入中用来偿还国债的比重，它直接反映国债所引起的财政负担，国际上通行的安全警戒线为 10%。20 世纪 90 年代后半期以来，中国这一比例早已远远超过 10% 的警

表 4.3　中国的国债偿债率变化情况

（单位：亿元）

项目	1990 年	1991 年	1992 年	1993 年	1994 年	1995 年
还本付息额	113.42	156.69	342.42	224.30	364.96	784.06
国家财政收入	2937.10	3149.48	3483.37	4348.95	5218.10	6242.20
国债偿债率（%）	3.86	4.96	9.83	5.16	6.99	12.56

项目	1996 年	1997 年	1998 年	1999 年	2000 年	2001 年	2002 年
还本付息额	1266.29	1820.40	2245.79	1792.33	1552.21	1923.42	2563
国家财政收入	7407.99	8651.14	9875.95	11444.1	13395.2	16386.0	18914
国债偿债率（%）	17.09	21.04	22.74	15.66	11.59	11.74	13.55

注：从 2000 年开始，不再是还本付息额，而仅为债务还本支出。

资料来源：国家统计局，《中国统计年鉴 2002》，中国统计出版社，2002 年版。

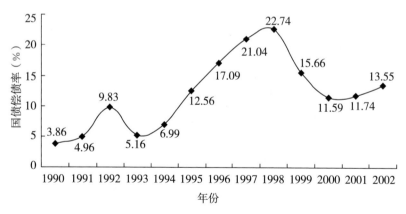

图 4.6　20 世纪 90 年代以后的中国国债偿债率

注：计算 2000 年与 2001 年的数据时，不包括付息额。

资料来源：国家统计局，《中国统计年鉴 2002》，中国统计出版社，2002 年版。

戒线。1990年国债偿债率为3.86%，1995年为12.56%，1997年为21.04%，1998年曾高达22.74%，直到2000年以后才回落到12%左右。

从每年财政还本付息支出占债务收入的比例当中，也呈现出相似的结论。1994年中国债务收入中有35.48%用于偿债还本付息，1996年这一比例为68.53%，1997年为75.47%，1998年为69.55%，参见图4.7。这充分表明中国已步入借新债还旧债的高峰期，纵然是国债规模不断扩大，但每年可使用的国债资金却十分有限。

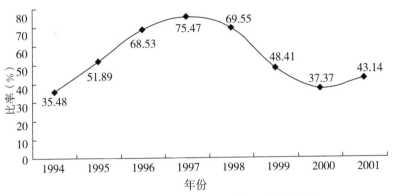

图4.7 中国财政还本付息占债务收入比率的变化

注：2000年与2001年数据中不包括付息额。

资料来源：国家统计局，《中国统计年鉴2002》，中国统计出版社，2002年版。

（3）发债空间狭小。国际上一般以财政赤字占国内生产总值不超过3%、国债余额占国内生产总值不超过60%的标准作为国债负担率的安全警戒线。❶ 参照这个标准，中国的赤字率和国债负债

---

❶ 1991年12月9日欧共体12国通过《马斯特里赫特条约》，规定欧盟成员国的"趋同标准"，其中之一是要求成员国政府债务总额不得超过本国国内生产总值的60%，该指标被认为是衡量国债负担的安全警戒线。

第四章 中国金融安全状况总体分析与评价

173

率都在安全线以下，参见表 4.4。但是，值得注意的是，在社会经济体制改革过程中的政府隐性债务和或有债务使得中国目前还存在着性质上类同于国债的国家债务（参见表 4.5）。特别是从 1998 年起连续 5 年实施了扩张性的财政政策，财政支出增长了近两成，财政赤字增长率更是高达 62%，银行坏账也是居高不下。由此可见，《马斯特里赫特条约》中的国债负担率应是政府债务负担率。根据这个定义，中国政府总债务占国内生产总值的比重已相当高，已经超过《马斯特里赫特条约》60% 的警戒线，中国财政赤字和金融坏账这种严峻状况极大地制约了国债政策的可持续性，财政发债面临的空间变得更为狭小。加之，由于国债收益水平与储蓄存款收益相差不大，导致国债发行近来变得较为困难。

中国金融安全论

表 4.4　中国国债负担率和赤字率

（单位：亿元）

年度	国债余额	赤字额	当年国债发行额	国内生产总值	国债负担率（%）	赤字率（%）
1991	1059.99	237.14	461.40	21617.8	4.90	1.10
1992	1282.72	258.83	669.68	26638.1	4.82	0.97
1993	1540.74	293.35	739.22	34634.4	4.45	0.85
1994	2286.40	574.52	1175.25	46759.4	4.89	1.23
1995	3300.35	581.52	1549.76	58478.1	5.64	0.99
1996	6114.05	529.56	1967.28	67884.6	9.01	0.78
1997	5508.93	582.42	2476.82	74462.6	7.40	0.78
1998	7765.70	922.23	3310.93	78345.2	9.91	1.18
1999	—	1743.59	3715.03	82067.5	—	2.12
2000	13674.00	2491.27	4180.10	89403.6	15.29	2.79
2001	15618.00	2516.54	4604.00	95933.3	16.28	2.62

注：国债负担率 =（国债余额 / 国内生产总值）×100%；赤字率 =（赤字额 / 国内生产总值）×100%。

资料来源：历年《中国统计年鉴》。

表 4.5　国内外对中国政府隐性债务的五种估计

研究机构	对中国政府隐性债务的评价
世界银行（1999）	中国显性、隐性或称准财政债务规模总量占国内生产总值的比重在 75%~100% 之间，2000 年中国国内生产总值总量突破 1 万亿美元，则在 7500 亿美元至 1 万亿美元之间。
美国布鲁金斯研究所的拉迪（1999）	估计中国政府的全部债务已高达 1 万亿美元，与国内生产总值之比达到 100%。
新加坡国立大学的俞乔（1999）	保守的估计：中国政府在现阶段的静态债务存量占国内生产总值的 50%~60%，其中国内负债占大部分，约为国内生产总值的 15%。考虑到产生巨额债务的基本因素还在进一步恶化，如国企负债清偿日益严重、社保与养老支出剧升、银行资产质量下降、对非银行金融机构拯救性开支的增加等，中央政府的国内负债将有较大幅度的膨胀。
中国财政部财政研究所（1999）	截止到 1998 年年底，中国政府明确的契约性债务（政府国债与外债）、部分隐含的潜在债务（银行的不良信贷、养老开支）之和与国内生产总值的比例已达到 50%。
中国财政部财政科学研究所的贾康等（2000）	如果考虑因欠发工资而形成的债务、粮食采购和流通中的积累亏损、国有银行的不良贷款形成的国家隐性债务、其他公共部门债务、社保资金债务、供销社系统及农村互助合作基金坏账部分等六部分债务，则中国政府显性、隐性合计的现实债务规模为 4 万亿~5 万亿元，总体债务负担率已在 50% 以上。

　　资料来源：财政部财政科学研究所，《财政研究简报》，2002 年第 12 期。

第四章　中国金融安全状况总体分析与评价

　　在可使用的财政资金中，除医疗、教育、扶贫、或有债务（如国有金融机构的不良资产、社会保障基金的缺口）等财政补贴外，行政经费开支不断膨胀，此外还有一些属于刚性支出，如军费开支，加之一些地区国债被挪用的现象较为严重，因此，真正可用于拉动内需的财政投资性支出十分有限。

（4）股票市场融资功能萎缩，资本可用资源下降。近年来，由于政府的直接干预和国有企业的软约束，中国股票市场出现了过度投机和泡沫化倾向，"股市救亡"❶与"圈钱运动"使股票市场失去了已有的价值发现和资源优化配置的功能。股票市场的不规范、动荡不安以及风险过大造成了投资者对证券市场失去信心，促使其远离这一市场；而且，值得注意的是，过高的股票价格和过度投机蕴藏着极大的风险，一旦发生股价暴跌，不仅将对股市造成毁灭性的打击，而且极有可能引发金融危机。来自中国人民银行公布的数据显示，企业股市筹资额剧减，2002年前三季度，中国非金融企业部门（包括住户、企业和政府部门）以贷款融资、国债融资和股票融资这三种方式共融入资金16832亿元（本外币合计），占总融资的比重分别为83%、13%、4%，其中，以股票方式融资同比下降28.7%，其占总融资的比重同比下降了4个百分点，表明股票市场上的可利用资金趋于减少。2000年以来中国股票市场的状况也说明了这个问题，2002年年末沪、深两市股票共成交1735亿元，仅为2000年的10.8%；2002年年末，两市流通市值为12485亿元，比2001年年末减少1978亿元，比2000年年末减少3630亿元，参见表4.6。

---

❶ 大多数国有企业由于高负债、低效益，在传统的间接融资渠道中已经接近极限。政府部门财务困难重重；国企职工尚未建立社会保障制度；中央财政赤字严重、国库券发行猛增；银行不良资产居高不下，债务风险严重，社会信用下降、国家信用风险增加。因此，在必须要支付的改革成本、经济运行的费用方面，不可能继续在财政和银行信用方面寻求足够的资金支持。在这种背景下，股份制度和股票市场自然而然就成为必然选择。有一种很有影响力的主张，就是利用一部分人的投机心理，把居民存款大量地转换为股票，用居民储蓄来支付多年来的历史遗留问题和改革成本，解决国企的财务困难，化解国家的金融风险和通货膨胀的潜在风险。于是，"股市救国企"的思路就应运而生，参见财政部财政科学研究所《研究报告》，2002年第8期。

表 4.6　中国股票市场状况（1994—2002 年）

（单位：亿元）

项目	1994年	1995年	1997年	1998年	1999年	2000年	2001年	2002年
股票市价总值	3690.6	3474.0	17529.0	19506.0	26471.2	48090.9	43522.2	38329.1
股票流通市值	969	938	5204	5746	8412	16088	14463	12485
股票成交金额	8128	4036	30722	23544	31320	60827	38305	1735

资料来源：国家统计局，《中国统计年鉴2002》，中国统计出版社，2002 年版；证监会网站。

（5）税率调整困难重重。从税收政策来看，现行内资企业适用的税率普遍高于外资企业，是当前存在的一个重要矛盾。统一内外企业所得税，只能是使内资企业向外资企业的"超国民待遇"看齐。但是，由于国有企业效益普遍不好，税收状况不佳，降低现行企业所得税税率将会减少国家所得税收入，影响国库税收来源。况且，减少所得税会使其在整个税收收入中的比重更为降低，不符合流转税与所得税比重的"双主体税制结构"要求。因此，从近期看调整税收政策有一定的难度。

（6）利率政策几乎没有调整余地。近几年使用最多，也被认为最有效的政策工具是利率。从 1996 年 5 月 1 日起至 2002 年 2 月 21 日，中央银行连续 8 次下调存贷款利率。存款利率平均累计下调 6.283 个百分点至 1.98%，贷款利率平均累计下调 7.42 个百分点至 5.31%。一年期存款利率由 1996 年 5 月 1 日前的 10.98% 降为 1.98%，一年期贷款利率由 1996 年 5 月 1 日前的 12.24% 降为 5.31%。利率下调次数之频繁、降幅之大，为历史罕见，参见表 4.7。连续下调存贷款利率，对刺激经济增长、减轻企业债务负担、降低国债筹资成本、推动个人消费信贷起到了积极作用。尤其是 1999 年 6 月 10 日第 7 次降息后，储蓄存款增幅明显下降，减轻企业财务负担 2600 亿元。2002 年 2 月 21 日，中央银行第 8 次下调存贷款利率，企业将因此次降息减少 300 多亿元的净利息支出。

但是，中国仍然是一个以管制利率为主的国家，包括存贷款利率在内的绝大多数利率由中央银行代表政府制定。政府在制定利率政策时考虑得更多的是如何通过利率改变存款人、借款人（主要是国有企业）和金融中介机构的收入分配格局，重点是对国有企业进行政策倾斜和扶持，因此利率下调的结果往往是企业财务负担减轻，存款人和银行收入减少，这就使得利率水平很难反映公众对未来的预期和风险贴水，利率结构也易于扭曲。从现实情况看，中国目前一年期存款利率为 1.98%，活期存款利率为 0.72%，处于改革开放以来的最低水平，如果物价负增长局面不改变，利率下调已基本上没有空间。

表 4.7　中国中央银行连续 8 次降息情况

（%）

时间	1996.5.1	1996.8.23	1997.10.23	1998.3.25	1998.7.1	1998.12.7	1999.6.10	2002.2.21
存款利率平均调整	-0.98	-1.5	-1.1	-0.16	-0.49	-0.5	-1.0	-0.25
贷款利率平均调整	-0.75	-1.2	-1.5	-0.6	-1.12	-0.5	-0.75	-0.5
存、贷款利差变化	0.23	0.3	-0.4	-0.46	-0.63	0	0.25	-0.25

注：　"-"表示利率降低或存贷款利差缩小。

资料来源：根据中国人民银行公布的数据制作。

低利率水平对降低国债成本、刺激投资有积极的作用，但长期国债利率过低则意味着中国长期收益率基准过低，将会产生一系列负面影响。

首先，低利率对消费的刺激作用有限，反而使人们对收入增长的预期普遍降低，对支出的预期普遍增加。

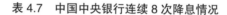

其次，市场利率不断下降，造成投资者对未来通货膨胀预期下降，延迟消费的机会成本减少，导致储蓄增长加快。

再次，低利率对资本市场的边际刺激作用递减。

最后，长期利率过低对社保基金和人寿保险产生较大的负面影响，其因收益减少而产生的负担必然会被转移给投保人。

当前在中国，低利率、通货紧缩、高储蓄、高不良贷款、银行贷款增幅下降同时并存，从而形成了一种恶性循环：通货紧缩使不良贷款自然贬值的速度减缓，而低利率又影响银行收入的增加，加大了化解不良资产的难度；由于银行贷款增幅减缓，将更多的资金用于购买国债又会导致利率的下降，银行贷款增幅减缓又将进一步加剧通货紧缩。打破这一恶性循环的最佳路径是：加快资本市场的发展，转化高储蓄，增加企业资本金；加快推进国有独资商业银行的综合改革，按照建立现代企业制度的要求，将其改造成治理结构完善、运行机制健全、经营目标明确、财务状况良好、具有较强国际竞争力的现代金融企业。

（7）人民币汇率缺乏灵活性导致调节功能弱化。1994年人民币汇率并轨以来，人民币汇率水平保持了基本稳定、略有升值的态势，人民币汇率经受住了最为严重的新兴市场金融危机的考验。人民币汇率的稳定已经成为中国政治、经济稳定以及良好国际形象的重要标志。但人民币汇率也因此缺乏灵活性，失去了调节功能。所以，国际货币基金组织将中国汇率制度定性为固定钉住汇率制度。

1994年人民币汇率并轨时，中国规定的银行间外汇市场人民币对美元汇率每天的波幅为中心汇率上下0.3%，按目前8.28元人民币兑换1美元的水平，每天可上下浮动250个基本点，而实际上人民币汇率每天波幅不过几个基本点。人民币汇率窄幅波动这种格局，其形成在较大程度上是由于中央银行作为银行间市场的重要参与者，几乎每天都参与市场交易，弥补市场买卖差额，影响汇率生成。这就形成了中央银行与市场博弈的格局，造成了汇率变动的政策敏感性。如果汇率出现大幅波动，可能向市场传递出政府纵容或操纵汇率贬值或升值的政策信号，从而使得汇率波动从政策上变得比较敏感，这反过来制约了汇率政策操作的弹性。

缺乏灵活性或弹性的人民币汇率制度造成了一系列的问题。汇率依靠管制长期稳定不变，不仅制约了市场引导外汇资源配置的基础性作用的发挥，并导致市场忽视汇率风险。市场和企业在经营与投融资活动很少考虑和顾及风险，从而累积了外汇风险。在单一钉住美元的汇率安排下，人民币汇率难以对其他货币间汇率变化及时进行调整，人民币名义汇率与实际有效汇率之间产生较大的差距。2002年年底以来，美元有所贬值，相应地导致人民币对日元、欧元等货币升值。东南亚地区的货币在亚洲金融危机期间也经历了大幅度的贬值，此后在经济复苏的带动下汇率才逐渐趋于稳定，但在2001年世界经济减速的影响下，这些国家的货币又重新出现贬值的态势。正是这些因素导致了中国实际有效汇率的不断升值，而实际有效汇率的升值必然对中国出口竞争力造成严重的损害。

2. 中国存在着潜在的金融危机

1997—1998年，外部世界周边国家发生严重的金融危机，中国成功应对，安然度过危机，获得了经济的持续发展，全球为之瞩目。但由于国际国内经济环境的变化，中国金融领域目前仍然潜伏着隐患，在某种程度上孕育着潜在的金融危机。

（1）严峻的国际经济金融环境。一是美国等国以及中国香港特别行政区经济的衰退对中国经济产生较大的影响；二是中国宏观经济调控在相当大的程度上受世界贸易组织规则约束。

1997年爆发的亚洲金融危机主要肆虐于东南亚国家，这些国家尽管是中国的近邻，但与中国经济的相关程度低，2001年中国对东盟五国的出口仅占中国出口总值的5.9%。当时与中国经济相关程度紧密的美欧发达国家，经济却增长平稳，仅仅发生了阶段性的金融市场大幅波动。1998年，美国和欧盟的经济增长率分别为4.3%和2.9%。

2002年以来，东南亚经济平稳，而美欧经济面临很大的不确定性，尤其是我国香港经济陷入艰难的结构调整之中。美国经济增长率2001年为1.4%，2002年1—6月增长率为1.1%，失业率则升至5%。受财务问题的困扰，道琼斯股价指数多次跌穿9000点关口。欧盟经济增长率2001年为1.8%，2002年1—6月增长率为0.3%，失业率则升至8%。日本经济更进一步衰退，以致使出放任日元贬值的最后手段。美联储则将利率降至0.75%的超低水平来刺激经济。我国香港地区自受东南亚金融危机冲击以来，一直没有恢复元气，现今正面临着更多的难以解决的困难，现在港元存款利率已降至0.01%。2001年，中国对美国、中国香港特别行政区、日本和欧盟的出口分别占中国出口总值的20.4%、17.5%、16.7%和14.5%。如此紧密的经济相关度使这些经济体的不确定性有可能给中国经济带来深刻的负面影响。

1998年，中国的外贸依存度为34%；金融服务领域对外资开放幅度很小。2001年，中国的外贸依存度为44%；银行业正逐渐全方位对外开放，合格境外机构投资者境内证券投资也已于2002年年底施行，中国在人民币自由兑换的进程中又跨出了重要的一步。一旦金融形势出现问题，外资必然依据世界贸易组织规则自主行动。

（2）金融调控的直接作用力降低。由于金融市场化程度的提高以及加入世界贸易组织，使中国金融调控的直接作用力大幅度降低。在严格管制的金融环境下，使用行政手段来控制非常时期的金融风险，能够达到立竿见影的效果。但近年来，中国金融的市场化程度已显著提高，主要表现在四个方面：一是外币存贷款利率基本市场化，大额机构人民币存款利率也已市场化。截止到2002年8月，中国境内金融机构的外汇存款余额已达1455亿美元，占全部金融机构境内存款余额的7.4%；外汇贷款余额已达985亿美元，占全部金融机构境内贷款余额的6.6%。这表明，事实上已有部分的金融存贷款利率是市场化的。二是金融机构的数量成倍扩张。在四大银行之外已有120余家股份制和城市商业银行，其2001年年末的资产总额达3.27万亿美元，作为一个整体，已与中国银行资产不相上下。证券公司则有 124 家，中资保险公司也有 18 家。三是金融机构的产权发生较大变化，在国有产权之外，已有国有企业、民营企业、外资股权。迄今，已有 4 家商业银行接受外资高比例参股，在 A 股上市的商业银行也达到 4 家。四是资本流出的渠道进一步增多，从合法方面来看是个人用汇自由度提高，从非法方面看则是资本外逃。中国已成为世界上最大的资本外逃国之一。

（3）股票市场持续缩水的负面影响。1994 年，中国有上市公司 291 家，股票流通市值为 969 亿元，股票市场的波动影响面很小。另外，金融市场的波动性远远高于银行信贷市场，金融市场份额相对较小，就在整体上降低了金融体系的脆弱性。到 2002 年 12 月，中国上市公司达 1224 家，股票流通市值为 12484 亿元，投资者开户数为 6884.08 万户，股票市场的波动影响已相当广泛。自 2001 年 6 月以来的股市缩水，已蒸发了 4600 亿元财富，❶ 对消费、投资、国民信心都产生较大的负面影响。

（4）超低利率环境的负面影响。这种负面影响严重削弱了货币政策效果和金融机构的盈利基础。1997 年 10 月，人民币利率在高位上运行，一年期人民币存款利率为 5.53%，一年期人民币贷款利率为 9.61%，商业银行的人民币存贷利差为 4.08%。2002 年 2 月，人民币一年期存贷款利率分别降至 1.98% 和 5.85%，商业银行的人民币存贷利差缩小至 3.87%。由于外币利率的市场化，外币的公司存贷款利差仅为 0.72%。国际银行业的利差降低可通过收取账户管理费等来弥补，美国近 10 年来的银行存贷综合运用利差都保持在 4% 以上。利率超低，使全社会面临投资渠道匮乏、投资收益率极低的局面。保险公司原有的利差损失没有解决，又找不到合适的投资渠道。

（5）对一些行业的过度投资使银行资产质量面临巨大威胁。

---

❶　2000年中国股票流通市值为16088亿元，2002年12月股票流通市值已下降到12484亿元，股市缩水蒸发的财富达3604亿元。

1997 年前后，中国就已存在着一些经营不善的巨型企业，但其传统产业的特点决定了这些企业的困难是逐步显露的。而且，1999 年5000 亿元的债转股在一定程度上又缓解了这一危机。

1998 年以后，国内几乎所有的银行都把服务于重点客户作为自己的战略，而电信企业又几乎成为所有银行的重点客户，以致中国电信的整体负债率不断提高。当前，全球的电信业都处于深度调整之中，中国的电信企业依靠垄断优势和规模扩张继续发展，但新技术的革新、外资的竞争也使其面临越来越大的压力。一旦这类的巨型企业被引爆，其产业关联度之高不仅严重打击相关行业，还会使金融机构的上千亿所谓优质贷款变成不良资产。

2002 年以来，中国若干中心城市的房地产泡沫又开始出现，并且这一轮房地产泡沫集中在对中国经济影响更为深刻的上海、北京。2002 年所谓的《福布斯》大陆地区富豪榜几乎变成了"地产商排行榜"。国内许多城市的市政投资严重依赖银行贷款。

（6）高度的经济信息化将加大危机的蔓延效应。随着中国经济信息化程度的显著提高，经济生活中的不利事件很容易在瞬间广泛传播。从国际经验来看，在金融全球化的发展过程中，与其相伴的蔓延效应使金融危机迅速扩散，产生巨大的波及效应和放大效应，国际金融动荡已成为一种常态。20 世纪 90 年代末，中国经济信息化刚刚起步，经济金融信息的传播主要依赖于纸质媒体，传播速度慢，可控性强。进入 21 世纪后，中国经济信息化程度显著提高。到 2002 年 8 月，中国互联网用户为 4331 万，半年内就增加了1210 万，熟练网民大量增加。经济信息化程度的提高，使金融领域稍有风吹草动，就会在社会上广泛传播，对于这些经由网络传播的经济信息，有关部门是很难控制的。金融领域一旦出现问题，就有可能引发金融危机。

（7）企业"带病"运行。中国国有企业改革尚未完全到位，即使已经实现股份化的企业，也存在着国有股比重过大以及国有股股权行使方式上的缺陷，作为现代企业制度核心的公司治理结构还没有能够在大多数改制公司中有效地运转起来。实践已经证明，没有企业制度和经营机制上的根本改变，国有企业财务状况的短期改善往往是不牢靠的，"返困"的危险依然存在。中国国有及国有控股企业经济效益下滑，除了受市场需求及价格波动影响之外，关键在于企业"带病"运行：首先，缺乏健全、良好的公司治理结构。例如，有一部分国有及国有控股企业仍然缺乏成本约束机制，在企业拥有经营自主权以及企业所得税偏高的情况下，企业经营者有意加大成本，减少企业盈利。其次，国有企业负债率依然很高。2001年国有企业平均负债率为63.14%，其中资不抵债的国有企业占国有企业总数的13.4%。国有企业负债率高、资产质量差，不仅加重了企业还贷负担，同时也降低了企业抵御市场风险的能力。最后，大多数国有企业冗员问题依然十分严重，工资及非经营性成本过高。企业"带病"运行，势必极大地制约其竞争力的提高，同时也对中国的就业形势产生负面影响（参见表 4.8 与表 4.9）。

表 4.8　中国国内生产总值（GDP）、居民消费价格指数和
城镇实际失业率（1993—2001 年）

（%）

年份	GDP 增长率	居民消费价格指数上涨率	城镇实际失业率
1993	13.5	14.7	3.5
1994	12.6	24.1	3.9
1995	10.5	17.1	4.7
1996	9.6	8.3	5.5
1997	8.8	2.8	7.5
1998	7.8	−0.8	7.9
1999	7.1	−1.4	8.2
2000	8.0	0.4	8.3
2001	7.3	0.7	8.5

资料来源：中国科学院—清华大学国情研究中心，《国情报告》，2002 年、2003 年各期。

表 4.9　中国不同时期城镇失业率变化

（%）

时期	城镇失业率	
	登记失业率	实际失业率
"七五"期间	2.1	2.1
"八五"期间	2.8	3.3
"九五"期间	3.1	6.1
2001 年	3.6	8.5

资料来源：中国科学院—清华大学国情研究中心，《国情报告》，2002 年、2003 年各期。

（8）金融风险显现。改革开放以来，中国的金融事业实现了历史性跨越，基本建成了与社会主义市场经济体制相适应的新的金融体制，金融业在加强和改善宏观调控，促进经济改革、开放和发展，维护社会稳定方面，发挥了重大作用。但是，也不可否认，在中国金融业的改革和发展中，仍然存在着众多的困难和风险，不仅其中原有的多年形成的金融风险尚未得到彻底化解，而且又增加了一些不稳定因素并正在转化成为潜在的风险。从整体上来看，金融业依然在高风险中运行，严重影响金融的稳定。需要警惕的是，近年来中国对金融风险的理解往往侧重于信贷风险，即借款人不能按期偿还贷款本息形成的不良贷款，而对市场风险、流动性风险、利率风险等，相对重视不够。当前中国值得关注的风险是：

　　首先，综合债务风险。分析中国的金融风险问题，如果仅仅局限于银行不良债务就会产生片面性，因而需要进行综合的分析与评估。反映金融风险的一个非常重要的指标是"国民经济综合债务风险指数"，即银行坏账、政府债务余额和全部外债（主要是政府与国有企业借贷）的总和与国民生产总值的比率，其计算公式为：国民经济综合债务风险指数 =（银行不良债务 + 政府债务余额 + 外债）/ 名义国内生产总值。

第四章　中国金融安全状况总体分析与评价

从总体上来看，中国金融体系中的债务风险目前还在可以控制的范围之内，短期内不会出现大的问题。以"短期综合债务风险"为例，同其他国家相比，中国还是比较低的（在1997年亚洲金融危机爆发时，按相近口径计算，该指标的数值在泰国是109.3，印度尼西亚为92.7，韩国为75.4，日本为131.5）。❶但是，该风险指数近年来增长较快，由1997年的34.7提高到2001年的58.5，增加了23.8；同期，国民经济综合债务风险指数则提高了24.4，从而表明中国的债务风险有较大幅度的增加（参见表4.10）。造成这种状况的主要原因是：为克服通货紧缩，运用扩张性财政政策而增加支出；因加大改革力度，为硬化国企预算约束和控制银行坏账增长而增加社保支出（主要是应对失业增加的各种支出）。

表4.10　中国国民经济综合债务风险指数

年份	1997	1998	1999	2000	2001
1. 银行不良资产与国内生产总值的比率①	25.05	27.19	28.5	25.0	27.3
2. 债转股后四大资产管理公司仍持有原银行不良资产与国内生产总值的比率	0	0	na	16	13.7
3. 政府国债余额与国内生产总值的比率	8.12	9.88	11.73	14.5	16.5
4. 全部外债与国内生产总值的比率	14.7	14.57	15.3	15.0	14.8
其中短期商业外债与国内生产总值的比率	1.53	1.5	1.0	1.0	1.0
5. 国民经济综合债务风险指数	47.9	51.64	55.53	70.5	72.3

❶ 参见樊纲：《金融发展与企业改革》，经济科学出版社，1999年版。

年份	1997	1998	1999	2000	2001
短期综合债务风险指数②	34.7	38.57	41.23	56.5	58.5

注：①此项为根据各方面信息，包括中国人民银行的有关信息，进行的一些假设（1999年以前），或估计得出的数值。

②此项为以短期商业外债为基础计算的风险指数（其他各项相同）。

资料来源：中国改革基金会国民经济研究所。

其次，市场风险。市场风险当中最突出的是资本市场风险，即如果在资本市场上出现"资产泡沫"，大量劣质资产的价值被高估，则一旦泡沫崩溃，就可能使一些原来看上去是良性债务的企业负债，突然成为不良债务。1997年亚洲金融危机中的泰国、印度尼西亚等国，以及日本、美国的长期资本管理公司事件等，都是典型的由资本市场风险导致债务风险加大的例子。

当前，中国应该警惕的最大的金融风险可能是来自于资本市场上的潜在风险，这些隐藏着的风险主要表现为：一是相当大的一部分上市国有控股公司资产质量低下，并且正在继续恶化，"空壳化"现象不断出现，而许多问题仍被弄虚作假的手段所掩盖；二是有相当大的一部分国有证券公司事实上也出现了资不抵债的情况；三是由于国有企业、国有上市公司可以在股市上炒股，又可以从银行借款，导致资本市场与银行债务紧密相连，一部分银行贷款已经进入股市，并且事实上已经演变成为较大规模的"或有不良债务"。

上述风险再加上银行体系尚未彻底化解的风险，极大地威胁着中国金融的稳定。金融不稳定必然影响和损害人们对经济增长的信心，而在市场经济中，信心尽管是一个非经济因素，但它对经济产生影响的能量却极其巨大。国际金融界非常重视信心危机对经济的影响，普遍认为，一旦心理预期发生极大波动，即使是良好的经济体有时也会被失望的情绪攻破。一旦市场的"情绪"被攻破，信心开始滑落，直接的结果就是新增资本流入的停止和存量资本的外流，由此导致货币贬值和资产价格暴跌。这样，危机的自我实现过程就出现了。如果由金融问题引发信贷紧缩，损害实体经济，并进而导致经济滑坡，恶性循环就会进一步加剧。亚洲金融危机对此已提供了最有说服力的佐证。

信心危机不仅能对小型开放经济（如亚洲金融危机中的东南亚国家）产生巨大的影响，也会对美国这样的超级大国产生影响。近年来，特别是"9·11事件"以后，美国经济出现衰退，信心危机是作用于其中的一个非常重要的因素。信心因素对中国经济的影响也日益增强。以中国资本市场为例，信心不足是造成当前市场低迷状况的一个十分重要的因素。由于信心不足，2001年中国个人金融资产中，证券所占比重仅为13.5%（参见表4.11），远远低于发达国家的水平。

表4.11　中国个人金融资产总余额分布状况（2001年）

	余额（万亿元人民币）	比重（%）
总计	11.24	100.00
现金	1.2551	11.17
储蓄存款（包括外币储蓄）	8.1	72.06
股票	0.8678	7.72
国债	0.6484	5.77
其他	0.3687	3.28

资料来源：根据中国人民银行统计数据制作。

第三节　维护中国金融安全的思考

一、中国参与金融全球化的总体思路

1. 总体思路概括

中国参与金融全球化的总体思路可概括为：积极、稳妥、

高效。

所谓积极，就是指围绕现代化建设这个中心任务，通过提高参与金融全球化的程度，尽可能抓住一切对中国有利的机会，充分利用国际资本和国际金融市场来加快中国的经济发展。

所谓稳妥，就是指参与金融全球化的进程与步骤要与中国经济社会承受力、宏观调控能力和金融监管水平相适应，减少社会成本，避免走回头路。

所谓有效，就是指参与金融全球化要有利于提高中国经济效益，降低金融交易成本，提高经济增长的质量和水平，促进技术进步和创新，增强中国的长期国际竞争力，而并非单纯追求规模和数量。

总之，这实际上意味着，中国参与金融全球化的进程与方式必须与解决中国经济发展中的关键难题（如建立新型投融资机制、加快产业结构调整、增强技术创新实力、培植和发展动态优势、开展跨国经营、实现经济可持续增长和宏观经济稳定等）有机结合，发挥最大的效应。

2. 需要处理协调的几个关系

根据上述总体思路，中国参与金融全球化必须处理、协调好以下几方面的关系。

第一，防范金融风险与促进经济发展的关系。只强调风险和安全，不重视发展，是最大的不安全。中国不仅要采取稳健的措施防范金融全球化带来的风险，而且更要看到，由于中国金融发展还远不能适应现代化建设的需要，只有通过参与金融全球化，才能促进中国金融体系的进一步发育和国民经济的进一步发展。

第二，金融开放与保护的关系。扩大开放是金融深化的途径之一，有利于一国金融体系的发育；同时，在本国金融机构还比较脆弱的情况下，对其给予适度的有时限的保护有利于金融体系的稳健发展。开放和保护都是金融发展的手段，而不是目的。将保护作为既定目标和永恒不变的制度安排是错误的。只讲保护，限制开放与竞争，必然使保护落后，其结果不仅损害金融本身，而且将严重牺牲经济发展的效率。

第三，金融自由化与金融监管的关系。国际经验表明，金融自由化步伐必须与本国的金融监管水平相适应，不顾本国国情的盲目的金融自由化必然要付出沉重的代价。而在金融监管水平不断提高的前提下积极稳妥推进金融自由化、实现资本项目可兑换，将有助于消除金融市场扭曲，更好地发挥金融市场在资源配置中的基础性作用，提高本国金融的国际竞争力，为参与国际金融市场竞争创造更好的条件。

第四，速度与效益、规模与质量的关系。根据国民经济发展目标和产业结构调整的要求，保持资本双向流动和金融国际化发展适当的规模和速度，同时努力提高质量和效益，两相兼顾，才能更加有力地促进经济的全面发展。

二、维护中国金融安全的战略选择

中国参与金融全球化的战略和政策选择主要表现在以下几个方面。

1. 国际资本流动的风险控制

对国际资本流动的风险进行有效的控制，需要解决的主要问题有：关注中国的国际资本流动态势（外商直接投资、外债以及资本流出）；控制中国资本流动风险，研究制定控制国际资本流动风险的政策措施，实施控制资本流动风险的一般性措施，如外资流入的调控、抑制资本外逃、控制资本流动的波动性，努力消除其负面影响；建立国际资本流动风险的监控体系。

2. 银行业的改革与发展

为了应对加入世界贸易组织后的银行业市场竞争，中国银行业必须加快推进商业银行自身的改革与完善，建立健全符合市场经济要求、与国际惯例接轨的具有科学决策、监督制约、内部激励、自我发展和自我约束能力的现代商业银行运行机制。除此之外，需要改善中国银行业、特别是国有商业银行的运营环境，其中最紧迫、最主要的问题是：国有银行的股份制改造；商业银行全能化的实施；减轻国有商业银行的负担；彻底解决国有银行的不良资产问题；落实商业银行经营活动的自主权；健全内部监控制度、风险评估制度和信息披露制度；通过多种渠道，及时补充国有独资商业银行的资本金；提高金融业的科技水平。

3. 金融监管体系的完善与强化

需要解决的主要问题有：在监管的内容、方式、效率、力度等方面完善中央银行的监管体系；加强和改善金融监管，支持商业银行金融创新，积极发展中间业务；正确处理合规性监管和非现场检查的关系，确定时限要求；加强银行、证券、保险三大监管机构的协调与合作。对外资银行采取有效监管和控制策略，将外资银行给中国带来的负面影响和风险降到最低限度；完善外资银行管理的法规；控制外资银行进入速度，适当控制外资银行扩张速度；对外资银行实施国民待遇。

4. 货币政策的协调

在金融全球化不断深化的条件下，中国货币政策目标的选择是：继续实行稳健的货币政策，保持人民币币值的稳定，并以此促进经济增长。中央银行要正确处理防范金融风险与支持经济增长之间的关系，努力提高货币政策操作水平，适当增加货币供应量。要加强货币政策的内外协调，确保货币政策的有效性。要推进利率市场化改革，建立以中央银行利率为基础、货币市场利率为中介、由市场供求决定金融机构存贷款利率水平的市场利率体系。

5. 汇率政策的目标及其实施

由于人民币汇率的决定包含着经济安全和政治两方面的考虑，因此在未来一段时期内继续保持人民币汇率的相对稳定是十分必要的。但目前人民币汇率制度存在着较大的缺陷，这种状况加大了中央银行宏观调控的难度。人民币汇率制度应选择钉住一篮子货币的汇率制度，而且可选择适当时机，扩大人民币汇率波动幅度。在人民币汇率政策上，采取稳定性与灵活性相结合的原则，为此应当把握以下几个方面：第一，中国现行的以市场供求为基础的、单一的、有管理的浮动汇率制仍然是今后一段时期内的合理选择。第二，保持人民币汇率的基本稳定。人民币汇率的基本稳定是保持国际收支平衡的重要条件，也是中国经济发展的重要条件，人民币汇率稳定与否关系到中国的金融安全。第三，人民币汇率还必须保持一定的灵活性。目前中国人民币汇率制度存在的最大弊端就是缺乏弹性，人民币汇率长时期在狭窄幅度内波动，显而易见，这种状况如果不加改变，最终必将导致人民币汇率制度走向僵化，不仅会对经济发展造成损害，而且威胁着金融安全。第四，进一步健全和完善人民币汇率形成机制。第五，加强中央银行对人民币汇率的调控和管理，注重汇率政策与利率政策、外汇管理政策的协调配合。为此需要进一步完善 1994 年制定的以市场供求为基础的、单一的、有管理的浮动汇率制度。

6. 外汇管理体制改革

中国外汇管理体制改革的最终目标是实现人民币资本项目可兑换，从而实现人民币的完全可兑换。加入世界贸易组织后，中国将稳步推进人民币在资本项目下的可兑换。为了中国的金融安全，必须坚持循序渐进推进人民币资本项目可兑换的基本原则。由于资本项目可兑换面临的环境远远复杂于经常项目可兑换，因此在许多方面都需要充分的准备：保持国际收支的良好态势；健全监管体系、采取审慎管理措施，保证金融机构的健康运行，如控制商业银行净敞口外汇头寸、严格最低资本充足率要求、强化商业银行的自律行为等；形成灵活的利率机制和汇率机制；提高企业应对国际市场变化的能力以及国家宏观调控能力等。

7. 国际收支政策的调整

21 世纪初，中国继续实行保持外汇储备增加的政策和积极的外资政策。一般来说，外汇储备政策包括合理储备水平确定与管理，它是一种消除短期内外失衡的缓冲政策，具有短期应急性特点。由于中国保持人民币汇率稳定的政策制约了汇率对国际收支的调节作

中国金融安全论

用，因此对中国来说，充足的外汇储备与出口的增长一样，都成为维护国际收支平衡至关重要的因素，中国必须根据经济发展状况确定合理的外汇储备，用以解决短期性的国际收支失衡。在人民币汇率保持稳定的情况下，国际收支出现逆差一般通过储备的变动来调整，这就要求中国有较为充足的外汇储备。自东南亚金融危机爆发以来，中国的外汇储备状况良好，基本上保持了增加的趋势，这就使扩大内需的政策有着较大的回旋余地。但动用外汇储备也存在着一些问题，中央银行在外汇市场上购入本币，出售外币，会使经济产生紧缩效应，这又同扩大内需的初衷相冲突，因此需要采用必要的冲销政策来抵消外汇市场干预所造成的人民币投放量的减少，以缓解这一矛盾。当前，中国外汇储备保持了相当大的规模，巨额外汇储备为金融安全增加了保险系数；但也正是由于外汇储备过于庞大，不可避免地会降低资源使用效率、损害经济增长的潜力，给宏观经济带来众多的负面影响。因此，使中国外汇储备保持合理规模的政策选择应当是：稳定外汇储备规模与加强外汇储备管理两者并举。而积极的外资政策的基本点是：注重调整利用外资的长短期结构、审慎的外债政策、谨慎资本项目开放、提高资本项目的管理效益。

8. 积极参与国际货币体系的改革

中国应积极参与国际协调，以期共同控制国际资本流动的系统性风险。货币金融危机不仅会发生在发展中国家，也会发生在发达国家。在金融全球化发展中，在任何国家和地区发生的金融危机，都会影响国际和国内经济的发展。对于国际货币体系的改革，中国的基本原则是：

第一，要完善国际货币体系。在今后一段时期，美元在国际货币体系中将继续占据主导地位。随着金融全球化的发展，单一储备货币体系带来的问题也会逐渐暴露出来，使国际货币体系具有内在的不稳定性，而且缺乏保持汇率稳定的机制。几种主要货币的汇率大幅度波动，给发展中国家的国际收支平衡和汇率稳定带来巨大风险。为此，中国应主张：主要发达国家应负起责任，协调其宏观经济政策，最大限度地减少主要货币汇率之间的波动；必须加强国际货币基金组织提供国际流动性的职能；发挥区域经济一体化的作用。

第二，要加强国际金融监管。高杠杆机构运作的资金，可能超过其资本金的 20~30 倍，随时都可能对中小金融市场产生致命的打击。国际社会应尽快建立必要的制度和标准，抑制短期国际资本无序流动，对对冲基金、高杠杆机构和离岸金融中心实行有效监管。同时，公共部门和私人部门都应当为发挥金融全球化的积极影响而承担相应的责任。

第三，要改进国际经济协调机制。布雷顿森林体系瓦解后，七国集团首脑和财长、央行行长的定期协商，对稳定国际货币体系发挥过重要作用。但是，随着一些新兴市场国家和发展中国家经济的腾飞和崛起，世界经济和金融发展的原有格局已被打破。少数发达国家垄断国际金融规则制定的局面应当改变。国际社会应在平等、互利的基础上，共同建立新的国际经济和金融协调机制，并要倾听发展中国家的意见，确保发展中国家的利益不受损害。中国要在平等竞争、互惠互利的原则下，加强与各国之间、与亚洲国家中央银行之间的合作，积极探讨亚洲地区货币金融稳定机制，为使中国经济进一步融入世界经济并在其中发挥更大作用创造条件。

第四，要发挥国际货币基金组织的作用。中国将继续支持和积极参与 20 国集团的活动，并支持国际货币基金组织进行改革。有鉴于多次发生金融危机的教训，中国建议国际货币基金组织重点做好两项工作：一是对宏观经济基本面进行预警，从而尽可能有效地预防金融危机的发生；二是在出现金融危机征兆的时候，及时根据各国实际提供流动性。

三、维护中国金融安全的政策建议

1. 加快转变政府职能

1993 年《中共中央关于建立社会主义市场经济体制若干问题的

决定》指出了政府职能转变的基本方向："政府管理经济的职能，主要是制定和执行宏观调控政策，搞好基础设施建设，创造良好的经济发展环境。同时，要培育市场体系、监督市场运行和维护平等竞争，调节社会分配和组织社会保障，控制人口增长，保护自然资源和生态环境，管理国有资产和监督国有资产经营，实现国家的经济社会发展目标。政府运用经济手段、法律手段和必要的行政手段管理国民经济，不直接干预企业的生产经营活动。"

中国正在逐步融入经济全球化进程，加入世界贸易组织后，将按照严格的时间表兑现开放市场与修改有关规则的承诺。落实这些承诺，将使政府保护国内市场方式受到限制；政府对提高国内产业的国际竞争力的支持重点，必须从以往的保护市场、直接补贴等方面转向改善企业治理结构、维护公平竞争、保护与鼓励技术创新、降低社会交易成本等方面；政府涉外经济管理的办法与机构也必须调整等。因此，中国政府职能的转变必须同时满足经济全球化和市场化的双重要求。首先要解决政府与市场的关系问题，也就是找准政府在开放的市场经济中的定位，明确政府在开放的市场经济中应当发挥的作用。其次还要解决在政府与企业、政府与市场、政府与社会自主治理的关系上的一系列深层次矛盾。

（1）在扩大开放前尽快完成国内市场化改革，提高国内企业和市场对外部冲击的适应能力，同时合理把握市场开放进程。

（2）建立一个符合国际经济规则的体制。中国现行体制与世界贸易组织规则尚有较大的差距，根据世界贸易组织的规则与中国的承诺，修改现行法律法规，任务相当繁重。

（3）建立一个具有国际竞争力的体制环境。这包括建立一整套关于产权保护、公平交易、平等竞争、诚实信用等市场经济的制度与法律，以及拥有高效、廉洁、透明的政府工作部门与官员。另外，在着力营造一个对资金、技术与人才富有吸引力的环境的同时，还要完善与加强宏观经济调控机制，增强抵御外部经济冲击的能力。

（4）加快建立开放经济的风险防范体系。包括建立灵活的汇率制度，保持国际收支平衡；加强金融监管，防范金融风险；建立反补贴、反倾销体系，防止国内产业受到来自外部的不正当竞争；完善社会保障体系，防止开放市场所必需的结构性调整演变为社会问题。

2. 应对新情况需要新思路

在世界经济近年来明显减速的不利条件下，中国经济保持了良好的发展态势。但是，必须清醒地看到，现在这种增长的基础并不稳固，通货紧缩的趋势加剧和有效需求不足问题基本上还没有得到解决，经济增长的内在动力依然不足，这种状况对经济增长的负面影响不可低估。中国长期处于短缺经济和由投资膨胀或投资消费双膨胀导致的经济过热的环境下，对处理和解决通货膨胀问题比较有经验，而通货紧缩和需求不足对我们来说则是一个难度较大的新问题。改革十多年来，中国经济发展迅速，但众多深层次问题并没有得到很好的研究。显然，过去的经验对于诸如此类的新问题的解决已经无能为力，如果仅仅满足于总结过去的经验，而没有新思路，不去探索创新，将是十分危险的。

3. 确保金融稳定运行

历史与实践都已充分证明，金融稳定、企业健康对经济和社会发展具有举足轻重的意义，可以说这是中国国民经济健康发展的根本。从政策上看，目前的当务之急是要加快改革国有银行体制，还要对国有上市公司、国有证券公司加强监管。主要措施包括：消除资本市场泡沫；对银行资金入市加强监管；对国有证券公司加强风险控制，限期清理不良资产，弥补亏损；利用股市价格已经较低的机会，加快国有股减持，以加速上市公司的体制改革；敦促并扶持商业银行加快良好公司治理机制的建立。

4. 促进企业健康发展

国有企业"一股独大"和国有股权的行使方式是亟待解决的问题。实际上，其关键之处在于真正落实已经出台的关于国有经济、国有企业改革的一系列方针政策，例如关于国有经济要进行有进有退的布局调整的决定，关于建立产权明晰、权责分明、政企分开、管理科学的现代企业制度的要求，关于明确股东会、董事会、监事会和经营层的职责，形成各负其责、协调运转、有效制衡的公司治理结构。

5. 制定新的风险控制措施

在中国经济日益融入全球经济体系的情况下，机遇与风险并存。但是，存在着一种令人担忧的倾向，即对机遇评价过高，而对风险重视不足，特别是对市场失败的风险、危机波及或传导风险缺乏充分的估计，并且尚未制定完备的防范措施，寄希望于依靠过去的经验来解决面临的所有问题。然而，过去的经验是有局限性的，例如，中国成功地抵御亚洲金融危机冲击的一条重要经验就是资本项目没有全面开放，而人民币的可自由兑换是中国外汇管理体制改革的最终目标，中国资本项目开放是必然的趋势。随着中国金融市场的开放，人民币渐进地走向可自由兑换，资本的流出入、本外币资产的替代也将随之增强，资本项目严格管理这道"防火墙"的作用将逐渐消失。因此，制定新的风险控制措施是十分必要的。

6. 重视经济发展的质量

防范和化解金融风险，最终依赖于经济的发展，这一观点已经成为人们的共识。毫无疑问，发展是硬道理，也是当今世界的两大主题之一。但是，也有必要对发展问题重新进行审视，以全面、准确地理解发展的内涵，即发展不仅包括数量的变化，还必须包含质量的变化。如果单纯追求速度或数量、忽视质量，这种发展是难以持久的，甚至会导致经济发展的停滞或倒退。因此，从很大程度上来说，中国未来经济发展的关键不在于速度的快慢，关键在于质的变化，而建立良好的公司治理结构和健全运行机制则是其重要基础。

下 篇

维护中国金融安全的
战略和政策选择

第五章　中国国际资本流动态势

第一节　中国的资本流入

一、外资流入的基本状况

改革开放以来，中国实行积极利用外资的政策，实际流入的外资总额（包括对外借款、外商直接投资额和外商其他投资额）大体呈现出逐年递增的强有力势头，年均约以 30% 的速度增长。从 1993 年开始，中国一直是吸收外商直接投资（FDI）最多的发展中国家，仅次于美国，居世界第二位。2002 年中国实际利用外商直接投资 527.4 亿美元，超过美国跃居世界第一位。中国实际吸收的 FDI 占全球 FDI 流入总额的比重，1995 年高达 11.3%，2001 年为 6.4%，参见表 5.1。

表 5.1　中国吸收 FDI 占全球的比重

（单位：亿美元）

年度	1988—1993	1995	1996	1997	1998	1999	2000	2001
全球 FDI 流入	1906.3	3318.4	3775.2	4730.5	6800.8	8654.9	12710	7350
中国实际吸收 FDI	88.3	375.2	417.3	452.6	454.6	403.2	407.2	468
占全球的比重(%)	4.6	11.3	11.1	9.6	6.7	4.7	3.2	6.4

资料来源：根据外经贸部外资统计和《世界投资报告》计算。

改革开放以来中国的外资流入大体经历了以下几个发展阶段。^❶

1979—1985 年为起步阶段。中国政府通过制定相关的法律，设立经济特区、沿海对外开放城市和经济区等措施，对外商直接投资提供了一系列的优惠政策，初步改善了国内的投资环境，有力地推动了中国沿海地区引进外资发展。与此同时，通过借用外国政府、国际金融组织等的贷款来发展国内基础设施建设的计划也开始启动和实施。但是，这个时期实际流入的外资规模较小，平均每年大约只有 30 亿美元的外资实际流入额，参见表 5.2。

表 5.2   中国利用外资规模：协议金额与实际利用额

年份	项目（个）	协议金额（亿美元）	实际利用额（亿美元）
1979—1984	3365	287.69	171.43
1985	3145	98.67	44.62
1986	1551	117.37	72.58
1987	2289	121.36	84.52
1988	6063	160.04	102.26
1989	5909	114.79	100.59
1990	7371	120.86	102.89
1991	13086	195.83	115.54
1992	48858	694.39	192.02
1993	83595	1232.73	389.60
1994	47646	937.56	432.13
1995	37184	1032.05	481.33
1996	24673	816.10	548.04
1997	21138	610.58	644.08
1998	19850	632.01	585.57

❶   参见王元龙：《外商直接投资宏观调控论》，中国人民大学出版社，1998年版。

年份	项目（个）	协议金额（亿美元）	实际利用额（亿美元）
1999	17022	520.09	526.59
2000	22347	711.30	593.56
2001	26140	719.76	496.72
2002	—	827.68	527.43
1979—2002	—	9950.86	6211.50

资料来源：国家统计局，《中国统计年鉴2002》，中国统计出版社，2002年版；外经贸部外资统计。

1986—1991年为稳步发展阶段。这一时期的主要特点是：根据中国经济发展的需要而有重点有计划地吸收外商投资，对外商直接投资的投向和结构进行引导和调控，进一步完善投资环境。中国吸收外商直接投资的优惠政策，也逐步由单纯的地区倾斜向地区倾斜与产业倾斜相结合转变。这一时期实际流入的外资额明显高于起步阶段，除1986年、1987年两年外，其余4年每年的实际资金流入额都在100亿美元以上，参见图5.1。

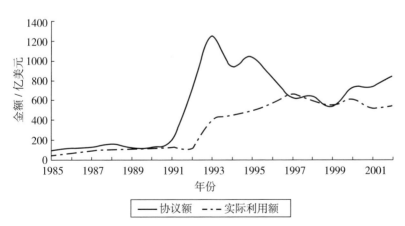

图5.1　中国利用外资发展态势（1985—2001年）

资料来源：根据《中国统计年鉴2002》和外经贸部外资统计数据制作。

1992—1995 年为快速增长阶段。1992 年年初邓小平南方谈话的发表，极大地推进了中国对外开放的进程，沿江沿边城市和以各省会城市为中心的内陆地区先后开放。至此，一个多层次、多渠道、全方位的对外开放新格局在中国已初步形成，投资环境得到很大改善，利用外资出现了一个崭新的局面。1992 年实际利用额近 200 亿美元，1993 年跨越 300 亿美元大关，达到 389.6 亿美元，1994 年又跨越 400 亿美元大关，达到 432.13 亿美元。这一时期平均每年实际流入中国的外国资本在 400 亿美元左右，平均增长速度高达 30%，与前两个阶段相比有了大幅度的提高。

从 1996 年起，中国外资流入开始进入稳定增长阶段。中国政府对外资政策进行了一系列的调整，例如在取消外商直接投资进口设备和投资品的减免税政策的同时，进一步扩大了在旅游、贸易以及金融等服务领域利用外资的范围，并提前实现了人民币在经常项目可兑换的外汇管理体制的改革目标等。而且，在实现外资的国民待遇和投资自由化方面也取得了一定的进展。这一时期实际资本流入总额持续保持在 500 亿～600 亿美元之间，稳定地保持了较高的增长速度。目前稳定增长阶段仍在持续。

二、外资流入的基本方式

1. 中国吸收外商直接投资发展态势

截止到 2002 年年底，全国累计批准设立外商投资企业 424196 家，合同外资金额 8280.60 亿美元，实际使用外资金额 4479.66 亿美元。2002 年中国吸收外商投资继续保持全面增长，全国新批设立外商投资企业 34171 家，比上年同期增长 30.72%；合同外资金额 827.68 亿美元，同比增长 19.62%；实际使用外资金额 527.43 亿美元，同比增长 12.51%。2002 年中国在全球吸收外商直接投资中拔得头筹。2002 年，全国外商投资企业出口额总计达 1699.37 亿美元，占全国出口总值的 52.2%，外商投资企业进出口净顺差值（扣除投资项下进口自用设备额）267.95 亿美元，外商投资企业出口增加值为 367.58 亿美元，占全国同期出口增加值的 61.9%。外商在华投资企业税收总体贡献已超过其对国内生产总值的贡献。外商投资企业对中国经济增长的积极贡献正向多层面扩展。中国自 1979 年以来吸收外商直接投资的协议金额与实际利用额可参见表 5.3，中国外商直接投资发展态势可参见图 5.2。

表 5.3　中国 FDI 规模：协议金额与实际利用额

年份	项目（个）	协议金额（亿美元）	实际利用额（亿美元）
1979—1984	3248	103.93	30.60
1985	3073	59.31	16.58
1986	1498	28.34	18.74
1987	2233	37.09	23.14
1988	5945	52.97	31.94
1989	5779	56.00	33.92
1990	7273	65.96	34.87
1991	12978	119.77	43.66
1992	48764	581.24	110.07
1993	83437	1114.36	275.15
1994	47549	826.80	337.67
1995	37011	912.82	375.21
1996	24556	732.77	417.25
1997	21001	510.04	452.57
1998	19799	521.02	454.63

年份	项目（个）	协议金额（亿美元）	实际利用额（亿美元）
1999	16918	412.23	403.19
2000	22347	623.80	407.15
2001	26140	691.95	468.78

注：外商直接投资（FDI），指外国企业和经济组织或个人（包括华侨、港澳台胞以及中国在境外注册的企业）按中国有关政策、法规，用现汇、实物、技术等在中国境内开办外商独资企业，与中国境内的企业或经济组织共同举办中外合资经营企业、合作经营企业或合作开发资源的投资（包括外商投资收益的再投资），以及经政府有关部门批准的项目投资总额内企业从境外借入的资金。

资料来源：国家统计局，《中国统计年鉴 2002》，中国统计出版社，2002 年版。

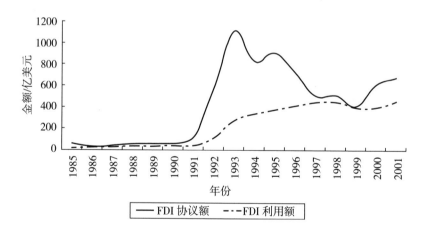

图 5.2　中国 FDI 发展态势（1985—2001 年）

资料来源：根据《中国统计年鉴 2002》提供的数据制作。

2. 中国对外借款发展态势

对外借款是中国利用外资的重要部分，指通过对外正式签订借

中国金融安全论

款协议，从境外筹措的资金，包括外国政府贷款、国际金融组织贷款、外国银行商业贷款、出口信贷以及对外发行债券等。20世纪80年代中国对外借款的规模较小，平均每年的实际利用额仅为30多亿美元；进入20世纪90年代后，中国对外借款的规模迅速扩大，平均每年的实际利用额已达到100多亿美元，参见表5.4和图5.3。

表5.4　中国对外借款规模：协议金额与实际利用额

年份	项目（个）	协议金额（亿美元）	实际利用额（亿美元）
1979—1984	117	169.78	130.41
1985	72	35.34	25.06
1986	53	84.07	50.14
1987	56	78.17	58.05
1988	118	98.13	64.87
1989	130	51.85	62.86
1990	98	50.99	65.34
1991	108	71.61	68.88
1992	94	107.03	79.11
1993	158	113.06	111.89
1994	97	106.68	92.67
1995	173	112.88	103.27
1996	117	79.62	126.69
1997	137	58.72	120.21
1998	51	83.85	110.00
1999	104	83.60	102.12
2000	—	—	100.00
1979—2000	1683	1385.38	1471.57

注：1996年及以前的对外借款中还包括对外发行股票。

资料来源：国家统计局，《中国统计年鉴2002》，中国统计出版社，2002年版。

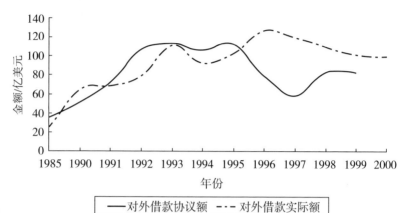

图 5.3　中国对外借款发展态势（1985—2000 年）

资料来源：根据《中国统计年鉴 2002》提供的数据制作。

在中国的对外借款中，世界银行贷款是其中重要的组成部分。1980 年中国在世界银行的代表权得到恢复后，世界银行在 1981 年向中国提供了第一笔贷款，用以支持大学发展项目。20 多年来，中国与世界银行集团之间的关系已发展成为成熟和重要的合作伙伴关系。截止到 2002 年 6 月 30 日，世界银行对中国的贷款总承诺额累计 350 多亿美元，支持了 239 个项目，其中 100 多个项目目前仍在实施之中。中国是世界银行目前最大的借款国，世界银行支持的项目几乎遍布中国各省、市、自治区和国民经济的各个部门，其中，基础设施项目（交通、能源、工业、城市发展等）占贷款总额的一半以上，其余为农业、教育、卫生、环保、供水等项目，参见表5.5。中国也是执行世界银行项目最好的国家之一。

表 5.5　世界银行对中国贷款项目

（单位：百万美元）

贷款部门	贷款类型		贷款总额	
	硬贷款	软贷款	总额	占比（%）
农业	4347.43	5408.68	9756.11	27.51

贷款部门	贷款类型		贷款总额	
	硬贷款	软贷款	总额	占比（%）
工业	2597.45	247.50	2844.95	8.02
能源	6397.30	37.00	6434.30	18.14
交通	8087.39	603.40	8690.79	24.50
教育	185.30	1512.04	1697.34	4.79
卫生	136.00	804.00	940.00	2.65
供水与卫生	311.00	515.55	826.55	2.33
城建	1050.46	411.11	1461.57	4.12
环境	2036.50	316.85	2353.35	6.64
技术及其他	110.40	350.85	461.25	1.30
总计	25259.23	10206.98	35466.21	100.00

注：1. 贷款项目与贷款总额截止日期为 2002 年 6 月 30 日。

2. 硬贷款指国际复兴开发银行贷款（IBRD Loan），贷款条件不很优惠，还款期限为 20 年，宽限期为 5 年，承诺费为年率 0.75%，利率为浮动利率，每半年调整一次；软贷款指国际开发协会信贷（IDA Credit），贷款条件优惠，还款期限为 35 年，宽限期为 10 年，承诺费为年率 0.5%，为无息贷款但征收 0.75% 的手续费。

3. 已完成项目的贷款数额为实际支付额，正在实施中的项目为承诺额。

资料来源：世界银行驻中国代表处，《世界银行集团中国业务概览》。

对外借款也称为国外贷款，是指从境外借入资金，用"使用额"或"支付额"表示。借用外国贷款支付后，未偿还的部分就形成了外债。外债在计算统计时称为"外债余额"，即某一时点已借用而尚未偿还的外币债务。20 世纪 80 年代末，中国外债余额为 412.99 亿美元（1989 年），到 1999 年年末已增加到 1518.30 亿美元，增长 2.68 倍。近年来，中国外债余额增长较快，2001 年年末已达到 1701.10 亿美元，到 2002 年年底中国外债余额为 1685.38 亿美元（不包括中国香港特区、澳门特区和台湾省对外负债），参见表 5.6。

第五章 中国国际资本流动态势

表 5.6　中国外债余额（1996—2002 年）

（单位：亿美元）

年份	1996	1997	1998	1999	2000	2001	2002
外债余额	1162.75	1309.60	1460.43	1518.30	1457.30	1701.10	1685.38
外国政府贷款	221.64	207.82	224.06	265.60	246.10	237.00	—
国际金融组织贷款	167.39	192.12	229.54	251.39	263.50	275.70	—
国际商业贷款	569.44	647.68	682.22	653.80	947.70	972.30	—
贸易信贷	—	—	—	—	—	216.10	
其他	204.28	261.98	324.61	347.51	—	—	—

注：2001 年外债余额按新口径统计，比 2000 年及以前的登记债务余额增加了 3 个月以内贸易项下的对外融资余额。

资料来源：国家统计局，《中国统计年鉴 2002》，中国统计出版社，2002 年版；国家外汇管理局。

3. 中国外商其他投资发展态势

外商其他投资是指除对外借款和外商直接投资以外的各种利用外资的形式，包括企业在境内外股票市场公开发行的以外币计价的股票（目前主要是在中国香港特区证券市场发行的 H 股和在境内证券市场发行的 B 股）发行价总额，国际租赁进口设备的应付款，补偿贸易中外商提供的进口设备、技术、物料的价款，加工装配贸易中外商提供的进口设备、物料的价款。长期以来，中国的外商其他投资规模较小，1997 年以前年平均仅为 2.75 亿美元；1997 年以来有较大幅度的增加，平均为 46 亿美元，参见表 5.7 和图 5.4。从发展趋势来看，中国吸收外商其他投资有较大的空间。

中国金融安全论

表 5.7　中国外商其他投资规模：协议金额与实际利用额

年份	协议金额（亿美元）	实际利用额（亿美元）
1979—1984	13.98	10.42
1985	4.02	2.98
1986	4.96	3.70
1987	6.10	3.33
1988	8.94	5.45
1989	6.94	3.81
1990	3.91	2.68
1991	4.45	3.00
1992	6.12	2.84
1993	5.31	2.56
1994	4.08	1.79
1995	6.35	2.85
1996	3.71	4.10
1997	41.82	71.30
1998	27.14	20.94
1999	24.26	21.28
2000	87.50	86.41
2001	27.81	27.94
1979—2001	287.40	277.38

资料来源：国家统计局，《中国统计年鉴 2002》，中国统计出版社，2002 年版。

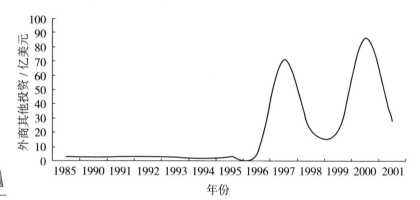

图 5.4   中国外商其他投资规模实际利用额

资料来源：根据《中国统计年鉴 2002》提供的数据制作。

三、外资流入增长的原因

中国经济的持续、快速、健康发展为包括外商投资在内的投资者提供了日益完善的投资环境。加入世界贸易组织后，中国获得了一个相对稳定和可预见的国际经贸环境，吸收外资的综合竞争优势有所提高，外资进入中国的整体风险有所降低，这些极大地促进了外资的流入。

1. 开放力度进一步加大

世界贸易组织的市场开放要求及中国的承诺拓宽了外商投资领域，尤其是服务业吸收外资的绝对值和比率明显提高。自 2002 年 4 月 1 日起，中国开始实施新修订的《指导外商投资方向规定》和《外商投资产业指导目录》。新的产业政策和目录明显加大了对外商投资的开放力度，鼓励类外商投资项目由 186 条增加到 262 条，限制类由 112 条减少到 75 条；放宽了外商投资的股权比例限制；原来属禁止类外商投资的电信、燃气、热力、供排水首次对外开放；进一步开放银行、保险、商业、外贸、旅游、运输、会计、审计、法律等服务贸易领域；放宽外商投资中西部地区的股权比例和行业限制。

2. 投资成本逐步降低

中国自 2002 年 1 月 1 日起开始履行 2002 年的关税减让承诺，大幅降低了 5000 多个税号商品的进口关税，关税总水平由 15.3% 降至 12%，部分信息技术产品的税率降至零。在非关税措施方面，取消了一批产品的配额、许可证和特定招标管理。关税壁垒和非关税壁垒的逐渐取消，降低了外商投资成本。

3. 较好的市场环境

修改或调整了中国有关外商投资的法规和政策，为企业创造了一个建立在法治和信誉之上的市场环境。2002 年，中国共清理法律法规文件 2300 件，其中废止 830 件，修订 325 件，以三大基本法律及其实施细则为主体的外商投资法律体系已基本形成。2002 年上半年，在有关问题上，如外商设立创业投资企业，外商投资企业在境内 A 股和 B 股市场上市，外商投资企业收购境内上市公司非流通股，外资参与金融资产管理公司资产的重组和处置，外商投资企业与国内企业合并，扩大外商投资企业进出口经营权等，进行了规范，对全年中国吸收外商投资的增长起到了一定的促进作用。

4. 世界制造业向中国转移

发达国家引资额大幅减少，世界产业结构的调整和转移给中国外商投资的发展创造了机遇。2002 年中国吸收外商投资所面临的国际形势也是不容忽视的背景因素。2002 年，国际直接投资规模的扩张仍受制于全球经济的复苏，流动总量放缓的局面仍未得到改善。全球性经济衰退，特别是三大经济体经济增长乏力，股市下滑，跨国公司对外投资的能力和意向由此减弱。据联合国贸发会议的统计，2001 年全球外国直接投资流入量比上年下跌 51%，其中发达国家流入量缩减了 59%。预计 2002 年，全球外国直接投资约为 5000 亿美元（2001 年为 7351 亿美元）。美国商务部公布的报告显示，2002 年上半年，外国对美直接投资只有 196 亿美元，增长速度明显放慢。外国对美直接投资大幅下降，一方面反映出欧洲和日本公司处境困难，可用于对美投资的资本减少，另一方面也说明美国资产对外国投资者的吸引力减弱。

随着跨国公司重新调整全球生产布局，世界制造业向中国转移的步伐明显加快。目前，全世界最大的 500 家跨国公司中已有近 400 家在中国设立了企业，珠江三角洲和长江三角洲地区已建立起跨国公司的配套产业群，面向全球进行生产和销售。

四、外资流入需关注的问题

1. 改善投资环境日趋紧迫

实现贸易和投资的自由化和便利化，建立更加开放、公平和合理的多边贸易和投资体制，仍将是未来多边贸易与投资谈判的宗旨。20 世纪 90 年代以来，全球化背景下的法律改革浪潮方兴未艾，发展中国家纷纷研究制定以市场为导向、以法律规范为基础的外商投资政策体系。目前大多数发展中国家的外资政策与立法有了新的发展，体现出更加灵活而务实的态度。以外商审批制度为例，多数国家对外商投资企业的设立采取准则主义，即除特殊行业经营外，一律采用申请注册办法，而中国所有的外国投资都需要经过强制性审批，对现行鼓励类 3000 万美元以上的不需要国家综合平衡的项目，审批手续烦琐且时间很长，实质上已构成更为严格的审批。世界贸易组织与外资有关的协议，将对未来中国利用外资产生不同程度的影响，构成中国外资战略调整的主要依据，其中法规的调整最为重要。法制环境将成为未来改善外商投资环境的着眼点，因为构成投资环境的许多条件和因素最终是通过一定的法律制度来完成其作用和效力的。因此，建立适应市场经济体制要求的外商投资法律制度，为外商投资创造统一、稳定、透明、可预见的法律环境和政策环境已是当务之急。

未来几年，改善投资环境的重要性和紧迫性将会日益显现：一是国际资本对政府信用、制度、产权关系、法律执行、产业导向、技术标准的选择性明显加强；二是与投资者利益密切相关的商业模型日益受到重视；三是单纯依靠财政补贴和税收优惠政策鼓励外资企业出口受到一定程度的制约；四是IT、IC产业的发展对现代物流速度提出了更高的要求。

2. 外资政策与其他政策相互协调

外商投资对中国经济发展的重要作用将会日益明显，但要避免将吸收外资的目的和手段本末倒置，过分放宽对外资的监管，以牺牲环境、劳工利益来吸收外资。目前，发展中国家普遍重视对跨国公司进入条件、投资方向、控股程度进行限定，而对其进入后的业务经营活动却疏于管理和监督。法律漏洞是外商投资产生外部不经济的原因之一，因此有必要从法律角度去研究如何从外部对跨国公司基于内部关系产生的具有消极作用的经营行为进行管制。

近年来，中国各级政府对外资增长速度十分关注，不少地方都将指标层层往下压，存在重招商轻管理、重签约轻落实、重承诺轻兑现、重宣传轻服务的现象，盲目引资导致对产业发展体系、配套协作能力的忽视。国际资本流动的短期波动是正常现象，外资基于自身的利益原则对于投资场所必然会有一定的选择性，不可能持续大幅增长，特别是在高基数基础上的进一步增长更为困难。

3. 引资的总体竞争优势急需开发

中国的引资要素仍然以廉价生产要素为主，投资环境的综合竞争力仍比较弱。研究表明，截止到2001年年底，在中国实际利用的外国直接投资中，70%以上属于劳动力寻找型，26%属于市场和自然资源寻找型，购并投资占3%左右。随着经济全球化的发展和贸易自由化的加深，廉价生产要素对于吸引外商投资的作用相对减弱，而当地市场取向的外商投资则因国内市场阶段性饱和而减缓。与此同时，中国在技术创新能力、法律实施制度、劳动力素质、竞争规范、经济自主性增长能力、国有企业改革、投融资体制改革等许多方面却未取得根本性进展。因此，必须进一步加快中国吸收外商投资的总体竞争优势的开发。

4. 购并政策措施的完善

跨国并购是当前国际直接投资的主导方式，占国际直接投资总量的比重高达 80% 以上。中国是世界上最大的新建项目投资吸收国，例如在 2002 年中国吸收外资 527.43 亿美元中约 98% 属于新建项目投资。毫无疑问，新建项目可以使中国增强生产和技术能力。目前在中国，外资主要采用间接收购的方式，如外资通过建立独资或合资企业对上市公司进行收购、外资购买上市公司母公司或大股东的股权来控股上市公司等。除体制和政策环境的制约外，中国还缺少包括产权交易、融资担保、会计审计、资产评估等全面的中介服务体系。

5. 资本流入的潜在风险

资本流入在促进中国经济增长的同时，也带来了一些潜在的风险。这是因为，资本流入具有双重效应，即正效应与负效应。所谓负效应，是指外资产生的消极作用及其给受资者即东道国造成的不良影响。负效应主要有两种类型：一是外生因素产生的负效应，一般是指由资本趋利性所驱动，通过外商投资者的各种行为活动而产生的负效应；二是内生因素产生的负效应，是指受资者（即东道国）在引进外资的过程中，由于政策失误、管理不善或调控不力而造成的负效应。外资的负效应严重威胁着中国的金融安全。在中国，由外生因素产生的外资负效应主要包括：部分经济自主权受损，如一部分经济发展权被外商所控制；在市场份额上付出代价；影响经济政策的效果；转移利润和逃避税收；转嫁投资风险；转嫁环境污染等。❶ 随着外国资本持续大规模流入中国，对中国的资本流动风险控制提出了新的挑战：国际收支管理的难度日益增大；国际经济和金融的动荡将影响国内经济，中国金融市场也将越来越多地受到境外金融市场波动的影响；外资流入区域结构不合理，进一

---

❶ 参见王元龙：《外商直接投资宏观调控论》，中国人民大学出版社，1998年版。

步加剧中国地区经济发展的不平衡。

五、外资流入的发展趋势

外部环境和内部条件的变化决定了未来一段时期中国吸收外资的总体状况会进一步好转，中国外资流入将进入一个相对长的中低速增长期，规模将继续扩大。从外部环境来看，发达国家经济前景和国内政策调整将成为影响跨国投资流向的主要力量，中国吸收外资总体上面临着有利的国际形势。但世界经济的发展也存在众多的不确定性，致使跨国公司行动更加审慎、减少海外直接投资，与此同时，外资优惠政策的国际竞争也在不断加剧。所以，对未来中国吸收外资所面临的国际环境也不能过分乐观。从内部条件即中国自身投资环境来看，随着中国加入世界贸易组织，吸收外资政策的调整、市场的开放都会对外国投资产生积极的效应，尽管这种效应的发挥需要一个过程。但是，从整体上看，中国吸收外资在未来一段时期内再度陷入衰退或大规模增长的可能性都不大，中国的外资流入将进入一个相对长的稳定增长期。

第二节 中国的资本流出

金融全球化对中国影响日益增强的一个重要表现就是近年来中国资本流出迅速、大幅度增加。中国资本流出主要有两种类型：一是正常的资本流出，主要是对外直接投资；二是非正常的资本流出。

一、正常的资本流出

正常的资本流出也是合法的资本流动。中国对外直接投资存量，1985 年仅为 1.31 亿美元，1998 年增加到 220.79 亿美元。据世界银行估计，中国资本实际流出量要更高，其中最大的部分在中国香港特别行政区，这主要是因为境外利润再投资普遍没有列入统计。❶ 从中国国际收支平衡表来看，中国的资本流出已经达到相当大的规模，参见表 5.8。

表 5.8　中国资本流出情况

（单位：亿美元）

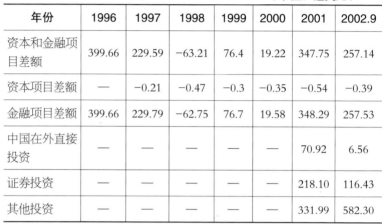

年份	1996	1997	1998	1999	2000	2001	2002.9
资本和金融项目差额	399.66	229.59	−63.21	76.4	19.22	347.75	257.14
资本项目差额	—	−0.21	−0.47	−0.3	−0.35	−0.54	−0.39
金融项目差额	399.66	229.79	−62.75	76.7	19.58	348.29	257.53
中国在外直接投资	—	—	—	—	—	70.92	6.56
证券投资	—	—	—	—	—	218.10	116.43
其他投资	—	—	—	—	—	331.99	582.30

注：1. 项目差额"−"为逆差，"+"（不标注）为顺差。

2. 中国在外直接投资、证券投资、其他投资均为借方数据，反映支出外汇即资本流出。

资料来源：根据历年《中国统计年鉴》提供的数据制作。

　　对外投资作为中国对外经济技术合作的一种重要方式，广泛开始于改革开放以来。但是，20 世纪 90 年代以来受中国宏观经济政策调整的影响，对外投资的波动很大。1991 年中国的对外投资曾达到 3.7 亿美元的高峰，而 1994 年下降到谷底，只有 0.96 亿美元，其后又逐渐回升，但仍然呈现出较大的波动。在中国实施"走出去"发展战略和积极鼓励境外加工贸易的政策促进下，1999 年中国对外投资大幅度增加，达 6.19 亿美元，2000 年继续保持这一水平，达 6.22 亿美元。根据外经贸部业务统计，截至 2001 年 6 月底，中国

　　❶　参见世界银行：《中国的参与与全球经济的一体化》，中国财政经济出版社，1997年版。

在 160 多个国家和地区设立的非金融类企业（包括贸易企业）总数6439 家，协议投资总额达 116.32 亿美元，其中中方协议投资额为77.82 亿美元。另据统计，截至 2000 年年底，中国在境外的非贸易企业累计有 2859 个，中方投资额累计为 37.25 亿美元。尽管近年来中国对外投资有了较快的发展，但是与中国实际利用外商直接投资以及出口额相比，简直是微不足道，参见表 5.9。由此可见，中国的对外投资具有广阔的发展空间。

表 5.9　中国对外投资及其相关比较

年份	对外投资		对外投资相当于	
	金额 （亿美元）	增幅（%）	实际利用 FDI （%）	出口额 （%）
1993	1.28	—	0.46	0.13
1994	0.96	−25.00	0.28	0.08
1995	1.49	55.20	0.39	0.10
1996	3.05	104.69	0.73	0.20
1997	3.31	8.52	0.73	0.18
1998	2.67	−19.33	0.58	0.14
1999	6.19	131.83	1.53	0.31
2000	6.22	0.48	1.52	0.24

资料来源：根据历年《中国统计年鉴》提供的数据制作；《国际商报》，2000 年 6 月 7 日。

二、非正常的资本流出

非正常的资本流出是资本流出的重要组成部分，它是相对于正常的资本流出而言的。一般来说，非正常的资本流出是指国家货币管理当局明文规定所禁止的资本流出活动，这种资本流动采取不合法或不公开的方式，通过非正常渠道或混入正常渠道进行。在中国，非正常的资本流出可包括两种情况：国际投机资本流出和国内资本外逃。在这里非正常的资本流出主要是指资本外逃。

1. 非正常资本流出的特征

首先，资本外逃是一种特殊的资本外流。资本流出或资本外流是相对于资本流入或资本内流而言的，它主要描述资本流动的方向；资本外逃不仅描述与资本外流相同的流动方向，而且还重点表明这种资本流出是为了某些特殊的动机：或逃避风险与管制，或投机获利。由此可见，资本流出不仅包含了一般性的资本外流，也包括资本外逃；而资本外逃只是资本外流的一部分。

其次，资本外逃是宏观经济目标与微观经济目标相冲突的产物。如果从政府特别是发展中国家的政府的角度来看，资本外逃通常被视为一种非正常的资本外流，这是因为发展中国家一般都是资本稀缺，资本外逃会损害政府的经济目标、降低社会福利和国民效用。但是，资本外逃未必就是非正常的资本外流。一方面，如果从微观经济目标角度来观察，资产的相对收益和风险，即盈利性和安全性是投资者考虑其投资组合的出发点。当国内资产的预期收益相对于国外资产的预期收益上升时，或国内资产的风险相对于国外资产的风险上升时，投资者必然减少其资产组合中的国内资产比重，相应增加国外资产的比重。这种行为是符合经济学原理的正常的经济行为，由此而产生的资本外流就属于正常的经济行为。另一方面，如果从全球的角度来观察，资本边际效益最大化而产生的资本流动就属于正常的资本流动，而资本外逃则正是逃避较高风险、追求较高收益的资本外流，因此也不能将其视为非正常的资本外流。

最后，资本外逃未必都是非法的资本外流。资本外流是合法还是非法，取决于一国资本管制的状况。在没有实施外汇管制的国家，由于资本外流不受限制，即便出现某种异常风险而导致资本大量外逃，这种资本外流也是合法的；在实施外汇管制的国家，大部分的资本外逃是为了逃避资本管制、非法转移，但也有一部分外逃的资本变相地以合法形式流出，这种现象在法律体系不健全、监管水平低下的一些发展中国家尤为突出。因此，如果仅以资本流出与否来判断是一般资本外流还是资本外逃是片面的。

2. 中国非正常资本流出的状况

由于资本外逃是通过非正常渠道进行的，再加上对资本外流的概念和口径的理解不同以及计算方法的差异，所以要获得准确的统计是非常困难的。1982年至1999年，中国传统意义上的资本外逃额累计约2329亿美元，年平均约为130亿美元，即中国每年资本外逃的规模大约为130亿美元。从表5.10中可见，1997年和1998年中国的资本外逃额达到了20世纪90年代的最高峰，分别为364.74亿美元和386.37亿美元。这是因为，由于20世纪90年代中期中国人民币利率达到高峰，当时境外资本大量流入国内套取利差和汇差，或进入A股市场炒作。1997年下半年亚洲金融危机爆发之后，形势发生了急剧的变化，国内外对人民币贬值的预期也在不断加剧，导致境外"热钱"在1998年大量抽逃；亚洲金融危机对居民心理预期产生了较大的负面影响，国内资本中也有一部分避险性质的资本外逃。1999年，中国资本外逃规模大幅度下降，由上年的386.37亿美元下降至303.88亿美元，参见图5.5。这是因为，随着中国宏观调控日趋成熟，克服了亚洲金融危机的负面影响，国民经济持续健康发展，外汇储备不断增加，人民币贬值预期减弱，再加上国内加大了打击走私、逃骗汇和出口骗退税的市场整顿力度，导致中国资本外逃开始出现回落。

从目前的情况来看，中国资本外逃的状况仍十分严重，据有关测算2000年以来每年约为400亿美元。❶

表 5.10　中国资本外逃规模的测算

（单位：亿美元）

年份	1982	1983	1984	1985	1986	1987	1988	1989	1990
A	0.39	120.17	46.84	−42.94	13.16	58.37	61.06	2.09	137.27

❶　参见《网际商务》，2001年第6期。

中国金融安全论

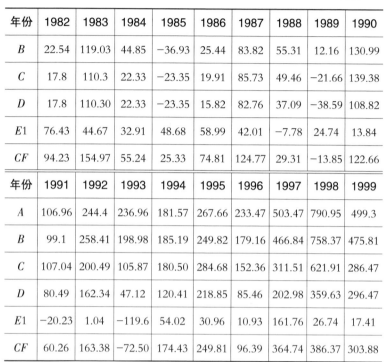

年份	1982	1983	1984	1985	1986	1987	1988	1989	1990
B	22.54	119.03	44.85	−36.93	25.44	83.82	55.31	12.16	130.99
C	17.8	110.3	22.33	−23.35	19.91	85.73	49.46	−21.66	139.38
D	17.8	110.30	22.33	−23.35	15.82	82.76	37.09	−38.59	108.82
E1	76.43	44.67	32.91	48.68	58.99	42.01	−7.78	24.74	13.84
CF	94.23	154.97	55.24	25.33	74.81	124.77	29.31	−13.85	122.66
年份	1991	1992	1993	1994	1995	1996	1997	1998	1999
A	106.96	244.4	236.96	181.57	267.66	233.47	503.47	790.95	499.3
B	99.1	258.41	198.98	185.19	249.82	179.16	466.84	758.37	475.81
C	107.04	200.49	105.87	180.50	284.68	152.36	311.51	621.91	286.47
D	80.49	162.34	47.12	120.41	218.85	85.46	202.98	359.63	296.47
E1	−20.23	1.04	−119.6	54.02	30.96	10.93	161.76	26.74	17.41
CF	60.26	163.38	−72.50	174.43	249.81	96.39	364.74	386.37	303.88

注：1. 表中 A 为资金来源项与资金运用项之间的差额，$A=A1+A2+A3-A4$（即外债年增加额＋外国直接投资净流入＋经常项目盈余－国家储备年增加额）。

2. 表中 B 为资金来源项的调整，$B=A+B1+B2-B3$（即 A＋外债低报额1＋外债低报额2－外国直接投资净流入中的水分）。

3. 表中 C 为正常的资本流出，$C=B-(C1-C1.1)-C2-C3-C4$［即 B－（银行国外资产增量－中行外汇结存增量）－长期资本项下的出口延期收款净额－对外证券投资额－对外贷款净额］。

4. 表中 D 为居民境内外币资产，$D=C-D1-D2$（即 C－居民境内外币存款－居民境内其他外币资产）。

5. 表中 $E1$ 为采取进出口误报渠道外逃的资本。

6. 表中 CF 为传统意义上的资本外逃估算额，$CF=D+E1$。

资料来源：李庆云、田晓霞（2000 年）。

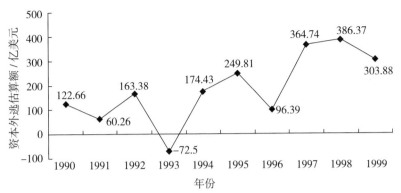

图 5.5　中国资本外逃规模（1990—1999 年）

资料来源：同表 5.10。

第三节　中国资本外逃的宏观分析

在中国的资本流动中，有一个现象值得重视：在大量外资流入中国的同时，却有相当大规模的国内资本通过各种非正常的、隐蔽的渠道流向国外，即资本外逃（Capital Flight）。资本外逃是衡量一国经济增长稳定状况，反映金融体系潜在危机程度的重要指标，已成为影响中国金融安全的一个重要因素。

一、资本外逃的理论

资本外逃也称资本逃避。对于资本外逃目前尚无统一的定义，西方经济学家对资本外逃的动因有众多的解释，❶ 有代表性的主要是以下几种。

---

❶　参见李晓峰：《中国资本外逃的理论与现实》，《管理世界》，2000年第4期。

1. 动机理论

主要是根据资本外逃的动机来对资本外逃进行界定。金德伯格（Kindleberger，1937）在其《国际短期资本流动》一书中将资本外逃定义为：投资者由于恐慌和怀疑所造成的异常资本流出。这里的"异常"是指资本由高利率国家流向低利率国家。此后，多利（Dooley，1986）、卡丁顿（Cuddington，1986）、德普勒和威廉姆森（Michael Deppler 和 Martin Williamson，1987）等人也在此基础上展开了进一步的讨论。多利认为，资本外逃是居民希望获得不受本国政府当局控制的金融资产的收益的愿望推动的资本流出；卡丁顿认为，资本外逃是短期投资性资本的异常外流，它不进行长期投资，而是对以下因素做出迅速反应以获取短期收益：金融风险、预期资本管制、通货膨胀和税收优惠政策等；德普勒和威廉姆森认为，资本外逃是资本所有者因担心资产存放于国内遭受损失而取得的对国外非居民的一种要求权。布朗（Brendan Brown）认为，资本外逃描述了这样一种现象：资金抽逃到国外，以寻求更大程度的安全。资本外逃背后的推动力包括实际存在的货币不稳定，或担心可能出现的货币不稳定、没收性赋税、战争和革命。这种现象的例子在以往几个世纪中都可找到。在 20 世纪，资本外逃的频率和严重性已达到前所未有的程度。❶ 动机理论的基本观点是：资本外逃是居民为逃避风险、逃避管制或投机获利而导致的资本异常流出。

2. 福利损失理论

也称为国民效用理论，是将国内资本的流出所造成的资本损失与国民效用的降低相联系来界定资本外逃。世界银行曾在 1995 年将资本外逃定义为：债务国居民将其财富转移到国外的任何行为。托尼尔（Tornell，1992）认为资本外逃是生产资源由贫穷国家向福利国家的流失；萨克斯（Sachs，1992）认为，在发达国家将国内财

❶ 参见［美］纽曼等：《新帕尔格雷夫货币金融大辞典》第一卷，经济科学出版社，2000年版，第284页。

富投资于外国时，人们称之为投资多元化，当同样的过程发生在发展中国家时，则称之为资本外逃。由此可见，国民效用理论是从整个国家财富的角度来界定资本外逃的，即资本外逃是国家财富的损失，它大大降低了社会福利和国民效用。

3. 不对称风险理论

该理论认为，资本外逃是由于国内外投资者所获得的信息不对称，或面临的经济政治风险不对称而产生的。该理论较好地解释了发展中国家债务国经常发生的外债与资本外逃同时增加的现象：一些国家存在国内资本外流与国外资本内流的现象；在一些国家，流入的外资中有相当一部分又成为外逃资本的来源，而在另一些国家则出现相反的现象，即外流的资本在国外转换为"外资"身份后，又重新回流。

4. 资产组合理论

该理论认为，持有某种特定的资产数量的决策取决于该资产的相对吸引力和投资者的财富总量，因此持有国外资产的数量即资本外逃的数量也是由国内和国外资产的相对吸引力和国内投资者的财富总量所决定的，而资产的相对吸引力则主要由国内外资产的预期收益率和风险程度所决定。科利尔（Paul Collier，1999）等人认为，对于资产持有者来说，资本外逃意味着持有国外财富的增加，这与持有其他资产的决策一样，反映了一种投资组合选择。资产组合理论从微观的角度来解释资本外逃的合理性，而不考虑其可能造成的宏观经济影响。显然，这种分析方法从根本上改变了资本外逃产生的经济背景，有利于各国政府从调整经济政策、保持经济稳定的角度对待资本外逃，避免单纯采用管制的方法来解决资本外逃问题。

二、资本外逃的定义

从资本外逃的特征可见，资本外逃定义是指为寻求更大程度的安全或相对较高收益而产生的一种特殊资本外流。但是，在中国对资本外逃的定义具有较强的针对性，一般认为：资本外逃是指未经外汇管理局批准或违背有关政策法规的国内资本的净流出。❶ 对资本外逃的这一界定主要是出于中国外汇管理方面的考虑。

首先，中国对资本流动特别是对资本项下的资本流动实行严格的管制，凡未经外汇管理当局批准或违反有关政策法规的资本外流均被视为资本外逃。

其次，经外汇管理当局批准的外债还本付息、对外直接投资、金融机构资产存放境外或拆放境外同业、贸易信贷等，以及以正常渠道进入中国的国外资本，涉及本金、利润和利息的汇回，都属于合法的资本流出，而不属于资本外逃。

最后，中国的资本外逃既包括国际资本非法流入套利后的外逃，也包括国内资本的外逃。前者是指在中国实现人民币经常项目可兑换后，国际投机资本可以通过混入经常项目流入中国再流出。后者则包括三个部分：一是犯罪分子将贪污、受贿、走私、诈骗等非法手段攫取的不义之财转移到国外；二是有些居民因担心国内的政治经济形势而将资金存放到国外；三是利用非法手段将国有财产转移为个人财富。

三、资本外逃规模的测算模型

目前国际上较为流行的测算资本外逃规模的模型主要有三种类型。

1. 直接测算法

该方法是直接通过一个或数个对国内异常风险迅速反应的短期资本外流项目来估计资本外逃规模，由于这种方法是直接从国际收支平衡表中采集数据，同时参考"错误与遗漏"项目的数值反映资本外逃规模，故又称之为"国际收支平衡表法"。该方法的基本测算公式为：

❶ 参见《经济日报》，2001年7月10日、23日。

资本外逃＝短期私人资本流出额＋国际收支平衡表中的"错误与遗漏"

从国际经验来看，通常根据一国国际收支平衡表中错误与遗漏项目反映的数字，就能够对该国资本外逃的情况有一个大体上的估计，因为"此类交易经常被隐藏在负的大量国际收支统计中错误与遗漏项目之后"。❶ 因此用短期资本流出额加上"错误与遗漏"可以近似地估算出资本外逃的大致规模。国际货币基金组织经验认为，一国收支平衡表中，如果"错误与遗漏"项目的数值超过该国进出口贸易总额的 5%，那么该国就有资本外逃的可能。

直接测算法的最大优点就是简便易行，但也存在着一些缺陷：首先，随着国际金融市场的发展，各种期限的金融产品的流动性已经极大地提高，期限较长的投资工具同样可成为短期投资的良好工具，在这种情况下以国际收支平衡表的私人短期资本流动作为资本外逃的替代变量，其准确性大为降低；其次，"错误与遗漏"项目不仅包括未记录的资本流动，也包括真实的统计误差。

2. 间接测算法

该方法是通过国际收支平衡表中四个项目的剩余部分来间接估计资本外逃数额，由于它将一国的外部资本来源与对外资本运用之间的差额视为该国的资本外逃额，故也称之为余额法。该方法通过的四个项目分别是外债增加额（ΔD）、外国直接投资净流入（FDI）、经常项目逆差（CAD）和官方储备增加额（ΔR），由于 ΔD 与 FDI 在国际收支平衡表中符号为正、CAD 与 ΔR 在国际收支平衡表中符号为负，间接测算法测算资本外逃（CF）的基本公式为：

$$CF=(\Delta D+FDI)-(CAD+\Delta R)$$

间接测算法是世界银行于 1985 年首先提出并采用的，因此

---

❶ 参见［美］约翰·伊特韦尔等：《新帕尔格雷夫经济学大辞典》，经济科学出版社，1992年中文版，第373页。

也称之为世界银行法。❶此后，美国摩根保证信托公司（Morgan Guaranty Trust Company，1986）对世界银行的间接测算法进行了修正。摩根公司认为，银行体系和货币当局所持有的短期外币资产主要是用于外汇交易，一般不会构成恐慌或怀疑性的资本外逃，应当将该项予以扣除，摩根修正法的计算公式为：

$$CF=（\Delta D+FDI）-（CAD+\Delta R）-$$ 银行体系和货币当局所持有的短期外币资产

1987年美国经济学家克莱因（Cline）又对摩根修正法进行了改进。克莱因认为，外国直接投资中收入的再投资部分，以及经常项目中的旅游净收入和边境贸易都不应计入资本外逃。这样，资本外逃的计算公式为：

$$CF=（\Delta D+FDI）-（CAD+\Delta R）-$$ 银行体系和货币当局所持有的短期外币资产 - 旅游边贸收入 - 其他资本收入

间接测算法在一定程度上弥补了直接测算法的缺陷，采集数据的难度相对较小，在实践中得到较为广泛的应用并获得好评。但它也存在着一些缺陷，如该方法无法反映通过经常项目的虚假交易进行的资本外逃，也无法将已记录的一般性资本外流同资本外逃相区别，而且"余额"实际上反映的是全部资本的流动额，这样就有可能夸大资本外逃的规模。

3. 综合测算法

该方法由杜利（Dooley，1986）提出，将资本外逃视为一国国际收支平衡表上未反映出来的该国居民对非居民的债权。具体的测算方法为，将国际收支平衡表中可以识别的资本外流部分加总，得到该国的对外债权总额，在此基础上进行调整：一是加上"错误与

---

❶ 世界银行认为，资本外逃不能直接衡量，只能作为剩余资产粗略地加以估计。因此，世界银行将资本外逃定义为：资本流入总额和经常项目赤字减去官方外汇储备的增加额。参见世界银行：《1985年世界发展报告》，中国财政经济出版社，1985年版，第64页。

遗漏"项目；二是加上世界银行统计的债务总额与官方国际收支平衡表中相应项目计算出的对外债务之间的差额；三是减去已申报的对外债权部分（根据国际收支平衡表中已申报的投资收益除以对外债权的国际平均收益而获得）。

综合测算法相当于在直接测算法的基础上进行适当调整，是混合使用直接法和间接法估算资本外逃规模的方法，从理论上来看，其得到的测算结果更接近实际的资本外逃额。但该方法同样也存在着一些缺陷：首先，将无息资产被动归入资本外逃范围之内，有失偏颇；其次，已申报的对外债权的准确性取决于居民申报的利息的准确程度，而后者的准确往往难以达到，另外所有已申报的对外债权未必都能够获得国际平均收益。

以上各种测算资本外逃规模的模型在实践中各有优缺点，在实际使用时，可同时运用三种方法。一般来说，直接测算法的测算结果是资本外逃规模的较低估计，间接测算法的测算结果是资本外逃规模的较高估计，而综合测算法的测算结果介于前两者之间。在实证分析中，往往将三种测算方法的结果加以平均，以获得综合的评价。

四、中国资本外逃的规模

中国资本外逃问题，特别是资本外逃的规模，已成为各方面广泛关注的焦点。

国内学者早在 20 世纪 90 年代中期就已经关注资本外逃问题，并从不同的角度进行了研究。王军（1996）对资本流出的总量和结构进行了深入的分析；❶ 王元龙（1997）对资本外逃的原因、渠道与方式以及中国控制资本外逃的对策进行了较为全面的研究。❷ 王

第五章　中国国际资本流动态势

---

❶　参见王军：《中国资本流出的总量和结构分析》，《改革》，1996年第5期。

❷　参见王元龙：《控制资本非法流出入的若干思考》，《经济研究参考》，1997年第101期。

元龙认为，中国自改革开放以来，一直存在着资本外逃现象，只不过没有引起人们足够的重视而已。由于资本外逃具有较强的隐蔽性，对其规模难以进行全面和准确的统计。从国际经验来看，通常根据一国国际收支平衡表中"错误与遗漏"项目反映的数字，就能够对该国资本外逃的情况有一个大体上的估计，因为此类交易经常被隐藏在负的大量国际收支统计中"错误与遗漏"项目之后。王元龙认为，从中国的情况来看，也适用于这一规律。从 1990 年至 1996 年，中国国际收支平衡表中"错误与遗漏"项目的数额，由 31.31 亿美元增加到 155.58 亿美元，其中 1995 年曾达到 178.10 亿美元，以年平均增长 66.15% 的速度急剧扩大。1990—1996 年，中国国际收支平衡表中"错误与遗漏"项目累计高达 711.39 亿美元，年平均达 101.63 亿美元，这在一定程度上反映了中国资本外逃的规模已经相当可观。

王元龙特别强调，目前中国国际收支统计数据来源还不十分完善，在国际收支统计中还存在着统计盲点等情况，因此如果把中国国际收支平衡表中的"错误与遗漏"全部都作为资本外逃显然是不科学的。为了较为准确地估算中国资本外逃的规模，应当对"错误与遗漏"项目的数额进行修正，即需要剔除统计方面的因素所产生的影响。如果按照保守的估计，中国国际收支平衡表"错误与遗漏"项目中 50% 是由于统计方面的原因造成的，那么其余 50% 可归结为资本外逃。这样，大致可估算出 1990—1996 年中国资本外逃的规模约为 360 亿美元。尽管这一数字仅仅是理论上的测算，与中国资本外逃的实际规模相比可能仍然存在着一定的出入，但已足以表明中国资本外逃的形势是较为严峻的。截止到 1996 年年底，中国吸收利用的外商直接投资额累计为 1772.17 亿美元，外债余额为 1162.8 亿美元，而中国资本外逃的数额已相当于利用外商直接投资的 20%，或者已相当于外债余额的 30%，如此触目惊心的数字，令

人深思。●

　　近年来，国内有众多的学者对中国资本外逃进行了较为深入的研究和测算，李庆云、田晓霞（2000）的研究成果具有代表性。李庆云、田晓霞在对中国资本外逃的规模进行测算时，仍然主要采用涵盖范围较全面、操作性较强的间接测算法，并考虑中国的实际情况以及间接测算法本身存在的缺陷，对间接测算法的估算值进行了四项调整，即对资金来源项高报或低报部分的调整，对余额 B 中包含的一部分正常资本流动进一步剔除，对余额 C 中包含的居民境内外币资产部分进一步剔除，对余额法漏计的资本外逃部分进行估算。❷1982 年至 1999 年，中国传统意义上的资本外逃额累计约 2329 亿美元，年平均约为 130 亿美元，即中国每年资本外逃的规模大约有 130 亿美元。从表 5.10 中可见，1997 年和 1998 年中国的资本外逃额达到了 20 世纪 90 年代的最高峰，分别为 364.74 亿美元和 386.37 亿美元。

　　从目前的情况来看，中国资本外逃的状况仍十分严重，据有关测算，2000 年又高达 480 亿美元左右，❸比当年外商对华实际投资的 407 亿美元还要多。必须指出的是，由于中国实行外汇管制，一些资本还采用高报进口、低报出口的方式外逃，所以利用直接法和间接法计算的结果不能涵盖所有的资本外逃，实际上的外逃资本额比估算的还要大。

　　近年来，也有一些国外学者对中国资本外逃进行了较为深入的研究和测算，其中有代表性的是英国学者施奈德（Benu Schneider）。施奈德在 2000 年用世界银行剩余法即间接测算法对全世界 111 个国家自 1988 年到 1994 年 7 年间的资本外逃进行了统计。

　　❶　参见王元龙：《控制资本非法流出入的若干问题》，《经济研究参考》，1997年第101期。

　　❷　参见李庆云、田晓霞：《中国资本外逃规模的重新估算：1982—1999》，《金融研究》，2008年第8期。

　　❸　参见《网际商务》，2001年第6期。

由于施奈德收集的数据较为齐全，统计结果与同时期各国国内政治经济局势发展也较为吻合，比较接近实际，可信度较高，所以受到各方面的重视并被广泛引用。❶根据施奈德的测算，1994年全世界资本外逃约1224亿美元，其中中国资本外逃达242亿美元，约占全世界的1/5，位居榜首；1988年至1994年的7年间，中国累计资本外逃达981.18亿美元，而这仅仅是静态的估计，如果加上10%的利息，则该期间资本外逃对中国国民经济造成的损失高达1100亿美元，参见表5.11。

表5.11　全球资本外逃最多的10个国家（1988—1994年）

（单位：亿美元）

国家	1988年	1989年	1990年	1991年	1992年	1993年	1994年
中国	32.68	12.69	104.25	92.17	253.46	244.07	241.88
印度尼西亚	88.68	13.52	68.27	49.81	226.98	176.25	206.68
阿根廷	−20.00	75.95	−0.0073	27.46	−35.82	21.37	188.02
墨西哥	−31.13	−82.04	40.54	−41.00	−182.67	−57.03	112.13
葡萄牙	−14.42	−1.73	25.62	−0.53	47.38	107.82	107.11
埃及	6.25	−6.49	−2.79	59.87	95.56	3.12	51.76
马拉维	5.28	16.20	23.30	38.49	42.51	47.97	51.60
伊朗	−11.73	−18.03	31.53	−50.44	−16.36	58.00	29.66
尼日利亚	12.11	25.38	56.39	11.73	34.53	15.02	25.05
匈牙利	−7.05	0.27	18.21	14.18	4.46	−21.99	16.41

注：1. 该表为施奈德的测算结果。

2. 在施奈德的统计资料中缺乏俄罗斯的资料。

资料来源：转引自中国科学院—清华大学国情研究中心，《国情报告》，2003年第29期。

---

❶　参见中国科学院—清华大学国情研究中心：《国情报告》，2003年第29期。

第四节　中国资本外逃的动因与渠道

一、中国资本外逃的动因

与一些发展中国家相比，中国资本外逃的动因更为复杂，既有宏观方面的原因，经济体制及经济环境中的深层次因素，也有微观经济运行机制方面的原因。

1. 宏观方面的因素

第一，金融抑制的环境。长期以来，中国金融发展的重要特征之一就是"金融抑制"（Financial Repression），突出表现为政府过度控制金融业的运行，利率和汇率水平受到严格管制，实际利率水平过低甚至出现负利率（参见表 5.12），使国内外利差扩大；实际汇率高估而造成市场对本币贬值的预期。这种状况必然导致资本外逃，以规避风险或追求更高的利益。

表 5.12　中国通货膨胀与实际利率水平（1990—2002 年）

（％）

年份	1990	1991	1992	1993	1994	1995	1996
名义利率	8.64	7.56	7.56	10.98	10.98	10.98	7.47
通胀率	3.06	3.54	6.34	14.58	24.34	16.90	8.32
实际利率	5.58	4.02	1.22	−3.6	−13.26	−5.92	−0.85

年份	1997	1998	1999	2000	2001	2002
名义利率	5.67	3.78	2.25	2.25	2.25	1.98
通胀率	2.80	−0.8	−1.4	0.4	0.7	−0.8
实际利率	2.87	4.58	3.65	1.85	1.55	2.78

注：名义利率以一年期短期存款利率代表，通胀率以消费物价指数来代表。

资料来源：国际货币基金组织统计年鉴有关各期；国家统计局，《中国统计年鉴 2002》，中国统计出版社，2002 年版。

从中国的实际情况来看，利率和汇率水平以及财政赤字状况对资本外逃有着重要的影响。

一般认为，名义利率的提高，可使资本外逃数额下降，而名义利率的降低则会促使资本外逃数量增加。中国资本外逃与利率水平确实存在密切的关联。从20世纪90年代后半期，伴随着中国名义利率水平的不断降低，资本外逃数量在不断加大，参见表5.10与表5.12。

人民币名义汇率水平变动会对资本外逃的数量产生滞后的影响。1994年人民币汇率并轨后，名义汇率下跌，受其滞后影响，相应的资本外逃额在1995年大幅度上升，由1994年的174.43亿美元上升到249.81亿美元，是1994年的1.43倍。1997年，亚洲金融危机爆发后，尽管人民币保持稳定，但人们的贬值预期在不断增加，致使外逃资本数额大幅攀升，1998年达到386.37亿美元，1999年才有所回落，参见表5.10。

财政赤字状况也会影响资本外逃的规模，即随着政府负债的增加，居民会大量增加其对外国资产的持有。在资本管制国家，这一过程是通过非正常的资本流动来实现的。20世纪90年代以来中国财政赤字逐年增加，2001年财政赤字额高达2516.54亿元，是1990年的17.2倍；当年财政债务由1990年的375.45亿元，增加到2001年的4604亿元，增加了11.3倍；财政赤字率也由1990年的0.79%提高到2001年的2.62%，提高了1.83个百分点，参见表5.13。尽管中国财政赤字对资本外逃规模的影响程度尚需进一步实证检验，但毫无疑问，财政赤字的增加在一定程度上导致了国内居民增加外汇持有，加剧了资本外逃。

第二，信心缺失。信心尽管是一个非经济因素，但它对经济产生影响的能量却极其巨大。因为心理预期极度波动，即使是良好的经济体有时也会被失望的情绪攻破。一旦市场的"情绪"被攻破，信心开始滑落，直接的结果就是新增资本流入的停止和存量资本的外流。国内居民和企业对经济前景、经济体制、个人财产的保护等

表 5.13 中国财政赤字状况（1990—2001 年）

（单位：亿元）

年份	财政赤字额	当年财政债务	国内生产总值（GDP）	赤字率（%）
1990	146.49	375.45	18547.9	0.79
1991	237.14	461.40	21617.8	1.10
1992	258.83	669.68	26638.1	0.97
1993	293.35	739.22	34634.4	0.85
1994	574.52	1175.25	46759.4	1.23
1995	581.52	1549.76	58478.1	0.99
1996	529.56	1967.28	67884.6	0.78
1997	582.42	2476.82	74462.6	0.78
1998	922.23	3310.93	78345.2	1.18
1999	1743.59	3715.03	82067.5	2.12
2000	2491.27	4180.10	89403.6	2.79
2001	2516.54	4604.00	95933.3	2.62

资料来源：国家统计局，《中国统计年鉴 2002》，中国统计出版社，2002 年版。

诸多方面的信心不足导致了一系列资本外逃的行为发生。例如 1997 年和 1998 年中国的资本外逃额达到空前的规模，就是因为亚洲金融危机对居民心理预期产生了较大的负面影响。另外，中国的金融机构和国有企业存在着大量的不良资产，同时又缺乏有力的存款保险制度，金融不稳定必然影响和损害人们对经济增长的信心，从而导致资本外逃。

第三，制度缺陷。中国在经济转轨过程中，国有资产管理体制、监管制度、法律法规都还很不完善，这种制度性的因素为国有资产的资本外逃提供了可乘之机：一是一些国有企业利用资本外逃来逃避金融监管；二是一些国有企业的领导人化公为私，侵吞国有资产，将其侵吞的国有资产转移到国外，这种类型的资本外逃导致了国有资产的流失。以转移国有资产为动机的资本外逃是国有企业资本外逃最主要的内容。❶

第四，政策和管理漏洞。据联合国贸发会议（UNCTAD）的估计，在中国吸收的外商直接投资中有 20% 左右是国内资本外逃后，再以"外资"的身份重新流回。❷当存在着"超国民待遇"的情况下，通过使资本先外逃后再回流就可享受特殊的优惠待遇。尽管这一估计的准确性难以核实，但据有关部门调查，这种现象的确存在。管理方面特别是外汇管理方面存在的漏洞也是资本外逃形成的原因。例如，法规不健全、外汇指定银行柜台监管乏力、相关管理部门之间缺乏政策协调和配套。

2. 微观方面的因素

首先，规避外汇管制。中国现阶段外汇市场上的主体实际上是外汇指定银行和中央银行，而缺乏基本的市场主体即企业的参与。原则上企业在经常项目下的进口用汇是不受管制的，但仍然存在着一系列须经审批才可以进口的产品清单。在这种严格的数量控制型外汇管制下，企业如果按规定将所得外汇卖给银行，不仅所卖价格并不一定理想，而且还可能影响未来用汇的灵活性，丧失对所得外汇的支配权。这种状况在一定程度上促使资本外逃。

其次，降低交易成本。中国外汇市场缺少各种套期保值工具，由于缺乏规避外汇风险的手段，企业无法规避用汇风险，只能被动地接受汇率波动所带来的不确定性。这些因素使企业经常将所取得的外汇收入以隐蔽的方式存于国外。企业为减少交易成本，往往选择将资金截流到境外等违规做法，从而形成这样一种轨迹：外汇管

---

❶　参见王元龙：《控制资本非法流出入的若干思考》，《经济研究参考》，1997年第101期。

❷　The World Bank（1997），转引自《经济研究》，1999年第5期，第46页。

制越严，则交易成本越高，资本外逃的动机越强。

最后，转移非法所得。这是中国资本外逃的一个十分重要的方面，例如向境外转移非法（或合法）所得、实现化公为私、逃避税收或贸易管制、规避政治或经济风险等。实际上转移非法所得和避税等，并不只是中国独有的现象，而是发展中国家和发达国家都存在的一个全球性问题。海外一些国际离岸金融中心，就是发达国家毒枭、走私犯的洗钱中心和跨国公司的避税天堂。在中国，由于人民币不是自由兑换货币，各种违法违规的资金流动都必须转换成外汇后才可能外逃，所以外逃的资金表现为想方设法逃避外汇管理。由于一些环节管理不力，致使资本得以出逃。

二、中国资本外逃的渠道

目前来看，中国资本外逃的渠道主要有以下几个方面（参见表5.14）。

表5.14　中国资本外逃的典型方式

原因	方式
1）规避投资管理与外汇管理 2）境内母公司资产向境外子公司或外商转移 3）将外汇转至境外又回流国内，享受税收等优惠 4）转移贪污、受贿等非法所得资金 5）转移个人财产，以防私人合法资金被侵占	1）通过"地下钱庄"进行资本外逃 2）虚报外商直接投资额，使资金外逃 3）金融外汇管理部门内部违法违规，形成资本外逃 4）高报进口骗汇、低报出口逃汇 5）以直接携带方式外逃资金

1. 通过经常项目渠道进行资本外逃

主要方式为采取各种手段骗汇、逃汇和套汇，将大量的资金转移国外：国内企业和个人伪造进口发票骗取外汇汇往境外；国内外一些不法商人互相勾结，采取伪造出口报关单、虚开增值税发票的方式，骗取国家退税资金，致使资本外逃；不法分子内外勾结，以进口付汇名义，先将购汇付出境外，再以出口收汇名义结汇，凭其伪造票据进行套汇骗汇；国内一些企业采取合同发票低于实际交易额的方式来减少应收外汇资金，将多余部分留存境外他用；一些企业以高比例佣金、折扣等形式支付给境外进口商，从中获得回扣，牟取私利；一些企业以高价进口货物，将所收取的佣金、折扣等留存境外；一些企业采取进口不到货即提前付汇，把外汇资金滞留境外进行投资或投机；一些企业通过国外子公司或关联企业，以价格转移的方式进行资本外逃，或者将境外投资收益直接存留境外，进行再投资或投机；一些企业将出口货款私自存放境外进行投资。

2. 通过资本项目渠道进行资本外逃

主要方式有：外商在中国境内投资，但实际资本金不到位，而收益则按照协议照常汇出；外商投资企业在资金汇入境内完成验资之后，即以预付进口货款或投资收益的名义分批汇出，实现资本外逃；以合作企业的名义对外举债，资金不进入，但仍然以还本付息的名义向外付汇；在从境外筹资过程中，改变借款或证券承销的名义，将一部分资金截留境外；一些境外企业将应汇回境内的利润，以外资名义向国内再投资，再将利润以外资收益的名义汇出，进行资本外逃；一些国有企业法人代表假借对外投资的名义，将资本转移到境外，以个人名义注册，将国有资产变为私人资产。

3. 利用银行远期信用证进行资本外逃

这种方式已成为近年来国内资本外逃的重要渠道：国内一些企业以进口为由向国内银行申请开出进口远期信用证，外方收到远期信用证后可到当地银行申请打包放款而获得贸易融资，然后汇回国内由国内企业以出口收汇名义结汇成人民币进行套利或投机活动；当贷款到期时企业则以进口付汇名义买汇汇出，由外方偿还当地银行贷款。这种方式的资本外逃，实质上属于远期信用证项下的隐性外债，不仅扩大了中国的对外债务，而且造成银行被动垫款，在一定程度上增加了银行业务经营风险，影响银行资产的安全。

4. 通过其他方式进行资本外逃

一是以非贸易支付的方式，通过向境外支付管理费、咨询费、特许权使用费、培训费等名义，将外汇资金汇出，达到资本外逃的目的。由于服务贸易的交易和价格的真实性难以核查，服务贸易外汇收支可能逐渐成为中国资本外逃的新渠道。二是通过口岸直接将外汇现金携带出境实现资本外逃。三是境内外串通交割等方式的资本外逃，或通过"地下钱庄"进行资本外逃。

第五节 资本外逃与中国金融安全

一、资本外逃对中国金融安全的危害

1. 资本外逃对中国金融体系的影响

首先，资本外逃危及整个金融体系的稳定。国际经验表明，资本外逃特别是持续性的资本外逃将极大地损害公众信心，从而危及一国金融体系的稳定，甚至可能导致金融危机的发生。1997年爆发的亚洲金融危机再次证明：持续、大量的资本外逃是金融危机爆发的重要原因之一。从中国目前的情况来看，金融体系本身十分脆弱，银行业存在大量的不良资产，资本充足率不足，潜亏严重，在高风险中运行。如果资本外逃问题进一步加剧，就可能助长国内居民的风险预期，动摇其对银行的信心，由此可能使潜在的金融危机转化成为银行支付困难，从而影响整个金融体系的稳定。

其次，资本外逃削弱国内经济金融政策的效果。资本外逃的存在意味着管理当局不能对大量的资金进行有效的控制，无法了解这部分资金的实际流向，从而导致官方的各项经济统计数据出现一定程度的偏差，而这种统计数据的失真必然对政策制定产生误导，最终会削弱政策效果。而且，资本外逃也会影响货币政策和财政政策的传导机制。由于资本外逃是社会资金的一种漏损，而这部分漏损的资金通常会逆政策而行，从而影响到政策的最终实施效果。例

如，当采取扩张性的财政政策时，增加的支出可能由于资本外逃的存在而根本没有或没有全部真正用于其最初的目的，扩张性的财政政策难以达到预期的效果。资本外逃会影响国内经济金融政策的正确制定和有效实施，其结果又会进一步刺激资本外逃发生，从而陷入了一种恶性循环。

2. 资本外逃对中国国际收支的影响

资本外逃对国际收支影响的机制表现为：持续的大量资本外逃最终将会造成国际收支的逆差，从而导致汇率的不稳定，进而使该国的外汇储备减少；外汇储备的急剧减少，必然降低该国的信用评级，而信用评级降低则导致投资者对该国货币贬值预期增强，这种状况将加剧资本外逃，其结果又会进一步加剧国际收支的不平衡和汇率的不稳定。

从中国的情况来看，尽管资本外逃尚未造成外汇储备的急剧减少，但是随着资本外逃规模的不断扩大，国际收支不平衡的潜在风险也在不断积累。中国在很多年份存在着较大比例的短期资本流出和"其他"项的流出，而这些都是极易隐藏外逃资本的项目，这种不合理的资本流出结构与资本外逃有密切的关系。由于资本外逃在中国通常表现为外汇的流失，减少国内外汇供给，会影响人民币汇率稳定。

20 世纪 90 年代以来，中国国际收支平衡表（BOP）中的"错误与遗漏"（*ERR*）项下出现了较大的负值，其主要原因与资本外逃有密切的关系。据国际货币基金组织的研究，当 *ERR* 项数值的绝对值超过进出口总额的 5% 时，即表明其中存在有大量的非系统风险，资本外逃的存在也就显得更加不容置疑。从中国的数据来看，除 1991 年之外，*ERR* 项在其余年份均为负值，其绝对值在 20 世纪90 年代中后期保持了较大的规模，并且在 1992—1999 年，| *ERR* |占进出口总额的比例均超过了 5%。值得注意的是，2000 年该项比例由上一年的 5.0% 降为 2.6%，2001 年又进一步下降到 0.79%，这与 1999 年以后中国资本外逃额的变化趋势是一致的，参见表 5.15。

表 5.15　中国 BOP 中的 *ERR* 数值及其占进出口总额的比例

（单位：亿美元）

年份	1990	1991	1992	1993	1994	1995
ERR	−31.26	5.97	−84.19	−98.03	−97.75	−178.1
| *ERR* | /（*EX*+ *IM*）（%）	3.3	0.5	6.3	6.1	5.0	7.5
年份	1996	1997	1998	1999	2000	2001
ERR	−155.58	−169.52	−165.76	−177.88	−118.93	−48.56
| *ERR* | /（*EX*+ *IM*）（%）	5.5	5.3	5.2	5.0	2.6	0.97

注：*ERR* 为错误与遗漏值；*EX*+*IM* 为进出口总额。

资料来源：《中国金融年鉴》各期。

3. 资本外逃对中国宏观经济的影响

首先，资本外逃损害国内的资本形成，不利于经济持续发展。资本的正常形成对一国经济增长具有极其重要的意义。根据哈罗德—多马模型（Harrod-Domar model）：$G=S/C$，式中 G 为经济增长率，S 为储蓄率，C 为资本产出比率，经济增长率取决于储蓄率 S 和资本产出比率 C，当资本产出比率 C 保持一定时，储蓄率 S 就成为决定经济增长率的关键因素。而资本外逃对中国这样一个急需资金的发展中国家来说，极大地破坏了资本的正常形成，减缓了经济增长速度。

其次，资本外逃损害政府的税基、减少财政收入。一方面，大规模的资本外逃将造成国内储蓄率下降，导致投资和生产的萎缩、国民收入减少，从而影响税基，减少税收收入。改革开放以来，中国国家财政收入的绝对额虽然呈逐年递增的趋势，但财政收入的增长速度则徘徊不前，更值得重视的是，中国国家财政收入占国内生产总值的比重呈现出持续下降的趋势，参见表 5.16 和图 5.6。中国财政收入占国内生产总值的比重，1978 年为 31.2%，1995 年下降到

最低点 10.7%，下降了 21 个百分点；此后缓慢回升，2001 年达到
17.1%，但距 1978 年的水平还差 14 个百分点。尽管造成这种状况有
多种原因，但毫无疑问，资本外逃在很大程度上推动或加强了这一
比重下降的趋势。另一方面，在资本外逃中有一部分是为了骗取税
收的优惠，外逃后又以假外资的形式重新回流国内，这种所谓"过
渡性资本外逃"，不仅使大量税收流失，而且也产生了"示范效
应"，造成更大的税收损失。

表 5.16　中国财政收入：增速及占国内生产总值（GDP）的比重

年份	财政收入增长速度（%）	财政收入占 GDP 的比重（%）
1978	29.5	31.2
1980	1.2	25.7
1985	22.0	22.4
1990	10.2	15.8
1991	7.2	14.6
1992	10.6	13.1
1993	24.8	12.6
1994	20.0	11.2
1995	19.6	10.7
1996	18.7	10.9
1997	16.8	11.6
1998	14.2	12.6
1999	15.9	13.9
2000	17.0	15.0
2001	22.3	17.1

　　资料来源：国家统计局，《中国统计年鉴 2002》，中国统计出版社，
2002 年版。

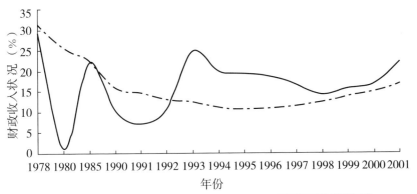

图 5.6　中国财政收入状况

资料来源：国家统计局，《中国统计年鉴 2002》，中国统计出版社，2002 年版。

最后，导致外资政策的效率降低。如前所述，由于政府对内外资实行差别待遇政策，导致了相当大数量的"过渡性资本外逃"，而这种状况可能造成的结果是：国内没有外逃的部分资本出现了人为的浪费和闲置。这样，中国的外资政策就被扭曲，可能成为用"外"资替换内资的舍本逐末的无效政策。

4. 资本外逃影响社会的稳定

首先，资本外逃通常伴随着化公为私的国有资产流失以及走私、贩毒、洗钱、逃汇、骗汇和逃税、骗税等违法犯罪活动，是腐败的温床，是市场经济的毒瘤。其次，资本外逃将导致政府部门与私人部门之间、私人部门内不同群体之间的收入再分配，其结果使私人部门、高收入者的外汇资产得以保值，而使政府部门、低收入者的资产遭受损失。最后，资本外逃造成国有资产流失，加大了国有企业改革的难度，加剧了社会贫富两极分化。所有这些，都对社会稳定产生了消极的影响。

二、资本外逃对中国金融安全影响的判断

资本外逃对中国经济金融的危害极大：它是资本形成中的漏出因素，并且具有循环反应螺旋上升的作用，因而造成国内资本的减少，致使在大量引进外资的情况下国内资金紧缺的状况不能得到有效缓解；资本外逃还会使国际收支出现逆转，给人民币汇率稳定带来极大压力；资本外逃也会削弱金融监管的作用，给中国外汇体制和政策带来巨大冲击，进而造成国家潜在的金融风险；在微观上，资本外逃还会造成企业经营的衰退，就业减少，从而影响到宏观经济金融的稳定。

中国存在的资本外逃如不能得到有效遏制，严重时将会危及国家经济、金融安全，对此必须高度重视，制定合理的经济政策并采取有效措施，抑制资本外逃。但是，对中国资本外逃的影响也应客观评价，进行实事求是的分析。

首先，中国迄今为止尚未发生像亚洲金融危机国家那样的恐慌性的、集中性的大规模资本外逃，因此，资本外逃目前只是构成中国产生金融危机根源的潜在因素。

其次，即使在未经批准的违规流出中，也有一些用于正常投资和经营目的；之所以违规流出，主要是躲避繁杂的审批程序或者是为了降低其他交易费用，它本身不具有太大的经济危害性。

最后，有些外逃的资本是为了获取利益，而国内是当事人最熟悉的经营环境，因此有相当大比例的外逃资本又会回流，享受中国对外资的优惠政策，形成过渡性资本外逃，这也减轻了资本外逃对中国经济的冲击。

中国金融安全论

第六章 国际资本流动的风险控制

第一节 风险控制的一般性措施

一、控制措施的分类

由于国际资本流动与金融危机相关性日益密切，在国际资本流动风险不断扩大的情况下，一些新兴市场国家纷纷采取了审慎的政策措施，即在开放资本项目的同时，也采取不同的管理措施，对资本流入或流出进行适当的限制，以防范国际资本流动的风险。

1. 资本管制

控制资本流动风险的一般性措施，也就是通常所指的资本管制。一般来说，在经济扭曲的情况下，资本管制能够增进福利。因此，许多学者认为，资本管制是一种次优解决办法，在存在多个均衡点的情况下，它可以达到最优均衡。资本管制的主要依据是：第一，由于资本管制实际上是在内外利率之间设置隔离带，因此，在固定汇率制度或有管理的浮动汇率制度下，它有助于控制货币供应量；第二，实行资本管制可导致通货膨胀率上升，使来自通货膨胀的收益增加、实际利率降低，从而使资本管制成为政府获取收益的工具和降低政府债务清偿成本的手段。显然，资本管制难以支撑相互冲突的货币政策和汇率政策，在防范国际收支危机中的作用也不能估计过高。

在金融全球化和资本大规模流入的情况下，资本管制具有了新功能。现在，管制资本在多数情况下已不是为了防止名义汇率贬值，而主要是为了阻止名义汇率和实际汇率升值。长期以来，资本管制主要是为了防止资本流出，由于资本流出导致投资需求下降而影响中长期经济增长；20世纪90年代以来，资本管制的主要目的已经转变为试图减轻总需求的压力，虽然任何方向的资本流动都会干扰货币政策，但是在流入期间的资本管制基本上都是为了减缓货币和信贷扩张，相反，在资本流出期间，资本管制是为了避免高利率。更为重要的是，20世纪90年代以来，资本管制实际上已经演变成为一种预警措施，即减轻资本流入的波动效应，使资本流出的危害降低到最低程度。

2. 直接控制与间接控制

控制资本流动风险的一般性措施，可分为对资本流动的直接控制与对资本流动的间接控制。为了实现控制的有效性，通常这两种控制措施是混合使用的。

对资本流动的直接控制，主要用于控制资本流出或流入，或者是对一些特定的跨国界的资本交易进行选择性的控制审批。直接控制主要是采用数量控制的办法，规定资本流动的规模。长期以来，数量控制措施主要是为了防止资本外逃，靠行政办法实施。但是进入20世纪90年代以后，数量控制的主要目的是减少资本流动特别是短期资本流动的规模，各国相继采取了各种各样的数量控制措施控制资本流入，而且都收到了一定的成效。但是如果长期实行这种政策就会损害本国金融的竞争力。其他的数量措施包括限制或禁止与贸易无关的掉期交易、离岸借款，规定银行的净外汇头寸。

对资本流动的间接控制，则是通过运用市场化的手段来增加特定资本流动的成本以达到控制的目的。间接性资本流动控制可采取不同的方式，如对特定的跨境资本流动收税、实施双重或者多重汇率，以此来影响价格水平、交易量或者影响特定种类的交易。在这类措施中，应用最多的是外汇交易税或跨境短期银行贷款税即托宾

中国金融安全论

税。巴西曾在 1993 年对一些类型的外汇交易征过这种税，以后为许多国家所效仿，但在 1995 年墨西哥金融危机之后这类措施逐渐受到冷落。托宾税有其合理之处：有利于增强国内货币政策的独立性，有利于减少对固定汇率制进行投机性冲击的可能性，鼓励了长期投资而不是短期投资。但它也存在着一些缺点：一是这类措施的有效性取决于所有的国家一起实行这种政策，否则，被征税的业务会转移到不征该税的国家；二是要求银行拥有大量的头寸，否则难以惩罚短期银行跨境贷款；三是只要存在合成头寸，征收外汇交易税就非常困难；四是托宾税会减少交易量，降低市场的流动性，从而造成国际资本市场的更大波动。

控制资本流动风险的一般性措施也可从不同的角度来分类，分为资本流入控制和资本流出控制、长期资本流动控制和短期资本流动控制、常态资本流动控制和资本流动危机控制，等等。从国际经验来看，各国进行资本流动控制的重点大多是放在控制短期资本流动方面。

二、控制措施的实施

1. 对资本流入的控制

20 世纪 90 年代前半期，经济发展保持良好态势的新兴市场国家普遍面临短期资本过度流入的压力。由于短期资本流动的主要动因是汇率稳定条件下的收益差距，从而就具有很强的投机性和易变性，尽管从银行和投资者的角度来看其风险比较小，但从宏观上看对一国的经济金融具有巨大的潜在风险。因此，许多国家都实行了对短期资本流入的控制措施。例如，巴西于 1993 年 7 月对部分外汇交易和外汇贷款征收直接税，并辅之以其他的管理措施，如禁止某种形式的资本流入，对特定的资本流入确定最低期限要求等。1993 年 8 月，哥伦比亚对于期限低于 18 个月的对外借款实行无利息强制准备金要求，后来，哥伦比亚又提高了期限短的资本流入的准备金率，并扩大了无利息强制准备金的覆盖范围。1994 年，马来西亚通过禁止非居民购买马来西亚国内货币市场证券和禁止向非居民提供与贸易无关的套期交易等措施，控制资本流入。1995 年 7 月，泰国对非居民银行账户、泰铢借款、金融公司本票和银行离岸短期借款提出准备金要求，并要求其提供详细资料。

控制资本流入的主要目的是减缓资本流入对汇率的压力，切断国内利率与国际利率的联系，为国内货币政策的操作提供更大空间。这些控制措施的效果也不尽相同：在利率方面，多数国家在管制初期实现了预期的目标，国内利率与国际利率保持了比较大的利差；在汇率方面，效果并不很理想，一些国家出现实际有效汇率的升值，而泰国实际汇率的连续升值，削弱了其出口商品的竞争力，导致贸易账户逆差，成为后来金融危机爆发的诱因；在资本净流入方面，除了马来西亚和泰国在一定程度上降低了资本流入增长的速度外，其他国家则效果不佳，但调整资本流入的期限结构的效果比较明显。尽管如此，从总体上来看，在实行资本流入控制措施的同时，对宏观经济的调控也发挥了一定的作用，如调整货币政策，降低利差，减少了冲销性干预；增加汇率的波动范围，抑制投机性资本的流入；强化了对金融体系的监管。

2. 对资本流出的控制

采取控制资本流出的措施，其主要目的是以此来减缓货币贬值和外汇储备下降的压力，为管理当局调整宏观经济政策赢得时间。

例如，在 1992 年欧洲汇率机制危机期间，西班牙货币汇率受到强烈的投机冲击，迫使西班牙比塞塔贬值 5%，并脱离欧洲汇率机制。在货币汇率继续面临贬值压力又无法提高利率来维持汇率的情况下，西班牙对国内银行与非居民之间的某些交易强制性征收 100% 的无息存款准备金，提高投机者的成本，以阻止投机冲击行为。采取这些资本控制措施后，西班牙国内利率与离岸市场利率差距明显扩大，比塞塔汇率开始稳定在欧洲汇率机制的幅度内。

又如，1997 年 8 月泰铢大幅度贬值后，泰国采取了一系列直接的和市场主导的措施，控制资本外流。货币管理当局要求泰国银行终止所有可能导致离岸市场泰铢头寸增加的与非居民之间的交易，出售资产所获得的泰铢收入禁止汇出，并只允许在岸外汇市场兑换。在泰国实行资本流出控制之初，套期市场的交易基本停止，国内外的利差扩大，投机冲击受到遏制。在实行资本流动控制两个月后，泰铢贬值压力再度出现，货币管理当局允许泰铢汇率浮动，并在 1998 年初取消或局部修改了资本流出控制措施，以限额制替代了对银行与非居民非贸易性交易的禁止规定，并实现了两个市场的合并。

三、加强资本流动的国际监控

防范国际资本流动的风险，只有各国采取的控制措施是远远不够的，还需要加强国际金融危机防范的国际协调和合作。从主要的国际经济金融机构的职能来看，实际上它们已经在对国际资本流动风险进行着不同形式的监控。

1. 国际经济金融机构的监控作用

（1）国际货币基金组织。其宗旨是，共同研究和协商国际货币问题，加强国际货币合作；促进国际贸易的扩大和平衡发展，协助成员克服国际收支困难；促进国际汇兑，稳定货币汇率，避免各国货币贬值性竞争；消除外汇管制等。其主要业务是，在成员国际收支发生困难时，向成员提供贷款。

（2）世界银行。其宗旨是，通过提供长期贷款，帮助成员恢复和发展经济。其主要业务是向成员政府或政府担保的私人发放中长期贷款。世界银行与国际货币基金组织一样，在履行宗旨、开展业务过程中，都十分重视资本流动的风险控制。

（3）国际清算银行。其宗旨是增进成员中央银行之间的合作，为政府间的国际金融业务提供便利，充当国际结算的代理人。国际清算银行要求成员有关机构对于跨国金融资本的活动进行报告，

第六章　国际资本流动的风险控制

定期发布，同时对全球商业银行提出资本充足率及相关风险控制的要求。

（4）区域性金融机构。一些区域性金融机构在资本流动风险控制方面也发挥着一定的作用。如亚洲开发银行，其宗旨是鼓励政府和私人在亚洲太平洋地区投资，通过提供项目展示和技术援助，促进和加强亚洲太平洋地区发展中国家（或地区）的经济发展。

（5）国际贸易组织（WTO）。仅从贸易角度对成员的相关资本流动项目提出原则性要求。

2. 国际监控的缺陷及改进

在现行国际货币体系框架下，国际经济金融机构对于资本流动风险的监控能力和监控范围远远不能适应国际资本流动的发展，主要表现为：首先，监控手段不足。国际货币基金组织只是依靠成员的报告制度和定期磋商机制，难以准确反映成员的实际情况；国际清算银行对资本流动的监控和相关要求是建立在自愿基础上的，具有一定的指导性，但缺乏足够的约束力。其次，放松管制的趋势在增强。多年来，国际货币基金组织一直在倡导以推动自由化代替有效的管理，把主要精力放在消除汇率限制和资本项目自由化方面，这种状况在一定程度上影响了资本流动风险控制的国际协调和合作。

20世纪90年代爆发的金融危机充分表明，正是各类短期投机资本在利益驱动之下，通过操纵或控制局部市场，破坏市场秩序，才造成国际金融市场动荡不安、风险剧增。因此，有效防范金融危机必须从对国际资本特别是国际投机资本流动的有效监控和管理入手。但是，资本大范围的跨国界流动，大大降低了单个国家宏观经济政策的有效性和资本流动风险的控制能力。因此，只有国际社会各成员积极沟通，加强协调和合作，特别是要更好地发挥国际金融机构的作用才能够有效地防范国际资本流动的风险。

第二节　抑制资本外逃的对策

趋利性是资本的天然特征，资本流动的基本动因是追求在低风险下的利润最大化，正因如此，在金融全球化条件下，一国的货币管理当局要完全控制资本外逃几乎是不可能的。但对于资本外逃也并非无所作为，只要采取正确有效的策略和措施，至少可以减少资本外逃的规模，弱化资本外逃的不良影响，防范由此产生的经济和金融风险。

一、保持良好的宏观经济环境

从整体上来说，保持宏观经济健康持久的发展是遏制资本外逃的根本所在。只有经济金融环境稳定，才能减少不确定性，减少投资风险，从而较为有效地防止资本外逃。人们对一国经济金融是否有信心，最重要的标志是：汇率水平是否合理和能否保持汇率稳定，利率水平是否合理，债务清偿力是否充足，经济能否持续增长等。例如，资本外逃有很大一部分是为了到国外寻求更有效的投资环境和资本增值途径，如果国内的投资环境好、资本能有效增值，这部分资本就不会冒很大的风险去外逃。因此，改善投资环境就显得至关重要。又如，对资本项目的管理适当放松，允许一些有正常需要的资本流出，因为管制的放松使外逃的需要减少，而只是增加资金外流。总之，只有保持良好的宏观经济环境，才能使国内各种资产和要素的收益高于国外，才能增加各类投资者的信心和安全感，从而吸引资本留在国内，阻止资本外逃。

二、加强和完善监管机制

从外汇管理的角度来看，中国十分重视遏制资本外逃：一是积极改进监管手段，启用了"进口报关单联网核查系统"和"出口收汇系统"，大大提高了进出口收付汇监管效率；二是不定期地开展外汇专项检查，仅 1998 年就查出逃骗汇金额 100 多亿美元，对有关企业采取了暂停或取消外贸经营权、罚款等行政处罚，并将重大涉案人员移交司法部门进行了刑事处罚；三是打击外汇黑市特别是有组织的地下钱庄，近年来已破获了数个涉案金额超过 10 亿元人民币的地下钱庄。

加强和完善监管机制，需要把握以下几方面：一是适应中国利用外资新战略调整，及时将外汇管理重点由经常项目转向资本项目，研究制定与并购重组、证券投资、投资基金等利用外资新方式相配套的外汇管理办法，建立健全对短期资金跨境流动的监测体系，并采取有效措施防止短期资本流动冲击；二是逐项研究服务贸易外汇管理法规，规范和整顿服务贸易外汇收支活动；三是强化对银行结售汇和跨境收付汇的全面监管，特别是配合中国人民银行建立大额资金转移监测制度，加大对大额外汇收付和无交易背景的大额人民币支付的监管；四是继续严厉打击地下钱庄等外汇非法交易，维护正常的外汇市场秩序；五是实事求是地宣传人民币汇率稳中有升的情况，正确引导市场预期，增强公众对人民币的信心；六是疏堵并举，对资本外逃中的合理需求部分，通过简化手续，改进服务方法，方便合法外汇资金有序流动。

解决资本为获取利润最大化而违规流出的根本方法是允许资本自由流出。过去限制资本流出的原因是国内资金匮乏，而现阶段中国资金相对充裕，资本流出有利于缓解国内资金过剩和生产过剩，有利于进行国际竞争和积累全球化发展经验，有利于贸易的发展和深化。资本自由流出所带来的风险，可以在国内汇兑条件上加以限制和控制，让资本流出者自己承担兑换外币的风险和汇率损失，国家和政府不承担这部分风险。允许资本流出并不意味着彻底取消外汇管制和资本项目管制。恰恰相反，对于中国这样的非国际货币国家来说，资本管制和外汇管制在一段较长的时期内仍然有存在的必要。对于纯粹的外币资金流出是需要限制与控制的，即使这部分资金是国内政策允许的贷款和在国内的兑换。

防止资本外逃不能只使用打击逃汇行为、加强外汇管理等增加资本外逃成本的方法，还可以通过削减资本外逃收益的方法来加以控制，比如调整政策以减少套利的机会等方法。另外，需要比较资本管制的成本与收益，如果资本管制的成本大于收益，则应该简化资本管理手续，放松管制。

完善监管机制，要特别注意借鉴一些发达国家成功的经济经验，学习其比较成熟的监管机制、运作环境、政策透明度和健全的法制。必须加大对资本和外汇管理的立法执法力度，以期更有效地控制国内资本。

显然，资本外逃的现状给外汇监管部门提出了新的课题，也是今后进一步深化经济和金融体制改革迫切需要解决的一个难题。

三、深化改革、调整政策

由于中国资本外逃动机的多样性、渠道的多元化，防止资本外逃不能单独依靠加强管理，而要从体制、政策上入手，加强部门协调，综合治理，标本兼治。许多国家的经验证明，即使是在严格的资本管制之下，一国也不可能防止所有的资本外逃。从长远角度看，对于资本外逃的治理，在加强监管的同时，一定要从疏导方面下功夫，尽快建立资本正常流入流出的机制。为此，需要采取的措施是：第一，推进国内的金融深化改革，减少在利率管理、市场准入、投资限制等方面的直接管制和行政干预；第二，深化外汇体制改革，建立人民币远期外汇市场，为企业和个人提供充足的套期保值、规避风险的工具；第三，适时调整宏观金融政策，协调财政、货币、汇率政策，降低资本外逃的可能性，从源头上控制资本外逃；第四，有效地化解银行不良资产，坚决抑制通货膨胀，维持稳定而合理的实际汇率，减少居民的风险预期；第五，引进外资应从"优惠政策导向"向"市场导向"转变，依靠改善投资的"软环境"和"硬环境"、提高办事效率和减少交易成本来增强投资的吸引力；第六，加大对贪污受贿、侵占国有资产行为的督查和惩处，严格规范企业对外直接投资、买壳上市以及国际购并中的资产评估和财务管理；第七，制定合理的外资政策，要从重数量转向重质量，要逐步统一内外资的不同待遇，取消各地自行制定的地方性吸引外资的优惠政策，以国家制定的符合"国民待遇"原则的外资政策和法律来取代各地区各部门不规范的优惠政策。

第三节　建立资本流动风险的监控体系

为了有效地控制资本流动风险，需要建立资本流动风险的监控体系，这一体系至少应当包括资本流动风险控制的政策体系和资本流动风险监测体系。

一、风险控制的政策体系

建立资本流动风险控制的政策体系的主要目的是通过运用各种政策工具，减少国际资本流动的负面影响。❶政策工具主要包括反周期措施、结构政策和资本管制三种类型，由于资本管制前已讨论，这里仅对反周期政策与结构政策进行分析。

1. 反周期政策

反周期政策主要包括货币政策、汇率政策和财政政策。

（1）货币政策。在汇率体制缺乏灵活性的情况下，资本流入引起外汇储备增加，外汇储备的增加会造成货币总量扩张，最终导致总需求膨胀。对此，需要采取对冲性货币政策措施以控制资本流入。可供选择的对冲政策最重要的有以下两种。

第一种：公开市场操作。这种对冲政策实际上就是中央银行出售高收益国内资产换取低收益外汇储备。其有利之处在于：一是可减缓因购买外汇而造成的货币信贷扩张，同时由于不需要增加银行

---

❶　参见叶辅靖：《新兴市场经济国家对资本流动的监管》，《经济研究参考》，2002年第57期。

准备金，不会增加银行体系的负担；二是可限制银行体系对资本流动的媒介作用，降低了因资本突然外流对银行体系的冲击。但是，这种对冲措施也有不利之处：一是有可能导致国内利率的上升，进一步诱发了资本流动，如果在实施对冲操作中发行的国内资产是投资者想要持有的其他国内资产的不完善替代品，或者因为经济增长或通货膨胀降低，货币需求增加，就会促使利率上升；二是可改变资本流动的构成，使直接投资份额降低，增加短期投资和证券投资的比重；三是造成国内外利差的扩大，增加了准财政成本。正因为如此，公开市场操作只能是一种短期政策措施，但迄今为止，它仍是使用频率最高的政策工具，20世纪90年代以来，几乎所有国家都采用过这种政策，大多数资本流入是靠这种操作来对冲的。

第二种：准备金要求。提高准备金率会降低货币乘数，从而抵消中央银行因为干预汇市而引起的货币扩张。这一政策的有利之处在于，能够在不增加准财政成本的前提下降低银行的贷款能力。但是，增加准备金也存在弊端：一是阻碍信贷资源的有效配置，引起金融脱媒，资金流向非银行金融部门，货币扩张的局面无法避免；二是与公开市场操作类似，也将进一步刺激资本流入，因为它迫使国外借款增加。许多国家在资本流入期间为了降低货币乘数，有时也选择使用这种政策工具。

（2）汇率政策。为了避免因资本流入而引起货币扩张，可以通过名义汇率升值的办法减少外汇储备。这种政策的优点是：第一，将货币供应量与资本流入隔离，如果汇率的弹性越大，隔离的效果越好，货币政策的独立性越大。特别是当资本流动有可能发生逆转而金融监管又比较薄弱时，其优势更加明显。第二，因为汇率有弹性，实际汇率升值可以通过名义汇率升值而不是通货膨胀的方式来释放。即使名义汇率同通货膨胀有因果关系，但前者一旦升值，后者可能更低。第三，名义汇率的可变性意味着汇率变动的不确定性，这会抑制投机性的短期资本流入。但是，如果名义汇率升值，就会损害贸易品部门的盈利性。如果资本流动具有可持续性，而且实际汇率有持续升值趋势，战略部门（如非传统出口部门）就会遭受打击。即使资本流动不具有持续性，实际汇率也会变动。这对贸易品部门有两方面的不利影响：第一，如果实际汇率升值幅度很大，就会破坏实际汇率的稳定性，从而对贸易平衡产生极为不利的影响。第二，如果金融欠发达，不能为防范汇率波动提供套期保值的有效工具，贸易品部门将深受其害。一般来说，为了降低因完全浮动而引起的汇率风险，降低因外汇储备增加而带来的成本，许多国家实行了有管理的浮动汇率制度。

（3）财政政策。通过紧缩财政支出，特别是紧缩公共支出，减少总需求，降低资本流入的通货膨胀效应。这一政策的优点为：不仅政策操作成本较低，而且可以替代汇率调整政策充当稳定器，削减公共支出可以限制实际汇率升值，因为非贸易品在公共支出中具有举足轻重的作用。由于实际汇率升值压力减缓，因而有利于减少经常项目逆差。但是，财政政策缺乏应对资本流动的灵活性，它涉及立法和政治因素比较复杂，而且作为反周期的财政政策很可能与税收和支出的长期目标相冲突。由于财政政策缺乏灵活性，通常各国在资本流入期间很少实行财政紧缩政策。

2. 结构政策

结构政策主要包括贸易政策和银行监管两个方面。

（1）贸易政策。在资本流入期间，实施贸易自由化能够限制外汇的净流入，而且还可产生像紧缩财政政策那样的效果，它将支出转向贸易品，减轻了国内经济的压力。因此，贸易自由化政策可以降低实际汇率升值的压力。但是，贸易政策的效果是相互矛盾的，例如，如果经常项目的自由化增强了外国投资者对国内宏观经济的信心，那么它就能吸引更多的资本流入。从更一般的意义上说，既然贸易自由化是一种结构政策，它瞄准的就应该是长期目标，而不是短期的反周期作用。

（2）银行监管。在资本流入期间，要使金融部门健康运转，仅靠宏观政策是不够的，还需要其他措施。如健全内控机制、加强

中国金融安全论

内部治理；强化市场纪律，淘汰不合格的银行，促使银行安全、稳健地经营；加强银行监管。如果银行在内控机制和市场纪律方面存在缺陷，加强银行监管则可起到亡羊补牢的作用。监管能够重塑运营环境，强化市场纪律，促进内部治理。例如，通过精心设计准入限制和业务范围来改善运营环境；选拔合格的管理者，要求所有者自担风险，制定严格的贷款评估、分类规范和会计标准，以改进内部治理；建立健全信息披露制度，确保市场参与者掌握充分信息，保证市场制裁的落实，以强化市场纪律。银行监管是重中之重，但核心问题是如何防止金融机构逃避监管。在一些发展中国家，银行常常在资产负债表上做手脚，规避资本充足率要求，从而达到逃避审慎监管的目的，离岸场外金融衍生工具的发展也为银行逃避监管提供了方便。为此，需要建立风险会计准则并实行综合监管。尽管银行监管有局限性，但在资本流入期间，该措施在降低因贷款剧增、资产价格膨胀而引起的银行风险方面有特殊的作用。

3. 政策措施的相互搭配

控制资本流动及其风险的政策选择要受多种因素的制约，例如经济开放度、治理通货膨胀的状况、财政状况及其灵活性、国内债券市场的规模和流动性、金融监管框架、国内银行的素质等。因此，实施政策措施的顺序就显得至关重要，适当的政策顺序有利于化解资本流入带来的某些风险。货币政策在资本流入的初期效果较好，但是随着资本流入规模的增加，对冲成本将不断提高，这时就需要实行灵活的汇率政策。在某些时候，资本管制能够缓解实际汇率升值的不利影响。如果资本流动是结构性因素引起的，财政政策的效果就比较好，其效果与灵活的汇率政策相似，可以抑制实际汇率升值，而且支付的成本较小。

许多国家的经验表明，各种政策工具都是相互作用、相互影响的。首先，它们对资本流动的构成能够产生较大的影响，特别是在非资本管制条件下，钉住汇率和对冲政策搭配会最大限度地刺激短期资本的流入。墨西哥在 1990—1993 年、泰国在 1990—1997 年就

第六章　国际资本流动的风险控制

是这种情况。其次，政策的相互搭配可以挖掘单个政策的潜力。例如，对冲政策所带来的高利差能够诱使人们规避资本管制，其结果最终就会抵消对冲政策的紧缩效应。

二、风险监控体系的基本框架

资本流动风险监控体系是指货币管理当局根据经济环境变化，适时调整管理目标而在银行和外汇管理部门之间建立的对跨境资本流动进行统计、跟踪、预测和分析的有效监管体系。❶ 该体系的主要特征是：以资本进出国境为统计标准，以收付实现制为统计原则，以防范短期资本流动冲击为监控重点。该监控体系的基本框架如下。

1. 实时银行代客资本流动监控网络系统

可以考虑对中国原有国际收支申报信息操作系统进行改造，形成该监控系统，主要包括两个处理程序：其一，在 IT 技术支持下银行代客跨境资金收付汇登录与传输给外汇局信息的处理程序。银行每发生境外资金汇入，及时进行信息登录，并迅速将收款通知和申报信息通过业务操作网络系统通知申报主体。申报主体收到境外汇入款项后，直接在网上填写申报单，反馈给银行。通过系统自动校验，对符合要求的信息，银行立即通过数据接口传输给外汇局。发生对外付款时，银行在对有关单证进行审核并付汇后，可由客户直接对申报单要素进行填写，然后银行根据申报单将有关信息登录到监控系统之中。为简化过程，银行可将对外付款的业务凭证与申报单合并。其二，银行向外汇局通过数据接口转换传递信息的处理程序。已实现网上申报的银行，收到境外汇款或对外付款后应及时通过数据接口转换将申报信息及时传送给外汇局。未实现网上申报的银行，若是信用证和托收项下的境外资金收入，可允许银行与申

---

❶ 参见周元元：《建立和完善跨境资金流动监测体系的思考》，《金融时报》，2002年10月30日。

报企业签订协议后由银行进行代理申报。

2. 金融机构外汇资产划拨监控系统

目前中国国际收支统计中对金融机构外汇资产负债重点在于对其存量的监控，难以对流量进行跟踪。随着中国金融市场的逐步开放，在各类金融机构外汇资金跨境流动速度加快、数量增加的情况下，特别是衍生金融工具、离岸金融、在岸金融等外汇资金流出入划拨和资金清算均涉及跨境流动，所带来的外汇金融风险随时可能发生。因此，建立金融机构境内外外汇资产划拨监控系统已十分迫切。该系统的主要内容是金融机构外汇资产负债流量统计制度，要求金融机构按月向外汇局报送统计报表。

3. 非贸易项下资本流动监控系统

在中国人民币经常项目实现可兑换后，资本非法流出入有较大部分是以个人名义汇出入的，这就需要对非贸易项下资本流动进行有效监控。其有效方法：一是建立大额存款取款备案制度，要求银行定期向外汇局报送大额现钞存取报表，重点监控大额现钞异常存取；二是通过细分账户报表中居民个人的现钞存款增减变化情况进行分析判断。

4. 国际短期资本流动统计监控系统

国际短期资本指期限为一年或一年以下的资本流动。国际短期资本的特点是流动性强、投机性大和转移迅速。国际短期资本的特点决定了其流动可对国际金融活动造成冲击，特别是具有典型风险性流动的国际游资，往往规模大，时间短，反应快，其破坏性之强非一般国家所能控制。因此，对国际短期资本的监控主要是加强对外汇账户收支的监管，准确了解现有短期国际资本流动规模，了解其在整个外汇资金和外汇信贷规模中的比重，了解资金流动的意图，重点跟踪大额、频繁异常流动的资金，建立专门的外汇短期资金信息监控网络，设置预警系统。

5. 跨国公司外汇资金跨境流动的统计监控系统

近年来，许多跨国公司到中国进行直接投资，其跨境资金流动频繁，但中国管理当局对其频繁的外汇资金流动缺乏有效的监控手段。因此，及时建立跨国公司跨境资金流动监控系统已是当务之急，重点是监控其跨境资金划拨的流动，防止其利用境内外母公司和子公司及关联公司之间的财务关系进行投机活动。

6. 确保资本流动风险监控体系有效运行

为了确保资本流动风险监控体系有效运行，需要注意以下几个方面：第一，合理科学地确定监控内容，监控针对资本的跨境流动，特别注意外汇资金流出入的时间性，合理科学地界定统计监控范围，使统计监控的内容达到完整性与有效性的结合。第二，提高数据生成和汇总的准确性，按照实用性和便利性原则，尽可能使监控项目和数据与金融机构会计核算中境外汇出、汇入款项基本保持一致，做到既方便金融机构统计取舍，又便于外汇局分析，以保持外汇收支统计内容的完整性。第三，明确监控重点，以外汇账户监管为切入点，重点监控大额外资、外债的流出，密切关注短期外汇资本流动的流向及流量；加强对非居民外汇账户资金流动和临时账户的管理，对外汇短期资金流动可开立专用账户监管，以防止短期资本混入结算账户流出。第四，建立监控体系信息定期公布制度，实行按月统计、按月提交分析报告和按月公布信息制度，并设置预警目标测试区，有效抵御和防范国际游资的冲击。

第四节　外债风险控制的指标体系

由于有关金融风险和金融安全预警系统问题在以后的章节中将进行详尽的论述，因此在这里仅涉及外债风险控制的指标体系。外债安全关系到国民经济的健康运行和金融体系的稳定，是金融安全的重要方面。外债风险及其控制是影响金融安全的极其重要的因素，正如美国经济学家保罗·克鲁格曼所指出，"目前从对金融危机发生机制的理解来看，危机发生的原因是这些国家积累了巨额的外汇债务。"他还强调，"在相当长的时间内，中国应当控制资本流入，尤其应当注意避免使整个国家陷入巨额外汇债务。放开资本控制后，外汇债务是危害最大的东西。"克鲁格曼认为，如果能够防止金融危机重新发生，"眼下，最好的希望在于限制外汇债务。这是我比较确信的一点。我不知道它是不是答案的全部，但我确信它是答案的一部分。"❶ 由此可见，关注外债风险的控制对中国有着极其重要的意义。外债风险控制的指标体系主要包括以下几个方面。❷

一、外债清偿能力指标

举借外债的规模受制于该国的偿债能力。如果一国所借外债超过本国实际偿还能力，非但不能加快经济发展，反而会削弱该国应付外部冲击的能力。因此，只有如约偿还，才能促进国内经济长期稳定发展。外债偿还能力的大小既是一国信誉的直接反映，也是一国经济实力和应变能力的综合反映。

1. 偿债率

偿债率是指一国当年外债还本付息额与出口创汇收入额的比率，是分析、衡量外债规模和一个国家偿债能力大小的重要指标。国际上通常认为偿债率保持在 20% 左右为宜，警戒线为 25%。当偿债率超过 25% 时，表明该国外债还本付息负担过重，有发生债务危机的可能性。世界银行专家建议，中国的偿债率应以 15% 为安全线。20 世纪 90 年代，中国偿债率处于有升有降的波动状态，最高年份的 1999 年也只有 11.3%（参见表 6.1），远远低于国际警戒线，说明当前中国的债务负担比较适当，外债偿还能力较强。

❶ 参见廖理等：《"防止金融危机的希望在于限制外汇债务"——访国际著名经济学家克鲁格曼》，《国际经济评论》，2000年第3~4期。

❷ 参见王振富：《中国外债风险的实证研究》，《上海经济研究》，2001年第12期。

表 6.1　中国外债风险指标（1985—2002 年）

（％）

年份	偿债率	债务率	负债率
1985	2.7	56.0	5.2
1986	15.4	72.1	7.3
1987	9.0	77.1	9.4
1988	6.5	87.1	10.0
1989	8.3	86.4	9.2
1990	8.7	91.6	13.5
1991	8.5	91.9	14.9
1992	7.1	87.9	14.4
1993	10.2	96.5	13.9
1994	9.1	78.0	17.1
1995	7.6	72.4	15.2
1996	6.0	67.7	14.2
1997	7.3	63.2	14.5
1998	10.9	70.4	15.2
1999	11.3	69.5	15.3
2000	9.2	52.1	13.5
2001	7.5	56.8	14.7
2002	7.9	46.1	13.6

注：1. 偿债率指偿还外债本息与当年贸易和非贸易外汇收入（国际收支口径）之比。

2. 债务率指外债余额与当年贸易和非贸易外汇收入（国际收支口径）之比。

3. 负债率指外债余额与当年国民生产总值之比。

资料来源：国家统计局，《中国统计年鉴 2002》，中国统计出版社，2002 年版；国家外汇管理局。

中国金融安全论

2. 债务率

债务率是指一国的当年外债余额与出口创汇收入之比。它反映该国对外举债能力的状况。外债清偿能力的大小，主要取决于一国出口创汇能力的大小。出口创汇收入越多，外债清偿能力越大；反之，出口创汇收入越少，外债清偿能力越小。当一国外债清偿能力小于外债直接负担时，债务国就有可能发生债务危机。国际上通常认为，债务率指标不应超过100%，如超过则表明该国外债余额过大，外债负担过重，外汇收入难以满足对外还债的需要。世界银行专家建议，中国的债务率应以75%为安全线。1994年以来，中国债务率呈下降趋势（参见表6.1），主要原因在于中国利用外债的效果较好，外汇收入的增长速度快于外债余额的增长速度，从而增强了中国的外债偿还能力。

3. 外汇储备与外债余额比率

该指标反映一国在偿还外债的其他支付手段不足时，可动用外汇储备资产清偿外债的能力。当该比率大于100%时，表明偿债能力较强；反之，则表明偿债能力较弱。但并非储备越多越好，储备过多，机会成本提高，影响经济发展速度；而储备过少，则容易发生债务危机。按照国际惯例，一国外汇储备不应低于该国1—3个月进口的外汇支付额。对于中国而言，外汇储备应高于年进口额的1/4，这是为了满足弥补国际收支逆差和偿还外债本息的基本需要，也是控制外债风险所必须采取的措施之一。20世纪90年代，中国外债每年平均增加100多亿美元，年均增长15%左右，而中国外汇储备增长速度更快，年均增长35%左右，到1999年外汇储备达1546.75亿美元，外债余额为1518.30亿美元，外汇储备超过同期外债余额28.45亿美元。中国外汇储备与外债余额的比率一直呈上升趋势，由最低年份1990年的21%上升到1999年的102%，2002年达到最高点170%（参见表6.2）。外汇储备的快速增长，增强了中国偿还债务的能力，减轻了发生外债风险的可能性，提高了防御外债突发风险的力量。

第六章 国际资本流动的风险控制

表 6.2　中国外汇储备与外债余额的比率（1996—2002 年）

（单位：亿美元）

年份	1996	1997	1998	1999	2000	2001	2002
外汇储备	1050.49	1398.90	1449.60	1546.75	1655.74	2121.65	2864.07
外债余额	1162.75	1309.60	1460.43	1518.30	1457.30	1701.10	1685.38
比率(%)	90	107	99	102	114	125	170

注：2001 年外债余额按新口径统计，比 2000 年及以前的登记债务余额增加了 3 个月以内贸易项下的对外融资余额。

资料来源：国家统计局，《中国统计年鉴 2002》，中国统计出版社，2002 年版；国家外汇管理局。

二、外债结构指标

外债结构是指某一时期外债总量的各个因素的构成状况，主要包括外债类型结构、外债期限结构、外债币种结构和外债利率结构等方面。外债结构直接影响着外债利息的高低、汇率风险的大小和偿债期限的长短组合。合理安排外债结构、优化外债结构，是降低借债成本、控制利率风险与汇率风险、提高外债使用效益的基础。

1. 外债类型结构

外债类型结构是指一国对外负债总额中各种不同类型外债的构成状况。外债主要包括外国政府贷款、国际金融组织贷款和国际商业银行贷款三大类型。❶

外国政府贷款是指中国政府向外国政府举借的官方信贷；国际金融组织贷款是指中国政府向世界银行、亚洲开发银行、联合国农业发展基金会和其他国际性、地区性金融机构举借的非商业性信贷。这两种外债属于官方优惠贷款，具有开发援助性质，通常其贷款期限比较长，利率也比较低，有的甚至是无息贷款，但贷款条件

❶　参见国家计委、财政部、国家外汇局联合发布的《外债管理暂行办法》（2003 年 3 月 1 日起实施）。

较为严格。

国际商业贷款是指境内机构向非居民举借的商业性信贷，主要包括八个方面：向境外银行和其他金融机构借款；向境外企业、其他机构和自然人借款；境外发行中长期债券（含可转换债券）和短期债券（含商业票据、大额可转让存单等）；买方信贷、延期付款和其他形式的贸易融资；国际融资租赁；非居民外币存款；补偿贸易中用现汇偿还的债务；其他种类国际商业贷款。国际商业贷款的贷款条件相对宽松，但通常多为短期贷款，利率较高且多采用浮动利率方式，易受国际金融市场波动的影响。国际上一般是将国际商业银行贷款占外债总额的比重不超过 60% 作为警戒线。

20 世纪 90 年代以来，中国在外债类型结构安排上采取了积极筹措官方优惠贷款、严格控制商业贷款的原则。商业贷款所占比重逐年下降，由 1990 年的 55.5% 下降到 1999 年的 43.1%，同期官方贷款基本呈现稳中有升的趋势，其所占比重由 1990 年的 28% 上升到 1999 年的 34%，从而在一定程度上减轻了中国的还本付息压力，参见表 6.3。但是，进入 21 世纪后，融资成本较高的国际商业贷款不仅仍然占据主导地位，而且出现急剧增长的趋势，2000 年达到 65%，2001 年仍高达 57.2%，这种状况值得关注。

表 6.3　中国外债余额中的类型结构（1996—2001 年）

年份	1996	1997	1998	1999	2000	2001
外债余额（亿美元）	1162.75	1309.60	1460.43	1518.30	1457.30	1701.10
外国政府贷款（亿美元）	221.64	207.82	224.06	265.60	246.10	237.00
国际金融组织贷款(亿美元)	167.39	192.12	229.54	251.39	263.50	275.70
国际商业贷款（亿美元）	569.44	647.68	682.22	653.80	947.70	972.30
贸易信贷（亿美元）	—	—	—	—	—	216.10
其他（亿美元）	204.28	261.98	324.61	347.51	—	—
占外债余额比例（%）	100.0	100.0	100.0	100.0	100.0	100.0
外国政府贷款（%）	19.1	15.9	15.4	17.5	16.9	13.9

年份	1996	1997	1998	1999	2000	2001
国际金融组织贷款（%）	14.4	14.7	15.7	16.5	18.1	16.2
国际商业贷款（%）	49.0	49.4	46.7	43.1	65.0	57.2
其他（%）	17.5	20.0	22.2	22.9	—	12.7

注：2001年外债余额按新口径统计，比2000年及以前的登记债务余额增加了3个月以内贸易项下的对外融资余额。

资料来源：国家统计局，《中国统计年鉴2002》，中国统计出版社，2002年版。

中国的债务结构安排，必须坚持的基本原则是：国际金融组织贷款和外国政府贷款等中长期国外优惠贷款重点用于基础性和公益性建设项目，并向中西部地区倾斜；中长期国际商业贷款重点用于引进先进技术和设备，以及产业结构和外债结构调整；短期外债资金主要用作流动资金，不得用于固定资产投资等中长期用途。

2. 外债期限结构

外债期限结构是指一国对外负债总额中，短期债务（偿还期在一年以内）与中长期债务（偿还期在一年以上）的构成状况。中长期外债的特点是，可根据国民经济发展的需要，进行统筹安排，便于管理；虽然短期债务的利率较低，但往往受国际金融市场波动的影响，风险较高。国际上通行的短期债务占全部外债比率的警戒线为25%，中国以不超过20%为宜。合理的外债期限结构，有利于在时间上根据国情对还债资金进行调剂，以降低债务风险。在外债期限结构安排上，也并非期限越长越好，否则会使某一时期债务偿还过于集中，甚至导致债务危机，合理的外债期限结构应当是长短期债务的均衡配置。

20世纪90年代以来，中国长期外债增长速度明显快于短期外债的增长速度，长期债务所占比重1999年已达到了90%，而短期外债所占比重一直保持在10%左右，远远低于20%的安全线。而在2001年出现了重大变化，短期外债所占比重一举突破25%，攀升到

29.7%，2002 年又进一步增加到 31.4%，这是近年来从未有过的，参见表 6.4。造成这种状况的主要原因是 2001 年外债余额按新口径统计，比 2000 年及以前的登记债务余额增加了 3 个月以内贸易项下的对外融资余额。除此之外，是否还有深层次的原因，值得关注。

表 6.4　中国外债余额中的期限结构（1996—2002 年）

年份	1996	1997	1998	1999	2000	2001	2002
外债余额（亿美元）	1162.75	1309.60	1460.43	1518.30	1457.30	1701.10	1685.38
长期债务余额（亿美元）	1021.67	1128.20	1287.03	1366.50	1326.50	1195.30	1155.62
短期债务余额（亿美元）	141.08	181.40	173.40	151.80	130.80	505.80	529.76
占外债余额比例（%）	100	100	100	100	100	100	100
长期债务余额（%）	87.9	86.1	88.1	90.0	91.0	70.3	68.6
短期债务余额（%）	12.1	13.9	11.9	10.0	9.0	29.7	31.4

　　注：2001 年外债余额按新口径统计，比 2000 年及以前的登记债务余额增加了 3 个月以内贸易项下的对外融资余额。

　　资料来源：国家统计局，《中国统计年鉴 2002》，中国统计出版社，2002 年版；国家外汇管理局。

3. 外债币种结构

　　外债币种结构是指一国对外负债总额中货币币种的构成状况。由于外债从举债到偿债之间有一段时间，国际金融市场的汇率变幻莫测，因而汇率风险是客观存在的。为了减少和避免债务由于汇率变化而造成的损失，需要合理安排外债的币种结构，即主要通货应有一定比例，以互相抵消汇率变化产生的损失。为了防范汇率风险，需要遵循的基本原则是：对外举债的币种结构要和本国出口创汇的币种结构保持相对一致。长期以来，中国外债主要集中在美元和日元上，债务负担的风险难以有效分散。因此，必须注重债务多元化原则，调整外债币种结构，适当增加欧元和其他货币的比重，并通过各种保值手段防范债务风险。

4. 外债利率结构

外债利率结构是指一国对外负债总额中浮动利率债务与固定利率债务的构成状况。外债利率结构合理与否，不仅关系到债务利息支付总额的大小，而且也对债务偿还能力产生重要的影响。从国际经验来看，较为合理的利率结构安排是以固定利率计算的债务额占外债总额的比重保持在较高水平，通常以 70%~80% 为宜，而浮动利率的外债比重应控制在 20%~30% 以下。采用固定利率有利于规避利率风险，在市场利率上升时可以减少损失。当然，尽管采用固定利率无法得到利率下降的好处，但从整体上来看资金成本可能比较低。采用浮动利率必须根据市场变化确定偿还期利率水平，利率风险难以控制，而且由于债务总额变化难以确定，从而也不利于对外债进行宏观调控。从中国外债利率结构来看，外债以固定利率债务为主、浮动利率债务为辅，这对于准确测算中国的外债规模和外债负担是有利的，同时也有利于避免因利率风险造成的损失。

三、外债增长指标

对外债增长指标的分析，主要包括对负债率、新增外债与外债还本付息的关系、外债利用系数等方面的分析，从中可反映一国历年新增外债的偿债能力和外债的利用效率，从动态的角度来考察外债的风险状况。

1. 负债率

负债率是指一国当年外债余额与国民生产总值（GNP）的比率。负债率经常被用于考察一国对外债务与整个国民经济发展状况的关系，其比率的高低反映该国国民生产总值对外债负担的能力，国际上通常认为负债率应保持在 20% 为宜。从表 6.1 可见，随着中国外债规模的不断增长，负债率呈现出上升的趋势：1985 年为 5.2%，1994 年达到 17.1% 的历史最高点，其后有所下降一直徘徊在

中
国
金
融
安
全
论

15% 左右，但始终没有超过 20% 的安全线。这种状况表明中国的外债规模在国力所能承受的限度之内。

2. 新增外债与外债还本付息

新增外债是指当年外债余额与上年度外债余额之差。一国的偿债能力不仅取决于外债总额，而且依赖于某年的外债还本付息额。由于利率、汇率的变动和外债期限结构的不同，导致不同年份有不同的本息偿还额。因此，研究未来年度的还本付息不可忽视。20 世纪 90 年代以来，中国外债规模迅速扩大。1990 年外债余额为 525.45 亿美元，1999 年已增加到 1518.3 亿美元，平均每年以 110 多亿美元的绝对数递增，在 10 年中增长了近 2 倍。整个 20 世纪 90 年代中国每年还本付息额基本上保持在 10 亿美元左右（参见表 6.5）。值得注意的是，1997 年以来中国的国外债务还本付息又呈现出逐年增加的势头，2002 年中国国外债务还本支出为 655.32 亿美元，表明中国已进入偿债高峰期。

表 6.5　中国新增外债与外债还本付息额

（单位：亿美元）

年份	1991	1992	1993	1994	1995	1996
新增外债	—	—	—	92.4	137.8	96.9
国外债务还本付息	15.1	14.6	15.5	12.4	8.6	7.3

年份	1997	1998	1999	2000	2001	2002
新增外债	146.8	150.8	57.9	61	243.8	−15.72
国外债务还本付息	8.5	9.3	11.0	3.3	10.2	655.32

注：1. 新增外债指当年外债余额与上年度外债余额之差。

2. "国外债务还本付息"原为人民币，按照人民币对美元年平均汇价（中间价）折算成美元。

3. 从 2000 年开始，"国外债务还本付息"仅为还本支出。

资料来源：国家统计局，《中国统计年鉴 2002》，中国统计出版社，2002 年版；国家外汇管理局。

3. 外债利用系数

外债利用系数是指外债增长速度与国民生产总值增长速度的比率。该指标反映了举借外债对经济发展的促进作用。如果这一比率小于 1，表明借入的外债主要用于改善国内基础设施或发展国内生产建设项目上，推动了经济发展，从而也就意味着外债使用效率较高；如果这一比率大于 1，则表明外债使用不当、效率低下，而且在未来年份国民生产总值中将有越来越多的部分被外债所消耗，外债风险增加。因此，一般认为外债利用系数的警戒线应小于 1。在 20 世纪 90 年代（除个别年份，如 1990 年、1997 年、1998 年属内需不足，经济增长减缓外），中国国民生产总值增长速度快于外债增长速度，外债利用系数平均为 0.82，这表明中国举借外债对经济发展产生了积极的促进作用；但也不可否认，这一比率已接近警戒线，提高外债利用效率问题已迫在眉睫。

第五节　外债风险控制的对策

一、对中国外债总体状况的基本判断

中国的外债规模现已经达到较高水平，成为世界上最大的债务国之一。截止到 2002 年年底，中国外债余额为 1685.38 亿美元，其中中长期外债余额 1155.62 亿美元，占外债余额的 68.6%；短期外债余额 529.76 亿美元，占外债余额的 31.4%。从负债率来看，自 20 世纪 90 年代以来中国的这一指标一直保持在 15% 左右，处在比较高的水平上，表明借用外债对于中国经济增长具有重要的影响。从反映或衡量外债风险的一些指标来看，中国目前外债风险各项指标（除了外债期限结构等少数指标以外）基本上都控制在合理的范围之内，也均低于国际上公认的安全警戒线，外债规模在国家的承受能力之内，外债结构较为合理。中国外债总体状况较好，近期发生全局性的债务风险和危机的可能性很小，对外举债还有较大的活动

空间。

中国外债总体状况维持这种较为合理的规模和结构，主要是受益于对中长期外债实行严格的计划审批和登记管理制度。这一制度主要以国家生产性建设开发项目和国家重大项目作为借用中长期外债的依据，并考虑经济发展战略、国民经济计划、全社会固定资产投资总量，外债承受能力，外汇收支状况等因素，来确定外债的借用规模，以弥补建设资金的缺口。特别是中国在 1987 年就建立了外债统计监测体系，综合运用计划、法律、经济等多种手段管理外债。这些措施的实施，为中国应对 1997 年亚洲金融危机的严峻形势，抵御国际资本流动严重冲击，维护偿债信誉等都发挥了重要的作用。

二、中国外债风险控制存在的突出问题

从外债风险指标来看，中国外债状况良好。但是，如果从外债运行来看，中国外债增长速度过快，国际商业贷款比重偏大，币种结构不合理，中国外债潜在风险仍然不可低估。

1. 20 世纪 90 年代中国的外债风险

王元龙在 1999 年的研究认为，❶ 中国外债运行中存在的潜在风险呈扩大趋势，对中国金融安全产生了较大的威胁。中国外债运行中的潜在风险主要表现为：

（1）多头对外举债尚未根治，存在着外债规模失控的隐患。

（2）非生产性外债增加，外债过多投入非生产领域，使外债的经济效益受到严重影响。

（3）商业贷款保持较高的比重，20 世纪 90 年代以来，中国外债余额中商业贷款所占比重一直保持在 50% 左右，其中 1991 年为 52.1%，1996 年为 49%，通常商业贷款利率都比较高，多采用浮动利率，因而受国际金融市场波动的影响比较大，另外商业贷款的期

---

❶　参见王元龙：《中国外债问题分析》，《中国外汇管理》，1999年第2期。

限比较短、偿还期集中，在一定程度上增加了外债偿还的风险。

（4）外债使用效益低，不仅加大了债务成本，而且也导致偿债风险增加。

（5）"隐性外债"（即那些实际对外负债，而又脱离政府监管的外债）问题严重。尽管中国已经就借用中长期外国贷款实行总量控制下的全口径管理，但对于三资企业的外债缺乏有效的监管，致使"隐性外债"问题日益突出。当前中国隐性外债的来源主要有三个：一是某些外资采取各种手段违规进入境内，国际短期投机资本混入经常项目或资本项目结售汇；二是境外中资机构将其在境外举借的外债以外资的形式贷给国内，一旦发生到期无力偿债问题，最终仍然需要其主管部门承担偿债责任；三是一些地区或部门对外商保证固定回报，甚至许诺很高的回报率，这实际上就把长期投资变成了贷款。

上述问题，有些已经基本得到解决，如多头对外举债、外债规模失控问题已经基本解决；有些也在一定程度上得到改善，如非生产性外债增加，即外债过多投入非生产领域问题。但是，不可否认，中国外债运行中的潜在风险仍然存在，特别是中国借用外债局部风险和潜在外债风险不可低估。

2. 当前中国的外债局部风险和潜在风险

首先，外债结构的局部风险不容忽视。中国一些地方和企业为追求政绩，盲目建设、重复建设，再加上投资与经营管理不善等原因，致使在借用外债的项目中有 10%~15% 的项目效益不佳，出现偿债困难，其中包括化肥、煤炭、港口项目，以及机电、轻纺等竞争性项目。这些项目自身效益根本不足以偿还债务，只能依靠财政部门和转贷金融机构垫付资金或通过借新还旧对外偿债。这种状况实际上是勉强通过借新还旧、债务延期等手段来维持周转，一旦外债项目的拖欠数量加大，或外部筹资环境改变或债务链条中断，就会出现偿债危机，潜在的外债风险就会变为现实的风险。"广信"事

中国金融安全论

件，就是这种现象的典型案例。 **❶**

其次，外债运行中借、用、还各环节缺乏相互协调。中国的举债窗口依然比较分散，优惠性中长期贷款由财政统一谈判，商业性中长期贷款由国内金融机构代为筹措，并实行转贷制度。但是这种转贷制度存在着严重的缺陷：一是没有统一的转贷办法，个别转贷机构缩短优惠性贷款的转贷期限，加大转贷利差，甚至将国家批准的借用额度自行留用；二是由于企业经营机制不健全，缺乏有效的激励约束机制，导致一些企业忽视外债风险，缺乏对外债使用可能出现的汇率和利率风险的充分估计，甚至不考虑偿债责任，仍然寄希望于吃国家或转贷机构的"大锅饭"。中国目前具备国际商业贷款借款资格的金融机构达 100 多家，其中多为地方性非银行金融机构，由于其自身规模较小，资产质量较差，对外资信不佳，筹资成本较高，加大了转贷项目偿还风险。另外，由于外债的借、用、还三个环节属于不同的部门审批和监控，外债项目普遍存在重事前审核、轻事后监管以及跟踪全过程等现象。例如，一些地方或企业把长期外债投入非生产领域或直接偿还债务，短期外债用于长期固定资产投资；中长期外债和短期外债分属不同部门管理，难以统筹外债总量、调整结构和债务偿还，不利于对外债进行有效监管。

最后，外债风险控制的不确定性因素和"隐性外债"问题依然严重。根据国际通行的外债属地原则，中国的外债中包括外商投资企业债务。但由于外商投资企业的外债不受国家外债计划指标的限制或事先审批，只是事后办理登记手续，外商投资企业的外债呈逐年增加趋势。1991 年年末中国外商投资企业外债余额为 42.8 亿美元，到 1998 年年末已达 452.4 亿美元，占中国外债总额的比重由 7.1% 急剧增加到 31.9%；2002 年年底，在中国登记外债余额

第六章 国际资本流动的风险控制

---

❶ "广信"即广东国际信托投资公司，成立于1997年。1999年5月，其深圳营业部发生支付、交易危机，投资者挤提股票保证金。该公司1999年10月22日实施停业整顿后撤销。

1422.15 亿美元中，外商投资企业债务余额 331.58 亿美元、境内外资金融机构债务余额 150.46 亿美元，两项合计占 34%，参见图 6.1。这就意味着在中国外债余额中约有 1/3 已成为外债风险控制的一个重要的不确定性因素。而且，外商投资企业的"隐性外债"问题依然十分严重，具体表现为搞"假合资、真举债"或以内定固定投资回报率方式的变相借债，以及国内金融机构对外出具全额担保，使应由中外双方共同承担的债务责任全部转嫁到中方承担等。这些外债管理的薄弱环节，加剧了外债的潜在风险。

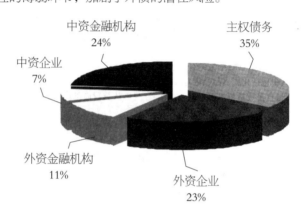

图 6.1　中国外债债务结构（2002 年）

注：1. 以 2002 年 12 月底中国外债余额中的登记外债余额 1422.15 亿美元为 100% 来计算。

2.2002 年 12 月底中国登记外债余额中，其他机构债务余额为 0.1 亿美元，故忽略不计。

资料来源：根据国家外汇管理局提供的数据制作。

三、中国外债风险控制的对策

在亚洲金融危机中，受到冲击较大的一些国家大多都外债负担沉重，特别是短期外债较多而到期无法偿还，货币管理当局对外债尤其是对隐性外债管理失控。这一教训值得记取。中国要继续采取审慎的外债政策，采取有效措施控制外债风险。

1. 外债政策应将安全性放在首位

注重借、用、还各环节相互协调，将风险控制贯穿于外债运行的全过程，跟踪监测外债风险指标，密切关注中国外债清偿能力、外债结构、外债增长等指标的变化。为此，要改进和完善外债统计体系与监测指标，及时、准确、真实、完整地反映中国外债的总体状况和资本流出、流入相关信息，为外债总量决策、结构调整、宏观调控和动态管理提供依据。实施外债统计监测的部门，要充分利用现代信息技术，加强与相关部门的协调与沟通，参考国际组织机构不同的外债统计方法和数据，做到相互验证，及时发现问题和漏洞。同时，借鉴国际先进经验，完善中国的外债风险控制监测指标体系，如增加外债余额与财政收入比率。在中国中央和地方实行分级预算体制下，这一指标对防范地方外债风险有重要的意义；对短期外债的季度和月份考核，监控短期外债资金的投向；进行外债偿还高峰的预测。

2. 规模适度与成本合理

规模适度和成本合理是控制外债风险的基础。借用外债必须保证外债规模能够满足本国经济发展需要，外债规模不能超过本国偿债能力，并尽量降低借款和偿债成本。从中国经济发展水平及其现有的经济结构来看，利用外债的能力是有限的。中国的外债余额已从 1979 年的 21.83 亿美元增加到 2001 年的 1691.1 亿美元，年均增长 20.33%，大大超过了同期国内生产总值增长率。❶ 国际经验表明，如果外债增长速度长期超过国内生产总值增长速度，其潜在风险是巨大的。中国如此之快的外债增长速度在国际上是不多见的。因此，必须加强对举借外债的集中统一管理，以确保外债规模适度，使中国的外债规模控制在国力所能承受的限度之内，将负债率控制

---

❶ 中国的国内生产总值从1979年的4038.2亿元增加到2001年的95933.3亿元，年均增长15.49%。参见国家统计局：《中国统计年鉴2002》，中国统计出版社，2002年版。

在安全线之内。

为达到规模适度的目标，参照国际惯例，中国的外债被划分为主权外债（即由国务院授权机构代表国家举借的、以国家信用保证对外偿还的外债）和非主权外债（即除主权外债以外的其他外债），并实行不同的外债管理模式和全口径管理，防范外债风险。严格确认境外发债主体的资格，加强对境内机构借用中长期外国贷款的管理，根据不同的筹资方式和偿还责任分别实行指令性计划管理和指导性计划管理；对微观债务主体要实行某些必要的行政控制，如对公共债务实行严格的规模控制；对国有商业银行借债实行余额管理；对其他商业银行实行指标管理；对中资企业的借债实行审批管理；通过规定外资企业的股贷比，适当控制外资企业的外债规模等。在对外举借债务之前，必须事先摸清各类贷款的条件和特点，并进行充分比较分析，以加强借债决策的科学性；注意把握时机，在市场条件不利的情况下，绝不可贸然进入国际资本市场，对外债发行的市场、金融条件等要权衡利弊然后才能把握时机，争取吸收合适而优惠的国外贷款以实现成本最低目标。例如，在外债结构上，要合理安排官方贷款和商业贷款、短期债务和长期债务、浮动利率贷款和固定利率贷款的比例，以及美元、日元、欧元等币种的比例，以保证具有充足的偿债能力。

3. 清理对外窗口、完善转贷和担保机制

采取的主要措施有：要按照资产负债比例和风险管理的要求，选择资产质量较好、国际债信等级高的金融机构作为中国对外筹资窗口，降低中国对外总体筹资成本；要停止不合格的机构对外借款业务，妥善处理好其遗留债务；特别要严格审核的发债窗口，逐步推出实力较强的大型企业集团直接境外融资或发行外币债券，降低融资成本。制定统一转贷办法，规范国外优惠性贷款的转贷行为，限定利差上浮，不得任意缩短转贷期限，防止和减少转贷的随意性，把国外贷款的优惠条件充分给予用款单位；将国外贷款项目分为公益性、基础性和竞争性三种，采用不同的转贷方式进行运作；

中国金融安全论

对经济社会发展具有重要意义的公益性项目借用国际金融组织和外国政府贷款，可由政府渠道办理转贷，如通过金融机构转贷，则转贷机构只负责资金的转贷，中央财政或地方财政承担最终偿还责任；对以社会效益为主的基础性项目，必要时各级财政可履行担保职责；将一般竞争性项目推向市场，由转贷金融机构独立评估决定转贷，并承担外债使用的风险。

4. 控制外债使用环节的风险

外债使用环节中的风险控制是整个外债风险控制的关键所在，它是实现外债使用最佳效益的保障。对于债务人来说，外债风险主要包括两个方面：一是外部风险即汇率和利率风险，主要通过合理安排和调整外债币种结构、采取灵活有效的汇率和利率风险防范措施来控制风险。二是内部风险即项目经营风险。要获得外债项目最佳效益，必须正确把握外债资金的投向，严格执行国家产业发展规划和产业政策。现阶段的主要投向是：能源交通等基础产业、高新技术产业、出口创汇项目建设及国有企业的技改项目。与此同时，要加强对外债投资项目的效益评估，全面测算和严格论证项目的耗资量、利润率、创汇率和投资回收期限等。在项目实施过程中，应首先使外债资金发挥作用，只有尽快使外债资金转化为生产能力，获得利润，才能确保如约按期清偿外债本息。

5. 加强外债偿还的风险控制

外债偿还的基本原则是"谁借谁还"，即主权外债由国家统一对外偿还，主权外债资金由财政部直接或通过金融机构转贷给国内债务人的，国内债务人对财政部或转贷金融机构承担偿还责任；非主权外债由债务人自担风险、自行偿还。债务人无法偿还的外债，有担保人的，应当由担保人负责偿还。为降低外债风险，债务人可适时调整和优化债务结构，在不扩大原有外债规模的前提下，可通过借入低成本外债、偿还高成本外债等方式，降低外债成本，优化债务结构。但是，由于外债投资项目经营风险的客观存在，当一些项目无力偿还，或者是低收益甚至无收益的基础产业部门不能按期如约偿还时，国家应充当最终偿债人角色。这就要求必须建立一套严格的规章制度，增强外债项目经营者的风险意识。按照国际惯例，中国应设立国家和地方偿债基金，作为防范外债风险发生的最后防线，以实现按期如约清偿，保持中国外债的良好信誉。

中国金融安全论

第七章 银行业的改革与发展

第一节 加入世界贸易组织后的中国银行业

一、加入世界贸易组织后中国银行业开放的格局

中国银行业对外开放已经走过了 20 多年的历程。目前中国银行业对外开放的格局已经初步形成：从机构设置来看，已从只允许外资银行设立代表处发展到设立营业性分支机构；从开放的地域来看，放宽了对外资银行的地域限制，允许其在中国境内所有中心城市设立分支机构；从业务范围来看，已从最初只允许办理外币业务扩大到试点经营人民币业务，并放宽了对外资银行人民币同业拆借限制和人民币业务规模限制。近年来中国银行业对外开放进一步向广度和深度发展，在华外资银行数量迅速增加，其业务规模也在逐步扩大，外资银行对中国银行业的影响也在逐渐显现。

2001 年 12 月 11 日中国正式加入世界贸易组织（WTO）。加入世界贸易组织之后，中国银行业的开放将进一步扩大，将形成新的对外开放格局，这主要表现在以下几个方面。

首先，在地域方面，中国加入世界贸易组织后将取消对外资银行经营外汇业务的地域限制；对于外资银行的人民币业务，中国加入世界贸易组织 5 年后将取消对外资银行经营人民币业务的地域限制。

其次，在业务对象方面，中国加入世界贸易组织后将取消对外资银行经营外汇业务的客户限制，允许外资银行在中国提供外汇业

务服务；中国加入世界贸易组织后将逐渐允许外资银行向中国企业提供人民币业务服务，5年后允许外资银行向所有中国客户提供人民币业务服务。

再次，在业务范围方面，外资银行涉及的银行服务范围包括：接受公众存款和其他应付基金承兑；所有类型的贷款，如消费信贷、抵押信贷、商业交易的保理和融资；金融租赁；所有支付和汇划服务，如信用卡、收费卡和借记卡、旅行支票和银行汇票；担保和承兑；其他金融服务提供者从事金融信息、金融数据处理及有关软件的提供和交换。此外，还包括对上述所有活动进行的咨询、中介和其他附属服务，如信用调查与分析、投资和有价证券的研究与咨询、为公司收购与重组及制定战略提供建议等。

最后，在机构设置方面，中国加入世界贸易组织5年后，取消所有现存的对所有权、经营以及外资金融机构企业设立形式，包括对分支机构和许可证发放等方面的非审慎措施，即允许更多的外资银行及其分支机构进入中国。

中国在2001年12月加入世界贸易组织时，对外资银行正式开放了上海、深圳、天津、大连4个城市的人民币业务。2002年12月1日，中国对外资银行进一步开放了广州、珠海、青岛、南京、武汉5个城市的人民币业务。自中国1996年允许在上海、深圳的外资银行试点经营人民币业务以来，获准经营人民币业务的外资银行总数已达53家，其中上海30家，深圳14家，天津5家，大连4家。

截至2002年10月底，外资银行在华营业性机构达到181家，其中外国银行分行147家，下设支行8家，在中国注册的法人机构19家，下设分行7家。在华外资银行资产总额为379.65亿美元，负债总额为337.97亿美元。其中，人民币资产总额为495.97亿元，负债总额为423.46亿元。

二、加入世界贸易组织后中外银行竞争力对比

1. 中资银行的竞争劣势

加入世界贸易组织之后，随着进入中国金融市场的外资银行数量增加，特别是外资银行经营人民币业务后，中国银行业面临着更加激烈的竞争。与外资银行相比，中国的银行业尤其是国有商业银行在许多方面都处于劣势，主要表现在以下几个方面。

（1）体制上的劣势。中国国有商业银行与外资银行相比面临着体制上的劣势：外资银行是市场化运作，业务操作几乎很少有来自非市场方面的强烈干扰，完全以利润为其经营目标，根本不承担任何政策性信贷业务，有充分的经营自主权；中国国有商业银行在贷款规模、投向、结构以及时限控制等方面都受到较为严格的限制或存在着阻力，从而使其竞争能力大受影响。例如，外资银行可以根据国际市场情况灵活地制定存贷款利率和各种手续费率，报所在地人民银行备案即可；而中资银行的存款利率基本固定，仅对贷款利率有有限的浮动权，从而使中资银行在外汇存贷款的竞争上处于劣势。

（2）经验和创新上的劣势。中国国有商业银行与外资银行相比面临着经验和创新上的劣势：进入中国的外资银行大多为老牌跨国银行，其丰富的经验优势体现在每一项银行业务的每一个环节上，而且不断调整竞争策略和竞争手段来保持这一优势，同时外资银行还通过金融工具的创新来保持其对市场的竞争力，而中国国有商业银行在这方面还存在很大的差距。

（3）资金实力和盈利能力上的劣势。中国国有商业银行资金实力和盈利能力与外资银行，特别是与国际著名跨国银行相比都有相当大的差距，从整体上来看，两者还不属于同一级别的竞争对手，参见表7.1。中国银行业如果缺乏正确的战略和策略，很有可能在竞争中"全军覆没"。

表 7.1　中国四大银行与国际大银行的财务状况比较（1）

（单位：亿美元）

排名	行名	一级核心资本	资产	资本/资产比率（%）	资本回报率（%）	资产回报率（%）	资本充足率（%）	不良贷款比率（%）
1/1	花旗集团（美）	584.48	10514.50	5.56	38.8	2.08	10.92	2.67
2/3	美洲银行集团（美）	419.72	6217.64	6.75	24.5	1.63	12.67	1.92
3/2	瑞穗金融集团（日）	404.98	11782.85	3.44	−25.2	−0.97	10.56	6.46
4/4	JP 摩根大通公司（美）	377.13	6935.75	5.44	6.8	0.37	11.88	2.21
5/5	汇丰控股公司（英）	350.74	6963.81	5.04	23.5	1.16	12.99	3.00
6/-	三井住友银行公司（日）	299.52	8402.81	3.56	—	−0.58	10.45	10.20
7/6	农业信贷集团（法）	288.76	4964.21	5.82	8.4	0.46	11.80	4.92
8/-	东京三菱金融集团（日）	256.73	7514.80	3.42	—	−0.32	10.30	4.42
9/-	联合金融控股集团（日）	238.15	6164.85	3.86	—	−2.14	11.04	—
10/7	中国工商银行（中）	231.07	5242.35	4.41	3.2	0.14	—	—
11/18	中国银行（中）	220.85	4061.50	5.44	6.7	0.32	8.30	27.51
12/8	德意志银行（德）	218.59	8092.20	2.70	7.8	0.20	12.10	4.80
13/16	苏格兰皇家银行（英）	218.30	5199.91	4.20	31.5	1.19	11.52	—

排名	行名	一级核心资本	资产	资本/资产比率（%）	资本回报率（%）	资产回报率（%）	资本充足率（%）	不良贷款比率（%）
14/11	第一银行公司（美）	217.49	2689.54	8.09	18.3	1.41	12.20	2.73
15/14	巴黎国民银行（法）	217.48	7273.25	2.99	29.2	0.79	12.60	5.70
23/21	中国农业银行（中）	159.71	2625.70	−4.5	−0.2	0.01	—	—
28/29	中国建设银行（中）	145.17	3340.61	4.35	4.4	0.19	6.88	19.35

注：排名指在世界 1000 家大银行的排名，例如 2/3 指在 2002 年排名为第 2 名、2001 年排名为第 3 名。

资料来源：根据 The Banker，July 2002 提供的数据制作。

（4）国际业务方面存在着较大的差距。中资银行中除中国银行等少数以外，大多海外联行网点少，国际结算往往通过总行代理，环节多，速度慢，从而效率较低，资金在途时间长，加大了客户的汇率风险。而在华的外资银行大多是跨国银行，其业务网络遍布全球，拥有先进的通信设备和国际电子网络以及丰富的国际业务经验，使通汇快捷、方便、安全。广泛的国际业务网点和快捷的通信网络，使外资银行在国际业务方面具有中资银行无可比拟的优势。

（5）社会负担沉重。中国国有商业银行肩负着众多社会功能，职工的生老病死等统统大包大揽。国有商业银行拥有庞大的员工队伍，恐怕在世界上也是首屈一指的，四大国有商业银行中每家有员工 20 万 ~60 万人。尽管为国家减轻了就业压力，但如此沉重的包袱，导致国有商业银行成本支出巨大、效率低下，参见表 7.2。而外资银行几乎不承担任何社会负担，这是中国国有商业银行望尘莫及的。

第七章　银行业的改革与发展

表 7.2 中国四大银行与国际大银行的财务状况比较（2）

（单位：亿美元）

排名	行名	一级核心资本	资产	税前利润	利润增长率（%）	员工人数	人均利润（千美元）
1/1	花旗集团（美）	584.48	10514.50	218.97	0.7	282461	77.52
2/3	美洲银行集团（美）	419.72	6217.64	101.17	−16.5	142670	70.91
3/2	瑞穗金融集团（日）	404.98	11782.85	−114.77	—	34120	−336.37
4/4	JP 摩根大通公司（美）	377.13	6935.75	25.66	−71.4	95812	26.78
5/5	汇丰控股公司（英）	350.74	6963.81	80.64	−15.3	171049	47.14
6/-	三井住友银行公司（日）	299.52	8402.81	−48.67	—	24464	−198.94
7/6	农业信贷集团（法）	288.76	4964.21	22.71	−33.3	102259	22.20
8/-	东京三菱金融集团（日）	256.73	7514−80	−23.92	—	21385	−111.85
9/-	联合金融控股集团（日）	238.15	6164.85	−131.94	—	24264	−543.76
10/7	中国工商银行（中）	231.07	5242.35	7.40	19.5	471123	1.57
11/18	中国银行（中）	220.85	4061.50	13.19	62.6	203070	6.49
12/8	德意志银行（德）	218.59	8092.20	15.89	−73.9	94782	16.76
13/16	苏格兰皇家银行（英）	218.30	5199.91	62.00	24.5	105700	58.65
14/11	第一银行公司（美）	217.49	2689.54	38.00	—	73519	51.68
15/14	巴黎国民银行（法）	217.48	7273.25	57.80	4.4	85288	67.77
23/21	中国农业银行（中）	159.71	2625.70	0.36	—	—	—
28/29	中国建设银行（中）	145.17	3340.61	6.27	−37.7	316329	1.98

注：排名指在世界 1000 家大银行的排名，例如 2/3 指在 2002 年排名为第 2 名、2001 年排名为第 3 名。

资料来源：根据 The Banker，July 2002 提供的数据制作。

（6）在高风险中运行。中国的银行业特别是国有商业银行处于高风险运行之中。这是因为：一是银行不良资产数额巨大，由于历史和体制的原因以及国有企业和国有银行经营管理方面存在着问题，导致中国国有商业银行存在着高于其全部贷款 20% 左右的不良贷款。银行不良贷款的沉淀不仅造成银行盈利水平下降，而且也使银行清偿力受到严重影响。二是银行自有资金率水平呈下降趋势。这种状况直接影响着国有商业银行抵御风险的能力，而且也大大削弱了其与外资银行竞争的能力，参见表 7.1 与表 7.2。

（7）制度环境因素使外资银行对中国银行业的冲击加剧。目前中国法律和税制还有待于进一步健全，各项制度也急需配套，金融管理政策方面还存在着一些缺陷，致使外资银行在税收和业务方面享受的优惠远远超过国有商业银行。例如，在税收方面，外资银行的综合税赋水平远远低于国有商业银行。❶ 从业务方面来看，外资银行获得了各种优惠，如外资银行可以从事外币投资业务，而国内商业银行由于受到商业银行法的限制，不可能开展投资业务。这种不平等竞争条件进一步加大了外资银行对中国银行业的冲击，使中国银行业，特别是国有商业银行在竞争中明显处于不利地位。

2. 中资银行的竞争优势

当然，中国银行业也拥有一些竞争优势，主要表现在以下几个方面：第一，中国的银行业尤其是国有商业银行有国家信誉的支持，可以长期获得低成本的资金，显然外资银行在这方面处于劣

---

❶ 目前外资金融机构在中国可享受的税收优惠主要有：（1）设立在经济特区内的外资金融机构其来源于特区内的营业收入，从注册之日起，可享受免征营业税5年的优惠；（2）在经济特区和国务院批准的其他地区设立的外资金融机构，外国投资者投入资本或者分行由总行拨入营运资金超过1000万美元，经营期在10年以上的，可以减按15%的税率征收所得税；（3）在经济特区和国务院批准的其他地区设立的外资金融机构，外国投资者投入资本或者分行由总行拨入营运资金超过1000万美元，经营期在10年以上的，从获利年度起，第1年免征所得税，第2年至第3年减半征税。

势。第二，中国银行业已拥有极为发达的国内网络系统，四大国有商业银行中每家都有上万个分支机构，如此庞大的银行分支机构体系是外资银行进入中国后根本无法比拟的，外资银行不可能在中国建立遍布全国的经营网络。第三，国内商业银行了解国内金融市场、熟悉客户，具有在本土经营的丰富经验。在掌握中国国情、文化背景和客户情况等方面外资银行不可能在短期内完成，甚至需要一个较为漫长的过程，这无疑将在一定程度上制约着外资银行机构的扩张和业务经营的发展。

总之，从整体来看，中国银行业的竞争力与外资银行竞争力相比较，中国的银行业尤其是国有商业银行在诸多方面都不具备优势，存在着明显的差距。

三、加入世界贸易组织后银行业市场竞争新格局

加入世界贸易组织之后，中国银行业市场的竞争将主要集中在以下几个方面。

1. 银行业务方面的竞争

加入世界贸易组织之后，外资银行与中国银行业在银行业务方面的竞争，大体上有以下方面：

（1）存款业务的竞争。目前在华外资银行的外币存款市场份额仅有 5% 左右，而人民币存款的市场份额不到 1%。由于存款是银行业务的基础，"对银行来说具有最重要意义的始终是存款"。因此在中国加入世界贸易组织之后，外资银行与中资银行对于存款的激烈竞争是必然的。但是，由于吸收存款规模的扩大特别是居民储蓄存款的扩大，要受到一些因素的制约，如需要大量的分支网点机构和投入较多的人力，而且还要赢得储户的信任等，因此外资银行一般不会通过在中国大规模增设机构网点来扩大居民储蓄存款规模，至少在中国加入世界贸易组织后一段时期不会采取这种方式。即使考虑到外资银行可以通过利用高科技手段，如增加 ATM 机的设置等方式，也不可能对中资银行吸收居民储蓄存款的份额构成重

中国金融安全论

大的威胁。中外银行在存款业务方面的竞争，近期内重点不在零售业务，而在于批发业务。对批发业务的争夺，将是外资银行与中国银行业竞争的最主要领域。预计在中国加入世界贸易组织5年之后，外资银行的外币存款市场份额可上升到15%左右，人民币存款的市场份额将增加到10%左右。

（2）贷款业务的竞争。在贷款方面，中外银行的竞争，其重点也不在零售贷款业务，而在于批发贷款业务，而且是对优质的批发客户的争夺。从目前的情况来看，在华的外资银行在选择客户时，通常都是仅挑选非常优秀的客户与其发展业务关系，而在拓展对其他经营效益较差的国有企业的业务时，外资银行都非常谨慎。在零售贷款方面，由于机会成本较高，外资银行也将会十分谨慎，但外资银行对于各类居民消费信贷比较感兴趣，将逐步成为其在零售贷款方面与中资银行争夺的重点。目前在华外资银行的外币贷款市场份额已超过25%，已经占有1/4的市场份额，而人民币贷款的市场份额不到1%。由于外资银行在外汇业务方面具有先天优势，因此随着中国加入世界贸易组织之后对外资银行业务限制的放宽，其贷款业务将迅速增长。预计在中国加入世界贸易组织5年之后，外资银行的外币贷款可占领1/3以上的市场份额，人民币贷款的市场份额将增加到15%左右。

（3）中间业务的竞争。中间业务是风险小、成本低、利润高的银行业务，必然成为外资银行争夺的重点。由于外资银行技术装备先进、服务优良、效率高，其经营中间业务具有很大的竞争优势。目前外资银行在其已开展的一些中间业务如国际结算等方面显露出强劲的竞争力，市场占有率迅速提高，国际结算业务的市场份额已超过40%。中国加入世界贸易组织后，外资银行中间业务份额将会进一步提高，结算业务比重会大大提高；预计在中国加入世界贸易组织5年之后，外资银行中间业务的市场份额很有可能超过50%，在少数中心城市的市场份额将会更高。外资银行经营信用卡业务之后，将会对中资银行形成强有力的挑战，尤其是国际卡业务方面外资银行将会占绝对优势。在信息咨询、投资理财等中间业务方面，外资银行除继续稳定原有客户（即外资银行所在国和地区来华投资的跨国公司以及其他公司企业）之外，将特别重视为中国国内客户提供服务。实际上，目前外资银行已经在大力开拓其具有优势的投资财务咨询与管理、证券发行与交易等业务，而中资银行则显得行动迟缓。中国加入世界贸易组织后，外资银行在这方面也将会占较大的优势。

（4）金融衍生产品交易方面的竞争。金融衍生产品交易在中国的发展还处于起始阶段，而对外资银行来说这是其最大的优势。由于金融衍生产品交易属于风险最为集中、监管最为困难的业务领域，目前外资银行在中国从事金融衍生产品交易是受到严格限制的。尽管如此，仍有一些外资银行违规从事此类交易活动，在从事这些业务时利用其广泛而通畅的海外渠道，可以比较容易地规避监管。这种状况有可能危及中国金融市场和银行体系的稳定。在中国加入世界贸易组织之后，对于金融衍生产品交易业务的限制将逐步放松，可以预计，外资银行在这方面将继续保持相当大的优势，并将获得绝大部分的市场份额，而中资银行则完全无法与之抗衡。

（5）投资银行业务的竞争。商业银行向全能银行发展已成为国际银行业的大趋势，开拓投资银行业务已成为商业银行提高收益率的重要途径。中国的投资银行业务具有广阔的市场，这类业务属于期限较长、收益较好而且比较稳定的业务。然而中国目前实行的是分业经营、分业管理的分离银行制度，使中国商业银行的业务活动局限在很小的范围之内，中国的商业银行不可能全面开展投资银行业务，尤其是融资、代客户发行证券等业务，而且具有贷款、融资与金融衍生工具相结合新产品开发能力的则更少。中资银行与外资银行相比有很大的差距，特别是在相关业务的长短期限、货币种类、特殊条件等方面难以满足客户需求。如果中资银行不能尽快开拓这一获利丰厚的业务领域，在中国加入世界贸易组织之后，很可能难以与外资银行进行竞争，甚至丧失开展竞争的机会。

2. 竞争手段与措施

中国加入世界贸易组织后，银行业将在竞争手段与措施方面受到外资银行的巨大冲击。外资银行采取的策略主要包括：

（1）业务选择策略。外资银行在竞争中将集中力量争夺批发银行业务即批发存款和批发贷款业务。在短期内，甚至在中期内，争夺储户和零售业务将不是外资银行与中资银行竞争的主要领域，原因是外资银行不愿意为此而扩大业务网点，使经营成本增加。一般来说，外资银行在中国开展业务的顺序为：先是联系代理行关系、中间业务，然后是进行融资、信贷业务，再进一步则是投资银行业务；先批发银行业务，然后是零售银行业务。

（2）客户选择策略。对国内优质客户的竞争将成为今后中外资银行竞争的焦点。争取到优质客户就意味着该银行业务的扩大、风险的降低和经营效益的提高，增加了在竞争中获胜的筹码。外资银行既无意在中国大力开拓零售银行业务，又希望中国在经营地域、客户范围上对其实行更加宽松的金融管制，其主要意图十分明显，即在更广的范围内选择那些尽可能少投入人力和财力，既有丰厚业务盈利、业务量较多，又少承担风险的信誉高的国内优质客户。外资银行将大量争取优质客户，特别是三资企业，而将效益相对较差的国有企业留给了中资银行。值得注意的是，这些优质客户为了扩大生产，增加出口，降低成本，出于自身考虑往往也会选择那些服务方式灵活、效率高、态度好的外资银行。优质客户的减少，将使中资银行在竞争中处于不利地位。

（3）区域选择策略。从外资银行进军中国的区域选择来看，中西部地区将不是其与中资银行争夺的主要地区，原因是这一地区经济欠发达、银行业务发展滞后、盈利机会较少；外资银行与中资银行激烈争夺的仍然是中国的中心城市。中心城市历来是中资银行的利润主要来源地区，甚至全部利润来源地区，中西部地区和偏远地区的银行业务基本上是不盈利的，甚至是亏损的。由于外资银行的业务集中于中心城市，对于中资银行的利润来源形成巨大威胁，中资银行的盈利能力将会受到严重削弱，有可能导致其进入一个较长的亏损期。

3. 人才方面的竞争

加入世界贸易组织之后，中国银行业所面临的严峻挑战和激烈竞争，实际上归根到底就是人力资源的挑战和人才的竞争。银行业只有拥有各种高素质的专门人才，才能满足现代化发展的需要，才能保证在激烈的竞争中立于不败之地。这是因为：首先，拥有精通银行业务又懂外语和计算机的银行专业管理人员、业务操作人员将是银行在未来竞争中获胜的基础，对任何一家银行来说，缺乏有银行从业经验的雇员是制约其发展的首要问题；其次，一个成熟的专业人员转入另一家银行，不仅仅是一个简单的个人的去留问题，由于随之将可能带走部分业务、客户或专项产品，这甚至可能变成一个关系到该银行竞争地位的大问题。所以，未来在外资银行和中资银行之间最大的竞争将是对具有工作实践经验的银行各种专业人才的竞争。从目前的情况来看，外资银行以其富有生机的经营管理机制、良好的培训机制、优越的工作环境、优厚的工薪待遇等对中资银行业的专业人才产生了较大的吸引力，已经在人才竞争中处于优势。可以预见，中资银行人才流失现象将日益严重。

第二节　中国银行业的改革发展之路

银行业是一个国家的重要支柱产业，在当代经济发展中居于核心地位。20世纪80年代以来，国际金融领域发生的一系列危机反复证明，银行业的脆弱和混乱是导致危机的重要原因。因此，银行业的状况如何，不仅事关一国金融稳定和金融安全，更关乎一个国家的生死存亡。

毋庸置疑，加入世界贸易组织之后，中国银行业面临的形势更为严峻，争夺银行业市场份额的竞争将更加激烈。因此，必须制定正确的战略和策略，充分利用短暂而十分宝贵的过渡期，加快银行业的改革与发展，只有这样，才能使中国的银行业在激烈的竞争中立于不败之地。

一、改革的基本原则与制度性措施

1. 银行业改革的基本原则

鉴于银行业在国民经济中的重要地位以及中国银行业的脆弱性，对于银行业的改革必须遵循两条基本原则：

一是坚持整体设计、加强领导的原则。所谓"整体设计"，就是要解决理论上的难点、研究制定相关政策和策略、设计优选操作方案、准备保障措施。从中国的实际情况出发，对银行业的改革设计需要有一个具有前瞻性的方案，坚决避免头痛医头、脚痛医脚的做法。设计方案时，要分清轻重缓急，对于迫切需要解决的问题，应该采取快刀斩乱麻的方法，充分调动包括政府、民间在内的国内外力量。改革的目标是要使得银行有一个更加健康的资产负债表和有效的激励结构。所谓"加强领导"，是因为银行业，特别是国有商业银行在中国金融体系中具有举足轻重的地位，对其改革必然涉及金融体系、金融市场以及整个社会经济的稳定与发展，事关全局、意义深远，为了保证改革的成功，必须加强领导。

二是坚持循序渐进的原则。所谓"循序渐进"，就是要把握好改革的顺序和步骤，绝不可一哄而起、急躁冒进。方案的设计和推进，要分清近期目标和远期目标，对每一个措施都必须设定明确的时间表，以及相应的可度量的指标。

2. 银行业改革的制度性措施

从发展中国家的经验来看，尤其是那些经历过如 1994—1995 年拉美的龙舌兰（Tequila）危机、1997 年的亚洲金融危机的国家，这些国家在危机前并没有意识到银行业问题的严重性，虽然不时有一些银行暴露出问题，但对银行业的改革并没有一个统一的方案和明确的目标，只是作为个案处理，最终酿成了金融危机。危机过后，这些国家加强了对银行改革的力度，其中一个制度性的变化就是成立专门的机构对银行业重组给予援助和领导，参见专栏 7.1 和专栏 7.2。

专栏 7.1　泰国政府对银行危机的处理

　　1997 年亚洲金融危机爆发后，泰国政府将 56 家金融机构清算，其后对银行业的重组采取了渐进的方法。泰国政府成立了金融机构发展基金（FIDF）来处理银行的重组问题，该机构直属于泰国中央银行，资金源于中央银行和实力较为雄厚的商业银行。1998 年 6 月，泰国政府表示，它将通过向国内外借款的方式来为 FIDF 筹资。

　　由于泰国银行的不良资产比例高达 50%，泰国中央银行要求银行按照五级分类提取准备金，要求银行必须在 2000 年年底达到规定的标准（1998 年年底达到要求的 1/5，其后的两年每半年达到要求的 1/5）。

　　1998 年 8 月 14 日，泰国中央银行和财政部宣布将向银行注资，这一承诺包括：第一，向资本不足的银行（即在提取规定的准备金后一级资本不足的银行）注入可转让的 10 年期固定利率政府债券，政府同时获得银行的非积累优先股。优先股与普通股享有同样的投票权，持有人有权将其转换为普通股。政府将注入资金直到银行的资本充足率达到 2.5%，此后，只有私人股东注资，政府才注入同样数量的资金。第二，政府再向银行提供 10 年期不可转让债券（可以视为银行的二级资本），同时获得银行的债券。

　　泰国政府在处理银行危机时，根据银行的不同状况采取了四种做法：

　　（1）干预。对六家银行采取该项措施，这些银行被认为资不抵债，并都欠有 FIDF 的债务，它们大部分被清算，并入国内的银行，一部分被重组（FIDF 将其债权转为股权）后出售。

（2）寻求政府援助。刚开始对三家银行采取该项措施，后又增加若干银行。

（3）向战略投资人出售股权。采取该项措施的有四家银行。

（4）发行与优先股类似的资本工具。有三家商业银行被允许通过公开发行 SLIPS（Stapled Limited Interest Preferred Securities）或 CAPS（Capital Augmented Preferred Shares）来筹措一级资本。

专栏 7.2　阿根廷对发生问题的银行的解决方法

1991—1995 年，阿根廷对发生问题的银行解决方法很简单，就是让其破产，既没有存款保险制度，对银行问题的解决也无章可循。因此，一旦有银行破产，存款人只能从清算中得到很少的补偿，尽管存款人的受偿顺序较前，仅次于劳动补偿，但仍然经常蒙受很大的损失。

阿根廷之所以采用这种方法，主要是为了避免道德风险。此前，中央银行为了拯救银行遭受了沉重的损失，并导致严重的道德风险和通货膨胀。采用让资不抵债银行破产的方法是督促存款人在存款时选择经营管理良好的银行，并监督银行的经营活动。

1991 年，阿根廷通过了《自由兑换法》，让银行破产这种放任自流的体制的弊端暴露无遗，并加重了龙舌兰危机的严重性。在危机伊始，一些银行被清算，很快导致大面积的挤兑，存款人纷纷提取存款，兑换成外币。

在这种情况下，阿根廷改变了放任自流的态度，在 1995 年中进行了三项制度创新，以应对银行业危机：其一，改革《金融机构法》，授权中央银行在银行破产前对银行的资产负债进行清理，根据不同的情况分别处理，而不是原来的一刀切。其二，创立了存款保险制度，通过向银行收费的方式筹集资金，对一定额度的存款给予保险。其三，创立"银行资本化信托基金"（Bank Capitalization Trust Fund），该基金最初是作为一个临时性机构，存续两年，但后又延长至 2000 年 2 月。该基金的来源是政府发行的债券和国际金融机构（包括世界银行）的贷款，其目的是增加货币当局处理危机的能力。该基金可以直接向银行注资。

　　中国虽然没有爆发金融危机，但必须承认中国的银行业存在严重的潜在危机（参见表7.3），而且中国也缺乏处理银行危机的制度性措施。中国近几年金融机构频出问题，中央银行主要采取关闭和接管的措施。在中国，由于长期以来监管机构单一，只有中央银行一家负责金融机构的监管（确切地说，只有中央银行的几个部门），监管的力度较为薄弱，与美国等发达国家相去甚远。❶监管机构单一和手段有限在客观上扭曲了中央银行的监管激励，即尽量少批新的金融机构。为了贯彻银行业改革的基本原则，为了防患于未然，有必要成立一个专门的银行业改革领导委员会来研究制定银行业的改革方案。

　　银行业改革领导委员会的职责应该有别于金融监管机构。金融监管机构的主要职责是对银行的日常业务进行监管，包括市场准入等，而银行业改革领导委员会的主要职责是对中国银行业的改革制定整体方案，包括（安全地）退出方案。

----

　　❶　美国的金融监管系统有三大支柱：联邦储备银行（即中央银行）、财政部货币监理署和联邦存款保险公司。由于联邦储备银行高度独立于政府机构，所以它与财政部货币监理署是从不同的利益出发来监管金融机构，两者监管的目的和手段也不尽相同，而联邦存款保险公司的职能不仅在于事后及时补救，它也具有事前风险防范的机制。

表 7.3　中国近年来金融业恶性事件一览表

事件	危机爆发时间	中央银行处理行动及时间
中国农村发展信托投资公司关闭	1988 年成立； 1991 年问题初现，1995 年下属公司原糖走私案发； 1996 年发生债务危机、群众集资款支付危机。	1997 年 1 月 4 日关闭并成立专案组。
贵州贵阳清镇红枫城市信用社被接管	1987 年成立； 1995 年出现支付问题； 1997 年年初发生支付危机。	1997 年 4 月人民银行接管，1999 年 8 月归并贵阳市商业银行。
海南发展银行关闭	1995 年成立，组建伊始便面临支付困难； 1996 年、1997 年、1998 年多次爆发支付危机。	1998 年 6 月 21 日关闭。
中国新支柱创业投资公司关闭	1986 年创立； 1998 年 6 月总亏损 26 亿元，严重资不抵债，基本全面停止支付。	1998 年 6 月 22 日被关闭。
河南郑州城市合作银行大面积挤兑	1995 年成立； 1997 年出现支付困难的迹象； 1998 年 6 月出现大面积挤兑。	1998 年 6 月后重点关注，并于 1999 年实施全面救助。
广东恩平关闭 20 家城乡信用社	1995 年上半年建行恩平支行因账外高息存款出现严重金融风波，建总行为此调集 26 亿元保支付； 1997 年春节前后农村信用社发生严重支付危机，造成社会秩序混乱。	1998 年 7 月，建行恩平市支行被撤销，农行恩平市支行停业整顿，20 家城乡信用社被行政关闭，损失国家资金 68 亿元。
深圳租赁公司重组	1984 年成立； 1998 年 2 月，到期票据无法兑付、严重资不抵债，到期债务全部无法支付。	1998 年 9 月，安排三九集团牵头重组深圳租赁公司。

事件	危机爆发时间	中央银行处理行动及时间
广西北海城市信用社整体关闭	1986年北海首家信用社成立，后增至13家； 1995—1998年10月，普遍出现经营困难，直至发生严重的行业性支付危机。	1998年10月关闭12家，吊销两家金融营业许可证，使北海市城市信用社全部退出当地金融市场。
广东国际信托投资公司关闭破产	1980年成立； 1998年发现公司已严重资不抵债146亿元，不能支付到期巨额外债。	1998年10月6日关闭； 1999年1月16日破产。
河南长葛市人民城市信用社违规设立非法经营	1988年违规设立； 1998年元旦、春节爆发支付风险； 1998年7月发生挤提风波。	1998年12月23日行政关闭。
广东汕头商业银行支付危机	1997年成立，1998年10月开始出现流动性资金困难； 1999年7月开始出现大面积挤兑和全面支付危机。	1999年3月人民银行广东分行向其发出预警和整改要求；1999年11月落实改革重组方案。
广东国民信托投资公司及其深圳营业部支付、交易危机	1997年成立； 1999年5月，其深圳营业部投资者挤提股票保证金。	1999年10月22日实施停业整顿后撤销。

　　银行业改革领导委员会的主要工作包括：查清各类银行的实际状况（这在中国是一个十分严重的问题），对不同状况的银行采取不同的方法。

　　第一，对资本不足，但经过挽救仍可以生存下去的银行，采取政府注资的方式。注资的方式可以考虑借鉴国外的经验，如国家鼓励战略投资者出一部分资金，国家配以一定的资本（可以是债券），或给予一定的优惠政策。另一种方法是国家注资，但国家保留在银行未来盈利状况较好时获得一部分收益的权利。

中国金融安全论

第二，对资本严重不足的银行，则由国家指定银行接管，负责对其进行重组，可以将其一部分较好的资产负债剥离给接管银行，其他部分则破产清算。

第三，对问题十分严重，挽救无望的银行，可以将其破产。

银行业改革领导委员会的职责还应包括制度设计。从发达国家和发展中国家的经验来看，主要的制度包括：存款保险制度；设立相关机构对出问题的银行进行干预和重组；与银行业改革有利害关系的问题的研究，包括利率市场化、汇率市场化，混业与分业经营问题等。

二、推进银行业自身的改革与完善

为了应对加入世界贸易组织后的银行业市场竞争，中国银行业特别是国有商业银行必须加快推进自身的改革与完善，建立健全符合市场经济要求、与国际惯例接轨的具有科学决策、监督制约、内部激励、自我发展和自我约束能力的现代商业银行运行机制。其中，最突出的问题是：建立和完善公司治理结构。

1. 加快推进银行业改革的理论依据

（1）国有商业银行改革的极端重要性

国有商业银行的改革已成为中国金融改革的核心问题。国有商业银行在中国经济和社会发展中居于举足轻重的地位，维系着国民经济命脉和经济安全。无论是充分发挥银行的重要作用，还是从根本上防范金融风险，都必须下大决心推进国有商业银行改革。把推进国有商业银行的改革作为整个金融改革的重点，表明了国有商业银行改革的极端重要性。

首先，金融是现代经济的核心，而国有商业银行则是中国金融的核心。国有商业银行的金融资产占全社会金融资产的70%，占存贷款市场份额的60%以上。尽管近年来中国资本市场的发展极为迅速，但目前其融资量也不过仅为银行融资的10%左右，从现阶段以及未来一段时期来看，中国将仍然是一个以银行融资为主的国家。

因此，国有商业银行的状况，将直接影响着金融在市场资源配置中核心作用的发挥。

其次，国有商业银行是中国金融体系的主体，是中央银行宏观调控、实施货币政策的微观基础，如果国有商业银行改革滞后或不到位、国有商业银行不能成为真正的商业银行，势必影响货币政策的有效性。

最后，国有商业银行是资金运动的信用中介、存款货币的创造机构，具有分配社会资金、分散风险、办理收付结算等广泛的社会职能，与企业单位、千家万户有着千丝万缕的联系，影响到整个经济和社会发展。国有商业银行的状况将牵一发而动全身，成为防范金融风险，维护金融安全，顺利推进经济金融改革与发展的基础。

（2）国有商业银行改革需要适度超前

值得注意的是，中国正处于向市场经济转轨的过程中，新型市场经济体制只有在经济发展中不断确立和完善，国有商业银行建立现代企业制度是在内外治理环境及机制的动态统一中实现的。一方面，超越外部市场环境及机制发展程度，过分强调"符合国际惯例""与国际惯例接轨"等，将欲速而不达，使银行治理制度"中看不中用"；另一方面，也不能消极等待、坐失良机，甚至片面强调"中国特色"，在国有商业银行公司治理改革中塞进不伦不类的东西。深化银行改革，建立和完善国有商业银行公司治理结构，是与深化国有企业改革密切相关的，是相互促进的。尽管国有商业银行改革应该先行一步，对国有企业深化改革有诱导作用，但必须是适度超前，否则，难见成效。显然，国有商业银行建立严格的风险控制制度，而国有企业作为银行的重要客户，资金运用的风险意识淡薄和风险管理水平落后，其结果仍然要给予客户以逐步适应的时间。

（3）国有商业银行改革与政府职能转变相一致

国有商业银行公司治理改革必然要涉及各部门、各分支机构的调整和优化，实现人力资本与银行经营资本的优化配置，那些在旧体制下累积的大量冗员就要离岗，其生活的基本保障就需要有社会保障机构去解决。所以，银行结构调整与优化客观上要求与社会保障制度改革保持一致。国有商业银行真正的商业化，从产权单一向产权多元化转变，进而使银行的重大经营决策由行党委做出逐步转变到由真正的董事会做出，银行的人事权、经营权以及分配权逐步转到银行董事会，这些转变与政府职能转变的进程直接相关，从而客观上就要求国有商业银行改革与政府职能转变保持动态的统一。如果政府职能转变滞后，国有商业银行公司治理也将是貌合神离。

（4）依据市场经济发展程度推动国有商业银行改革

中国市场经济体制正在建立之中，资本市场发展尽管很快，但离发达成熟资本市场还有较大的差距；国有商业银行的产权改革在短期内仍将是较为集中型的产权结构；由于长期忽视对经理人的培养和规范，经理人市场也需要较长的时间才能形成。所以，国有商业银行公司治理结构的完善应与中国的产权结构改革、资本市场以及经理人市场的发展进程相一致。可以考虑把以内部人为主的银行治理结构作为起点，增加外部董事成员比例，逐步创造条件，有步骤、有计划地过渡到内控有力、外部监督有效的银行公司治理结构。但是在这一进程中必须尽快完善银行内部监控和外部监管，以减少在过渡时期银行相对封闭式经营带来的种种弊端。

完善的市场规则和良好的市场秩序是国有商业银行建立和完善公司治理结构的重要保障。但是，市场规则的健全、市场秩序的建立都需要有一个渐进发展的过程，所以国有商业银行公司治理结构的完善同样要与之保持动态统一。

在中国市场机制尚不健全、市场运行中还存在众多不规范的情况下，国有商业银行内部治理结构的建立与完善，可产生良好的示范效应，即通过银行业自身的努力在一定程度上有所领先，以补充市场机制的欠缺；内控机制的强化所促成的管理者高度自律，也可以在一定程度上弥补市场约束力之不足。

2. 建立良好的公司治理结构

加强内部管理是银行业永恒的话题，但对于中国银行业来说更具有重要的现实意义。由于长期疏于管理、积重难返，百废俱兴，当前较为突出的是必须加快建立现代商业银行经营管理机制。我们认为，现代商业银行经营管理机制至少包括以下内容：良好的公司治理结构以规范决策机构、执行结构和监督机构之间的权利和利益关系；规范的业绩考核制度和高效的激励约束机制以充分发挥员工的积极性；灵活的面向市场和客户的业务经营和创新机制以提高服务能力；全面、有效的风险控制机制将各种风险控制在最低程度。实际上，这些内容基本上都属于公司治理的范畴。

公司治理结构是对公司进行管理和控制的一系列制度安排的总称。国际银行业十分重视公司治理结构的建设，巴塞尔银行监管委员会认为良好的银行公司治理结构应具备八个基本要素。❶中国商业银行公司治理结构的完善，任务繁多，但关键在于以下几个方面。

（1）建立以董事会为核心的公司治理结构

健康负责的董事会是公司治理结构的核心。西方商业银行历来十分重视建立健康负责、职能明确的董事会，其主要职责是：制定明晰的发展目标、重大战略决策和确定经营方向、审议其他重大事项，以及任命管理层；制定公司治理规则，建立有效的内部控制、

---

❶　巴塞尔银行监管委员会认为良好的银行公司治理应具备的基本要素是：（1）制定银行清晰的战略目标；（2）确立银行价值至上的理念；（3）全行各岗位的责权界定明确并得到实施；（4）确保董事会成员胜任其职，并能独立工作；（5）确保董事会对高级管理层以及高级管理层对其属下的有效监督；（6）充分发挥内部和外部审计人员的监控作用；（7）确保报酬制度与银行的价值理念、经营目标和战略以及管理环境相一致；（8）增强银行公司治理状况的透明度。参见巴塞尔银行监管委员会：《加强银行机构公司治理》（Enhancing Corporate Governance for Banking Organizations），1999年9月。

监督与预警体系。公司治理良好的银行大多都制定董事规则，明确规定董事的职责。董事会还需建立使其能够获得相关信息来监控银行运行状况的机制，这种机制通常包括银行业的业务收入与费用、贷款结构、不良贷款情况及其冲销方案、呆账准备金的提取、贷款的集中度、资本充足率、风险敞口与风险管理状况等事项。银行在其章程或公司治理规则中应明确列出应由董事会决定的事项。国外银行的董事会一般都建立了各种委员会，例如提名委员会、薪酬委员会、合规委员会和稽核委员会、治理委员会、执行委员会、风险管理委员会等，以保证董事会决策的有效性。

国外银行董事会的构成是独立于管理层的，以确保董事会的独立性，而且外部董事在董事会中的比例也在不断提高，并在传统的董事会框架中引进独立董事制度。为使董事会在最佳状态下运转，通常都建立了对董事会和董事的评价机制。例如，加拿大蒙特利尔银行董事会的薪酬委员会每年按照事先制定的标准（包括定量和定性指标），对董事会、首席执行官和董事进行年度评价，并由外部的咨询公司根据每个董事的表现整理出结论；董事会治理委员会还对董事长的表现进行单独的评价；在董事行为手册中甚至还规定，出席董事会会议少于 75% 的董事将被解职。

（2）制定能够创造并维持竞争优势的发展战略

金融全球化为银行业带来了一系列挑战，对此必须制定出能使银行创造并维持竞争优势的发展战略。西方经济学家认为，对整个银行业来说并不存在现成的通用战略，所有的银行都必须精心规划未来，制定维持和强化竞争优势的战略。❶ 美国花旗银行发展战略的演变就是这一思想的典型案例：20 世纪 70 年代后期到 90 年代初期，花旗银行经历了由全能银行发展战略向核心业务发展战略转变的过程；20 世纪 90 年代中期，花旗银行进行了发展战略的第二次

---

❶ 参见希拉·赫弗南：Modern Banking in Theory and Practice，海天出版社，2000年版。

转变，由成长优先发展战略向素质优先发展战略转变；20世纪90年代后期，花旗银行又完成了向综合金融服务发展战略的转变。国际银行业的经验表明，不合适的发展战略是许多曾经获得成功的银行最终惨遭出局的主要原因。❶

这一发展战略的战略目标必须清晰，不仅使银行具有明确的奋斗方向，也使银行拥有鲜明的风格与响亮的品牌，给客户以明确的概念，即付出多少价值就会得到多少服务。这一发展战略的战略措施必须具有灵活性：银行在既定目标下要根据全球经济形势变化及自身发展阶段适时转换业务重点，银行经营的各个方面也必须随之调整。客户的需求是银行的着眼点，为向客户提供满意的服务，也要求战略措施必须具有灵活性。

（3）构建面向未来的用人机制

判断银行竞争地位的一个重要标志就是人才的流向，因为银行业竞争的实质就是人才的竞争。人才或人力资源状况直接关系到发展战略能否实现，因此构建面向未来的用人机制就成为重中之重，核心是识才、用才和储才。首先，选拔人才。关键是必须用好的作风选拔作风好的人，严格执行"公开、公平、公正、竞争、择优"的原则，采取个人自荐、组织考察、演讲听证、民主推荐、领导集体研究决定的选拔程序。其次，任用人才。必须坚持"能者上，平者让，庸者下"，必须确保中高级管理层具备适当的资格，促进控制体系由"管人"向"管理系统和流程"转变。最后，培养后备人才，必须从制度上为人才成长创造宽松环境，重要的是通过优选培训内容、师资以及加强检测，以提高培训的质量。

（4）建立科学的决策机制和决策系统

银行要实现稳健经营，建立科学的决策机制和决策系统至关重要。全部决策权原则上应授予董事会和最高管理层，并按照其确立

---

❶ 参见Davis Steven，Excellence in Banking，London：Macmillan，1985；Managing Change in the excellent Banks，London：Macmillan，1989。

的规则分割给每个部门和管理者。商业银行提高效率的关键在于，将决策权转让给每个层次上的每位管理者，从而使由于缺乏信息或目标不一致引起的成本最小化。要使这种分权达到最优程度，取决于诸如组织规模、信息技术、环境变化、政府规则以及控制技术等因素。一般来说，随着银行规模的扩大，因缺乏信息和目标不一致引起的总成本呈上升趋势。当缺乏信息引起的边际成本比目标不一致引起的边际成本上升趋势加快时，分权的最优程度将会增加。从本质上来看，银行中所有个体均是自利的，简单地向其委托决策权，并要求每一个目标函数的最大化，显然是不能充分实现的。所以，还需要一个控制体系，明确规定对银行的每个部门和每个决策代理人的绩效度量和评价体系，明确规定与个人绩效相连的奖励和惩罚体系。

（5）建立有效的激励约束机制

银行管理从本质上说就是风险管理。风险管理人员的责权利三者必须对应，因此建立有效的激励约束机制和严格的岗位目标责任制就显得特别重要。在管理者的激励约束机制中，报酬激励和控制权激励是两个重要的方面。中国公司治理改革的基本方向就是将控制权激励内化于市场型的公司治理体系时，重视报酬激励机制。各级管理者应按照公开公正的选拔标准、制度、程序及其规则，竞争择优聘任，实施科学的控制权激励。建立市场化用工制度，优化劳动组合，加快实施按需设岗、按岗聘用、定岗定员、减员增效的全员竞争上岗制度和岗位管理制度。在优化劳动组合的同时，建立绩效挂钩、以岗位工资为主要形式的分配制度。以岗定薪，加大工效挂钩力度。建立有效的激励约束机制和严格的岗位目标责任制的根本目的是充分发挥员工的积极性，绝不可本末倒置。

（6）实施审慎的会计原则

审慎的会计原则的核心是防范和控制风险，以严格的成本核算和合理的会计标准，确立以风险控制为基础的利润最大化的价值取向。审慎的会计原则主要包括分析资本充足率的构成和与风险因素控制的联系；制定收入核算及应付利息计提方法，以确保经营成果的真实性；完善的呆账准备金提取和核销制度；准确、及时地披露贷款质量，反映商业银行有效资产，提高财务信息的透明度等。国际银行业的经验表明，实施审慎会计原则的银行才是真正安全可靠的银行。

（7）最大化的信息披露以提高透明度

实践已充分证明，信息披露制度的完善直接关系到银行公司治理的成败。公司治理框架应当保证真实、准确、完整、及时地披露与银行有关的全部重大问题，包括银行公司治理结构状况、经营状况、所有权状况、财务会计状况等信息，即最大化的信息披露。银行信息披露从需求层次和受托责任上有三个层次：一是经营管理者向董事会进行信息披露；二是董事会向股东大会进行信息披露或说明责任；三是银行向社会各利害相关者进行信息披露。充分的信息披露，可保证银行业务的有效运营，维持一个稳健高效的金融体系；充分的信息披露，也有利于市场参与者需要获得准确、及时的信息，使市场参与者能够借此评估银行机构内在的风险，而且信息披露也是监管的必要补充。

3. 通过重组上市补充资本金和完善公司治理

当前，中国的商业银行均不同程度地存在着资本金不足问题，这与中国在转轨期间的经济高速增长是分不开的。总体上看，中国经济改革与经济高速增长使银行业的资产业务量增长很快，市场化改革也导致经济的货币化和金融深化，这使得金融资产的增长速度明显高于国民经济的名义增长速度，商业银行在转轨期间也出现了不少经营失误，积累了相当大规模的不良资产。但是，中国银行业的资本补充渠道却十分缺乏。巴塞尔委员会新资本协议的实施，对中国银行业的资本金将提出更高的要求，如果达不到这个国际性的要求，将必然影响到银行业的竞争能力。

资本充足率能否达到国际标准，关系到中国商业银行在国际银行界的信誉地位和能否有较高的信誉评级。在商业银行的资本金低于其风险状况所需资本金要求时，银行监管部门有责任进行督促，同时商业银行也有义务及时补充资本金，因为在金融全球化的进程中，银行经营的各种风险也在增加，及时补充资本金也关系到银行能否经受住各种风险冲击，显然这是单个商业银行实现持续稳健经营的必要前提。不仅如此，由于银行涉及金融层面和社会层面都很广，及时补充银行资本金，确保银行的风险抵御能力，是实现整个金融体系稳健的必然要求，也是确保市场参与者的财产安全、实现社会稳定的必然要求。

要达到巴塞尔委员会规定的资本充足率标准，至少需要 2000 亿元以上的资金，而且随着国有商业银行每年资产规模的不断增加，所需资本金数量也在增加。毫无疑问，从中央财政的财力来看，是根本不可能满足这种不断增加的补充资本金的要求的。国有商业银行产权结构单一引发了一系列的问题，如资本金比例不足、不良资产比重过大、内部机制不健全、经营效率低等。国有商业银行的改革，关键在于制度创新，实现产权主体多元化，形成具有刚性约束的资本经营机制。

显然，中国国有商业银行重组上市是两全其美之策：不仅可以解决资本金不足的燃眉之急，又可使银行接受公众的监督、提高了透明度，公司治理功效大验。银行在交易所上市需要达到的严格要求，也是促进银行完善公司治理结构的重要因素。纽约证券交易所在 1997 年就要求每家上市的本国公司应设立由独立董事组成的稽核委员会。亚洲金融危机后，亚洲一些国家的证券交易所都开始在公司治理方面设定更高的标准。例如，韩国证券交易所内的上市公司以前只要求董事会内有 1/4 的独立董事，而 1999 年则要求有一半董事为独立董事。此外，银行上市也是优化股东结构的有效方式。

三、迅速果断解决历史包袱

在设计银行业的整体改革方案时，对不良资产的处置居于核心地位。与众多的转型经济体相似，中国国有商业银行承担着为政府

第七章　银行业的改革与发展

的经济、政治意图服务的任务，即使在 1995 年《商业银行法》颁布以后，也并不是完全以利润最大化为目的，因而不良贷款比率普遍比较高。随着中国全面履行加入世界贸易组织的承诺，银行业的竞争将进一步加剧，如何在较短的时间内降低国有银行的不良资产、增强其竞争力，已成为迫切需要解决的问题。解决历史包袱的途径，无非有两条：一是采取渐进的办法，即由银行自己消化；二是迅速果断地由政府消化银行的不良贷款，使银行轻装上阵。我们认为，明智的选择应当是：必须迅速果断解决历史包袱。

如果采取银行自己消化的方法，对国有商业银行来说，存在着一些突出的严重问题。

第一，中国银行业的不良资产中有相当大一部分是由自身无法控制的政策性因素造成的。由于历史包袱过于沉重，尤其是四大国有商业银行，外有外资银行的压力，内有其他股份制、城市商业银行的竞争，任务十分艰巨。据统计，2001 年年底，四大国有商业银行的不良贷款占全部贷款的比例为 25.37%，在国际上属于较高之列。为了解决银行虚盈实亏的问题，中国人民银行决定从 2002 年 1 月 1 日起，全面推行贷款风险分类管理，在这之前，只有中国银行一家实行该方法。由于该方法比原来实行的"一逾两呆"更为严格，预期四大国有商业银行的不良资产比例不会乐观。

第二，受制于世界贸易组织时间表的规定，很难在 5 年过渡期内将不良贷款降至有竞争力的水平。美国银行业的不良资产比率不到 1%，中国银行业的不良资产比率无论从哪个角度看，都在它的十几倍以上。不良资产比率如此之高，使中国银行业的竞争力受到极大影响。

第三，有可能产生一些不恰当的激励。如银行为了追求高利润而投资高风险的项目，这些风险在经济增长良好的情况下不会暴露出来，但一旦增长放慢或停滞，反而会增加银行的不良资产。

第四，如果银行用过多的留存收益来消化不良资产，就会大大减少银行用于创新等正常业务的资金。

中国金融安全论

从国际经验来看，转轨经济在银行业的开放上大多采用了先内后外的方式，即在对外开放以前，先对内开放，通过解除对银行业的管制，解决国内银行资本不足的问题，使其具有相当大的竞争力，改善激励结构，然后对外开放。之所以采用先内后外的方式，主要是因为大多数转轨经济的国内银行都有较高的不良资产，推迟开放的时间可以为国内银行消化不良贷款争取时间，把外资银行的冲击减少到最小。

中国的银行业开放采取的是内外并举的思路，从一定意义上说，甚至是"以外促内"的方式，即在外资银行的压力下对国内银行业进行改革和整顿。如果仅靠留存收益来化解不良资产，国内银行必须获得较高的收益率，但随着外资银行进入的步伐加快，这样做就越来越困难。其间如果发生经济形势恶化，依靠银行本身的力量来化解历史包袱更是杯水车薪。国际经验，特别是日本银行业在解决不良资产问题上的经验教训值得中国借鉴。处置银行的不良资产绝不可"久拖不决"，需要有壮士断腕的勇气，参见专栏7.3。

专栏7.3　日本银行业的不良资产问题

日本银行业到底有多少不良资产？这个问题很难说得清楚。据日本金融服务厅统计，日本全国银行截至2001年9月共有坏账36.8万亿日元，照此测算，不良资产比例为5.7%左右，但许多研究机构认为日本的不良资产高达150万亿日元。日本银行的不良资产主要由各家银行自行消化，政府虽然也设立了一个RTC帮助清理银行坏账，但数额较小。1992—2000年，日本银行业共处理不良资产72万亿日元，其中日本主要16家银行处理的不良资产为32.5万亿日元。

由于政府不愿通过注入公共资金来解决银行的不良资产问题，日本银行长期以来一直受到不良贷款的困扰。银行不良贷款率很高，银行利润的很大一部分被用来核销坏账，为了生存下去，银行不得不将款贷给利润高的项目，而这些项目的风险通常也较高，经济环境一旦转差，这些贷款就变为不良资产，进一步导致银行的坏账增加。因此导致的一个结果是，银行年年打消坏账，但坏账却有增无减。有时，银行为了规避风险，干脆不贷款，这就使银行失去了金融中介的作用。

日本经济走走停停，10年来经历了4次衰退，与金融业的脆弱关系密切，由于政府对打消银行坏账犹豫不决，缺乏壮士断腕的勇气，为了维持经济运转，转而求助于财政、货币政策。目前，日本财政赤字占国内生产总值的比例高达130%，是所有发达国家中最高的，日本中央银行在实行了货币史上罕见的零利率政策无效后，又实行了更加激进的定量宽松的措施。然而收效依然甚微，物价连续数年下降，经济在通货紧缩中挣扎。

目前资产管理公司（Asset Management Corporation，AMC）的呆账处理范围仅仅局限在1995年以前的不良资产。当然，1995年以后的不良资产属于商业银行自身责任范围，但也是国有商业银行处于"幼稚"状态的表现。根据"幼稚产业"应当受到保护的国际惯例，应当适当放宽国有商业银行打消呆账的政策限制，或适当允许部分1995年以后的呆账进入AMC，以便国有商业银行与外资银行之间能够公平竞争。2001年中国资产管理公司的资产处置速度和回收率都取得了较大的进展，参见表7.4。特别是资产管理公司利用外资进行不良资产的批量处置具有重要意义：一是避免因"冰棍效应"造成不良资产价值的进一步贬损；二是有利于降低处置成本，实现规模效益；三是有助于中国国民经济结构的战略性调整，有助于国有企业的改组改造，促进现代企业制度的建立；四是表明中国愿意以开放的姿态与国际投资者进行合作，愿意在不良资产处置的一开始就按国际水准确定经营目标，建立内部运作机制。但是，也不可否认，制约业务发展的因素也渐渐暴露出来，迫切需要引导与调整。

表 7.4　中国资产管理公司处置不良资产情况

	处置 不良资产 （亿元）	资产 回收率 （亿元）	资产 回收率 （％）	其中： 回收现金 （亿元）	现金 回收率 （％）
总额	2323	846	36.42	525	22.60
华融公司	443	214	48.31	146	32.96
长城公司	838	160	19.09	77	9.19
东方公司	340	192	56.47	86	25.29
信达公司	702	280	39.89	216	30.77

注：1. 截至 2002 年 9 月 30 日的数据。
2. 处置不良资产数额中不含政策性债转股。
资料来源：据中国人民银行统计。

四、为改革发展提供良好的宏观环境

银行业改革需要有一个良好的宏观环境，最重要的有三个方面：一是改善商业银行运营环境；二是国有银行改革必须与国有企业改革配合；三是建立规范、完善的资本市场；四是以市场化的方式建立社会保障体系，彻底解决冗员的消化问题。这里，仅涉及前三个问题。

1. 改善商业银行运营环境

（1）改善银行业运营环境的原因

之所以要改善中国银行业特别是国有商业银行的运营环境，主要原因在于：

首先，中国的银行业属于"幼稚行业"。毫无疑问，中国的银行业应当属于"幼稚行业"的范畴，在加入世界贸易组织之后的 5 年过渡期内，甚至在 5 年过渡期之后都应当得到合理保护。虽然国有商业银行已有 20 多年的历史，但是在前 15 年中，其经营行为受到较多的外部干预，内部运行机制也未能有效地向真正的商业银行运营方式转变。20 世纪 90 年代以来，国有商业银行付出了很大的

努力，情况有了比较明显的好转。但是，不足10年的商业化经营经验显然远远不能说是足以摆脱了"幼稚"状态。加入世界贸易组织之后，中国银行业面临的大多是具有百年历史的大型外资银行的竞争，以"十年"应付"百年"，前者的"幼稚"程度是显而易见的。实际上，中国银行业面临的竞争是"敌强我弱"的不平等、不符合国际惯例的恶性竞争。

其次，对"幼稚"行业给予适当保护符合中国国情。实事求是地来看，加入世界贸易组织之后的5年保护期似乎偏短，中国银行业的开放速度比人们预想的要快得多。面对新的形势，不仅要求国有商业银行抓紧时机、竭尽全力改造和完善自己，而且也要求国家在5年过渡期内尽量为国有商业银行摆脱"幼稚"状态创造条件。需要特别指出的是，根据中国的国情，在5年过渡期之后，应当继续对大型国有商业银行给予适当政策倾斜，这是因为：其一，很难设想5年以后中国就完全摆脱了计划经济的残余，譬如国有企业的某些问题以及计划经济时期所遗留下来的一些社会问题不可能在5年之内完全解决，这些问题的存在本身会给商业银行改革带来一定困难。其二，国有商业银行有可能不得不为上述问题的解决承担一定的责任，也造成一定的负担。其三，根据国外经验，在特定时期，银行尤其是大型银行的稳定是社会稳定、政治稳定的重要因素，对于中国这样一种政治、经济处在转轨时期的大国来说，对影响到全社会安定的大型国有商业银行给予一定支持是非常必要的。

最后，对"幼稚"行业给予适当保护符合国际惯例。从国际经验来看，各国对于商业银行开放基本上都采取了非常慎重的态度，例如东亚、东南亚国家早已开放短期资本市场，而其商业银行市场开放却是在危机之中受到国际货币基金组织的压力，才达到或接近中国商业银行市场开放的水平，而它们却早已是世界贸易组织的成员。就美国而言，虽然名义上是高度开放的国家，但是它以自己的监管标准要求其他国家本身就是最大的自我保护。所以，中国的银行业应当有自我保护意识，不能因加入世界贸易组织就缩手缩脚，甚至将自己的手脚束缚起来。

（2）减轻国有商业银行的负担

目前中国的国有商业银行承担了国家宏观经济调控的重要职责，而且仍然继续承担众多的政策性业务和事务，当然，作为国家银行，这是责无旁贷的。但是，加入世界贸易组织后，中国国有商业银行所面临的竞争环境将发生重大变化，而且更为严重的是，中国国有商业银行所面临的缓冲期只有 5 年，且并非是循序渐进的。为了使中国国有商业银行能够在十分短暂的时期内尽快积蓄力量，必须实实在在地、尽快减轻国有商业银行的众多负担，让国有商业银行轻装上阵来应对外资金融机构的竞争。这主要表现为三个方面：一是国有商业银行不再承担国家宏观经济调控的职责，由中央银行完全承担；二是国有商业银行承担的政策性业务全部交由各家政策性银行承担；三是国有商业银行的业务经营完全按照商业化原则进行，商业银行在贷款和投资上应有完全自主权，在机构设置方面的限制也应放宽。

（3）落实商业银行经营活动的自主权

要真正落实《中华人民共和国商业银行法》赋予商业银行经营的自主权，即"商业银行以效益性、安全性、流动性为经营原则，实行自主经营、自担风险、自负盈亏、自我约束。商业银行依法开展业务，不受任何单位和个人的干涉"。商业银行除了拥有业务经营的自主权以外，还必须拥有工资、人事方面的自主权。目前，国有商业银行在用人方面存在很大的局限性，例如要受保持社会稳定的约束，不符合要求的员工难以辞退。尽管国有商业银行名义上是企业，但工资、奖金的发放办法受到严格的限制。从外资银行来看，其灵活的人事和工资制度是国有商业银行无法比拟的，这也是造成目前国有商业银行业务骨干大量流失的一个重要原因。这种状况如不改变，国有商业银行很难应对加入世界贸易组织之后银行业的市场竞争。

（4）加快商业银行实施全能化的步伐

加入世界贸易组织，将使中国国内外经济环境发生重大变化。在金融市场面临进一步开放压力的情况下，中国商业银行全能化发展的紧迫性更加突出。为了能够适应国际金融市场日益激烈的竞争，西方主要国家的商业银行纷纷扩大业务范围，走全能化发展的道路，以降低资金成本、减少风险，从而在竞争中处于领先地位，以达到获得最大利润的目的。与西方主要国家全能银行的业务范围相比，中国商业银行的业务活动局限在相当狭小的范围之内，这就在相当大的程度上制约了其盈利能力和竞争力的提高。在这种情况下，中国商业银行的业务经营战略必须根据国际经济金融形势的发展变化进行调整，提高中国商业银行竞争力，使之能够在国内金融市场上与外资银行展开竞争。因此，必须尽快放宽对中国商业银行业务经营范围的限制，除了逐步允许商业银行从事各项投资银行业务外，还应当考虑允许国有商业银行进入保险领域。

（5）完善金融监管体系

针对加入世界贸易组织之后的银行监管形势，必须加快完善金融监管体系，需要特别注重以下几个方面：在监管内容上必须将国有商业银行的金融创新与违规经营区别开来；在监管方式上，以合规性监管和非现场检查为主；在监管效率上，应有明确的时限要求；在监管力度上，真正遵循国民待遇原则，对中、外资银行一视同仁。在过去一段时期里，一些地方政府为了招商引资向中央银行地方分行施加压力，致使一些地区出现对外资银行监管过于宽松的情况，违背了国民待遇的公平竞争原则。

2. 国有银行改革必须与国有企业改革配合

（1）国有银行改革与国有企业改革高度相关

自中国明确提出建立社会主义市场经济以来，国有银行的客户对象原则上已不存在所有制限制，实际上国有银行对非国有企业的贷款份额已达其信贷总量的 15% 以上。但是，无论现在和将来，国有企业特别是国家控股的企业，仍是国有银行的主导客户。国有企

中国金融安全论

业属于政府所有，国企搞不好，早晚总要向银行转嫁矛盾，这个矛盾就是明天的不良资产。国有企业机制不转换，脱困目标不实现，国有银行可以说是"永无宁日"。对此，国有银行只有两条路可走，要么鼓励产权多元化从而降低国有经济的比重，要么千方百计扶持国有企业转变机制寻找出路。后者更具现实性。只有把国有银行改革和实现国有企业战略性重组结合起来，使得国有企业状况根本好转，才能真正解决国有商业银行的资产质量问题。

1994 年以来，国企改革重组的重点集中于减员、减债、减税，在更换管理层、增加新投资和推动创新方面明显不足。结果不仅没有实现"脱困"的目标，还在一定程度上激化了社会矛盾，降低了居民对深化改革的支持度。金融领域的突出事例是主办银行制度试行不理想。重要原因之一在于中国只强调商业银行对国有企业的融资和服务，而没有重视控制权。而日本主银行体制成功的关键点是控制权和监督权上的单一性——主银行在企业经营不善时可对经理进行惩罚的控制、监督机制。所以，机制转换的核心是改变企业的管理权和控制权。尽管这一理念在 20 世纪 80 年代就被广为接受，但一直很难实施。在中国，一方面，由于企业按行政级别挂钩，国有企业的经理人可以通过正式的渠道（各级党委会、人民代表大会和政协）向企图改变企业管理权的改革方案施压；另一方面，企业内部民主制度不全，国有企业的经理人控制了大量的资源，这些资源增强了国有企业经理人对研究和决策部门的游说能力，从而通过非正式的渠道向企图改变企业管理权的改革方案施压。结果，无效的管理者不断地"易地、易厂做官"，各种企业改革措施徒有其名，而工人（以企业办社会的名义）和政府（以行政干预的名义）却被说成是改革不成功的原因。

（2）彻底解决企业机制转换问题

1999 年，资产管理公司（AMC）和债转股的出台也带来了改变企业控制权的一次极好机会。资产管理公司主要以市场化的手段来重组企业，控制权就应交由市场来处理，资产管理公司必须确保不良资产投资者有改组债务企业管理层的权力。在重组之前，企业必须提出一个自我改造计划，资产管理公司审查其可行性。再根据其实施的进度逐步债转股。若自我改造计划通不过，或者实施不力，就通过国内或国际范围的招标，对部分国有大中型企业实行资本化，把企业的控制权转移到战略性投资者手中。所以，在债务重组过程中就不能仅提供金融资源，还要提供企业家资源。对于中小企业，这是比较容易做到的，对于大企业则相当困难。

考虑到中国的具体国情，企业可能不愿意让渡监管权；作为国有性质的资产管理公司也没有能力监管企业，或者其派驻企业的监管人员有可能被企业所拉拢而消极监管。因此，比较现实的办法是分解对企业的监管权，即推动企业股份制改造，通过上市使其股权分散化，资产管理公司也尽可能地转让（可以折价）其持有的股权。一旦社会公众（包括各种所有制企业、居民）持有股权，就可以更好地监督企业。同时，资产管理公司派驻企业的财务人员，可以在法律允许的范围内，披露企业经营状况，增加企业透明度，方便外界监督。债转股的好处是"放水养鱼"，但从中国现有的制度约束来看，成功的难度较大。要想成功，必须解决机制转换问题，稀释债转股企业的产权和管理权是治本之策。

3. 建立规范、完善的资本市场

股份制改造并上市曾被认为是改善企业控制权的一个理想模式。然而 10 多年的股票市场实践证明这并不十分成功。股份制改造并未带来国有企业经营素质的整体改善，国有企业原有弊病仍然存在。所谓上市公司"一年盈利、两年持平、三年亏损"成为普遍现象。1994 年以前的上市公司到 1994 年年终净资产收益率为 14.6%，到 1997 年年底仅为 4.85%；1995 年上市的公司当年净资产收益率为 19.22%，到 1997 年下降到 12.49%；1996 年上市的公司当年净资产收益率为 21.99%，到 1997 年下降到 11.99%。绝大多数由不能流通的国有股及法人股控股的公司感受不到股东的压力。大多数依然由政府任命的公司经理们努力经营的意愿不强，一大批经营者追求个人高收入、高在职消费，同时又以未摆脱政府干预为理由，推脱责任。所以，中国资本市场的发展必须转变思路，即由为国有企业融资、稳定就业形势，回归"投资者利益至上"与"实现公平的市场"监管理念与目标。

1999 年，国际证券监管委员会（ISOCO）发布了《证券监管目标和原则》，为证券监管确立了以下三个目标：保护投资者的利益；确保市场的公平、效率和透明度；减少系统性风险。这种以保护投资者利益为终极目标的监管理念正被越来越多的国家认可，中国也应将投资者利益至上作为监管理念，而鉴于中国证券业尚处起步阶段，市场化程度不高，实现公平的市场也就成为中国证券执法的直接目标。维护中小投资者利益除了对违规者予以惩戒外，另一个更重要的选择是推行民事赔偿制度。维护公平的市场，最主要的是实行市场信息的公开化。证券投资者只有在充分了解发行人的财务、经营情况和信用状况后，才能判断其有无投资价值。实行公开原则不仅有利于投资者进行投资决策，而且对上市公司的管理者也会起到监督作用。证券监管机构力求通过限制权力和财富的运用防止在投资者之间形成信息占有使用的不平等，从而保证投资者享有平等的机会，但不保证投资者能力的平等，不保证投资者的盈亏，不保证投资者投资结果的平等。2000 年以来，中国资本市场的改革以此为框架，取得了明显的进步，如市场退出机制的建立与实施、股票发行核准制、谨慎性会计核算原则等。

第七章　银行业的改革与发展

五、重视结构性改革

结构性缺陷是新兴市场国家金融发展面临的共同难题。中国的金融发展缺乏一个审慎的规划，20 多年来"摸着石头过河"式的改革，加剧了中国金融发展的不平衡性。

1. 社会融资结构

1998 年，中国企业的资金来源中，银行贷款所占比重高达 83%，直接融资中的股票、债券分别占 6% 和 11%。2001 年股票市场筹资总额不过约 1100 亿元，而仅仅四大国有商业银行就新增贷款 10568 亿元。社会融资严重依赖银行，形成银行独当一面的格局，参见表 7.5。银行融资有着先天的缺陷，它对债务人的约束往往是一种事后控制，而这往往为时已晚。在贷款使用过程中，即使发现企业出现问题，也只能停止放新贷，存量贷款则毫无办法。并且，银行作为外部人，很难了解企业经营的真实情况。中国落后的会计制度和极低的信息披露水平加剧了企业的不透明。中国社会融资结构失衡的状况亟待解决，必须加快直接融资发展。

中国金融安全论

表 7.5　中国的社会融资结构

企业资金来源	1998 年	2000 年	2002 年
直接融资（银行贷款）	83%	74%	96.1%
间接融资	17%	26%	3.9%
其中：股票	6%	11%	——
债券	11%	15%	——

资料来源：根据历年《中国金融年鉴》数据统计；《金融时报》2003年 5 月 15 日。

2. 金融中介结构

对应于融资结构，中国的金融服务提供者的结构也呈现出不平衡的状况。目前，中国的金融机构，以资产规模来排序，主要有商业银行、政策性银行、信用社、信托公司、证券公司（投资银行）、保险公司、租赁公司等。从整体上来看是融资类金融机构发达，而中介类金融机构落后。在全国 297 家内外资银行中，4 家国有银行占绝对主导，另 293 家银行资产只占银行体系总资产的 30%。在保险公司内部，也是三大国有独资保险企业占市场绝对支配地位份额。因此，需要调整金融中介结构失衡，必须加快发展中介类融资机构，特别是投资银行、保险公司。

3. 金融产权结构

产权多元化程度也是衡量金融市场化程度的重要指标。产权多元化，尤其是非国有产权的增加，金融机构自己权的扩大才有基础。中国商业性金融机构的资本金主要来自于四个部分，即国家财政投资、企业法人投资、个人投资和外商投资。以出资数量计算，中国的商业银行中国有独资比率为 94.0%，保险公司为 54.8%。中国很多股份制金融机构（如中国交通银行、中信银行）也主要是由各级财政投资的。因此，金融产权集中于国有的比率更高。通过股份制改造，实现金融产权多元化。国有独资金融机构，经由公司化、股份化，最终上市。股份制金融机构，需逐步降低单一法人持股比重，分散投资者。目前，中国人民银行、证监会、保监会都已表示，欢迎并鼓励符合条件的商业银行、证券公司、保险公司尽快上市。目前中国证券市场上已有 7 只金融股。

4. 金融市场结构

中国金融市场结构的不平衡主要表现为：股票市场相对发达，债券市场、货币市场落后，参见表 7.6。从金融市场的各个子市场来看，同样也存在不平衡：股票市场内部，不流通的国有股占 60%，上市公司基本为国有企业；债券市场，以 2001 年新发债券为例，国债发行 4883.5 亿元，政策性金融债券发行 2540 亿元，企业债券仅发行 164 亿元。中国金融市场结构的调整，主要包括：

第一，发展债券市场，特别是企业债券市场。为了建立全国统一的债券市场，要进一步扩大银行间债券市场成员，参与成员可以包括非银行金融机构和非金融机构。银行间债券市场将逐渐演变成大型机构参加的公开市场。通过与商业银行柜台交易市场的连接，与广大中小机构和个人投资者相联结，从而形成全国统一的债券市场。债券市场的逐步发达将改变中国资本市场不平衡的发展态势，实现资本市场两翼的共同繁荣。

第二，发展货币市场。货币市场是金融市场的重要组成部分，其发展水平对于中央银行货币政策具有重要意义。中国的货币市场是由多个子市场构成的，主要包括拆借市场、回购市场、债券市场和票据市场。由于多方面的原因，可供交易的货币市场工具还比较少，交易规模偏低，货币市场的变化对信贷市场等其他市场的影响还相对有限。目前要进一步发展货币市场，首先要进一步完善拆借市场，使之在调节商业银行短期头寸方面发挥更大的作用。其次，将银行间债券市场改造成覆盖全社会的债券市场，发展新的货币市场工具，例如逐步发展商业银行金融债，推进住房抵押贷款证券化进程等。

第三，为了适应场外市场的发展特点，应积极推进做市商制度，以便稳定市场价格，维持市场流动性，满足市场参与者尤其是中小金融机构调整债券结构的需要。

第四，大力发展票据市场。发展票据融资，逐步提高票据融资所占社会融资总量的比重。

表 7.6 中国的金融市场结构

（单位：亿元）

项目	2000 年	2001 年
股票市值	48090.94	43522.00
债券发行额	6385.00	7587.50
银行间拆借市场交易额	6728.07	8082.02
商业汇票未到期余额	3676.00	——
贴现余额	1236.30	——
再贴现余额	1258.27	——

资料来源：根据《中国金融年鉴》2001 年数据计算。

5. 投资者结构

到 2002 年年底，中国证券市场的投资者开户数量已经达到 6884.08 万户，但其中绝大多数都是资金量在 50 万元以下的中小散户，有相当大一部分主要用于一级市场中签。这种散户占主导的市场容易出现非理性投资，并导致证券市场较大幅度的价格波动，市场价格容易失真。投资者结构从中小散户时代到机构投资者时代的转变是资本市场成熟和发展的必然趋势。证券投资基金、社保基金以及商业保险资金应该逐步进入资本市场。

在 2001 年年末，中国有 51 只基金（48 只封闭式基金、3 只开放式基金），资产规模达到 800 亿元左右，约占证券市场 A 股流通市值的 6%。其中多数基金的投资理念趋于稳健，增持绩优股和债券，减少炒作。部分商业保险基金已经通过证券投资基金间接进入证券市场，保险公司直接成立具有独立法人资格的资产管理公司来管理自有的资金，也已着手研究。社保基金，也允许间接入市。

在未来一段时期，中国的机构投资者将主要由四种类型构成：证券投资基金、商业保险基金、社会保险基金、中外合作基金。这四种机构投资者大量进入证券市场将极大地改善中国资本市场的发展状况。

六、重新构造信用文化

1. 信用文化缺失及其危害

信用有广义与狭义之分。广义的信用是指参与经济活动的当事人之间建立起来的以诚实守信为基础的践约能力；现代市场经济条件下所指的狭义信用，则是指受信方向授信方在特定时间内所做的付款或还款承诺的兑现能力（也包括对各类经济合同的履约能力）。

现代市场经济实际上就是信用经济，市场化程度越高，客观上对社会信用体系发育程度的要求也越高。缺乏信用文化是中国金融业面临的一个极为严峻的问题。由于中国信用体系发育程度低，信用秩序相当混乱，信用缺失现象大量存在，各类企业、包括个人，借各种名义，想方设法逃废银行债务，大量银行贷款逾期收不回来，成为呆账，使得商业银行不良资产不断增加；企业之间资金相互拖欠、三角债盛行；坑蒙拐骗、假冒伪劣等层出不穷。据有关统计，1998 年企业之间相互拖欠的三角债约为 11000 亿元，比 10 年前增加了近 10000 亿元。❶信用文化的缺失严重破坏了市场秩序，

第七章　银行业的改革与发展

---

❶　参见任兴洲：《建立我国社会信用体系的政策研究》，《经济研究参考》，2002年第17期。

大大提高了市场交易的成本，降低交易效率，直接影响市场体系的健康成长，成为制约市场机制发挥基础性配置资源作用的障碍，也成为影响中国金融安全的重要因素。最为严重的是，中国的现行法律体系、法律执行程序对债权人的利益不能给予有效的保护，银行"赢了官司却拿不到钱"是一种普遍现象。在一个信用文化不健全的国家里，以诚信为本的银行业是不可能健康发展的。

2.重构信用文化的举措

信用文化的内涵包括债务人的偿债意愿、偿债意识、偿债行为、偿债记录等，也包括对违约债务人的惩罚等，是以一整套连贯一致的法律、监管和司法实践为基础的。因此，必须加快全社会良好信用文化的形成。

一是尽快制定信用管理的法律制度，加强信用方面的立法和执法。建立一套符合市场经济发展要求的信用文化制度框架，参照国际经验重新评估、修订中国的《公司法》《破产法》和其他行政管理规则及程序，并严格执行。债务人按期还债有困难，符合条件的，经债权银行同意，可以延期还债，可以进行债务重组，也可以依法破产，但不能赖债。凡对债权人提出的偿债要求置之不理，躲避债权人，应属欺诈犯罪。

二是树立信用观念和信用意识。通过多种方式强化市场主体的信用观念和信用意识，从基础教育到大学教育，对信用观念、信用意识、信用道德的宣传和教育应贯穿始终，使遵守信用成为社会经济生活中的一种基本公德：借款人从借款第一天起，就应想着还钱；贷款人从放贷第一天起，就不指望讨债。

三是强化企业内部的信用管理，督促企业和银行建立良好的公司治理机制，提高经营管理的透明度。目前，中国证监会已发布《上市公司治理准则》，中国人民银行也发布了《股份制商业银行公司治理指引》，通过法规促进良好的公司治理机制的建设。

四是引入外部监管纪律和市场纪律对企业和银行的约束力，培育、发展、监督和管理会计师事务所、信用评级机构、资产评估机

中国金融安全论

构、律师事务、公证处等社会中介机构，充分发挥它们的公信力、独立性和公正性。

总之，"法制、教育、透明度和社会监督"是建立良好信用文化的基础。中国不同于成熟市场经济国家，法制水平和司法能力较弱，决定了在今后相当长一段时间内，债权人仍然难以通过诉讼来保全债权，所以防患于未然仍是最主要的。这就需要将有不良信用记录的企业和个人公之于众，将之排斥于社会信用体系之外。

第三节　中国国有商业银行的股份制改革

一、国有商业银行股份制改革的目标

伴随加入世贸组织而进一步扩大的银行业开放，将成为中国银行业发展史上的一个分水岭，中国的银行业将进入一个新的改革和发展阶段。毋庸置疑，国有商业银行的股份制改革将成为深化中国金融改革的重要标志。

1.股份制改革的浅层次原因

近年来国有商业银行股份制改革这一问题之所以变得十分突出，一般认为，是为了解决国有商业银行的资本金问题。这是因为，近年来尽管国家采取了一系列政策措施来提高国有商业银行的资本充足率，但仍未达到国际上银行业认可的水平，短期内国有商业银行也根本不可能靠税后利润的自我积累弥补资本缺口，在国有商业银行的负债率太高而自有资本不足、存在着大量的不良贷款、财政无力追加投资，以及面临着国际竞争巨大压力的情况下，国有商业银行股份制改革终于被提上了议事日程。

从国际大银行的情况来看，2002年世界前10家大银行（不包括中国的银行和未提供数据的银行，下同）平均资本充足率为11.4%。与国际大银行相比，中国国有商业银行资本充足率存在着较大的差距（一般认为不足8%），从而制约着抗风险能力和扩张能力。仍以世界前 10 家大银行为例，平均不良资产率为 4% 左右，其中花旗银行和美洲银行的不良资产率分别为 2.67% 和 1.92%， 而中国四大国有商业银行的不良资产率高达 20% 左右。更为严重的是，与国际大银行相比，中国国有商业银行的各项财务指标都存在着较大的差距（参见表 7.1 与表 7.2），特别是资本不足削弱了银行消化贷款损失的能力和偿付能力，而且有可能危及整个金融体系的安全。因此，提高资本充足率的确是目前摆在国有商业银行面前的一项紧迫任务。

2. 股份制改革的深层次原因

但是，解决国有商业银行资本金不足或提高资本充足率仅仅是国有商业银行股份制改革的动因之一，甚至可以说是浅层次的原因，而真正的原因或深层次的原因则是为了建立现代商业银行制度，其基本要求是：建立明晰的金融产权结构和完善的公司治理结构。

（1）建立明晰的金融产权结构。众所周知，国有四大商业银行现行的国有独资产权模式，名为独资，实际上所有权由谁代表并没有解决，导致产权关系模糊、资本非人格化以及所有权与经营权难以分离，由此而来的是责权利不明、缺乏有效的自我约束机制、经营效率和效益低下等。在国有独资产权模式下，国有商业银行很难摆脱来自政府部门的干预，再加上债权债务关系不清，即作为债权人的国有商业银行与作为债务人的国有企业最终都为国家所有，从而无法形成真正的借贷关系或金融交易关系，导致了国有商业银行大量不良资产的产生。国有商业银行进行股份制改革，就是要建立与现代商业银行制度相适应的金融产权结构，使国有商业银行获得独立的法人产权地位和自主经营权，实现政企分开，彻底摆脱形形色色的政府干预。产权明晰，也有利于建立有效的内部权利约束机制，形成对经营机构和人员的产权约束，防止诸如"内部人控

---

❶ 参见 The Banker, July 2002。

中国金融安全论

制"等问题的产生。

（2）建立完善的公司治理结构。对商业银行来说，公司治理结构是指所有者对银行的控制形式，是一种产权约束制度，表现为决策机构、执行机构和监督机构的总和以及相互之间的关系。^❶ 决策机构包括股东大会和董事会，其主要职责是制定发展目标、重大战略决策和确定经营方向、审议其他重大事项，以及任命管理层；执行机构是以行长为核心的经营管理层，其主要职责是组织经营活动；监督机构主要是指监事会，其主要职责是监督检查银行的财务会计活动、监督检查管理人员执行职务时是否存在违反法规或公司章程的行为并要求其纠正等。三者的分离有利于责权明确、相互制衡。目前中国国有商业银行的公司治理结构也存在着严重的缺陷，与国有商业银行现行的国有独资产权模式相联系，董事会与监事会的设置以及经营管理层的任命基本上都是由政府决定的，董事会形同虚设，而监事会真正发挥有效作用受到种种因素的制约。^❷ 这种状况难以形成对经营管理层的有效约束，至于公司治理结构所包括的各个方面相互之间关系的协调就更无从谈起。需要指出的是，即使在组织形式上建立了公司治理结构之后，仍然存在着如何使之充

---

❶　公司治理结构也称为公司治理或法人治理结构，经济合作与发展组织对公司治理的定义为：公司的管理层、董事会、股东和其他利益关系各方之间一系列的关系。公司治理还提供一种组织结构，通过它确立起公司的目标，以及达到目标和监测业绩的手段。良好的公司治理将为委员会和管理层追求目标提供适当的激励，以便符合公司和股东的利益，并有利于有效的监管，从而鼓励公司更有效地使用资源。参见巴塞尔银行监管委员会：《加强银行机构的公司治理》（1999年9月），转引自《中央财经大学学报》，2000年第4期。

❷　2000年3月国务院颁布了《国有重点金融机构监事会暂行条例》，7月决定分别向国有商业银行、交通银行等国有重点金融机构派出监事会，8月21日，15个监事会已进驻包括四大国有独资银行在内的16个国有重点金融机构。

分发挥效能的问题。

完善治理结构被认为是国外银行上市的最重要的动因，被认为这是银行上市后能否实现成长的关键因素。这是因为，银行通过上市能够有效地消除所有权与管理权不分产生的各种弊端，使公司具有更大的稳定性和更长的延续性。另外，银行上市后可在吸纳优秀管理人才等方面发挥更大的优越性，有利于其提高经营效益，从而使竞争力进一步提高。对中国的国有商业银行来说，进行股份制改革和上市，随着产权多元化，外部监督的加强，现行的各项管理制度才能充分发挥效益。通过国有商业银行股份化使中外银行的竞争起跑线更为接近，合理缩小二者之间的差距。

显然，如果只是把国有商业银行股份制改革定位于"补充国有商业银行资本金"，而不是建立明晰的金融产权结构和完善的公司治理结构，将使这一改革半途夭折。毫无疑问，如果是这样，国有商业银行股份制改造和上市极有可能步现在已上市的一些国有企业之后尘、重蹈其覆辙，即依然没有建立良好的公司治理结构，或者依然是虚弱的治理结构，银行效率和效益依然低下，不良资产继续增加、资产质量继续恶化；如果是这样，上市融资充其量只能使资本充足率暂时提高，但很快就又会掉下来，这种"无底洞"有多少资本金也难以填满，而且也使国有商业银行背上沉重的债务负担，再度陷入困境，同时也使股票市场的发展受到严重扭曲。

从国际经验来看，增强资本实力是国外银行上市的重要动因，这被认为是银行上市后最为明显的优势。实际上，国外商业银行上市发行股票并不是为了补充资本金的不足（显而易见，一家资本金不足的银行要在资本市场上筹措资金是非常困难的，投资者绝不会轻易向这家风险很大的银行投资），而是为了并购、进行资本扩张。汇丰银行就是一个比较典型的例子，20 世纪 50 年代末 60 年代初，汇丰银行在银行规模的扩张中取得了第二次世界大战以来的重大发展，先后收购了有利银行和中东英格兰银行，使其资产总额大幅度增加，由 1958 年年底的 2.28 亿英镑增加到 1960 年年底的 4.45

亿英镑，增幅将近一倍。20 世纪 60 年代中期，汇丰银行再次取得香港最大的华资银行——恒生银行的控制性股权，奠定了其在香港银行零售业的垄断优势。进入 20 世纪 70 年代之后汇丰银行加强了其在商人银行、证券、投资等方面的业务扩张。1981 年汇丰银行宣布 60 年来的首次扩股，其资本从 1997 年年底的 37.1 亿港元增加到 1981 年年底的 136.5 亿港元，达到了国际银行的资本规模，在美国以外的世界商业银行排名中跃居到第 20 位。根据 2002 年 7 月英国《银行家》杂志对世界 1000 家大银行的排名，汇丰位居世界第五，其一级资本高达 350.74 亿美元。汇丰银行之所以能够在不太长的时期内成为国际银行业的"巨无霸"，走的是资本集中道路，通过资本集中来快速扩张。其实马克思早有论述："假如必须等待积累去使某些单个资本增长到能够修建铁路的程度，那么恐怕直到今天世界上还没有铁路。但是集中通过股份公司转瞬之间就把这件事完成了。"❶

总之，国有商业银行股份制改革的目标应该而且必须明确，这就是：建立现代商业银行制度。只有建立了明晰的金融产权结构和完善的公司治理结构，这一改革的众多积极效应才可能进一步涌现：实现国有商业银行的商业化或市场化改革；从根本上解决资本金不足问题；提高经营效率；防范和控制金融风险；应对加入世贸组织后的新形势；改善、优化资本市场中的上市公司结构；促进国有经济的战略调整，等等。

二、国有商业银行股份制改革的操作

1. 股份制改革的顺序安排

由于四大国有商业银行在中国金融体系中具有举足轻重的地位，对其实行股份制改革必然涉及金融体系、金融市场以及整个社会经济的稳定与发展，事关全局、意义深远。为了保证改革的成

---

❶ 参见马克思：《资本论》，第1卷，人民出版社，1975年版，第688页。

功，必须积极准备、稳妥推进。所谓积极准备，就是要解决理论上的难点、研究制定相关政策和策略、设计优选操作方案、准备保障措施；所谓稳妥推进，就是要把握好改革的顺序和步骤，绝不可一哄而起、急躁冒进。国有商业银行股份制改革的顺序安排主要包括以下几个方面。

（1）先内部改革重组、后改制上市。近年来，国有四大商业银行上市的呼声不断高涨。实事求是地看，目前中国四大国有商业银行还不完全具备上市的条件，还存在着相当大的距离。当务之急是加快内部改革，例如加强财务管理，提高经营效益；调整信贷结构，严格信贷管理，提高金融资产的质量；精简机构和人员，提高工作效率集约性经营水平；加强内控机制建设；建立有效的激励约束机制等。只有在此基础上才有可能将独资体制改造为股份体制并且准备上市。需要注意的是，国有商业银行股份制改革和上市的标准和程序是与一般企业相同的，都必须遵循统一的公司法和证券法。

（2）先试点、后全面推广。由于国有商业银行在国民经济中具有特殊地位和巨大影响，为了确保其股份制改革的顺利进行和获得成功，应遵循先试点后全面推广的原则。可先选择一家条件比较合适的国有商业银行进行改制试点，积累经验后逐步推广。但是这种安排在实践中较为困难，这是因为，在国内外激烈竞争的压力之下，四大国有商业银行都想通过股份制改革尽快提高整体实力，谁也不甘落后。以设立资产管理公司为例，起初的思路是确定先由四大银行中的一家试点一两年，取得经验后再全面推广，但在信达资产管理公司成立不到半年，其他三家资产管理公司也相继建立。总结以往的经验，在选择一家进行试点的同时，鼓励其余各家积极进行股份制改革的研究、制定方案并允许在其内部小范围试点。

（3）先法人持股、后社会公众持股。产权多元化是国有商业银行股份制改革的必然要求，但在改革的初期应首先选择以法人持股为主，待到条件成熟之后，再扩大到国内外公众持股。这种安排有利于社会和金融市场的稳定，也有利于保护国家和社会公众的利益。

（4）先境外上市、后境内上市。国有商业银行上市有多种方案，可根据具体情况，或采用其中的一种，或同时采用数种。之所以提出先境外后境内的安排，主要基于两方面的原因：首先相对于国有商业银行所需要的资本总额，中国资本市场的容量有限，即使仅有一家国有商业银行（整体）上市，市场也难以承受，而且中国资本市场发育也还需要有一个过程，先境外后境内的安排有利于分散国内市场的压力；其次，通过在境外上市迫使国有商业银行按照国际金融市场的标准来规范经营和严格管理，迫使其建立良好的管理机制、遵循市场交易的规则、按照市场化的原则进行改革，因此对国有商业银行来说，这无疑是一场革命。

（5）先部分、后整体。国有商业银行上市，并不一定要求其整体上市，如果需要整体上市的话，可采用先部分后整体的安排，例如采取分拆的方式先部分上市（包括部分机构和部分业务），待积累经验后再整体上市。

2. 股份制改革的方案选择

（1）组织体系改革方案。组织体系改革方案有多种多样，但以下两种方案较为符合国有商业银行的情况：一是在保持总分行制不变的情况下，对国有商业银行的部分分支机构进行改制，使其子公司化；二是把国有商业银行的大部分或全部分支机构改制成为子公司，将总分行制改为集团公司制。在以上两种方案中，第二种方案更具有优越性，建立集团公司制后，总行通过控股的形式，建立分支行子公司并明确其法人地位。实施这种方案有利于消除国有商业银行现行一级法人制度管理层次过多的弊端，使分支行子公司具有较大的经营自主权，有利于提高效率。

（2）股份构成方案。国家控股、国有企业法人持股、国内外公众参股。

（3）国有商业银行上市方案。国有商业银行的上市包括在境内和在境外上市，而且由于国有商业银行在境内外拥有子公司和分支机构，因此上市方案就有多种方案，这些方案可以单独采用，也可共同采用：境内子公司在境内上市；境内分支机构在境内分立和业务分拆上市；境内分立机构在境内捆绑上市，即将分立机构合并成上市银行，再把某些机构和业务先装进该上市银行；境内子公司在境内通过并购上市；境内子公司在境外上市；境外子公司在境外上市；境外子公司在境外通过并购上市。

（4）募集的股本规模。根据证券市场的有关规定，上市公司的资本充足率应该达到10%，国有商业银行上市可先按照10%的资本充足率计算出需要多少资本金，再彻底进行清产核资，算出银行的国有资产数额，包括流动资本金、固定资本金、历年提留公积金和其他应属于国家的资产。将两者对比，便可得出该银行资本金数额的缺口。从理论上来看，这个"缺口"即为拟募集的股本规模。但这个募集规模还受到国家必须处于控股地位的限制。一般认为国家股金应达资本金总额的50%。如果这家银行的国有资产净值达不到这个数额，或由国家财政拨足，或调低拟筹集的资本金总额，使国有股权达到这个比例。股份制改造完成后，上市流通股由投资者在证券市场上认购，非流通股则可由国有企业、非国有企业以及外资企业来认购。

（5）改革的时间安排。从国有商业银行改革的步骤来看，由于股份化改造在先，上市在后，而且上市并非标志着改革的完成，从某种意义上来说，上市才是银行改革的真正开端，如果再考虑到其他相关制度条件的建立，可以预计，国有商业银行股份制改革和上市要想取得预期的效果，最终建立现代商业银行制度，很可能需要较长的时期。对于如此艰巨的任务，不可能一蹴而就，在时间安排上绝不可以急于求成。当然，形势所迫，国有商业银行改革已不可能无限期地拖下去了，改革的时间表大致如此：用5~7年的时间基本完成国有商业银行改革。首先，用2~3年的时间进行内部改革重组，选择试点银行进行改制和上市试点；其次，在试点取得成

中国金融安全论

功经验的基础上，用 2~3 年的时间完成各家国有商业银行的改制和上市；最后，用 1~2 年的时间巩固完善，初步建立现代商业银行制度。

三、控股权与股权结构安排

1. 关于控股权问题

如何安排国家的控股权是国有商业银行股份制改造中的一个关键问题。按照中国长期以来形成的惯例和理论界的思维定式，目前的主流观点是：国有商业银行如果进行股份制改革，其股权结构必须保证国家的绝对控股。从管理层的倾向性意见来看，也认为国家应对一部分大型商业银行保持绝对控制权，例如可保持 75% 的股权。实际上，国有商业银行股份化后是否必须保证国家的"绝对控股"，还值得进一步分析研究。

从国际经验来看，商业银行并不属于国家必须垄断的部门，其资本运营完全是一种市场行为或商业性活动，因此在商业银行的股权结构中，国家没有必要一定处于论断性控股地位。中国国有商业银行股份化改革，如果过分强调国家对国有商业银行的控股权而且是绝对控股，这与原有体制下的国有独资银行不会有很大的区别，而且很有可能再次导致旧体制的复归，政企不分、行政干预银行经营活动的状况将死灰复燃。如果从银行自有资本实力扩张的角度来看，"绝对控股"的弊端就更加明显，国家绝对控股的股权结构必然对银行资本其他来源渠道的资本集中功能产生限制作用，使银行资本的扩张在很大程度上仍然受制于国家财力的制约，难以满足银行资本运营规模不断扩大对自有资本扩张的要求。❶

当然，基于能够在经济体制转轨和对外开放中保证国家有充分的控制力、增强对外部意外冲击的防御能力等方面的考虑，要求国

---

❶ 参见谢太峰：《商业银行资本营运》，西南财经大学出版社，1999年版，第83页。

家保持对国有商业银行的绝对控股权有一定的合理性。毫无疑问，"绝对控股"思路的核心是为了保证国家宏观经济调控的能力和防范风险。但是值得注意的是：

首先，"绝对控股"的思路与中国经济体制改革的发展已不相适应。在原有体制下，国家宏观经济调控主要依靠行政手段，国家"绝对控股"最有利于加强对国有独资商业银行直接控制，例如对国有商业银行的贷款直接进行限额控制。随着中国经济体制改革的不断深化，中央银行金融宏观调控体系逐渐由过去的直接控制转向间接调控，即主要通过使用经济手段和法律手段，调节经济变量对商业银行产生影响，最终实现调节社会信用关系的目的，对国有商业银行贷款限额控制也早已在 1998 年 1 月被取消。对国有商业银行是否"绝对控股"，在间接宏观调控体系中意义已并不是很大。西方发达市场经济国家的情况是，并非通过对商业银行"绝对控股"来保持国家宏观经济调控的能力，而主要是利用经济手段进行宏观调控。

其次，"绝对控股"能否防范风险也值得探讨。在"绝对控股"情况下，政府必然是国有商业银行的最主要的出资者，因而也就成为金融风险最主要的承担者；反之，如果是"相对控股"，政府将承担有限责任，承担的风险也随之减少。从商业银行的角度来看，银行作为特殊企业可以大大超过自有资本来负债，其负债的安全性则在更大程度上取决于它创造资产的能力和质量。因此，对商业银行来说，资本金的性质并不是最重要的，而行业的规制和自律则是最重要的。❶ 显然，能否防范和化解金融风险，关键不在于是否国家"绝对控股"，对此国有独资银行的经验教训已有充分的证明，根据国际惯例，确保控制投票权所要求的最小持股比例股份为

---

❶ 参见丁宁宁：《国有专业银行商业化改革的路径选择》，《金融研究》，1999年第9期。

50%，^❶ 也并非是"绝对"。问题的症结在于能否有效地改善商业银行的经营管理、提高资本充足率和降低不良资产率，而股权多元化才是防范和化解金融风险的有效途径。只有股权多元化才有可能使内外资本融合并以此形成良好的公司治理结构，使国有商业银行成为真正意义上的"自主经营、自负盈亏、自我约束、自我发展"的市场竞争主体，由此激发出自身的活力，促进高效运作，使防范风险具有坚实的基础。

2. 关于股权结构安排

从发达市场经济国家的商业银行股权结构来看，几乎都是由机构投资者或个人投资者持有股份，政府一般不持有商业银行股票。英国上市银行的股权结构中，个人持有者持有的股票数量占80%，机构投资者的持有量约占10%，但个人股票持有者多为小股东，对银行管理和决策几乎毫无影响，而机构投资者对银行重大事项的决策起着决定性的作用。美国上市银行的股权结构中，机构投资者占30%~70%，其余为投资散户。德国的情况与英、美基本相似，但德国银行的股权结构有一个显著的特点，即银行员工持股所占比重较高，一般都为20%~25%，例如德国三大商业银行之一的德国商业银行的股权结构中，员工持股所占比重达27%，参见表7.7。

表 7.7　德国商业银行（Commerz bank）股权结构

（%）

机构投资者	私人持有			
	合计	员工持股	私人投资者	独立投资者
51	49	27	12	10

注：1996年年底数据，股东总数为22.5万个。
资料来源：《金融时报》，2000年5月27日。

❶ 参见［美］J.弗雷德·威斯通等：《兼并、重组与公司控制》，经济科学出版社，1998年版，第406页。

从一些新兴市场经济国家的情况来看，尽管有政府直接参股的上市银行，但其控股权一般都低于50%。例如，在韩国的26家上市银行中，政府和中央银行直接参股的仅有三家，其中政府持有股权的国民银行和住宅银行分别占15.2%和46.8%，央行参股的占46.8%，除此以外，其余大部分银行的主要持股者为机构投资者。香港联交所规定，由公众持有的上市公司股票必须占该公司股票发行总量的25%以上，因此在香港上市银行中由公众持有的股票流通量所占比重从25%到100%不等。在香港的上市银行中，汇丰控股是最为典型的完全没有大股东的股权结构。香港政府修订的《汇丰银行条例》规定，非经董事局批准，任何人都不准持有公司1%的股份，因此其股权极为分散。汇丰控股一些主要持股者的情况可参见表7.8。

表7.8 汇丰控股（HSBC HOLDINGS PLC.）主要持股者

名称	国别	控股量（千股）	比重（%）	资料截止日期
1. Franklin Res. Inc.	美国	18748	0.20	2000.02
2. Templeton Mgmt	加拿大	7932	0.09	2000.04
3. Vanguard Group	美国	7521	0.08	1999.12
4. Fidelity Inv. Canada	加拿大	6458	0.07	1999.12
5. Schroder Investm	英国	6241	0.07	1999.10
6. IG Investm Mgmt	加拿大	5118	0.06	1999.12
7. Franklin Res. Inc.	美国	4560	0.05	2000.02
8. Mer Lynch Ast Mgmt	美国	3401	0.04	2000.06
9. Standard Life In	英国	3296	0.04	2000.03
10. Pilgrim advisors	美国	2946	0.03	2000.03

注：表中 1. Franklin Res. Inc. 的投资组合名称为 Templeton Growth Fum；7. Franklin Res. Inc. 的投资组合名称为 Templeton World Fum。

资料来源：Bloomberg on October 24，2000，汇丰证券（亚洲）有限公司提供。

中国国有商业银行股份制改革，股权结构的安排主要有两种选择：一是绝对控股即国有股权在全部商业银行股本中的比重超过50%以上；二是相对控股即国有股权在全部商业银行股本中的比重低于50%，但由于股权分散化，使国有股权在实际上保持控股地位。从中国的情况来看，国有商业银行股份制改革不必拘泥于必须保证国家的"绝对控股"，而相对控股则是较为理想的选择，国有股权以保持在30%~50%为宜。

为了能使国有商业银行在股份制改革之后继续保持国有的地位，可借鉴英国的经验——发行黄金股（Golden share）。1979年以后英国政府在实施企业民营化时，为了确保国家的利益，发行由政府或财政部持有的黄金股即特权优先股（Privileged preferred stock），并制定了黄金股章程，即使将国有企业股份的100%公开转让而使其转变成为民营企业，政府仍可通过黄金股和在实施的章程中规定的权利对企业行使管理控制。黄金股的优越权限可根据具体情况和需要来制定，例如英国政府在黄金股实施的章程中通常包括的主要权限有：限定特有个人持有股份；限制有关集团资产的处理；限制有关公司自发性的关闭和解散；限制发行有表决权的股份；董事的任命条件；指定英国人董事的条件等。❶ 显然，发行黄金股对于有效保护国家利益有重要的意义，有利于扩大公有资本的支配范围，增强公有制的主体作用。中国国有商业银行在采用发行黄金股方法时，要特别注意处理好两个方面的关系：既要利用特权优先股有效保护国家利益，又要防止政府利用特权优先股干预银行业务活动。因此，在制定黄金股章程时应明确，这种特权只有在关系到银行性质等重大问题时才可发挥作用，还可具体规定黄金股在哪些问题上不行使特权，或表决时折半计数，以充分发挥非国家股东对银行的监督作用。

---

❶　参见戴相龙、黄达：《中华金融辞库》，中国金融出版社，1998年版，第913页。

四、国有商业银行股份制改革中的风险防范

1. 面临的主要风险

国有商业银行股份制改革是一项复杂而艰巨的系统工程，在这一改革的过程中也面临着众多的风险，其中最重要的风险有：

一是信用风险。长期以来国有商业银行有国家信誉的支持，可以获得大量低成本的资金来维持其低效率运转，国家垄断信用是其正常运转的保证。股份制改革改变了"国有独资"的身份，就意味着失去了国家信誉提供的信用担保，有可能导致存款人信心丧失而造成支付危机，使流动性风险集中显化。如果不能有效地控制信用风险，极有可能使银行陷入危险的境地。信用风险将成为国有商业银行股份制改革面临的首要风险。

二是金融制度风险。由于在金融活动中存在着内部人控制的情况，不可避免地将会产生逆向选择和道德风险问题。所谓逆向选择是指选择代理人的过程中，委托人在考虑了代理人可能存在的问题之后，不能选择出符合要求的代理人，反而选择出不符合要求的代理人；道德风险则是指经营者在行使资金使用权时以自身利益目标最大化为依据，选择出的方案对出资人来说是次优的或存在缺陷的方案。逆向选择和道德风险加大了金融活动的危险性（违约）和不确定性（加大风险），特别是在内部人控制的情况下，任何形式的风险都会转嫁给出资人，而出资人却不能从加大的风险中获得额外的收益，这样就破坏了风险与收益成正比的风险配置机制，必然影响金融体系的功能，导致金融体系风险的产生。❶这种状况可能对股份制改革后的银行管理与约束机制的实施效果产生较大的影响。

三是金融市场的系统性风险。国有商业银行股份制改革和上市意味着经营货币的商业银行与资本市场的密切融合，这必将使中

---

❶ 参见范恒森：《金融制度学探索》，中国金融出版社，2000年版，第157页。

国金融市场的系统性风险增加，银行业与证券业的联动风险不可避免，一旦出现汇率和利率大幅度波动，极有可能形成相互影响传染。

2. 风险防范和控制措施

必须高度重视改革过程中面临的风险，采取有效措施对国有商业银行股份制改革中的风险进行防范和控制。

（1）调整发展战略，坚持稳健经营方针，实现从粗放型外延增长为主到外延型增长与内涵式集约型并重的转变。

（2）在管理体制上，加强过程控制、完善内控机制，防范内部风险，实现从以补救为主的控制向以预防为主的控制的转变。

（3）进一步完善信贷资金组织管理体系和内部监督体系。

（4）制定和完善有关的法律法规，为改革提供法律依据、为防范风险提供保障。例如，修改《商业银行法》《刑法》的有关条款，制定并颁布《国有控股商业银行条例》《黄金股或特权优先股发行章程》《存款保险法》等法规。

（5）建立存款保险制度，以利于增强存款人对银行的信心，避免股份制改革对部分居民产生的恐慌心理；减少由于银行破产对金融市场和国民经济产生的冲击，保护存款人的利益。

（6）加快推进利率市场化。利率市场化后，使商业银行能够根据资金市场状况自主决定资金供给和资产运用，有助于降低过去那种由于对国有企业信贷软约束产生的大量不良贷款所造成的风险；而且，利率市场化也会对企业或其他资金需求主体形成较硬的成本约束，必将在一定程度上抑制其对资金的过度需求和低效率经营状况，从而有助于减少不良贷款及其产生的风险。

（7）改革完善信息披露制度。保证信息披露真实、准确和完整，有助于建立公正的市场秩序、维护透明的市场环境，不仅有利于有效保护投资者的合法利益，而且由于信息披露的巨大压力，在广泛的社会监督之下，将促进国有商业银行提高自身素质，增强抵御风险的能力。

第八章　金融监管体系的完善与强化

第一节　国际金融监管体制

金融监管是金融监督和金融管理二者的合称。这里讨论的金融监管是指广义的金融监管，即不仅包括一国中央银行或其他金融监管当局对金融体系的监管，而且还包括各类金融机构的内部稽核、同业自律性组织的监管、社会中介组织的监管。

一、典型的金融监管体制

从各国的情况来看，由于各自的历史发展，政治、法律、文化等方面的区别以及经济金融体制、金融监管理论与方法的不同，造成金融监管体制存在着较大的差异。尽管如此，世界各国的金融监管体制仍可归纳为三种类型：多元化的金融监管体制、二元化的金融监管体制与一元化的金融监管体制。❶

1. 多元化的金融监管体制

多元化金融监管体制的典型代表是美国，其特点是多元化的双轨体制：联邦一级的监管机构是多元化的，联邦与各州实行两级监管，参见表 8.1 与专栏 8.1。

---

❶　参见潘金生：《中央银行金融监管比较研究》，经济科学出版社，1999年6月版。

货 币 监 理 署（Office of the Controller of the Currency，OCC）、联邦储备体系（Federal Reserve System，FRS）、联邦存款保险公司（Federal Depositary Insurance Corporation，FDIC）为联邦一级的金融监管机构；国家信用合作社管理局（National Credit Union Administration，NCUA）、州银行监督局（CSBS）、储蓄监督局（Office of Thrift Supervision，OTS）为州一级的金融监管机构。

表 8.1　美国的多元化金融监管体制

监管机构	监管对象	监管职责
1. 货币监理署（OCC）	在联邦注册的商业银行	注册并检查联邦商业银行，监督并限制商业银行的资产结构。
2. 联邦储备体系（FRS）	所有存款货币机构	监管检查所有的联邦成员银行，管理所有银行储备金。
3. 联邦存款保险公司（FDIC）	商业银行、互助储蓄银行、储贷协会	提供每一账户最多 100000 美元的储蓄存款保险，检查受保银行限制其资产持有结构。
4. 国家信用合作社管理局（NCUA）	在联邦注册的信用社	注册并检查联邦信用合作社协会，监督并限制信用社的资产结构。
5. 州 银 行 监 督 局（CSBS）	在本州注册的存款货币机构	注册并检查州立银行、保险公司，限制其资产结构，批准设立分支机构。
6. 储蓄监督局（OTS）	储贷协会	监管检查所有的储蓄贷款协会和储蓄银行，限制其资产持有结构。

资料来源：Frederic S. Mishkin，Financial Markets and Institutions，Addison Wesley Longman，1999，p.29。

专栏 8.1　美国的银行监管模式

　　由于历史原因，美国的银行监管体制相当复杂。首先，由于银行实行国民银行（指依照联邦法律登记注册的银行）和州立银行（指依照各州法律登记注册的银行）并存的双重银行体制，因此，除美国财政部下设的货币监理署（OCC）以外，各州政府均设立了银行监管机构，形成了联邦和州政府的双线监管体制。

　　其次，美联储、联邦存款保险公司（FDIC）、司法部、证券交易委员会（SEC）、期货交易委员会、储蓄监督局（OTS）、国家信用合作社管理局（NCUA）、联邦交易委员会（FTC）、州保险监管署（SIC）甚至联邦调查局等机构也都从各自的职责出发对商业银行进行监督和管理。其中美联储、FDIC 是两类最主要的监管机构。

　　美国所有国民银行都是联邦储备体系（Federal Reserves System）的成员，而州立银行则可自主选择是否成为美联储的成员。美联储对所有成员银行均负有直接的、基本的监管职能。

　　美国法律规定，在美国经营的银行要想吸收存款，必须首先加入存款保险。此外，FDIC 还对州立银行监管部门提供业务指导，为之提供监管指标体系，对州政府银行监管人员进行定期培训。

　　在美国，由货币监理署、联邦储备体系、联邦存款保险公司进行的传统的金融监管，其重点都集中在与银行资本金或资本充足率有关的贷款质量（风险或损失）上。联邦储备体系是美国的中央银行，主要负责货币政策的制定和执行，但作为银行监管者，联邦储备体系主要负责银行持股公司的管理和监督，并负责监督 1000 多家州成员银行。

　　传统的金融监管一般是场内检查，而现在则越来越多地依赖场外的计算机分析。除此之外，货币监理署还对美国的大银行进行更

中国金融安全论

多的检查，从 20 世纪 90 年代初开始实施向大银行派驻专职检查员制度，向 17 家最大的银行各派一名专职检查员，向 43 家次大的银行各派一名准专职检查员。对于 10 家特大的银行，货币监理署准备将派驻的专职检查员增加到 10 名。从 20 世纪 90 年代中期开始，货币监理署扩大了对美国银行业评估风险的范围，制定了标准化的评估标准。为实现对银行更广泛和更有效的检查，货币监理署确定了九类风险以备货币监理署检查员评估，其目的是评估所有银行和不同产品、行为的同一风险的标准具有一致性。这九类风险是：信用风险、利率风险、流动性风险、价格风险、外汇风险、交易风险、执行风险、战略风险、信誉风险。❶

联邦存款保险公司拥有四大监管职能：一是市场准入管制，由于没有进行联邦存款保险的银行几乎不可能得到注册批准，因此新银行进入市场在联邦一级就被联邦存款保险公司、联邦储备体系和货币监理署牢牢控制；二是检查，有 2/3 的联邦存款保险公司的职员的工作与检查银行有关，由于高风险要支付较高的保费，从而促进银行改变经营；三是破产银行的处理；四是对非联邦储备体系成员的州银行的存款利率进行监督（该职能已于 1986 年完全取消）。

2. 二元化的金融监管体制

二元化金融监管体制的典型代表是日本，其特点是大藏省（即财政部）和日本银行（即中央银行）对金融进行双重监管的体制，参见专栏 8.2。

专栏 8.2　日本的金融监管模式

自 1996 年以来，日本经历了泡沫经济破灭和亚洲金融危机两次大冲击，日本政府一改往日在金融改革方面"说的多、做的

❶　参见约瑟夫·F. 辛基：《商业银行财务管理》，中国金融出版社，2002年版。

少"、步履蹒跚的传统做法，大刀阔斧地推进冠名为"金融大爆炸"的全面改革。

目前，金融厅成为日本金融行政监管的最高权力机构，全面负责对所有金融机构的监管工作。财务省（地方财务局）以及劳动省、农林水产省等行政部门作为金融监管的协作机构，根据金融厅授权或相关法律规定对相关金融机构实施监管。日本银行和存款保险机构只负责对与其有交易行为的金融机构进行财务检查，其权力来源于双方最初签订的交易合同，与商业银行有权对贷款对象企业进行查账的性质基本相同，与金融厅的监管权力来源则有着本质上的不同。

日本金融厅是根据《内阁府设置法》的第53条第3项设立的，下设总务企划局、检查局、监督局三个职能部门。其中，总务企划局下设总务课（总协调机构）、政策课（联系与政策）、国际课（国际事务）、企划课（计划和立法）、市场课（金融市场）、信用课（信用系统）和企业公开参事官（合作会计和信息披露）等7个课室；检查局下设总务课（检查协调）、审查课（检查机构）和检查监理官（检查评估）三个课室；监督局下设总务课（监督协调）、银行第一课、银行第二课、保险课和证券课等四个课室。此外，还另设有金融审议会、汽车损害赔偿责任保险审议会、公认会计审查会、企业会计审议会、股票估算委员会、证券交易监督委员会等六个专门委员会。其中的证券交易监督委员会下设事务局，事务局下设总务检查课和特别调查课，分别负责证券行业的检查、协调和调查工作。

----

3. 一元化的金融监管体制

一元化金融监管体制的典型代表是英国，参见专栏8.3；在亚洲，韩国也属于一元化金融监管体制的国家，参见专栏8.4。

中国金融安全论

英国近年来进行的金融监管改革引起了全球广泛关注。以2000 年英国新的金融法出台为标志，英国成为世界上第一个实行统一金融监管的国家。英国新的统一金融监管制度主要体现在金融监管局（Financial Service Authority）的功能上。金融监管局要为英国的金融服务法制定执行的细则，又要监管银行、住房基金、保险公司、证券公司等各种金融机构的金融活动，决定惩罚与处置，是个权力很大的二级立法及执行机构。

英国金融监管的目标是：保持市场信心、保护消费者、向公众宣传金融市场、打击和降低金融犯罪。金融监管遵循六条原则：效率优先、落实风险责任、最低成本原则、鼓励创新、鼓励竞争、保持技术领先。

金融监管局实行董事会制，董事由财政部任命，一旦任命，董事会就自己独立运行。董事会由主席及五名部门总经理兼董事组成，这五个部门（司）有三个是职能部门，包括消费、投资与保险部，存款及市场部，监管程序及风险部，另加一个运营管理部及董事会主席办公厅。

金融监管局与被监管机构维持经常性联系，通过激励机制刺激金融机构完善风险管理：审批开业金融机构的手续、金融机构企业实行专人或小组专管、通过风险评估实施金融机构分类管理、促进金融机构改进管理风险能力、核查金融机构自我监管风险机制、严密监督金融机构投资机构的反洗钱机制。

金融监管局的监管形式可以分为现场与非现场两种。现场监管就是派外部的会计师去金融机构查账，检查金融机构内部管理风险条例的执行情况等。非现场监管是根据被监管机构提供的数据来观察其各项风险指标状况。

金融监管局是一个非营利性机构，经费来源完全靠收费，这与美国监管机构的资金来源不同。美国监管金融活动的机构复杂，经费来源也不同。美联储的经费属联邦政府预算；州政府监管机构的经费来自州政府预算；美国证券交易委员会的经费部分来自于收费，部分来自于罚金。英国金融监管局收到的罚金是要上缴国库的。英国金融监管局董事会下的两个顾问委员会有顾客与企业的代表，这些代表对收费的高低自然有反映，所以是一种自动调节机制。

金融监管局有较大的独立性，但它与英格兰银行及财政部也有很多密切的关系：财政部可以代表政府向金融监管局提出具体要求，要求金融监管局执行一些国际义务；财政部有权调查金融监管局的运行效率；财政部、英格兰银行与金融监管局之间有会谈机制，定期磋商，交换信息。

专栏8.4 韩国的金融监管模式

1997年金融危机爆发后不久，韩国随即对其金融监管体制进行了大幅调整和机构改革，在加强韩国（中央）银行独立性的同时，先后成立了金融监督委员会（FSC）和金融监督院（FSS），并将以往分别属于韩国银行、财经院、保险监督院、证券监督院等部门的各种金融监管职能统统转移至金融监督委员会（FSC）及其下属机构金融监督院，实施集中统一监管。

金融监督委员会（FSC）是由政府各相关部门派员组成的委员会性质的政府机构，依照职能划分为企划总务办公室、金融监管政策一局和金融监管政策二局。该机构的主要职责有三：①对有关金融监管的法律法规进行解释；②负责所有金融机构（包括在韩外资金融机构）营业执照的发放和吊销；③检查、指导下属金融监督院（FSS）的日常监管活动。

金融监督院（FSS）是由各金融机构共同出资兴办的民间公

中国金融安全论

益性机构，其主要使命是依照金融监督委员会（FSC）的指令，负责实施具体的金融监管和检查活动。内部机构则按照监管对象（金融机构业态性质）划分。

改革以后新成立的金融监督委员会（FSC）和金融监督院（FSS）在从事金融监管时，主要着眼于以下五个方面：①维护金融监管机构的统一性与制定科学的监管原则；②维持金融企业的健全性；③维护金融市场的公平竞争秩序；④提高监管人员的业务水平和道德素质；⑤逐步完善那些在发达国家所普遍存在的、但在发展中国家恰恰十分缺乏的金融基础设施，包括：良好的会计制度、完备的信息披露制度和完善的信用评估体系等。

二、金融监管体制新变化

自20世纪80年代以来，在金融全球化的影响下，国际金融领域发生了重要的变化，政府对金融的管制不断放松，许多实行金融分业经营的国家逐渐走向混业经营；金融机构间的竞争日趋激烈、金融创新层出不穷，金融风险的影响和危害远远超过以往任何时期。近年来，金融监管出现了一些新动向：为应对金融业并购和混业经营产生了一系列新的监管需求；金融监管在国际间的协调进一步加强；在金融监管的规则、监督与市场约束这三大支柱中，更强调市场约束，即由金融市场监督和实施的对经营机构和监管机构实施监督；以所有权和控制权的转移来实现市场约束；国家担保和最终贷款人的作用正在重新界定；❶由传统的风险细节管理向现代的风险管理模型监管转变。为此，一些国家将金融监管的职能从中央

---

❶　这是因为市场可在所有时间监督所有机构，而且市场对机构的评估从不中断，其监管效果最佳。传统的最终贷款人方法容易加剧道德风险，增加国家的救助成本，目前许多国家尽量减少充当最终贷款人的机会，贯彻"谁出事谁负责"的原则。参见李园丁：《金融业监管体制选择的比较研究》，《国际金融研究》，2001年第6期。

银行分离出来，实施中央银行货币政策和金融监管的分离。

首先，一些国家将银行监管部门从中央银行分离出来。例如，由于欧洲许多国家的中央银行已不复存在，所以在欧元区国家中，一半国家将银行监管部门从中央银行分离出来，参见表 8.2。

表 8.2　西方主要国家的银行、证券和保险监管模式

国别	银行	证券	保险
比利时	银行和证券监管机构	银行和证券监管机构	保险监管机构
丹麦	独立统一的监管机构	独立统一的监管机构	独立统一的监管机构
德国	专门银行监管机构	证券监管机构	保险监管机构
西班牙	中央银行	证券监管机构	保险监管机构
希腊	中央银行	证券监管机构	保险监管机构
芬兰	专门银行监管机构/中央银行	证券监管机构	保险监管机构
意大利	中央银行	证券监管机构	保险监管机构
爱尔兰	中央银行	中央银行	政府部门
卢森堡	银行和证券监管机构	银行和证券监管机构	保险监管机构
荷兰	中央银行	证券监管机构	保险监管机构
奥地利	政府部门	政府部门	政府部门
葡萄牙	中央银行	证券监管机构	保险监管机构
法国	银行和证券监管机构	银行和证券监管机构	保险监管机构
挪威	独立统一的监管机构	独立统一的监管机构	独立统一的监管机构
瑞典	独立统一的监管机构	独立统一的监管机构	独立统一的监管机构
英国	独立统一的监管机构	独立统一的监管机构	独立统一的监管机构
美国	专门银行监管机构/中央银行	证券监管机构	保险监管机构
日本	独立统一的监管机构	独立统一的监管机构	独立统一的监管机构

资料来源：Center for European Policy Studies，Challenges to the structure of financial supervision in the EU，July 2000。

其次，许多国家开始或考虑将分离出来的银行、证券、保险监管机构统一于一个监管框架内（即综合监管机构）。挪威、加拿大、丹麦于 20 世纪末、瑞典于 1991 年、英国和澳大利亚于 1998 年都成立了审慎监管的统一监管机构，并将其移出中央银行。日本、韩国和冰岛相继效仿，爱尔兰、以色列、拉脱维亚、墨西哥和南非都有类似的改革倾向。英国、瑞典、丹麦、挪威、日本、新加坡和韩国已经开始实施综合监管模式，另外，奥地利、德国、爱尔兰、比利时都把综合监管模式提上日程。

第二节　中国金融监管体系的缺陷及其矫正

随着金融全球化的不断深化和中国金融业的进一步对外开放，金融监管的重要性日益增强，金融监管的难度也进一步加大。然而，由于种种历史原因以及中国金融业本身的局限性，也使得中国金融监管中的缺陷和存在的问题十分突出，并已成为威胁中国金融安全基础的重要因素。因此，加强金融监管，特别是加强银行业的监管已成为金融工作的重中之重，也是防范和控制金融风险，维护中国金融安全的重要内容。正如 2002 年 2 月 5 日召开的全国金融工作会议所提出的："加强监管是金融工作的重中之重。加强金融监管，防范金融风险，保持金融稳定，是顺利推进金融改革和发展的基础，是贯彻实行国家宏观调控政策的必要条件，是维护国家经济安全的重要保证。"❶

一、重新确立金融监管目标

1. 中国现行金融监管目标多元化倾向

金融监管是一种具有特定内涵和特征的政府监管行为，必须

---

❶　参见《金融时报》，2002年2月6日。

有明确的目标。从国际经验来看，金融监管的目标包括一般目标和具体目标。一般目标通常是促进建立和维护一个稳定、健全、高效率的金融体系；而金融监管的具体目标则因各国经济金融体制的差别、发展阶段的不同以及历史文化传统的差异而有所不同。世界上大多数国家都在其中央银行法或普通银行法中对金融监管的具体目标予以规定，通常都突出强调保护存款人利益和维护金融体系的安全与稳定。例如，美国的《联邦储备法》阐明了制定该法的重要目标之一是要在美国建立更有效的监督；法国的《法兰西银行法》规定："法兰西银行是国家赋予权力在国家经济及金融体制下监控货币及信用供给的工作机构，为此，其应确保银行体系的正常运作"；日本的《日本国普通银行法》第一条明文规定监管是"以维护信用、确保存款人的权益、谋求金融活动的顺利进行，并为银行业务的健全而妥善地运营，有助于国民经济的健康发展为目的"。

然而，中国现行的金融监管目标并没有突出保护存款人利益和维护金融体系的稳健经营，起初是将金融监管目标与中央银行货币政策目标等同起来，以后又将金融监管的目标多元化。众所周知，中央银行货币政策目标一般包括充分就业、稳定币值（或物价）、经济增长和国际收支等内容，而且通常是将稳定货币作为货币政策的首要或唯一目标，借助货币政策工具调节货币供应量，以保持货币稳定。在 1986 年 1 月颁布的《中华人民共和国银行管理暂行条例》中，首次用法律的形式确定了金融监管的目标：中央银行、专业银行和其他金融机构，都应当认真贯彻执行国家的金融方针政策；其金融业务活动都应当以发展经济、稳定货币和提高经济效益为目标。显然，这一监管目标的核心就是为经济发展和稳定货币服务。在 1994 年 8 月中国人民银行颁布的《金融机构管理规定》中，

---

❶　参见任碧云：《重建我国金融监管体制之探讨》，《经济问题》，2002年第6期。

明确指出金融监管的目标是：维护金融秩序稳定，规范金融机构管理，保障社会公众的合法权益。而在 1995 年 5 月颁布的《中华人民共和国商业银行法》中，又提出了"保护商业银行、存款人和其他客户的合法权益，规范商业银行的行为，提高信贷资产质量，加强监督管理，保障商业银行的稳健运行，维护金融秩序，促进社会主义市场经济的发展"的监管目标。

由此可见，中国的金融监管目标具有多重性和综合性的特征：金融监管既要保障国家货币政策和宏观调控措施的有效实施，又要承担防范和化解金融风险，保护存款人利益，保障平等竞争和金融机构合法权益，维护整个金融体系的安全与稳定，促进金融业健康发展的任务；既要保障商业银行稳健运行，又要促进经济发展；既要保护存款人的合法权益，又要保障商业银行的合法利益。显而易见，中国现行金融监管的目标就是要通过监管各类金融机构及其经营活动，以确保国家各项金融政策的贯彻实施。这实际上是将金融监管目标与货币政策目标混淆在一起，其后果是强化了货币政策目标，弱化了金融监管目标，从而也就制约并影响了金融监管的有效性。

2. 金融监管的双重目标

为了提高中国金融监管的有效性，首先必须明确金融监管的目标，使金融监管的目标真正回归到双重目标上，即维护金融稳定和保护债权人利益。

首先，维护金融稳定。金融机构经营的商品是特殊的商品——货币资金，其经营活动是以信用为基础的，而信用本身又包含着众多的不确定因素，这种状况就决定了金融机构的经营具有内在的风险；金融风险本身又具有较强的连带性和易传播性。因此，金融业是名副其实的高风险行业。为了控制金融机构的经营风险以维护金融稳定，国家需要对金融业实施严格的金融监管。

其次，保护债权人利益。这里的债权人是指存款人、证券持有人和投保人等。在金融活动中，由于信息不充分或信息不对称现象的普遍存在，银行、证券公司、保险公司等金融机构比债权人拥有更为充分的信息，这就使得它们有可能利用这个有利条件，将金融风险或损失转嫁给债权人。为了防止债权人利益受损，国家需要通过金融监督约束金融机构的行为，以保护债权人的利益不受损害。

维护金融稳定和保护债权人利益这两个目标之间是一种相辅相成的关系。但从 20 世纪 80 年代以来，随着全球金融创新、金融机构并购以及金融自由化趋势的不断发展，金融风险大大增加，因而目前各国基本上是将维护金融稳定放在首位，但同时也兼顾债权人利益的保护。1995 年 3 月颁布的《中国人民银行法》中，对中国现阶段金融监管的目标的界定，基本上也是围绕维护金融稳定和保护债权人利益这两个方面。但在中国金融监管的实践中，过于强调和重视维护金融稳定，而对保护债权人利益方面却有所忽视，在这方面与世界大多数国家相比还存在着较大的差距。中国加入世界贸易组织后，国内外经济金融环境发生了较大的变化，一些金融机构的破产、倒闭在所难免。在这种情况下，保护债权人利益的重要性和紧迫性日益显著。因此，中国的金融监管必须兼顾保护债权人利益和维护金融稳定，最为紧迫的就是要建立中国的存款保险制度。对于金融监管当局来说，建立存款保险制度的意义不仅在于它能将银行倒闭造成的社会代价降到最低限度，而且还在于它的存在为监管当局严格履行监管职责，必要时采用果断措施解决了后顾之忧。当然，建立存款保险制度的重要意义还突出表现在使债权人利益得到了保障。

二、重构金融监管体制

1. 中国现行金融监管体制的缺陷

（1）金融监管缺乏独立性。主要表现在两个方面：一是在现行金融监管体制下，中央银行集制定和执行货币政策与金融监管于一身，也使金融监管绝对地服从于货币政策目标，从而削弱了

金融监管的相对独立性。二是在现行金融监管体制下，监管的有效性弱化。实现有效的银行监管，必须有一个有效的银行监管体系，参与银行的各个机构要有明确的责任和目标，并应享有操作上的自主权和必要的资源。从中国目前作为金融监管机构主体的中国人民银行来看，虽然其相对独立性比过去有较大提高，但从总体上来看仍然属于独立性较弱的中央银行。中国人民银行作为国务院的直属机构之一，不论在名义上还是在实际上，在制定和执行政策、履行其职责时，往往都比较多地服从政府甚至财政部的需要。特别是中国人民银行各分支行作为总行的派出机构，在监管实践中往往受到地方政府的制约，很难实现"超脱性"和"工作上的自主权"。当中国人民银行各分支机构实施金融监管触动地方政府的利益时，地方政府往往对监管施加压力，从而使监管的有效性弱化。

（2）金融监管缺乏协调机制。首先，金融监管机构之间缺乏协调机制。在中国现行金融监管体制中，金融监管机构的设置基本上属于分业监管模式，中国人民银行、中国证券监督管理委员会（证监会）、中国保险监督管理委员会（保监会）这三个部门共同承担金融监管职能。但是，这些部门的职能缺乏严格、科学的界定，相互间缺乏一种协调机制，常常互相牵制。在这种监管模式中，人民银行处于核心的地位，证监会和保监会与人民银行的意见不一致时，通常要服从人民银行的意向。这不仅使这两个监管机构对证券业、保险业监管的有效性降低，更为重要的是当证券业、保险业出现问题时，没有明确的责任承担者，也没有一个强有力的监管实施者。其次，金融监管机构内部也缺乏协调机制。例如，人民银行内

---

❶ 巴塞尔委员会于1997年9月公布的《有效银行监管的核心原则》指出：促进有效银行监管，必须具备稳健且可持续的宏观经济政策，完善的公共金融基础设施，有效的市场约束，高效率解决银行问题的程序以及提供适当的系统性保护机制等基本条件。

部组织机构的设置仍没有摆脱计划管理模式，存在着众多的突出问题：负责审批的不负责监管和检查；负责现场检查的又不负责审批和日常监管；各职能部门都有权代表中央银行对金融机构进行现场检查和实施处罚，在实际操作中各自为政，使各分支机构很难统筹安排监管任务。这种状况常常导致监管过程脱节，多头、分散、重复监管现象严重，难以形成监管的整体合力，使监督环节出现诸多漏洞，使监管的有效性降低。

2. 金融监管体制的重新构造

为了增强中国金融监管的独立性和金融监管协调机制，提高金融监管的有效性，必须对中国金融监管体制进行重新构造：实现职能分离、设立专门机构。

（1）实现职能分离。从中国的情况来看，是将保证国家货币政策和金融宏观调控措施的有效实施作为金融监管的主要目标。之所以如此，主要原因在于：其一，中国长期实行计划经济体制，在"大一统"的银行体系中，银行业间没有竞争，银行也根本不可能倒闭，因而也就无所谓风险管理以及保护存款人利益；其二，在经济体制转轨时期，中央银行在货币政策操作中，还较多地使用直接性货币政策工具操作，货币政策目标的实现有赖于中央银行强化金融监管。在这种情况下，金融监管理所当然就成为货币政策工具的重要组成部分，因而货币政策和金融监管也不可能分离。但是，在中国加入世界贸易组织之后，随着金融业进一步对外开放，国内金融市场格局出现重大变化：金融业垄断经营不复存在，不完全竞争市场逐渐形成；金融市场体系急剧扩张、金融市场日益细分化，金融创新迅速发展；融资渠道多元化、金融市场供求关系的变化使金融机构丧失了资金价格的决定权；金融市场发展的不平衡进一步加剧，金融市场主体间的竞争更加激烈。在这种情况下，风险控制、金融监管就具有极其重要的意义。为了突出金融监管的重要性，确保金融监管的有效性，中国对中央银行的货币政策和金融监管两项职能实行分离已是大势所趋。

（2）设立专门机构。从国际经验来看，金融监管机构的设置主要有以下四种模式。

一是中央银行兼任金融监管职能，对金融业实行全面监管。这种模式的缺点是：将制定和执行货币政策与金融监管集于中央银行一身，势必弱化金融监管，使金融监管沦落成为实施货币政策的一种工具。

二是设立多个金融监管部门，对银行、保险、证券业分别实施监管。这种模式虽然能够发挥专业监管的优势，但各监管机构之间的协调难度较大，而且与金融全球化发展趋势之间存在着较多的冲突。

三是中央银行兼行金融监管职能，但仅对银行业实施监管，而保险业、证券业则另设专门机构实施监管。这种模式虽然将银行业的监管交由中央银行来承担，减少了机构设置较多所带来的成本增加的负担，但在中央银行与其他金融监管机构之间同样会出现协调难度大的问题，其结果通常是其他金融监管机构难以独立行使监管职能，当出现矛盾时往往要服从中央银行及其货币政策目标的需要，从而造成专业监管能力下降。

四是设立专门的金融监管机构，例如金融监管委员会，由其独立行使金融监管职能，对金融业实行统一监管。这种模式既能有效行使金融监管职能，又能够加强监管机构的独立性，并且也不存在协调机制弱化问题。

综上可见，建立集中统一的金融监管体制不仅是国际金融监管的发展趋势，而且也是中国重新构造金融监管体制的目标。当前，在中国组建金融监管委员会对金融业行使集中统一全面监管的条件尚不成熟的情况下，已经先一步实行中央银行货币政策和金融监管两项职能的分离，建立了银行监管委员会；在此基础上，待时机成熟时再组建金融监管委员会。

三、提高金融监管水平

1. 中国现行金融监管操作的缺陷

无论是实施何种类型的金融监管，都需要完善的监管手段和方式。从中国现行金融监管的实施情况来看，金融监管仍处于较低的水平上，无论是监管手段和方式，还是监管内容和标准都存在诸多问题。

首先，金融监管的手段。由于中国金融监管长期依赖自上而下的行政管理，因此，金融监管以计划、行政命令并辅之以适当的经济处罚的形式表现出来。当前，虽然基本金融法律已经出台，但与实际监管的要求还相差甚远，再加上缺乏具体的实施细则，监管工作还难以做到有法可依和违法必究，大大影响了金融监管的权威性。而且，金融监管的法律、法规仍然不健全。

其次，金融监管的方式。中国的金融监管主要是外部监管，即由外在的监管机构对金融业及其活动进行监督管理。由于受自我约束、自我管理机制不健全的影响，内部控制❶薄弱，自我监管能力较低；金融同业公会等行业自律性组织的作用尚未真正发挥；社会监督机构（如会计师事务所、审计师事务所等）对金融机构的监督和检查依然十分薄弱。

再次，金融监管的内容。中国金融监管中的风险监管落后，监管部门相当大一部分精力集中于市场准入监管方面，把重点放在机构审批和业务审批上，市场运作监管较弱，对金融机构日常营运活动监管较少，金融检查和稽核也常常流于形式，市场退出监管几乎是空白。

最后，金融监管的标准。对金融机构（特别是商业银行）的检

---

❶　内部控制是指金融机构的最高管理层为保证特定经营目标的充分实现、保持各项业务经营活动的高效有序进行和防范金融风险而制定的一系列制度和措施。

中国金融安全论

查和评价以及风险管理等缺乏全国统一、完整、具体的量化标准，缺乏衡量金融机构行为的客观标准和奖惩办法，监管标准随意性较强。

2. 中国金融监管方式的完善

改进和完善中国金融监管方式，当务之急是：

（1）加强法制建设，强化金融监管的功能和作用。从金融监管的内容来看，一般应包括市场准入监管、市场运作过程监管和市场退出监管；从金融监管的手段与方法来看，主要依据法律、法规来进行，在具体监管过程中，则主要运用金融稽核手段来进行。法律体系是金融监管制度的主要保障和归结点，把监管工作建立在严密、系统的法律法规之上，使监管工作依法进行，并以此保障监管行为的权威性、严肃性、强制性和统一性，这既是金融监管自身的内在要求，也是世界各国的共同经验。因此，国家应尽快适应金融深化和金融创新的需要，出台相关法律法规，使这些法律法规既能够涵盖所有的金融业务，又具有严密性、配套性和协调性，并且还要严格执法。另外，还要结合中国目前金融监管中金融机构市场退出机制不健全的问题，以法律的形式明确接管的具体程序以及接管的具体措施，明确金融机构的解散原因和程序，金融机构合并、分立、破产清算的形式、条件、程序及法律后果等，最大限度地保障债权人的合法权益，稳定金融。

（2）非现场监控与现场检查有机结合。发达国家一般都建立了比较完善的风险目标监管，其核心是充分运用先进的技术手段、专业知识和信息，正确地认识和判断最新发展趋势和主要风险领域，尽早发出预警信号，及时采取防范和控制措施，最大限度地减轻监管负担。为提高中国金融监管的有效性，充分发挥预防、控制和化解风险的功能，中国的金融监管方式也应由过去粗放式监管向风险目标监管转变，必须使非现场监控和现场检查成为有机的整体。中国金融监管的非现场监控和现场检查方式尽管都在运用，但效果很不尽如人意，特别是非现场监控的作用其微。因此，必须尽快建立统一、科学、规范化的非现场监控体系、法律体系和风险监控指标；建立规范化、程序化、标准化的会计报告制度；充分利用计算机等先进作业工具，发挥其网络监控作用；尽快实现由事后发现和化解风险向事前预警和预防风险转化，健全非现场监控评级与信息披露制度，实现现场检查与非现场监控的协调一致，真正使非现场监控成为现场检查的目标导向，现场检查成为非现场监控的基本依据，最后形成统一的监管结论，采取统一的监管行动。

第三节　确立审慎的金融监管体制

一、金融审慎监管内涵

1. 审慎监管的概念

审慎的金融监管也称为金融风险监管，是指对金融机构防范和控制风险的能力与状况的监督和管理。由于金融机构（特别是其中的商业银行）是经营货币、提供支付中介服务的特殊企业，是现代社会经济活动的神经中枢。同时，金融业又是一个各种风险相对集中的行业，个别金融机构的问题非常容易波及整个金融体系，破坏公众对金融体系的信心，引发全局性的金融危机。因此，金融机构的经营活动必须采取极为审慎的态度，国家对金融业也必须采取比一般工商企业更为严格、更为审慎的监管。这种审慎性除了体现在对金融机构的市场准入比一般工商企业更为严格、要求的条件更高等方面以外，还突出表现在对金融机构"经营管理的审慎性"所实行的严格监管上。

金融市场化过程中需要加强的金融监管，与金融市场化改革之前的金融管制有着根本的区别。当今的金融监管，是建立在对尊重银行自主权的基础之上的一种审慎的监管。审慎的监管与金融管制之间的根本区别在于，前者对银行的要求是一种规范性的品质管理，以防范金融风险和促进竞争为目的，银行具有充分的业务自主权；后者则是银行的大部分具体决定直接由政府机构规定。每个行业都有自己特有的"行规"，如电冰箱业、汽车业有环保的规定，建筑业有安全标准。这个"行规"事实上是一种品质管理。审慎的金融监管措施（如风险管理制度）是金融业的"行规"，是为了保证金融服务业的品质。

2. 审慎监管的内容

金融监管通常包括三种类型：一是系统性监管，关注整个金融体系的健康，保证个别金融机构的金融风险不会冲击经济体系。二是审慎性监管，关注个别金融机构的健康状况，注重分析和监控金融机构资产负债表、资本充足率、信贷风险、市场风险、营运风险和其他的审慎性指标，保护客户利益，防止个别金融机构的倒闭冲击经济体系。三是业务发展方式监管，关注金融机构如何与其客户开展业务，更注重保护客户利益，如信息披露、诚信与公平，注重规范业务实践。应当说，审慎性监管在这三种类型的金融监管中具有举足轻重的地位。

对金融机构监管的审慎原则最突出地体现在对其安全性与稳定性的评价上，当前国际上通行的是骆驼评级体系（CAMEL rating system）。该体系是美国联邦体系及联邦其他金融管理机构根据"金融机构统一评级体系"（UFIRS）制定的对银行经营状况进行总体判断的一套方法，参见表 8.3 和专栏 8.5。

表 8.3　CAMEL 评级体系

指标	含义
资本充足率 （Capital Adequacy）	保持银行正常运行和健康发展所必需的资本比率条件。资本充足率越高，银行应付金融市场变化的能力、通过外源融资增加资本或应付流动性需要的能力、消化潜在损失的能力就越高。资本充足率通常指资本与风险资产的比率，巴塞尔协议规定该比率应不低于 8%。

指标	含义
资产质量 （Asset Quality）	资产的质量、类型、分散化是决定资本充足率和管理质量的重要指标，如呆滞贷款与总资产的比率过高就潜伏着破产的危机。主要通过信贷资产的五级分类计算来评定银行的资产管理和支付能力。
管理能力 （Management）	对银行管理人员的品质和业绩的评价，侧重于对银行管理层识别、衡量和监控风险的能力进行评级，以确定银行的管理水平。采用的主要方式是与董事会成员谈话对银行的管理进行评价，检查银行的内控制度和遵纪守法情况，特别是各类资产运作的程序或业务流程。
盈利能力 （Earnings）	根据银行提供的资产收益率、资本收益率等相关数据评定其盈利水平。通常，资产收益率高于 1% 以及资本收益率高于 15% 的银行是经营较好的银行；资产收益率持续低于 0.3% 以及资本收益率低于 5% 的则比较差。
资产流动性 （Liquidity）	对银行应付提现能力的评价，银行如果保持较大部分的现金和随时可转变为现金的资产，其流动性就高；反之，流动性就低，面临着资金周转不灵甚至倒闭的危险。通常，银行的现金应占存款的 5%~15%。
市场风险敏感度 （Sensitivity）	对银行管理市场风险能力的测定，包括银行盈利与利率、汇率逆向变动的敏感性，强调银行监控和管理市场风险的能力，特别是对利率风险、汇率风险的管理能力。银行管理层对利率、汇率变化引致风险的理解程度、管理风险的对策、测定风险的数量模型以及内部控制的准确性等都是衡量敏感度的重要因素。

资料来源：根据《美国银行业大变革透视》（刘积余著，中国金融出版社，2001 年版）、《中华金融辞库》（戴相龙、黄达主编，中国金融出版社，1998 年版）等提供的资料编制。

中国金融安全论

专栏 8.5　CAMEL 综合评级与问题银行

----

1. 综合评级等级及其含义

CAMEL 评级利用统计方法先得出评估指标并赋予权数，在检查报告资料中，计算出得分及综合得分，根据综合评分的高低，将银行分为五个等级，综合评级的含义为：

A：经营十分稳健的银行；

B：健康银行，具有控制风险的能力；

C：关注银行，已经出现不良资产，需要及时处置；

D：问题银行，问题的程度已达到需要及时救助；

E：问题银行，问题的程度比 D 更为严重，甚至需对其进行破产清算。

2. 问题银行范围的确定

美国联邦存款保险公司（FDIC）确定问题银行的范围是：

（1）未通过 CAMEL 评级体系预警测试的银行。

（2）实地检查时，被评定为 D、E 级别的银行，当然视为问题银行；被评为 C 级的银行，需再进行预警测试，不合格后确认为问题银行。

（3）开业不满一定时期的银行。该类银行由于处在开业初期，通常费用较高，业务尚未开展，获利能力较低。

（4）有重大舞弊案（如诈骗、携款潜逃）或所在地区经济发生不良变动的银行。

第八章　金融监管体系的完善与强化

资料来源：根据《美国银行业大变革透视》（刘积余著，中国金融出版社，2001 年版）、《发展中国家银行危机研究》（方洁著，中国经济出版社，2002 年版）等提供的资料编制。

3. 信息披露制度是审慎监管的支柱

中国的金融体制改革，要做到既加强金融监管又不至于使金融市场化改革的成果付诸东流，关键是要确立审慎的金融监管体制。

从国际金融的发展来看，审慎的金融监管不仅在理论上日趋成熟，而且已成功用于各国的金融监管实践。中国于1995年实施的《中国人民银行法》和《商业银行法》所确立的监管原则与措施，已向审慎监管迈出了坚实的一步。

对于市场经济下政府要不要干预的问题，长期以来争论的焦点实际上是干预的"度"的问题。需要政府干预的基本理由是市场存在缺陷，或者存在信息不对称问题。金融市场中同样存在信息不完全和外部效应等问题，理所当然需要监管。而且，由于金融市场的特殊性，金融业被认为是更需要加强干预的领域。"银行事业关系国计民生。……对银行业实行管理，不仅是对投资于银行业的人的关怀，也是对存款人的关怀。这是一个公共利益问题……" ❶在金融市场化的环境下，监管更显示出其重要性。在不完备的监管框架下，银行的管理者可能会由于利率管制的解除和银行特许权价值的降低发放过量的风险贷款。许多国家在金融机构引入竞争机制和赋予银行自主权的同时，却没有采取相应的监管措施来控制风险。这是一些国家金融市场化后发生金融危机的主要原因之一。因此，规范化与市场化并驾齐驱的金融改革才是稳健的改革。

为达到防范风险和促进竞争的目的，审慎监管的重要任务之一就是鼓励或强迫金融机构及时、准确、全面、公开地向公众披露信息，增加透明度。中国当前努力的主要方面是不仅要求监管当局尽可能向公众披露信息，同时金融机构也应建立直接对公众的强制信息披露制度。上市银行要按规定向社会公众公布资产负债等重大经营信息，非上市股份制商业银行也应向所在服务地区披露信息。为防范不良客户利用银行间的业务竞争重复借贷或多头骗取银行资金，各银行之间应建立通畅的信息沟通渠道，以做到客户信用等级信息资源共享。

在信息可靠的基础上，通过广大市场参与者以自由选择行为来

---

❶ 美国联邦储备委员会报告中的经常用语。

中国金融安全论

发挥对金融机构的监督和制约作用，也就是通过经济力量本身对金融机构和金融市场的活动实施制约，这是金融市场化环境下金融监管的精髓。

二、实施金融审慎监管的举措

根据中国的实际情况，确立审慎的金融监管体制，急需改革的内容主要包括以下六个方面。

1. 金融监管政策非行政化

金融监管手段必须是以法律为基础的间接手段，在日常监管中基本取消行政命令式的监管办法。只在金融市场失败时，政府直接干预方可走上前台。当前最重要的是逐步给予金融机构自由定价权和业务创新自由权。保持监管者与监管对象之间的距离也很重要。

（1）金融机构拥有自由定价权。随着市场机制作用的增大，特别是在非国有企业、股份制银行和外资银行的兴起以及国有商业银行及部分国有企业经营机制转变之后，利率管制的弊端愈显突出。由于利率管制，商业银行不能通过利率差别来区别风险不同的贷款人，高风险贷款缺乏高利息补偿，银行处于风险收益不对称状态。多年来，屡禁不止的"储蓄大战"、账外经营就是利率管制扭曲的反映，这是中国金融机构产生大量不良资产的重要原因之一。利率管制还人为强化了金融工具之间的非市场差别，制约了公平竞争。中国利率市场化改革的目标是要建立以市场资金供求为基础，以中央银行基准利率为调控核心，由市场资金供求决定各种利率水平和结构的利率体制。总体思路是通过提高贷款利率浮动幅度、规定存款利率上限和贷款利率下限等过渡方式，稳步推进利率市场化改革。

（2）金融机构拥有业务创新自由权。保护业务创新自由权的关键是要区分违规经营和金融创新的政策界限。考虑到两者之间界限比较模糊，在政策实践上，主导思路是尽量减少业务品种的行政审批制。由于银行和证券市场制度不完善，以及金融机构的自我约束力薄弱，在中国实行全面混业经营还需要一个渐进的过程。现实的政策是推行各种形式的业务合作或战略联盟。金融控股公司模式，需要积极试点。

2. 监管重点由合规转向经营性风险

监管重点由合规监管转向经营性风险监管，需要建立风险集中（Risk-focused）和过程导向（Process-oriented）的新型监管框架。所谓风险集中，是指监管资源要更多地用于关注银行机构及其资本所将承担的最大风险。当前最重要的，是要按规定标准补充资本金。银行的自我积累、财政增资、发行长期金融债券以及上市募集、增资扩股等方式，都是增加国有银行资本金的有效渠道。

所谓过程导向，是指检查和稽核的重点是检查银行机构对某种风险的管理过程和管理方法是否充分和有效。对那些没有建立合适的风险控制框架和有效管理过程的机构，要施以更多的现场检查。

3. 加强银行公司治理标准的监管

中国的金融风险控制不可能仅靠监管体制的改革就一劳永逸，恐怕更多地需要完善金融机构公司治理结构、加强竞争和市场约束来最终防范和化解。在现阶段，促进商业银行公司治理结构建设，也是重点监管的内容。国有商业银行的改革已进行了 20 多年，成效不佳的重要原因之一是对金融企业的理解过于表面化，国有商业银行的治理框架存在问题。尽管国有商业银行的各种管理制度可以说是已浩如烟海，但常常流于形式。公司治理不是空洞的口号，而是很具体的制度安排。国有商业银行公司治理改革的终极目标就是设计一套约束—激励机制，使国有商业银行的决策者与管理者更有效地为银行的整体利益而工作。值得注意的是，2002 年中国人民银行已将金融企业的公司治理结构建设纳入监管范围。

4. 执行符合国际标准的审慎会计制度

主要包括四个方面：一是改进和统一收入核算办法以及应付利息的计提方法，确保商业银行经营成果的真实性；二是推行贷款质量五级分类标准，准确、及时地披露贷款质量；三是落实呆账准备

中国金融安全论

金由商业银行自主计提的新政策，扩大银行决定核呆的自主权；四是监管当局通过独立的国内外会计师事务所对商业银行审慎会计制度执行情况进行审查。

5. 建立银行危机救助制度

保护存款人利益，是银行监管的基本目标。银行危机救助，既要救助存款人，也要救助银行本身。所以，需要建立完整的市场退出制度和存款保险制度。长期以来，由于条件的局限，中国金融机构破产，往往由监管当局或政府通过行政命令让某一国有金融机构接管其债权债务，虽然减小了社会震动，保障了居民储蓄存款人的利益，但对国有金融机构、中央财政损害极大，实际上是掩盖问题、积累矛盾。在银行完全国有的情况下，存款有"国家信用"做担保，没有必要建立旨在保障存款人利益的存款保险制度。现在，中国已建立了各种所有制形式的金融机构，其中多数金融机构直接或间接吸收存款。对于国有商业银行，其信用仍由国家担保，可暂不实行存款保险。现阶段可先建立中小金融机构存款保险制度，并赋予存款保险公司以监管权力。

6. 加强不同监管主体之间的合作

金融市场化改革的结果必然是金融服务领域和金融服务品种的扩展，这使得各种监管主体之间的监管合作成为必然。中国人民银行、中国证监会、中国保监会已建立三方监管联席会议制度，这一定期磋商制度需要继续完善，最终将协同监管制度化。

信息技术的发展以及中国金融对外深层次开放，迫切需要全球的金融监管合作，否则就不可能实施有效的监管。互联网的发展，使银行可以超越国界开展业务，银行在一国获得营业牌照，可以在另一地方进行数据处理（后线操作），而目标客户则有可能在第三国，这种现象已经十分普遍。在中国的外资银行，其总行注册地一般都在境外，这就很有可能会由于其总行或设在其他国家的分支行的经营失误而负连带清偿责任。当前，发达国家正在使其金融监管更具有区域乃至全球监管的功能，并试图通过国家立法来赋予其金融监管法律以治外法权的功能。中国的金融监管也应向区域和国际领域延伸，尽快建立起隐含治外法权的金融监管体系。

此外，还必须密切关注国际银行监管发展的新动向，统一监管、网络银行、反洗钱等都是近年来国际银行监管领域讨论的热点问题。

第四节　对外资银行的监管

一、外资银行进入对金融监管的挑战

到 2002 年 10 月底，外资银行在华营业性机构达到 181 家（其中外国银行分行 147 家、支行 8 家，在中国注册的法人机构 19 家、分行 7 家），资产总额为 379.65 亿美元，负债总额为 337.97 亿美元。中国引进外资银行的速度之快在国际上也是罕见的。然而，中国对外资银行的监管却远远落后于形势的发展。

1. 外资银行经营中存在的问题

目前外资银行在经营活动中存在诸多问题，主要表现在以下几个方面：一是违规经营，例如少缴存款准备金；多存少贷，将在境内吸收的外汇资金转移到境外进行套汇和套利；营运资金不到位，一些外资银行的流动性资产与流动性负债的比例达不到不得低于 25% 的标准，有的外资银行甚至达不到 10%。二是虚假行为，采用虚列成本、虚减利润、转移利润等方式来逃避中国的税收管理，一些外资银行往往以高利率向其总行借款，同时又将在中国以低利率吸收的存款汇往总行，实现向国外转移利润。三是不公平竞争，利用非价格手段，进行不公平竞争，采用诸如回扣、降低手续费标准、邀请客户出国甚至接受假凭证等手段与国有银行争揽业务和客户。

上述问题必然扰乱国内金融秩序、加大金融风险，这些问题的产生表明中国对外资银行监管存在缺陷，关键在于缺乏引导和约束

外资银行行为的有效的监管法律体系：首先，有关外资银行监管法律的针对性和可操作性较差，对外资银行经营业务的规定也过于笼统，缺乏具体的界定和规范，有些业务虽有约束性规定，但对违反规定没有惩罚措施。其次，在对外资银行监管的国际合作方面，有关立法规定不明确，没有实行国际通行的综合监管原则。最后，对外资银行监管的手段和方法尚停留在传统的经验管理阶段，基本上以行政管理为主，不能适应外资银行在华快速发展的需要。例如监管方式主要以日常报表分析为主，而且偏重于定性分析，缺乏一个具体的、具有可操作性的监管参照系。

在中国加入世界贸易组织后，随着中国金融市场的进一步开放，外资银行所带来的问题以及衍生出的金融风险也将增加。因此，进一步改进和完善有关外资银行监管的法规，加强对外资银行的有效监管，将成为中国金融监管的重要任务。

2. 外资参股挑战金融监管体制

中国加入世界贸易组织后，外资金融机构参股国内商业银行的速度呈现出加快的趋势（参见表8.4），而且参股动因和参股方式都发生了重要的变化。这一变化，对中国的金融监管提出了新的挑战。

（1）外资参股的新特点。一是外资参股的动因。外资银行之所以青睐参股国内商业银行的方式，主要原因是利用这种方式可以绕过金融监管的有关限制，为其带来最大的商业利益。首先，可以绕过中国加入世界贸易组织承诺中的客户限制和地域限制，中国承诺在五年内逐步放开对外资银行的地域限制、客户限制，参股国内商业银行可以缩短这一进程，直接进入内地银行业。其次，可以绕过独资设立网点的严格限制。根据中国的规定，外资银行设立新的分支机构，必须在中国人民银行总行前次批准设立分行之日起一年后方可提出申请；申请经营人民币业务，应当在拟开办或扩大人民币业务的城市所设分支机构开业三年以上，申请前连续两年盈利。显然，这些措施有效地限制了外资金融机构在华的扩张速度，迫使

表 8.4　外资金融机构参股中资银行情况

时间	外资金融机构	中资银行	参股金额与比例
1996 年 10 月	亚洲开发银行	中国光大银行	1900 万美元，3.29%
1999 年 9 月	国际金融公司	上海银行	约 2 亿元人民币，5%
2001 年 11 月	国际金融公司	南京市商业银行	2700 万美元，15%
2001 年 12 月	汇丰银行 国际金融公司（增持） 上海商业银行（香港）	上海银行	6260 万美元，8% 2500 万美元，2% 1.95 亿元人民币，3%
2002 年 8 月	花旗银行	上海浦东发展银行	5%（存在认股选择权）
2002 年 9 月	国际金融公司 加拿大丰业银行	西安市商业银行	12.5% 12.4%
2002 年 10 月	新桥投资	深圳发展银行	未定

资料来源：《中国金融》，2003 年第 8 期。

中国金融安全论

那些急切想在国内增设机构、扩大经营范围的外资走上与国内商业银行的合作之路，以充分利用国内银行的营业网点迅速开展业务。再次，可以绕过出资比例高于 25% 按合资企业法报批的限制。如果外资出资比例高于 25%，按中国《中外合资经营企业法》规定，在获得外经贸部等国家主管部门同意后，方可向中央银行提出参股国内商业银行的申请。因此，外资参股比例一般都控制在 24.9% 以内，使投资比例低于 25%，这样中央银行可直接批准外资参股国内商业银行，手续相对简单、节省时间，可以极大地降低外资金融机构进入国内市场的交易成本。最后，可以绕过巨额运营资金要求的限制。中国《外资金融机构管理条例》规定，外资银行经营全面外汇业务和全面人民币业务要求具有 6 亿元人民币或等值可自由兑换外币的运营资金，并要求外资银行的人民币业务遵守 8% 的资本充足率的规定，这大大提高了外资银行的经营成本。参股国内商业银行则不仅可以绕过这一限制，还能扩大人民币资金来源。

二是外资参股的方式。中国许多股份制商业银行股权已相对分散，最大股东的持股比例（含关联公司）一般不到25%。这意味着，外资银行可以用不到25%的股权，用较少的资金就能取得国内商业银行的绝对控股权，从而全面贯彻实施其战略意图，直接经济效益相当显著。

（2）外资参股对金融监管的挑战。虽然加强对外资金融机构的监管已成为共识，但是以何种标准与方式对外资参股国内商业银行进行监管，金融监管部门尚无有效措施，存在着一些难点。

一是参股股权比重高限无法制约外资绝对控股国内商业银行。中国规定外资参股比例不得超过25%，否则按中外合资企业法进行审批。制定该规定的初衷是避免国内银行被外资绝对控股而受制于国际资本尤其是投机资本，但从深发展收购案来看，这一目的并未达到。因此，急需制定其他更有效的监管手段。

二是对被收购商业银行特别是对被投资银行收购的商业银行进行监管尚属政策空白。投资银行的特点是其进入（即收购）是为了将来的退出（即出售）。如果发生退出的情况，特别是国内主要大盘股的易手，势必对国内金融市场和金融机构产生较大的影响，造成市场的动荡。因此，必须关注这方面的监管。

三是对国际金融控股公司的监管问题。目前国际大金融机构已在国内混业经营方面取得了实质性进展：2001年年底汇丰控股下属汇丰商业银行收购上海银行8%的股份；2002年10月8日，中国保险监督管理委员会批准汇丰控股出资6亿美元收购平安保险公司10%的股份。在中国尚无有效法律法规对金融控股公司加以监管、国内仍处于分业经营的情况下，允许国际大金融控股公司及其子公司分别参股国内金融企业，显然不利于创造公平竞争的经营环境。

二、完善外资银行监管法规

健全完善和严格执行外资银行管理法规，是对外资银行实施有效监管和控制的基础。依法对外资银行经营行为进行监督管理，可以防止其可能对中国金融市场的控制和扰乱。中国于 2001 年 12 月 11 日正式加入世界贸易组织后，2001 年 12 月 12 日国务院发布修订后的《中华人民共和国外资金融机构管理条例》，修改内容主要在于体现中国加入世界贸易组织所做承诺、体现审慎监管原则、体现与国际监管惯例实现接轨和本外币合并监管原则，并体现中外资金融机构监管政策相衔接的原则，该条例于 2002 年 2 月 1 日起施行。2002 年中国又出台一系列有关对外资金融管理的法规，如《中华人民共和国外资金融机构管理条例实施细则》（自 2002 年 2 月 1 日起施行）、《外资金融机构驻华代表机构管理办法》（自 2002 年 7 月 18 日起施行）等。

根据中国金融开放和金融市场发展的实际情况，特别是加入世界贸易组织后的新情况，中国必须进一步完善对外资银行有效监管的法律规范，特别需要注重：严格对外资银行进入的审批、注重外资银行的资产质量和风险、控制市场风险。

在现行金融监管框架下，要加强不同金融监管机构的协调和沟通，对国际大金融机构、著名的金融控股公司进行重点监管，对其各类参股方案必须经监管部门会签同意。

加快完善金融监管相关的法律法规，可考虑：修订《商业银行法》中与实际情况、国际惯例不相符合的条款，可以允许国内金融机构有条件地跨业经营；加快制定《外资参股国内商业银行管理办法》，对外资金融机构在国内商业银行的股份购买、转让、退出进行规范；制定《外资金融控股公司参股国内金融企业管理办法》，对外资金融控股公司在国内经营业务进行全方位监管；制定《外资金融机构从事数据外包业务管理办法》，允许国内中小商业银行直接利用国外商业银行在国内建立的数据处理中心、账务处理中心等，避免重复投资，减少资金沉淀。

引进外资金融机构参股国内商业银行，主要目的就在于：①改善股权结构，提高经营管理水平。引资的关键在于通过境外资本改善股权结构，引进科学的治理结构和经营决策机制，运用国际上先进的经营管理技术提高经营能力，增强产品创新能力和市场开拓能力。②提高资本运作的能力，为国内银行业即将到来的混业经营、为未来银行业大规模的收购兼并积累经验，准备人才。

三、加强对外资银行的监管

追求高额利润是资本的天然属性，追求高额利润或以追求利润最大化为目标，这是外资银行进入中国最根本的决定性动机。除此之外，外资银行还存在着开拓国外市场、分散风险、追求优惠政策以及全球战略等动机。从而，中国引进外资银行所期望实现的利益目标与外资银行本身所追求的目标之间存在着巨大的差异。世界上没有免费的午餐，我们不能奢望外资银行完全按照中国的期望去经营和运作，中国引入外资银行在获得利益的同时还要付出代价。问题在于如何将外资银行给中国带来的负面影响和风险降低到最低限度，为此必须加强对外资银行的监管。

1. 对外资银行进入速度的控制

根据美国财政部的一项研究，在 141 个国家中只有 13 个对外资银行没有明显限制，就连开放程度较高的美国也通过"综合监管"的方式对外资银行的进入和经营施以严格的限制，所以中国完全有理由对外资银行实施有效监管和控制。

许多国家都采用适当控制外资银行来源国分布、总数以及每家外资银行分支机构数量的方法，确保本国银行在银行体系中的份额，以防止外资银行对其国内金融市场的垄断经营或控制。例如希腊、韩国、墨西哥、菲律宾、新加坡、泰国、土耳其等都对外国银行设立分支机构有严格的限制。中国台湾省每年准入的外资银行仅2~3 个。又如外资银行在美申请设立分行或代理处，需事先获得美联储理事会的同意，如果选择在联邦注册，需经货币监理署同意；如果是在州注册，则由州的金融管理机构审批，无论何种情况，美联储重点考虑的是监管当局对银行的综合监管能力，以及该行的财务与管理能力及守法情况。由于美国制定的综合监管标准（CCS）是十分严格的，因此许多外资银行都被拒之门外。

　　中国应当借鉴国外对外资银行进入的准入条件和监管措施，控制外资银行的进入速度。对外资银行的审批速度要适当，掌握节拍，避免外资银行在短时间内大量涌入。可限制外资银行的最低资本额，保证有实力的外资银行进来，并使其中的一部分存款保持在作为中国的存款。美国联邦储备委员会就以资本充足率过低和呆账比例过高为由而严格限制中国商业银行在美设立分行。例如，中国银行在美国旧金山设立分行的申请，美国联邦储备委员会久拖不批，而且不断地提出一系列问题要求答复，内容不仅涉及银行业务，也涉及中国经济金融的一些重大问题，甚至还要求提供涉及商业秘密的信息。仅 1998 年 4 月至 1999 年 2 月期间，曾六次提出问题要求答复，其中一次提出的问题参见表 8.5。至今该分行仍未能设立。因此，中国对外资银行的准入应采取对等原则，一方面是为了防止进入的外资银行过多集中于少数国家和避免少数外资银行经营垄断，另一方面也有利于中国商业银行的对外拓展。

表 8.5　美联储就中国银行申请设立分行提出要求
答复的问题（1999 年 2 月 9 日）

序号	要求答复的问题
1	请指明贵行于 1998 年 11 月 18 日提供的资产负债表和损益报表是单纯的母公司报表，还是合并报表。如果不是合并报表，请提供在合并基础上的资产负债及损益状况。
2	请指明贵行 1998 年 11 月 18 日所提供的有关风险资本信息是否是合并报表基础上的信息。如果不是，请尽可能提供贵行截至 1998 年 9 月 30 日的合并基础上的风险资本信息。

序号	要求答复的问题
3	就贵行风险资本的计算，请提供以下补充信息（如有可能，请提供合并基础上的信息）： （1）提供贵行截至 1998 年 9 月 30 日的有关一级资本和二级资本更为详细的分类信息，并将这些组成要素与该日的资产负债表上的账目一一对应起来。这些信息提供的形式可以仿效贵行 1998 年 5 月初的答复。 （2）请对贵行截至 1998 年 9 月 30 日的风险资产进行划分，形式可以仿照贵行 1998 年 4 月中旬对 1997 年年底风险资本的计算方式。
4	请提供以下有关贵行资产质量方面的信息： （1）根据我们的理解，贵行截至 1998 年 9 月 30 日的资产质量方面的数据是建立在非合并基础之上的，请问对否？ （2）请尽可能提供贵行截至 1998 年 9 月 30 日的合并基础上的资产质量信息。如果贵行没有合并信息，请指明中国银行的哪部分合并资产未在上次答复中得到反映，并尽可能单独提供贵行截至 1998 年 9 月 30 日未合并子公司的资产质量信息。
5	请提供贵行截至 1998 年 9 月 30 日在合并基础上的一般贷款亏损准备金和特种贷款准备金的数据，形式可仿照贵行 1998 年 5 月初的答复。
6	请提供贵行对亚洲国家最新的信贷敞口信息（截至 1998 年 12 月 31 日或尽可能最近的一个季度）。这些信息包括：贵行对每个亚洲国家的总敞口，以及各项敞口中有多少属于逾期贷款、呆账或坏账。信息提供的形式仿效贵行 1998 年 7 月 29 日的答复。
7	我们从报刊上获悉中国四大国有商业银行（含中国银行），准备建立新的制度以改善贷款质量及对不良贷款进行管理。报刊媒体指出，中国政府计划在各主要国有银行建立资产管理公司以吸收坏账。请讨论上述传闻中与贵行相关的事宜。在答复中，请对上述每件事宜进行详尽的讨论，包括这些体制和公司将于何时建立，建立后如何运作和取得融资，以及对于中国银行预期的影响。

第八章 金融监管体系的完善与强化

序号	要求答复的问题
8	从报刊上我们获悉，中国政府打算关闭一些最大的信托投资公司，其中包括贵行的东方信托投资公司，请就关闭这间公司的计划提供补充信息，包括关闭的时间表，对清算后公司债务的处理计划以及对中国银行的预期影响。
9	请提供以下有关贵行截至 1998 年 9 月 30 日前 9 个月损益报表的补充信息： （1）解释"营业税金和附加"的含义。 （2）具体说明该时段内中国银行巨额投资收益的来源。 （3）说明贵行在这 9 个月中，是否已经上缴或将上缴任何公司税。如果是，请提供具体上缴数据及税后盈余数据。
10	请说明 1998 年前 9 个月贵行资产质量变化的情况及其原因。
11	正如我们上次在 1998 年 10 月 11 日信中所提到过，鉴于最近中国银行得到财政部的增资，请说明中国银行是否打算对其资产（包括有问题的资产）的价值进行调整或已经做出了调整。如果是这样，请提供这种调整的有关信息。

要对外资银行进入进行严格的审批，使外资银行的进入更有章可循，以保障中国的金融安全。针对外资银行不同的进入方式，完善外资银行监管的法规，有区别地设定不同的审批条件或程序：要尽可能地简化对代表处的审批；在法律上明确外资参股的最高限额和比例；对外国银行所设的全资附属行实行许可证审批制度；对外国银行在国内设立分行的审批执行更严格的标准。只有这样，才能将外资银行带来的风险尽可能地控制在最低程度。

2. 对外资银行扩张速度的控制

通过对外资银行资产规模和经营业绩等方面提出要求进而实行有效监管，达到适当控制外资银行扩张速度的目的，这是西方一些国家通常采用的措施。以加拿大为例，其银行法规定，所有外国银行总资产占国内银行总资产的比率不得超过 8%，或总资产的数量不得超过 110 亿加元。在对外资银行机构监管上，按照美国《国际银行法》的要求，在美国联邦注册的外国银行分行和代理处须将一定数量的资金以现金和合格证券的方式存放在指定的存款银行，该资金须不少于分行或代理处负债的 5%，或与当地联合注册的银行等同的资本金。中国香港等许多国家和地区都采用银行经营牌照制度，通过设置各类等级的牌照来控制从事不同业务经营范围的外资银行的数量和规模，等等。对此中国有必要加以借鉴，以适当控制外资银行的扩张速度。另外，需要特别指出的是，在对外资银行实施有效监管和控制的同时，必须重视研究已加入世界贸易组织的有关国家开放其银行业市场的经验教训，以避免重蹈其覆辙或产生新的失误。在对外资银行监管的过程中，要通过有效的监管手段来保证法律的权威性。比如，限制外资银行的网点扩展，避免外资银行在中国境内形成地区垄断，维护中国境内银行的健康发展；限制外资信贷资金的投向，从而将外资信贷资金导向有益于中国经济健康发展的产业和部门。

3. 完善外资银行的退出机制

在加强对外资银行设立和经营过程进行立法的同时，还必须针对外资银行的退出制定相应的法律规范，以避免外资银行在退出时导致国内金融市场的波动，以及可能对其他相关经济利益主体造成的损失。

对外资金融机构退出的监管的主要方面包括：一是外资金融机构自行终止业务活动，应当在距终止业务活动 30 日前以书面形式向金融监管机构提出申请、经审查批准后予以解散并进行清算。二是外资金融机构无力清偿到期债务的，金融监管机构可以责令其停业，限期清理。在清理期限内，已恢复偿付能力、需要复业的，必须向金融监管机构提出复业申请；超过清理期限，仍未恢复偿付能力的，应当进行清算。三是外资金融机构因解散、依法被撤销或者宣告破产而终止的，其清算的具体事宜，参照中国有关法律、法规的规定办理。四是外资金融机构清算终结，应当在法定期限内向原登记机关办理注销登记。

4. 加强外资银行监管的国际合作

进一步明确外资监管的国际合作，使外资银行受到中国和母国监管部门的双重监督，减少金融风险。根据国际惯例和中国国情，中国可在外资银行监管的立法中规定，任何一家外资银行都要毫无例外地受到母国监管机构的有效监管，而且这种监管是建立在统一和综合的基础之上的。这样既能体现《巴塞尔协议》中的"母国监管"原则和"综合监管"原则，又能弥补外资银行监管中存在的漏洞。特别是在外资银行设立的程序方面，应规定必须得到中国和母国监管当局的双方同意，这样就可以发现并阻止那些不稳健经营银行的跨国设立，避免给中国带来潜在的金融风险。

5. 引入国际金融监管的法规和成功经验

首先，注重资产质量和资产风险。在对外资银行进行监管时，应该借鉴国际规范，引入《巴塞尔协议》对资本衡量和资本标准的规定，注重资产质量和资产风险，对外资银行的资产负债比例和资本充足率进行全面分析，规定规范化的覆盖资产质量、流动性、资本充足率等指标在内的报表体系，并将定期报送的有关财务和业务报表等内容在法律条文中明确下来。只有这样，才能确保外资银行具有较高的安全度。

其次，注重控制市场风险。近年来，国际金融业务内容发生重大变化，市场风险对银行经营构成的威胁容易突出，市场风险监控已成为各国金融监管机构关注的重心。《巴塞尔协议》充分考虑了金融市场客观存在的利率风险、汇率风险、清算风险、业务操作风险等要素，比较有效地统一了对银行表内业务与日益扩大的表外业务的综合监管，对当前的跨国银行监管具有很强的针对性和可操作性。因此，中国应当借鉴这些经验，将其引入到对外资银行监管之中。

最后，完善监管方法。重视对外资银行的风险性检查，规范对外资银行的测评和监控。根据国际惯例，建立定性分析与定量考核相结合的现场检查制度。例如引入国际通用的 CAMEL 和 ROCA

中国金融安全论

标准，对所有注册外资银行采取 CAMEL 评级制度，对外资银行分行则根据 ROCA 标准进行评审。在每次检查后根据评级结果给予外资银行一个综合评价，然后根据不同情况确定相应的监管制度和措施。

另外，值得注意的是，在未来中外银行的竞争中，中资银行间的业务合作十分重要，如果对外时业务处理基本达成同一口径，不仅可增强竞争性，还可以节约成本。在统一口径对外方面，日本银行业表现非常突出，形成整体合力增强了影响力。另外，中国香港和其他一些国家或地区实行的"银行公会"制度值得借鉴。可通过这一制度，在中资银行间以协议形式达成某些共同准则，沟通信息、防止不公平竞争，协调解决部分银行间的业务矛盾，增强中国银行业的整体实力。

第九章 汇率制度与人民币汇率制度评析

第一节 国际汇率制度的演变及发展趋势

一、国际汇率制度的演变

汇率制度（Exchange Rate Regime or Exchange Rate system），又称汇率安排（Exchange Rate Arrangement），是指一国货币当局对本国汇率变动的基本方式所做的一系列安排或规定。国际汇率制度基本上可分为三种类型：固定汇率制度、有管理的浮动汇率制度和自由浮动汇率制度。固定汇率制度和自由浮动汇率制度是汇率制度的两种极端形式，有管理的浮动汇率制度被认为是介于二者之间的中间选择。从实践上来看，国际汇率制度的演变经历了从固定汇率到浮动汇率的多次反复。

第一次世界大战以前，世界各国普遍实行金本位制度，并在此基础上实行固定汇率安排，汇率的水平取决于各国货币含金量确定的黄金平价，黄金可以在国际间自由流动，汇率的变动被限定于黄金输送点以内，因而在当时汇率是比较稳定的，1880—1914年，西方主要国家的汇率平价一直保持稳定。1914年第一次世界大战爆发，各参战国都实施了黄金禁运、停止纸币兑换黄金的政策，金本位制度随之瓦解，固定汇率制度的决定基础不复存在，进而以固定汇率为主的国际汇率制度彻底崩溃。

第二次世界大战结束前夕，同盟国即着手拟定战后的经济重建计划，寻求恢复国际金融秩序、加强国际经济合作的途径。1944

年7月，44个同盟国在美国新罕布什尔州的布雷顿森林召开国际金融会议，商讨重建国际货币体系。在这次会议上建立了以美元为中心的国际货币体系——布雷顿森林体系。该体系实行美元—黄金本位制，这是美元与黄金、各国货币与美元双挂钩的、可调整的固定汇率制度。根据布雷顿森林会议精神成立的国际货币基金组织（IMF），其宗旨之一就是"促进汇率稳定，维护成员之间有序的汇兑安排，避免竞争性贬值"。

　　然而，美元的双重身份和双挂钩制度成为布雷顿森林体系的致命问题。在布雷顿森林体系中，美元既是世界的货币（国际储备货币），又是一国的货币（美国的货币）。作为一国的货币，美元的供求必须按照美国货币政策的需要来决定；作为世界的货币，美元的供求又必须适应国际贸易和世界经济发展的需要，而且美元的供给主要是通过美国的国际收支逆差实现的，这样就形成了一种两难的局面，即"特里芬难题"（Triffin Dilemma）：要满足世界经济和国际贸易增长的需要，美元的供给必须不断增长，这就意味着美国的国际收支逆差不断扩大；但是美国国际收支逆差的不断扩大和美元供给的持续增长，使得美元与黄金之间的兑换比价难以维持。显然，任何对美元的信任危机，都将危及整个布雷顿森林体系的稳定。布雷顿森林体系经历了从美元短缺到美元泛滥，再到美元危机的演变。1971年8月15日，美国实行"新经济政策"，宣布停止美元兑换黄金，从而动摇了以美元为中心的国际货币体系的基础——美元—黄金本位制。于是，一些国家开始实行浮动汇率制度。1973年牙买加会议，确认各国可自由选择汇率制度，从而宣告了布雷顿森林体系的彻底崩溃。

　　《牙买加协议》出台后的国际货币体系实际上是以美元为中心的多元化国际储备和浮动汇率制度体系。在这一体系中，美元在多种储备货币中仍占主导地位，各国可以自行安排其汇率制度。西方主要发达国家的货币汇率实行单独浮动或联合浮动；多数发展中国家采取钉住汇率制度，将其货币钉住美元等主要货币；还有一些国家实行其他形式的管理浮动汇率制度。

布雷顿森林体系之后，汇率制度的演变情况可参见表 9.1 与图 9.1。根据国际货币基金组织的统计，自 20 世纪 80 年代以来，选择钉住汇率制度的国家的比重呈大幅度下降的趋势，1981 年选择钉住汇率制度的国家的比重为 65.3%，而到 1998 年这一比重下降到 35.2%；与此同时，选择更加灵活汇率制度的国家的比重呈大幅度上升的趋势，1981 年选择更加灵活汇率制度的国家的比重为 22.9%，而到 1998 年这一比重已上升到 55.5%；在此期间，选择有限灵活汇率制度的国家的比重没有发生大的变化，基本保持在 10% 左右的水平上，1981 年选择有限灵活汇率制度的国家的比重为 11.8%，到 1993 年这一比重下降到最低点 7.4% 之后又逐渐回升，1998 年为 9.3%，参见表 9.1 与图 9.1。

表 9.1　布雷顿森林体系之后的各国汇率制度

年份	1981	1985	1990	1991	1992	1993	1994	1995	1996	1997	1998
国家总数	144	149	152	156	167	175	178	180	181	181	182
1. 钉住汇率	94	95	85	81	84	73	70	66	66	66	64
1.1 钉住单一货币	58	51	44	42	50	43	45	44	44	46	47
1.2 钉住合成货币	36	44	39	34	30	25	22	22	20	17	—
2. 有限灵活汇率	17	12	13	14	13	13	14	14	16	16	17
2.1 单一货币	9	5	4	4	4	4	4	4	4	4	4
2.2 合成货币	8	7	9	10	9	9	10	10	12	12	13
3. 更加灵活汇率	33	42	54	61	70	89	94	100	99	99	101
3.1 按一套指标调整	4	5	3	5	3	4	3	2	2	—	—
3.2 管理浮动	19	22	26	27	23	29	33	44	45	46	56
3.3 独立浮动	10	15	25	29	44	56	58	54	52	53	45

资料来源：IMF "International Financial Statistics"，"Exchange Rate Arrangement and Exchange Restrictions" 各期。

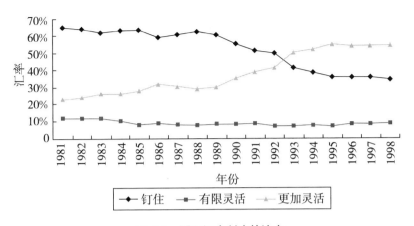

图 9.1　国际汇率制度的演变

资料来源：根据 IMF "International Financial Statistics"，"Exchange Rate Arrangement and Exchange Restrictions" 各期的数据制作。

需要指出的是，在《牙买加协议》中，国际货币基金组织仍要求实行浮动汇率制度的成员应根据经济条件，逐步恢复固定汇率制度，并防止采取损人利己的货币贬值政策（参见表 9.2）。同时约定，经总投票权的 85% 多数票通过，国际货币基金组织可以决定采用稳定而可调整的货币平价制度，即固定汇率制度。但是，新兴市场货币危机的频频发生，特别是亚洲金融危机的爆发，使国际货币体系恢复固定汇率制度的设想似乎越来越渺茫了。

二、固定汇率与亚洲金融危机

1. 不当的汇率安排是导致危机发生的主因

20 世纪 80 年代以来，亚洲经济保持了快速增长的势头，区内金融自由化步伐加快，资本大量流入。1996 年，全球新兴市场的资本净流入为 2138.4 亿美元，而亚洲地区的净流入就占一半左右，达到 1022.3 亿美元。与此同时，亚洲地区的货币保持了基本稳定，外汇储备迅速增加，通货膨胀处于较低水平，财政收支保持平衡。因此，亚洲经验被视为开放经济的楷模，币值稳定成为亚洲经济充满

表 9.2　国际货币基金组织新的汇率制度分类

汇率制度	国家数目	
	1999.1.1	1999.9.30
1. 无独立法定货币的汇率安排	37	37
2. 货币局制度	8	8
3. 其他传统的固定钉住制（包括管理浮动制下的实际钉住制）	39	44
4. 水平（上下 1%）调整的钉住	12	7
5. 爬行钉住	6	5
6. 爬行带内浮动	10	7
7. 不事先公布干预方式的管理浮动	26	26
8. 单独浮动	47	51

资料来源：根据 IMF"International Financial Statistics"，1999.4 & 2000.1 的数据制作。

活力和吸引力的标志。然而，1997 年 7 月 2 日，泰国货币当局宣布放弃实行了 13 年之久的钉住汇率制度，改行有管理的浮动汇率制度，宣告了亚洲"神话"的终结，并由此揭开了一场全球性金融危机的序幕。新兴市场的货币出现了"多米诺骨牌"效应，一些国家或地区的货币，如新台币、韩国圆、日元、南非兰特、俄罗斯卢布等先后失陷。1999 年 1 月 13 日，巴西中央银行在艰难苦撑一年多后，也终于被迫扩大汇率浮动区间，两日后宣布其货币雷亚尔实行自由浮动。自此，历时近两年的新兴市场金融动荡才渐告平息，遭危机重创的亚洲经济开始露出复苏的曙光，预示着亚洲金融危机已渡过最困难时期。

　　毫无疑问，亚洲金融危机已成为 20 世纪最后 20 年中影响最为深远的重大事件之一。在总结这场使世界经济、国际金融体系受到最严峻挑战的金融危机时，普遍认为不当的汇率安排是主要原因之一。国际货币基金组织在分析引发亚洲金融危机的因素时，将"汇率管理政策不当"排在第二位，特别指出了其中存在的一系列问题，如僵化的汇率制度被认为导致了本币币值高估，削弱了本地出口竞争力，引起难以维系的长期经常项目收支失衡；僵化的汇率安排被认为是暗含的汇率担保（implicit exchange rate guarantee），鼓励了短期资本流入和没有套期保值的对外借债，损害了本地金融体系的健康。

长期以来新兴市场尽管有大量的国际资本流入，但其所处的转轨阶段或不稳定状态已经明显脱离利润预期的均衡过程。这种非均衡最为明显地反映在汇率的变动及其作用上。在开放经济中，由于心理预期的影响，汇率作为一种最重要的资产价格具有很强的不确定性。新兴市场由于资本的过量流入，投资回报率已经超出正常水平。对新兴市场来说，"合适"的汇率水平应该高于其基础价值（basic value），即汇率升值，而且升值的幅度必须足以抵补未来贬值的预期。这些国家或地区在 20 世纪 90 年代前半期不断面临汇率升值的压力，政府为了保持贸易部门出口竞争力和经济增长，大举入市干预，收购市场上过剩的外汇，试图维持固定汇率制度（实际是钉住汇率制度）来阻止货币过度升值。尽管货币当局采取了各种对冲操作措施，以冲销外汇占款投放过多带来的货币政策扩张性影响，但由于可获得的对冲操作工具不足，而且任何对冲操作都存在一定成本，效用有限，最终不可避免地造成了国内信贷膨胀，大量资金流向股市和房地产，激化了当地泡沫经济，加剧了金融体系的脆弱性。这种保护主义措施不仅不能达到预期效果，反而使得经济部门在国内信心丧失和外部条件剧变的情况下更加无所适从。内外冲击所带来的信心丧失和资本逃离过程中的"羊群效应"最终加剧固定汇率制度走向崩溃，而经济金融环境的恶化又进一步起到自我强化的作用。

从亚洲金融危机中的实际情况来看，采取灵活的或自由浮动汇率安排的国家和地区的经济表现，大多比采取钉住汇率安排的国家和地区要好一些。例如，新加坡和中国台湾省的汇率管理更富弹性，结果在危机中受到的冲击就远比采取货币发行局制度的中国香港要轻得多；又如澳大利亚和新西兰等国采取的是浮动汇率安排，当大多数亚太国家陷入困境时，其经济继续保持快速增长，并且始终没有爆发货币金融危机。另外，巴西在实行货币贬值和浮动汇率之后，没有发生严重的金融恐慌，危机的程度也没有加重；日本实行的是浮动汇率，其之所以也卷入了亚洲金融危机，主要是国内金融体系十分脆弱，外部冲击引发了内部动荡，而且危机中日元大幅贬值，在一定程度上帮助日本输出了危机，缓解了日本经济调整的压力。亚洲金融危机再次印证了关于弹性汇率安排有助于本国经济避免外部冲击的观点。

2. 无论在何种汇率安排下都可能发生危机

那么，是否就意味着浮动汇率制度就一定优于固定（或钉住）汇率制度呢？倡导浮动汇率制度安排的经济学家们认为，浮动汇率制度的作用主要表现为三个方面：汇率的不确定性有利于抑制投机；通过市场汇率机制自动调节国际收支平衡；能够保持货币政策的独立性，有利于减少通货膨胀和经济周期的国际传播。勒纳认为，国际经济合作的基本条件并非固定汇率，而是经济繁荣。国际经济的四个目标依次是：国际贸易自由化、国际支付自由化、防止资本突然流失损害国民经济，以及保持汇率稳定，而实行固定汇率妨碍了国际经济合作的进行。弗里德曼甚至认为，在浮动汇率制度下，永远不会发生货币危机。支持固定汇率制度安排的经济学家们则认为，与浮动汇率相关的不确定性会导致资源的不合理配置，而固定汇率制度的优点也是明显的：有利于减少不确定性和汇率风险，节约市场交易成本，有利于抑制通货膨胀，并且可避免国际收支严重失衡。

需要强调的是，汇率制度安排与经济绩效并没有必然的联系。无论是在固定汇率下还是在有弹性的汇率安排之下，都可能出现汇率扭曲和货币危机。在1982年债务危机之后，两种汇率制度安排下的货币危机接连发生就是最好的证明。关键是应根据各国和各地区的具体实际，选择既有利于国内经济成长和社会稳定，同时又与金融全球化趋势相吻合的汇率制度。20世纪90年代新兴市场金融危机表明，在大规模的国际资本流动的情况下，持续的财政赤字货币化或经常项目赤字与维持固定汇率制度之间存在的不协调，是引发危机的内在原因之一。

尽管固定汇率制度安排是引发亚洲金融危机的重要原因，但也并非意味着只要事前采取浮动汇率制度安排就有可能挽救危机。正如麦金农（McKinnon，1993）在研究20世纪70年代智利放松金融管制的经验后指出的：一方面，由于智利成功地实现了经济稳定，资本项目开放导致的资本大量流入无论如何都是无法避免的；另一方面，即便智利20世纪70年代采取浮动汇率安排，也不能避免导致资本过量流入的根本性问题。其实，亚洲金融危机也可以说是一次"成功"爆发的危机，由于在过去的经济发展中，经济过热、投资过度、资本流入过多造成金融体系脆弱性不断增加，只不过是在内外条件作用下的总爆发而已。由此可见，汇率制度本身既不能被指责为是引发金融危机的罪魁祸首，也无法成为防治金融危机的"灵丹妙药"。

三、危机后国际汇率制度的发展趋势

亚洲金融危机的爆发进一步引起国际社会对国际货币汇率体系和汇率制度选择的极大关注和深刻反思。1999年10月13日，瑞典皇家科学院宣布将1999年度诺贝尔经济学奖授予著名经济学家蒙代尔（Robert A. Mundell），以表彰其"对在不同汇率制度下的货币和财政政策的分析"和"对最佳货币区域的分析"，这充分体现了国际社会对汇率政策问题的重视程度。

以美元为中心的布雷顿森林体系的崩溃，被认为是国际资本自由流动的必然结果。欧元的诞生则被认为是欧元区各国牺牲了"货币政策的独立性"，而选择的最佳货币区域理论是欧洲经济与货币联盟建设的重要理论基础，稳定汇率和资本自由流动在最佳货币区

域理论中具有重要的地位。

亚洲金融危机再次证明，随着资本流动性的不断提高，为保持本国货币政策的独立性，固定汇率制度安排已难以为继。这是因为：

首先，国际金融环境发生了重大变化。金本位制崩溃以后，汇率决定丧失了客观基础，汇率已由过去受经常项目收支状况决定的商品价格变为一种受资本流动影响的资产价格。资本流动改变了国际收支模式，在世界范围内引起更大程度的汇率不稳定。因此，在金融全球化的大环境中，要实现汇率稳定并非是轻而易举的事情。

其次，发展中国家无力维持固定汇率制度安排。采取固定汇率制度安排的发展中国家通常都钉住发达国家的货币，而发达国家追求其自身利益，往往忽视发展中国家的利益。发展中国家货币钉住发达国家货币，根本不可能避免由于发达国家货币之间汇率的大幅波动对发展中国家国际竞争力的不利影响。国际金融市场主要货币之间的汇率大幅波动，是造成新兴市场国家货币危机的一个十分重要的原因。亚洲金融危机爆发的诱因之一就是 1995 年以来日元的大幅贬值，导致亚洲货币因为钉住美元而走强，造成这些新兴市场国家的国际竞争力下降，经常项目收支状况恶化。因此，发展中国家根本无力单方面维持固定汇率制度安排。

亚洲金融危机之后，国际社会主张弹性汇率制度安排的呼声日渐高涨，主张应避免长期采用僵化的汇率制度安排。美国有人甚至提出，如果选择钉住汇率制度的国家今后发生危机，而且中央银行准备干预外汇市场以维持汇率时，国际社会将不会对其提供融资援助。与此同时，美国否定了法德意三国在 1999 年七国集团财长和中央银行行长波恩会议上关于建立美元、欧元、日元之间汇率目标区的建议。一些拉美国家则提出本国货币美元化（dollarization）的建议，以美元取代本国货币，从而变相取消本国货币与美元之间的交易，以彻底解决因为钉住美元而可能引起的货币攻击。

然而，浮动汇率制度安排也并非是完美无缺。例如，亚洲一些国家的货币当局退出传统的外汇市场干预角色，被迫让汇率自由浮动，在一定程度上恶化了危机，导致了地区性竞争性贬值；日元在危机中大幅贬值，一度加剧了金融危机。这都充分表明浮动汇率制度安排缺乏国际协调机制，存在着"以邻为壑"、输出危机的缺陷。亚洲金融危机之后不久，国际货币基金组织就对亚洲一些国家或地区货币大幅贬值可能对其他新兴市场国家造成损害表示了担忧，并对 1998 年 8 月俄罗斯单方面宣布扩大卢布汇率浮动区间表示不满。美国麻省理工学院教授克鲁格曼（Krugman，1999）甚至主张在"三元冲突"中，发展中国家应该选择货币政策的独立性和货币币值稳定性，而放弃资本的自由流动。这是因为，发展中国家对外资的依赖性很大，一旦国际资本市场对发展中国家的经济前景信心不足，就会发生资本外逃，造成货币大幅度贬值。

值得关注的是，实行区域化货币将有可能成为未来国际汇率制度安排中的首要选择。尽管亚洲危机中固定汇率制度安排遭受重创，但 1999 年 1 月 1 日欧盟仍如期推出了欧洲单一货币——欧元，意味着欧盟第一批 11 个成员之间永久性的固定汇率制度安排正式启动。不过，欧元对于非欧元区货币的汇率仍然自由浮动。受欧元的启发和鼓舞，也有人提出建立亚洲地区共同货币——亚元的设想，引起了各界广泛的兴趣。随着区域化货币的出现，将逐渐削弱美元在国际货币体系中的主导地位，进一步加剧国际储备货币的多元化趋势。

从当前以及未来发展趋势来看，国际金融领域内汇率制度安排的多样化格局仍将继续维持，这是由黄金的非货币化和国际储备货币的多元化所决定的。而且，由于金融全球化的发展，各国经济的相互依赖性不断增强，未来不排除有关国家会加强汇率政策协调的可能性。从这个意义上讲，汇率自由浮动也并非完全能使各国效益最大化。这也就是自 20 世纪 80 年代中期以来，主要西方发达国家经常就汇率政策的协调问题进行协商的一个重要原因。

第二节 发展中国家汇率制度的选择

一、可供选择的汇率制度模式

20 世纪 90 年代以来，新兴市场国家频繁发生的汇率制度危机，引起许多国家政府和经济学家对发展中国家汇率制度改革的探讨，其中有代表性的改革方案主要有以下几种。[1]

1. 建立区域性货币联盟

早在 20 世纪 90 年代初期，曾有一些经济学家提出建立日元货币区问题（Frankel J. 和 Wei J.，1993；Kawai，1996）。亚洲金融危机爆发之后，建立日元区（AMU）的方案又引起人们的关注。但是，从东亚国家的实际情况来看，与建立日元区的条件相去甚远。与建立日元区方案相比，马来西亚总理马哈蒂尔提出的建立东盟关键国家货币联盟的方案更为现实一些。为了降低对美元的依赖，该方案提出，在东盟的四个关键国家，即马来西亚、泰国、菲律宾和印度尼西亚之间进行贸易时采用新加坡元来取代美元，并使之成为东盟各国货币的标准。据估计，该方案实施后将会减少 30% 以上的对美元的需求，并能缓和该地区的货币波动。但该方案的实施将会受到一些因素的制约：首先，该方案的实施将取决于新加坡当局的意愿以及维护其货币与其他主要货币保持稳定的能力；其次，能否有充足的新加坡元的供给以满足贸易的需求；最后，进行区域外贸易仍需要将新加坡元兑换成其他国家货币，从而使贸易成本增加。正因如此，该方案在短期内还难以实现。

2. 增大汇率制度的浮动性

1994 年墨西哥金融危机爆发之后，国际金融领域对钉住汇率制

---

[1] 参见秦启岭：《发展中国家汇率制度改革方案评析》，《经济学动态》，2000 年第 6 期。

度的批评日益高涨。一些经济学家，如奥伯斯特费尔德（Obstfeldetal，1995）、格劳威（De Grauwe，1996）等指出，由于固定汇率制度具有其内在的脆弱性，存在着不对称经济冲击（asymmetric shocks）和调整问题（adjustment problem），使固定汇率的承诺不可置信，因此固定汇率制度难以为继，这就要求有一种灵活的浮动汇率制度来取而代之。墨西哥经济学家奥里蒂茨（Oritiz，1999）也认为，墨西哥在1995—1999年浮动汇率制度的实践是较为成功的。1997年亚洲金融危机的爆发，以及随后的俄罗斯和巴西货币危机，进一步加深了人们对固定汇率制度弊端的认识，普遍认为不适宜的钉住汇率制度是诱发金融危机的根源之一，主张选择灵活的浮动汇率制度。

主张该方案的经济学家都认为，灵活的浮动汇率制度有两个显著的优点：其一，增加货币政策的自主性，有利于发挥汇率的政策工具作用，缩小经济政策目标之间的冲突；其二，在国际资本流动规模日益扩大的情况下，浮动汇率制度有利于抵御外部冲击，特别是通过汇率波动扩大短期资本流动的风险，使固定汇率制度下那种"单向博弈"的投机成本增加，从而减少投机性攻击的发生。

增大汇率制度浮动性方案反映了金融全球化环境下发展中国家汇率制度的一种变革趋势，有其合理性和适用性，但该方案极大地否定固定汇率制度，又具有一定的片面性。另外，该方案仍存在着一些需要进一步解决的问题，例如，当前浮动汇率制度适用的国家类型及其特点，浮动汇率制度对发展中国家的收益与成本的分析比较，如何确定汇率浮动的程度，等等。

3. 实行货币局制度

美国霍普金斯大学经济学教授斯蒂文·汉克（Hanke S.）是货币局制度的积极倡导者。当东南亚国家陷入金融危机之中时，他曾建议苏哈托总统在印度尼西亚建立货币局制度。所谓货币局制度，是指为防范储户挤兑银行存款、汇率崩溃、恶性通货膨胀，而采取的要求汇率与某一储备货币保持刚性的联系，基础货币的发行必须有等量外汇作为后盾，并禁止中央银行的一切借贷行为的一种严格的货币管理制度。❶ 目前，世界上有 14 个国家或地区实行货币局制度。

货币局制度是一种严格的钉住汇率制度，具有以下几个方面的特征：第一，选定一种储备货币作为锚货币（anchor currency），本币对锚货币的汇率锁定。这就要求锚货币值稳定，信誉良好，具有完全的可兑换性并为国际社会广泛接受。从实行这种制度的国家或地区的情况来看，拉丁美洲国家大多选择美元为锚货币，东欧国家一般以德国马克为锚货币。本币与锚货币之间的汇率由法律规定，例如阿根廷比索对美元固定比价为 1∶1，港币与美元之间的法定汇率为 7.8∶1。第二，本币完全可兑换，无论经常项目下的货币流动还是资本项目下的货币交易都不受限制。第三，在既定汇率下，本币的发行量必须有足够的外汇、储备资产予以支持，本币准备率通常为 100%。第四，货币局对本国货币的发行量、名义利率和名义汇率没有决定权，货币局的任务是在法定汇率下随时进行本币与锚货币的公开市场操作，确保法定汇率的稳定。第五，货币局不能向政府融资，不得持有商业银行的债券，作为银行系统最后贷款人的作用受到限制。

从现实情况来看，货币局制度的优点主要有：第一，在国内货币发行与国际储备的变化之间建立了一种固定与刚性的联系，具有透明度高、简单易行的特点。第二，对于不成熟的金融市场或决策经验有限的货币当局运作较为有利。第三，在一定程度上约束了货币当局的行为，使非审慎行为与政治压力大大减少。第四，提高反通货膨胀政策的可信度，使政策预期更加敏感，从而有利于抑制通货膨胀。第五，有利于增强人们对货币当局保持汇率稳定承诺的信

---

❶　参见戴相龙、黄达：《中华金融辞库》，中国金融出版社，1998年版，第138页。

心，促进在国际金融市场上的融资。

货币局制度也存在着一些不足，主要包括以下几个方面：第一，在最极端的情况下，货币局制度是一种汇率支点政策，从而可能导致实际汇率的错误定值。第二，货币局制度需要财政的充分支持，其可信度在很大程度上受制于财政政策。第三，货币局制度的成本较高，由于放弃了中央银行职能，货币政策的独立性丧失。而且，由于缺乏作为最后贷款人的手段，中央银行要管理一个脆弱的金融体制是比较困难的。

4. 外汇管制下的汇率制度稳定

国际短期资本的投机性流动是造成新兴市场金融动荡的一个极为重要的因素。因此，是否通过外汇管制来限制短期资本的流出入，以保证汇率制度和整个经济金融的稳定，就成为人们关注的焦点。世界银行首席经济学家斯蒂格里茨（J. Stiglitz，1998）提出应对巨大的国际资本流动进行一些限制。与其针锋相对，美国财政部长萨默斯（Summers，1998）持反对意见，认为不仅不应对国际资本流动进行管制，而应进一步放松。美国麻省理工学院教授克鲁格曼（P. Krugman，1998）则极力建议亚洲国家实行外汇管制，以减弱投机性冲击，实现汇率和经济的稳定。

智利是实行外汇管制较为成功的国家，其外汇管制措施主要包括：规定凡进入智利的非股权资本的30%要无息存放智利中央银行一年；任何外国货币进入智利后必须停留一年；严禁智利本国企业和银行向国际资本市场发行债券。实事求是地来看，实行外汇管制是一把"双刃剑"，其有利之处在于：可以减少对短期资本的依赖，防止过度短期资本流入造成的经济泡沫化，有利于增加长期资本流入；其不利之处在于：难以获得国际金融市场全球化带来的效率、技术和观念上的进步，而且管制的实施必然导致人们利用各种方式逃避管制，进而影响管制的有效性。

需要指出的是，在一般情况下，一国利用外汇管制作为临时性措施，其前提条件应当是：有利于纠正汇率制度安排中的扭曲现象，例如汇率的高估；有利于推进国内金融改革，例如完善金融监管体系和金融市场体系等。实行外汇管制的国家，一旦汇率制度和国内经济金融得到稳定，就应逐步放松或取消管制，以恢复公众的信心。

5. 美元化

所谓美元化，是指一个国家将美元作为部分或所有法定货币的进程，可以分为"正式美元化"（Official Dollarization）和"非正式美元化"（Unofficial Dollarization）两种。❶前者指外国货币的使用得到了政府的正式承认，后者则是指本国居民非正式地使用一种美元货币，这种使用没有得到政府的正式承认。

对美元化的含义又可以从不同的角度来理解：❷美元化作为一种事实，是指美元在世界各地已经扮演了重要的角色，即事实美元化；作为一种过程，是指美元在美国境外的货币金融活动中无论是深度还是广度均将发挥越来越重要的作用，即过程美元化；作为一种政策，是指一国或一经济体的政府让美元逐步取代自己的货币并最终自动放弃货币或金融主权的行动，即政策美元化。

1999年1月巴西发生金融危机之后，阿根廷总统梅内姆提出了美元化的倡议。❸梅内姆总统构想，阿根廷将放弃本国货币比索，以美元作为官方货币；取消国家中央银行；拉美国家建立货币联盟并最终在整个美洲建立美元区。梅内姆的构想实际上属于政策美元化，在拉美乃至国际金融领域引起了强烈的反响，并就美元化问题展开了论战。

美元化方案的支持者认为，实行美元化可以获得众多的收益：

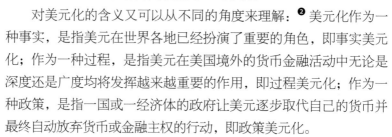

❶　参见唐任伍：《论世界经济的"美元化"趋势》，《中央财经大学学报》，2001年第6期。

❷　参见张宇燕：《美元化：现实、理论及政策含义》，《世界经济》，1999年第9期。

❸　参见吴永恒：《"一体化"还是"美元化"》，《经济参考报》，1999年7月5日。

首先，实行美元化后，用美元取代本国货币，本国货币与美元之间的汇率不复存在，避免了投机者对本国货币的攻击，减少了外部冲击的不良影响，从而可以消除或大幅度降低货币风险或爆发货币危机的可能性，有利于保持宏观经济的稳定；其次，美元化能够有效降低通货膨胀和通货膨胀预期，降低国内利率和利率波动，使国内金融系统在美元保护伞下低利率、低通胀地运行，增强宏观经济政策的有效性，有利于国内金融市场的稳定和深化；最后，美元化能够降低外汇交易的成本和风险，有利于发展对外贸易和国际资本的流入，从而推动各国经济与世界的融合，随之导致竞争加剧，国内经济效率得以提高。总之，通过实行美元化，就可能搭上美国经济的列车，进而指望"分享美国的繁荣"。

美元化方案的反对者认为，美元化存在着多方面的弊端，实行美元化要付出高昂的成本：第一，美元化不仅是一个经济问题，而且也是一个敏感的政治问题，货币是国家主权的重要象征，放弃本国货币，就意味着失去了民族性和国家主权。第二，实行美元化，由于本币不复存在，从而丧失了国内货币政策的决策权，该国的经济金融政策将由美国金融当局所操纵，美国的中央银行就成为实行美元化国家的中央银行，而美国在制定货币政策时，只考虑本国的利益，绝不会考虑其他国家的利益。第三，实行美元化后，本国的经济周期就要受到美国的影响，如果美国的经济发生危机，本国的经济就要跟着发生危机。第四，经济代价巨大，中央财政将损失大量的铸币税。❶据估算，阿根廷一旦实行美元化，仅因停止发行本国货币一项，每年将有大约 70 亿美元流入美国国库，而美国付出的

---

❶ 铸币税（seigniorage tax）也称为"货币发行收入"。在金属货币制度下，铸造货币的实际成本与货币表面价值之差成为铸币者的收入，故称之为铸币税。在纸币制度下，指货币当局发行货币取得的全部收入。计算公式为：$S=(M_{t+1}-M_1)/P_t$，式中 S 为铸币税，M_{t+1} 为 $t+1$ 期的货币发行量，M_1 为 t 期的货币发行量，P_t 为 t 期的价格水平。

代价仅仅是印刷成本。这种形式的资金转移被称为"向美国提供无息贷款"。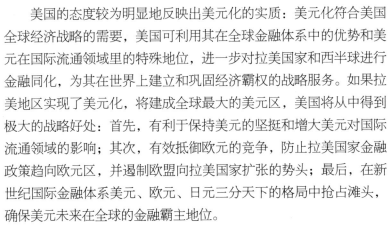❶

从对美元化的态度来看，拉美国家政府大多持怀疑的态度，政界和舆论批判者居多，附和者甚少。前国际货币基金组织总裁康德苏强调，美元化不是解决拉美经济问题的灵丹妙药，而值得深思的是，放弃在货币方面的主权和国家金融管理职责是否能够解决所有的经济问题。美国联邦储备委员会主席格林斯潘等高层官员也阐明了美国政府对美元化的原则：美国无保留地支持拉美国家实行美元化；美国绝不因其他国家实行美元化而丝毫改变自己的货币政策；美元化的国家要百分之百地遵守美国的货币运作规则；任何国家实行美元化都必须事先得到美国同意。

美国的态度较为明显地反映出美元化的实质：美元化符合美国全球经济战略的需要，美国可利用其在全球金融体系中的优势和美元在国际流通领域里的特殊地位，进一步对拉美国家和西半球进行金融同化，为其在世界上建立和巩固经济霸权的战略服务。如果拉美地区实现了美元化，将建成全球最大的美元区，美国将从中得到极大的战略好处：首先，有利于保持美元的坚挺和增大美元对国际流通领域的影响；其次，有效抵御欧元的竞争，防止拉美国家金融政策趋向欧元区，并遏制欧盟向拉美国家扩张的势头；最后，在新世纪国际金融体系美元、欧元、日元三分天下的格局中抢占滩头，确保美元未来在全球的金融霸主地位。

在关于美元化的论战中，占主导地位的观点认为：拉美国家应该摒弃美元化的构想，坚持一体化的道路；从长远来看，拉美确有必要建立货币联盟进而发行单一货币，但这必须建立在实现宏观经济协作和地区一体化的基础上，显然这是一个相当长的历史过程，

---

❶ 参见吴永恒：《"一体化"还是"美元化"》，《经济参考报》，1999年7月5日。

而且未来的拉美单一货币未必一定是美元。

二、汇率制度选择与国际货币体系改革

以上各种改革方案，尽管从不同角度为发展中国家提供了选择汇率制度的方案，但是从现实情况来看，发展中国家汇率制度的选择依然面临着困境。究其原因，除了发展中国家自身的经济金融发展较为落后以外，一个更重要的原因就是它们处在不对称的国际货币体系之中。

国际货币体系的不对称性有两个显著的特点：首先，国际货币体系存在着非均衡性，即国际金融市场对西方主要国家货币特别是美元的高度依赖。其次，国际货币体系存在着严重的不平等。当前的国际货币体系是建立在纸币本位制基础上的以美元为中心的多元化国际储备和浮动汇率体系。这种制度安排有利于发达国家本国经济的发展，符合其占领世界市场的需要，但对于广大发展中国家而言，这是一个不平等的国际货币体系，突出表现为国际本位币极端的不平等。例如，当美国力图减少其日益增长的国际收支逆差时，其他国家就无法获得足够的外汇资金来源；而当美国国际收支逆差增加时，造成美元贬值，导致其他国家的国际储备遭受重大损失。显然，这对于其他国家都是不公平的，特别是对于饱受资金短缺之苦而抵御外部冲击能力又极低的发展中国家更为不利。

国际货币本位的不平等直接导致汇率制度安排的不平等。对储备货币国来说，它能够在一定范围内不受国际收支平衡的制约，从而可以自由地通过货币政策调控国内经济；对发展中国家来说，它们的货币大多都是软货币，是受制于人的，当储备货币国采取货币紧缩政策时，其货币升值，导致实行钉住汇率制度国家的货币随之

---

❶　参见吴永恒：《"一体化"还是"美元化"》，《经济参考报》，1999年7月5日。

升值，使这些国家出现国际收支逆差，而且缺乏足够的外汇来源弥补逆差；当储备货币国采取货币扩张政策时，其货币贬值，导致实行钉住汇率制度国家的货币随之贬值，实际上将储备货币国通货膨胀输送到了发展中国家。

因此，发展中国家在选择汇率制度改革方案时，除了需要考虑自身的实际情况以外，还必须注重加强各国之间的汇率政策协调，积极争取在一定程度上对国际货币体系均衡改造，以实现汇率制度的稳定。

第三节　人民币汇率制度评析

一、人民币汇率制度的市场化改革

1. 从官定汇率到市场定价

中国的人民币汇率经历了一个由官定汇率到市场定价的长时间渐进的演变过程。1979 年以前，人民币汇率实行官方定价的固定汇率安排。1980—1993 年，随着建立在外汇留成体制上的外汇调剂业务的发展，逐渐形成和不断完善了官方汇率与市场汇率并存的双重汇率体制。1994 年 1 月 1 日，官方汇率与（外汇调剂）市场汇率并轨，人民币开始实行以市场供求为基础的、单一的、有管理的浮动汇率制度，人民币官定汇率的历史从此结束了。从官定汇率到市场定价是人民币汇率制度改革的重大飞跃，其重大意义主要表现在以下方面。

第一，人民币汇率并轨结束了中国外汇分配领域的双轨制。取消双重汇率，消除了汇率方面的歧视性安排，使中国汇率体制首先满足了《国际货币基金协定》第八条的要求，为中国外汇管理体制与国际惯例接轨，为实现人民币经常项目可兑换奠定了制度基础。

第二，实行以市场供求为基础的、单一的、有管理的浮动汇率制度后，人民币汇率成为由市场供求决定的汇率，从而确立了市场引导外汇资源配置的主导性地位，增加了外汇市场的透明度，提高了人民币汇率的公信力。

第三，增强了汇率的价格杠杆调节功能，改善了过去官方汇率调整常常滞后于企业成本变化的状况，较大程度上解决了长期困扰外贸发展的人民币汇率高估问题。

第四，强化了涉外经济活动的制度约束，既促进了中国外贸经营机制的转换，又规范了国家外汇政策操作。境内各种外汇交易都使用一个价格尺度，取消了歧视性汇率安排，为企业公平竞争和改善外商投资环境创造了有利条件，保障了外国投资者合法权益，促进了中国对外经济的健康发展。

第五，有管理的人民币浮动汇率保证了中国人民银行通过向银行间外汇市场吞吐外汇的方式，平抑供求，适度调控，防止人民币汇率的剧烈波动。

人民币汇率制度市场化的渐变过程，是与布雷顿森林体系解体之后国际汇率制度发展趋势相一致的。

2. 人民币汇率形成机制的确立

从 1994 年 1 月 1 日起，中国开始实行以市场供求为基础的、单一的、有管理的浮动汇率制度。由此开始，人民币汇率生成逐渐走向市场化。在这一制度下，汇率作为买卖外汇的价格，由市场供求关系来决定价格的高低，即汇率的高低，如果外汇供大于求，则外汇价格下跌，人民币价格上升，即人民币汇率升值；反之，如果外汇求过于供，则外汇价格上升，人民币价格下跌。

中国人民币的市场汇率是在银行间外汇市场上生成的，即由中央银行（中国人民银行）根据银行间外汇市场上形成的价格，来公布人民币对主要外币的汇率。具体来说，人民币汇率是这样形成的：中央银行根据设在上海的中国外汇交易中心人民币对美元、日元和港币的汇率进行加权平均计算，由此得到的汇率作为此日人民币对这三种货币交易的中间汇率即基准汇率，人民币对其他货币的汇率则由人民币对美元汇率进行套算。中央银行还对外汇指定银行的报价做出规定，对美元和港币的每笔报价范围为上下 100 点，对日元报价范围为上下 1000 点；并对每宗交易进行范围限制，规定一美元兑人民币为前一日收市价上下 0.3%。外汇指定银行在汇率执行过程中逐渐拥有了一定的自主权，银行的挂牌汇率可以在基准汇率基础上浮动。

由此可见，人民币汇率形成机制的核心是：以外汇市场供求为基础，允许市场汇率在一定范围内围绕基准汇率上下浮动。显然，现行人民币汇率的形成机制，已完全不同于过去那种依靠行政命令来决定的官方汇率，也就是说，人民币汇率的变动已不再是外汇管理当局的主观决定，而主要是由市场供求变动来决定的。由于汇率的稳定是经济发展的重要条件，政府为了保持经济快速、稳定、健康发展，通常都要求汇率保持相对的稳定，但政府已不可能直接调整汇率，而只能通过中央银行在外汇市场上买卖外汇，以此来干预外汇市场，影响汇率的变动：当外汇市场上外汇供应多时，就买进外汇，以免外汇汇率过度下跌，人民币汇率上升过快，从而保持汇率稳定；当外汇市场上外汇供不应求时，则卖出外汇，以防止人民币汇率下跌过大，从而保持汇率的稳定。

二、对现行人民币汇率制度的基本判断

正确评价中国现行人民币汇率制度并以此进一步深化改革，不仅关系到中国经济金融改革与发展，而且也是维护中国金融安全的重大理论与现实问题。一种汇率制度的状况如何，最基本的评价标准主要有三个方面，即汇率的决定基础是否合理、是否具有稳定性、对经济发展有无促进作用。根据这三个基本标准，我们来对现行人民币汇率制度做一下简要的评价。

1. 人民币汇率的决定基础

汇率的决定是汇率理论的核心，是有关汇率问题讨论的基本出发点，只有确定了汇率如何决定及其是否合理，才能对汇率制度做出正确的评价，对人民币汇率也是如此。如果脱离汇率的决定，争

中国金融安全论

论人民币汇率是应当贬值还是应当升值，都是毫无意义的，甚至会对人民币汇率制度的评价产生误导。

众所周知，在金本位制度下，铸币平价是汇率决定的基础，而在纸币本位制度下，纸币所代表的价值量或纸币的购买力是汇率决定的基础。金融全球化日益深入发展，使纸币本位制度下汇率的决定也受到其他多种因素的影响，国内外经济学家从各种不同角度对汇率决定进行分析，形成了多种学说。传统的汇率决定理论主要有三种：国际借贷说，认为汇率由外汇市场上的供求关系所决定；购买力平价说，认为两国货币的汇率是由两国货币购买力之比决定，购买力是物价水平的倒数，因此汇率由两国物价水平之比决定；汇兑心理说，认为决定汇率的最重要因素是人们的心理判断及预测。现代汇率决定理论则是从货币与金融资产的角度解释汇率的决定，如货币供求说认为汇率受两国货币供应量的制约；国际收支说认为凡是影响国际收支均衡的因素都会影响汇率的均衡，汇率主要取决于外汇资金流量市场上的供给和需求；资产市场说则从金融市场均衡的角度考察汇率的决定。由于以上各种汇率决定的理论各有优劣，因此在实际运用中，需要相互补充，并根据具体情况加以选择。

如果从较长的历史时期进行观察，就会发现贸易项目的外汇收支对汇率的决定具有决定性的作用：两国货币的汇率最终是以真实交易的外汇供求，特别是贸易项目的外汇收支为基础。这是因为，只有贸易和劳务项下的外汇收支才能真正反映各国在经济交往中对外汇的真实需求。资本流动对汇率的影响，只是在短期内，而且是在利率市场化的条件下才可能对汇率产生较大的影响。

尽管各种汇率决定理论的分析角度不同，但都十分重视或关注经常项目在汇率决定中的重要作用。例如，传统的购买力平价说就认为汇率由两国物价水平之比决定，而物价是指一国可贸易商品的价格和非贸易商品的价格；国际收支调节理论中的弹性理论就是分析汇率变动与贸易条件的相互关系；作为资产市场说重要内容的资产组合平衡模型，则以经常项目净收入公式为基础，通过国民收入、资本流入等因素来推导汇率，同时假设国民收入和资本流入都是利率的函数，在利率管制的情况下，国际资本的套利机会可以忽略不计，因此可以认为汇率基本上是由经常项目来决定的。美国经济学家 Poniachck 对汇率决定的各种学说进行折中和综合之后，得出的结论是：从短期来看，货币性的资产市场机制和预期是汇率决定的重要基础；从中期来看，国际收支的经常项目是汇率决定的基础；从长期来看，汇率是由货币方面和实体经济方面的因素来共同决定的。

从中国的情况来看，上述关于经常项目对汇率的决定具有决定性作用的理论也有重要的参考价值，并且在一定程度上具有适用性。在现阶段中国人民币利率非市场化、资本项目外汇实行较为严格管制的情况下，人民币汇率的决定基础主要是经常项目外汇收支。1994 年以来，中国进行了外汇体制改革，人民币实行汇率并轨，实行以市场供求为基础的、单一的、有管理的浮动汇率制度，实行银行结售汇制度，并于 1996 年实现了人民币经常项目完全可兑换。根据中国人民银行于 1996 年颁布的《结汇、售汇及付汇管理规定》，对中国境内机构经常项目下的外汇收入实行强制结汇，境内机构经常项目用汇，可以按照市场汇率凭相应的有效凭证用人民币向外汇指定银行购买或从其外汇账户上对外支付。中国在放开经常项目的同时，对资本项目下的外汇往来活动仍然实行较为严格的管理，凡是资本项目外汇收入都必须调回境内，境内机构（包括外商投资企业）的资本项目下外汇收入均应在银行开立外汇专用账户，经外汇管理部门批准后才能兑换人民币，资本项目下的购汇和对外支付，需经外汇管理部门的核准方可在指定银行办理售汇和付汇。因此，建立在实际交易原则基础上的经常项目结售汇在银行间外汇交易市场上占主导地位，参见图 9.2。

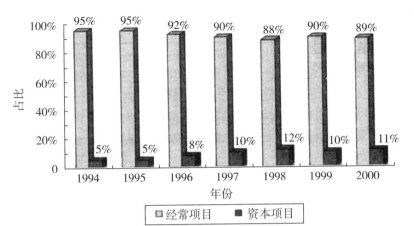

图 9.2 中国经常项目与资本项目结售汇比例

资料来源：国家外汇管理局。

由于经常项目的外汇收入与支出构成了中国外汇收支的主体，从而表明中国的外汇收支与交易仍主要是与贸易等真实经济活动相联系的，因此在现阶段人民币汇率以经常项目外汇收支为决定基础，无论在理论上还是在实践上都是合理的。

另外，从当前人民币汇率水平来看，基本上也是合理的，这主要表现在两个方面：首先，理论的均衡汇率水平与官方汇率基本相适应。近几年中国国际收支特别是经常项目保持基本平衡，表明人民币汇率相对于均衡汇率并不存在较大的差距。❶ 其次，黑市汇率与官方汇率的偏离程度也比较低。由于在一定程度上可以用黑市汇率与官方汇率的差异来表示官方汇率相对于市场真实供求的偏离程度，因此黑市汇率就成为官方汇率预期的指示器。在亚洲金融危机期间，人民币黑市汇率一路飙升，美元的黑市钞价曾高达 1 美元兑换人民币 10 元左右，此后有所回落，徘徊在 1 美元兑换人民币 9 元

---

❶ 根据美国高盛公司修正的购买力平价模型（GSDEER model）的计算，人民币兑美元均衡汇率在1998年3月为8.99，之后有所回落，目前为8.45，官方汇率与之相比低估约2%。

左右。随着市场对人民币稳定的信心逐步增加，2000年以来人民币黑市汇率逐步回落至1美元兑换人民币8.3~8.6元，与官方汇率之间的差距很小，偏差为2%~3%。显而易见，当前人民币汇率水平基本合理，不存在明显的高估或者低估。

2. 人民币汇率制度的稳定性

能否保持汇率的稳定性，是评价汇率制度的一个十分重要的标志。如果我们用稳定性标准来衡量中国的现行汇率制度，毫无疑问，这一汇率制度是非常成功的。从1994年1月1日人民币汇率并轨，中国实行以市场供求为基础的、单一的、有管理的浮动汇率制度以来，人民币汇率水平保持了基本稳定、略有升值的态势，参见表9.3与图9.3。甚至在亚洲金融危机期间，人民币汇率也保持了稳定，使人民币汇率制度经受住了发生在发展中国家最为严重的金融危机的考验。

表9.3　人民币汇率变动情况

年份	1994	1995	1996	1997	1998	1999	2000	2001
人民币汇率	861.87	835.10	831.42	828.98	827.91	827.83	827.84	827.76
变动幅度（%）	49.58	−3.11	−0.44	−0.29	−0.13	−0.01	0.00	−0.01

注：仅列举人民币兑美元汇率，人民币汇率为100美元兑换人民币的数额。

资料来源：国家统计局，《中国统计年鉴》，中国统计出版社，1994—2001年版；《中国经济景气月报》，2002年第1期。

自1994年以来，尽管人民币汇率保持了基本稳定的态势，但是却经历了巨大的压力：1997年年底以前，国内外汇持续供大于求，人民币汇率面临升值压力；1998年以后，受亚洲金融危机蔓延深化的影响，人民币汇率又面临贬值压力。在亚洲金融危机爆发以前，中国国际收支经常项目与资本项目处于"双顺差"的状况之中，为保护外贸出口的竞争力，防止人民币汇率过度升值，中央银行被迫收购市场卖超外汇，增加了外汇储备。1994—1997

中国金融安全论

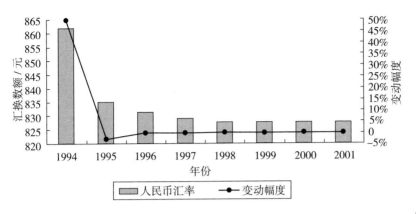

图 9.3　人民币汇率变动趋势

注：仅列举人民币兑美元汇率，人民币汇率为 100 美元兑换人民币的数额。

资料来源：国家统计局，《中国统计年鉴》，中国统计出版社，1994—2001 年版；《中国经济景气月报》，2002 年第 1 期。

年，人民币汇率升值不足 5%，但同期国家外汇储备增加了 5.6 倍。回过头来看，如果当时放任人民币过度升值而影响了出口竞争力，必然削弱以后维持人民币汇率稳定的基础；如果不是在当时稳定人民币汇率的政策操作中积累了雄厚的外汇储备，极大地改善了国家外汇资源短缺状况，必然就会制约后来中国抵御国外金融危机侵袭的能力。

　　亚洲周边国家与中国贸易和投资往来密切，危机爆发后对中国出口和利用外资产生了负面影响，然而更为重要的是，在信息高度发达、资金流动非常迅速的时代，亚洲金融危机引起的信心危机向整个亚洲乃至其他新兴市场迅速蔓延。中国正处于改革的攻坚阶段，稳定是改革与发展的基础，捍卫国内外对于中国经济和改革的信心至关重要。在周边国家货币大幅贬值之后，人民币汇率的动向更加成为国内外关注的焦点。如果能以合理的代价稳住人民币汇率，可以起到对信心危机扩散的屏蔽作用。

第九章　汇率制度与人民币汇率制度评析

当然，任何事情都是有利有弊的，关键是要权衡利弊，争取趋利避害、利大于弊，即收益大于成本。为维护人民币汇率稳定，中国付出的最重要的代价就是无法利用汇率杠杆促进出口。然而，从泰国货币危机到巴西雷亚尔贬值，汇率大幅下跌成为全面的经济金融危机爆发的前兆，人民币汇率能够在逆境中不贬值，将中国与其他新兴市场区分开来，切断信心危机通过汇率机制这一渠道的传染，增强了国内外对中国货币和经济的认同和信心。并且，人民币汇率稳定成为中国经济乃至世界金融中的一个重要稳定因素，这一贡献赢得了海内外的广泛赞誉，同时也有利于为中国在对外经贸交往中争取主动。应该说，中国政府的稳定汇率承诺是经济和政治上都得利的，是非常明智的政策选择。

实际上，中国凭借国内低利率、低物价优势，加之政府采取提高出口退税率等政策措施的支持，人民币汇率尽管没有名义贬值，但仍保持了一定的竞争力。据统计数据显示，20世纪90年代中国在美国的市场占有率（即美国从中国进口占其进口总额的比重）一直呈上升趋势，到1998年年底中国在美国的市场占有率达到7.8%，较1990年年底上升了3.9个百分点，较1996年年底上升了1.3个百分点，而其他绝大部分亚洲国家和地区在美国的市场占有率均呈下降趋势。中国在海外主要市场的份额保持上升的趋势表明，中国人民币汇率制度的改革获得了巨大成功。

3. 人民币汇率制度对经济发展的促进作用

汇率制度对一国的经济发展发挥何种作用，是促进经济发展，还是阻碍或损害经济发展，这是评价汇率制度的实质所在。根据这一标准，毫无疑问，中国现行人民币汇率制度基本上是适应中国经济发展和改革开放进程的，有力地支持了中国外贸体制改革和金融体制改革，为保持经济长期、持续、稳定发展做出了重要贡献，参见表9.4。

表 9.4　中国宏观经济主要指标

（单位：美元）

年份	1994	1995	1996	1997	1998	1999	2000	2001	2002
GDP 增长率（%）	12.6	10.5	9.6	8.8	7.8	7.1	8.0	7.3	8.0
消费物价指数（%）	24.1	17.1	8.3	2.8	−0.8	−1.4	0.4	0.7	−0.8
贸易总额	2366.2	2808.6	2898.8	3251.6	3239.5	3606.3	4742.9	5097.6	6207.9
外商直接投资	337.7	375.2	417.3	452.6	454.6	403.2	407.2	468.8	527.4
外汇储备	516.2	736.0	1050.5	1398.9	1449.6	1546.8	1655.7	2121.6	2864.1

资料来源：国家统计局，《中国统计年鉴》，中国统计出版社，1994—2002 年版。

（1）促进外贸高速增长（参见图 9.4~ 图 9.6）。1994—2002 年中国外贸以年均 12.95% 的速度增长。1993 年中国外贸进出口总额仅为 917.6 亿美元，到 2002 年外贸进出口总额已经突破 6000 亿美元；中国外贸出口总额占世界出口的比重也由 1993 年的 2.5% 提高到 2002 年的 3.9%；中国出口在世界出口中的位次由 1993 年的第 11 位提高到 2000 年的第 7 位。2001 年中国出口和进口额均居世界第 6 位，分别占世界进出口总额的 4.3% 和 3.8%。❶

（2）外资流入稳定增长。在 1994 年以来的 8 年间，中国累计吸收外商直接投资 2260 亿美元。1994—2002 年中国吸收外商直接投资在发展中国家始终保持首位，2002 年在世界各国的排名中超过美国而居于世界第一位。

（3）国际收支状况良好，外汇储备持续增加。中国外汇储备

---

❶　世界贸易组织（World Economics Outlook），2002，"Annual Trade Report 2002"。

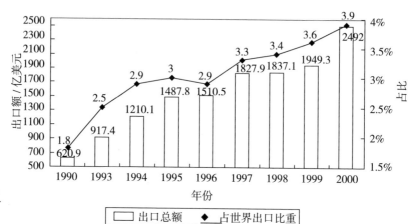

图 9.4 中国出口额及其占世界的比重（1990—2000 年）

资料来源：国家统计局，2002 年 2 月 28 日。

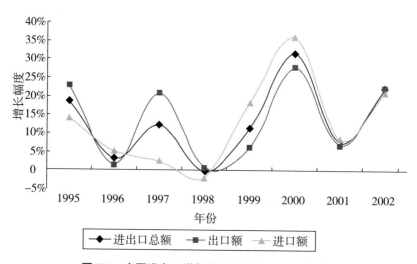

图 9.5 中国进出口增长速度（1995—2002 年）

资料来源：国家统计局，《中国统计年鉴》，中国统计出版社，1995—2002 年版；2002 年为海关统计。

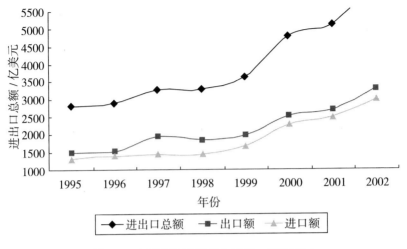

图 9.6 中国进出口总额（1995—2002 年）

资料来源：国家统计局，《中国统计年鉴》，中国统计出版社，1995—2002 年版；2002 年为海关统计。

由 1994 年年初的 212 亿美元（1994 年年底为 516.2 亿美元）上升到 2002 年年底的 2864.1 亿美元（参见图 9.7），并且连续数年位居世界第二位（仅次于日本）。

需要指出的是，现行人民币汇率制度不仅经受了亚洲金融危机的严峻考验，而且再次经受了 2001 年以来世界经济衰退的严峻考验。在全球经济不景气中，中国外贸在外需环境大幅恶化的形势下仍然取得了稳定的增长，利用外资创近年来最高水平，国民经济持续以较高的速度增长，中国经济成为一个引人注目的亮点。所有这些都表明，现行人民币汇率制度的安排基本上适应当前中国经济的发展阶段，是符合中国国情的。

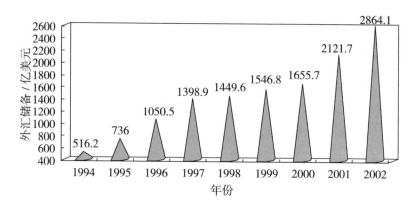

图 9.7   1994 年以来中国外汇储备增长情况

资料来源：国家统计局，《中国统计年鉴》，中国统计出版社，1994—
2002 年版；国家外汇管理局。

三、现行人民币汇率制度缺陷评析

尽管现行人民币汇率制度的安排基本上适应当前中国经济的发展阶段，对促进经济发展发挥了重要的作用，但实事求是地来看，人民币汇率制度也存在着一些缺陷，而且随着中国加入世界贸易组织、对外开放进程进一步加快，这些问题和矛盾将日益突出，成为影响中国金融安全的重要因素。

1. 汇率的形成机制缺失

建立银行结售汇制和全国统一的银行间外汇市场，是 20 世纪 90 年代以来中国外汇体制改革的重要方面。银行结售汇制和全国统一的银行间外汇市场构成了现行人民币汇率形成机制的基础。从理论上来看，中国实行以市场供求为基础的、有管理的浮动汇率制度，人民币汇率反映的是市场供求关系。但从现行人民币汇率形成机制看，由于存在着两个突出的特点，即银行结售汇的强制性与银行间外汇市场的封闭性，导致人民币汇率的形成机制缺失，从而使人民币汇率基本上体现的是政府意志，而非市场供求关系，难以形成真正意义上的市场汇率。

（1）银行结售汇制的强制性。所谓结售汇，是指企业将外汇收入按当日汇价卖给银行，银行收取外汇，兑给人民币，即称为结汇；企业需要外汇，持有效凭证到银行用人民币兑换，银行售给企业外汇即称为售汇。这种制度安排具有较大程度的强制性，企业出口所得外汇必须结汇，即必须无条件地卖给外汇银行，企业不能持有外汇账户（以后虽允许大型外贸企业持有部分外汇，但亦受到严格的限制），不能根据自己未来的需求和对未来汇率走势的预期自主选择适当的出售时机和数量。至于企业的外汇需求，在经常项目下的贸易用汇通过外汇银行的售汇来满足，而经常项目下的非贸易用汇则受到较为严格的外汇审批控制。在这一制度下，企业无法按意愿持有外汇，由此"强卖"而形成的汇率不可能是真正意义上的市场价格。

（2）银行间外汇市场的封闭性和严格管制。银行间外汇市场即银行之间的外汇交易市场。建立该市场的初衷是为了改进人民币汇率形成机制，然而从实践来看这一目标并未达到，这是因为该市场存在着严重的缺陷。

第一，封闭性而非开放性市场。银行间外汇市场实行会员制，作为市场主体的外汇指定银行，其会员资格的获得，须经中央银行或外汇管理局的审批，必须符合严格的市场准入规则，从而使该市场失去开放性而成为封闭的市场。

第二，严格管制的市场。由于中央银行对外汇指定银行持有外汇的额度有严格的规定，这就使得外汇指定银行不能按意愿持有外汇，也难以根据本、外币资产的合理组合来实现在风险可控情况下的收益最大化和规避外汇风险。更为重要的是，在银行间外汇市场的交易中，由于中央银行实际上处于垄断地位，即中央银行具有对外汇银行的额度控制权以及中央银行拥有巨额的外汇储备和货币供给权，从而使中央银行对该市场人民币汇率的形成具有绝对的控制权。中央银行在市场上的绝对垄断地位，使政府的意志自然

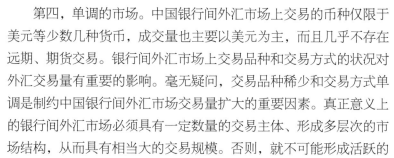

而然渗透在汇率之中。当然，在中国，外汇市场尚处于初级发育阶段，存在着明显的脆弱性和不稳定性，大多数交易主体还很不成熟，在这种情况下，中央银行的这种调控作用是必不可少的。❶但是，如果这种状况长期化、固定化，必然损害人民币汇率形成机制。

第三，被动干预的市场。在银行间外汇市场上，中央银行处于被动干预的地位，当外汇指定银行之间的交易不能完全匹配时，由中央银行弥补不足头寸，以保证整个市场的"出清"。这种被动干预保证了市场的有效运转，但也对人民币汇率的形成产生了较大的负面影响。由于采用迫不得已的被动干预，极大地限制了中央银行采取灵活的干预模式，其结果是使有管理的浮动汇率制只有管理而缺乏浮动，人民币汇率趋向僵化。显然，这种状况对人民币发挥外汇资源价格的真实性和代表性产生了极为不利的影响，严重制约了市场配置外汇资源效率的进一步发挥。❷

第四，单调的市场。中国银行间外汇市场上交易的币种仅限于美元等少数几种货币，成交量也主要以美元为主，而且几乎不存在远期、期货交易。银行间外汇市场上交易品种和交易方式的状况对外汇交易量有重要的影响。毫无疑问，交易品种稀少和交易方式单调是制约中国银行间外汇市场交易量扩大的重要因素。真正意义上的银行间外汇市场必须具有一定数量的交易主体、形成多层次的市场结构，从而具有相当大的交易规模。否则，就不可能形成活跃的

---

❶ 参见王元龙：《关于发展我国银行间外汇市场的若干问题思考》，《经济研究参考》，1998年第67期。

❷ 中央银行被动干预银行间外汇市场也有积极的影响，如有效地防止某些时期由于贸易持续顺差和外资大量流入带来的人民币升值压力，又如在亚洲金融危机时期有效地缓解了国内外对人民币预期贬值的压力。参见孙学工：《中国加入WTO后的汇率制度选择》（博士论文）。

外汇市场，也就不可能生成合理的市场汇率。

2. 汇率缺乏灵活性或弹性

在客观因素以及一部分主观因素的作用之下，中国于1994年年初开始实行的以市场供求为基础的、有管理的浮动汇率制度已经逐步演变为固定汇率安排。亚洲金融危机以来，中国人民币汇率制度承载了包括政治因素在内的沉重负担，中国坚持人民币不贬值，对稳定亚洲经济金融发挥了重要的作用；人民币汇率的稳定已经成为中国政治、经济稳定的极其重要的标志。正因如此，人民币汇率也陷入僵化，即缺乏灵活性或弹性，一定程度上失去了调节功能，近年来人民币与美元的汇率始终呈现稳中有升的状态。尽管中国名义上仍然是有管理的浮动汇率制度，但实际上已经被国际货币基金组织统计为固定钉住汇率制度。

缺乏灵活性或弹性的人民币汇率制度会造成一系列的问题，从而成为危及中国金融安全的严重隐患，最突出地表现是弱化了企业的风险意识。汇率长期窄幅波动，不仅制约市场引导外汇资源配置的基础性作用发挥，还导致市场忽视汇率风险。在基本固定的汇率安排下，市场和企业的汇率风险意识淡薄，经营与投融资活动很少考虑和顾及风险，从而出现和累积了一定的风险，如大量不良债务的产生，而这些风险的累积则是发生金融危机的重要条件。

由于人民币汇率缺乏灵活性或弹性，人民币名义汇率与实际有效汇率之间产生较大的差距。在单一钉住美元的汇率安排下，由于汇率浮动区间处在狭小的范围之内，这种状况使汇率难以对其他货币间汇率变化及时进行调整，特别是难以对美元和其他主要储备货币间的汇率变化及其影响做出反应，其结果往往是表面上名义汇率保持稳定，而实际有效汇率已经与之发生偏离，参见图9.8。

---

❶　参见王元龙：《关于发展我国银行间外汇市场的若干问题思考》，《经济研究参考》，1998年第67期。

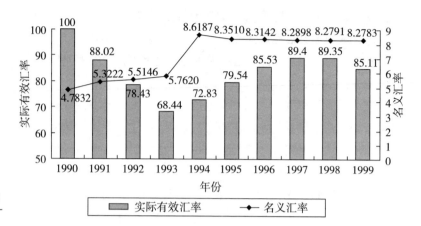

图 9.8　人民币名义汇率与实际有效汇率

注：1. 实际有效汇率（REER）以 1990 年为 100，上升表示本币升值，下降表示本币贬值。

2. 名义汇率为 1 美元兑换人民币的数额。

资料来源：张晓朴（2000）。

在中国的贸易结构中，与美元区的贸易额约占贸易总额的50%，而与非美元区即日本、欧元区和东南亚的贸易额约占贸易总额的50%。中国的现行汇率政策只是重视保持与美元区汇率的稳定，而对非美元区贸易伙伴的汇率稳定则没有予以足够的重视。近年来，由于日元和欧元对美元的汇率不稳定，出现了美元不断贬值的趋势，相应地也导致了这些货币对人民币的贬值。东南亚地区的货币在亚洲金融危机期间也经历了大幅度的贬值，此后在经济复苏的带动下汇率逐渐趋于稳定，但在 2001 年世界经济减速的影响下，这些国家的货币又重新出现贬值的态势。正是这些因素导致了中国实际有效汇率的不断升值，而实际有效汇率的升值必然对中国出口竞争力造成严重的损害。

专栏 9.1　日元汇率变化对中国出口的影响

　　根据定量分析，从历史上看，中国对日本出口增长率与日本经济增长率的关联程度很弱，两者的相关系数只有 0.1，日本经济增长率的变化只能解释中国对日出口变化的 1%。在加进汇率变化因素后，相关程度有所提高，相关系数达到 0.68，这说明日元汇率的变化对中国的对日出口影响很大。1993 年和 1994 年日本经济增长缓慢，增长率分别只有 0.53% 和 1.02%，但由于同期日元升值幅度较大，升值了近 20% 和 60%，结果使中国对日出口分别增长了 34% 和 36%，是整个 20 世纪 90 年代增长最快的两年。反之，在某些日本经济增长较好的年份，由于伴有日元贬值，对日出口反而增长不多，如 1996 年和 1997 年，日本经济分别增长了 3.3% 和 1.9%，是 20 世纪 90 年代日本经济增长最快的年份，但由于日元汇率在这两年分别贬值了 14.4% 和 10%，是 20 纪世 90 年代贬值幅度最大的两年，导致中国的对日出口分别只增长了 8.5% 和 3.1%，在整个 20 世纪 90 年代里仅高于出现负增长的 1998 年，而 1998 年是唯一的一次日本经济下降和汇率贬值同时出现的年份。因而在日本经济增长仍不景气的情况下，日元的汇率走势就成为决定中国对日出口的重要因素之一。摩根士丹利的一项研究也支持以上的观点，即中国的出口受日元汇率影响很大。据他们计算，日元每贬值 10%，在其他亚洲国家及地区不做任何反应时，中国内地的贸易盈余将损失 72 亿美元，中国香港将丧失 38 亿美元。然而，更有可能的情况是，其他亚洲国家及地区极可能将它们的货币贬值 5%，这样会使中国内地和中国香港的总体损失达到 158 亿美元，占到 2000 年贸易盈余的一半左右。

　　1994 年人民币汇率并轨时，中国规定的银行间外汇市场人民币对美元汇率每天的波幅为中心汇率上下 0.3%，按目前 8.28 元人民币

兑换1美元的水平，每天可上下浮动250个基本点，而实际上人民币汇率每天波幅不过几个基本点。人民币汇率窄幅波动这种格局，较大程度是由于中央银行作为银行间市场的重要参与者，几乎每天都参与市场交易，平补市场买卖差额，影响汇率生成。这就形成了中央银行与市场博弈的格局，造成了汇率变动的政策敏感性。如果汇率出现大幅波动，可能向市场传递出政府纵容或操纵汇率贬值或升值的政策信号，从而使得汇率波动从政策上变得比较敏感，这反过来制约了汇率政策操作的弹性。

3. 汇率的调整缺乏准确依据

1996年中国实现人民币经常项目下的可兑换，并对资本项目下严格管制，从而使银行间外汇市场上的外汇供求取决于贸易项目。而货币的购买力则是与贸易相关的最直接、最重要的因素，这就在很大程度上决定了需要选择购买力平价理论作为决定人民币汇率水平的理论模型。但是，在人民币汇率制度已经逐步演变成固定汇率安排的情况下，用购买力平价来计算人民币与美元的均衡汇率存在着重大缺陷，如购买力平价理论的前提条件（例如信息充分、交易成本为零、关税为零）几乎完全不能满足，而且由于购买力平价理论的一般物价水平既包含了贸易品又包含了非贸易品，其计算结果必然存在着较大的偏差。显而易见，从理论上来看，现行人民币汇率的调整缺乏充足的依据。

从实践上来看，现行人民币汇率的调整也缺乏准确的依据。在汇率由外汇市场的供求关系来决定时，即便是这一市场十分狭窄，而且仅限于由经常项目中的贸易项目派生出的外汇供求，但一方面，由于中央银行与外汇指定银行之间存在着信息不对称，导致中央银行无法获取准确定价所需要的完全信息，另一方面，由供求偏好变化而造成的汇率变动的不确定性，导致中央银行管制定价的时间滞后，甚至发生判断错误。在信息不对称和存在不确定性的情况下，管制定价的中央银行无论采用何种方法，都难以计算出一个"出清"供给与需求均衡的汇率水平。当中央银行管制定价无法确

中国金融安全论

410

定均衡的汇率水平时，汇率水平的调整不得不主要依赖于经验以及有关黑市汇率水平、出口换汇成本等参考指标，使调整的准确性大为降低。❶

4. 维持现行汇率制度的成本较大

维持现行人民币汇率制度的成本较高，需要付出的代价主要包括以下几个方面。

（1）增加货币政策灵活操作的难度。在资本自由流动的条件下，固定汇率制将没有自主的货币政策，货币政策只能被用于维持汇率的稳定；而在资本管制条件下，资本难以自由流动进行套利活动，利率平价理论将不再发挥作用，固定汇率制下的货币政策因此而重新获得自主性。但是，中国的实践表明，由于受资本控制有效性和货币管理当局冲销手段的限制以及贸易平衡存在着不确定性，即使在资本管制条件下，货币政策的自主性依然受到较大的影响，有时甚至会发生货币政策的作用方向与宏观经济政策目标背道而驰的现象。

专栏 9.2　对紧缩货币政策的抵消

1993 年起中国发生了严重的通货膨胀。为抑制通货膨胀，中央银行实行了紧缩的货币政策，大幅度提高利率水平。在 1994 年，中国一年期存款利率达到 11%，一些非法集资的利率更是高达 20% 以上，比同期美元的利率高出 7 个百分点。这种状况导致大量套利资金涌入中国，当年外汇储备增长了 304 亿美元，比上年增长了 143%，比当年的贸易顺差和结汇部分的外商直接投资多出 80 亿美元。此后的几年，中短期资本流入的规模不断扩大，资本项目外汇收支顺差持续扩大，到 1996 年顺差达到历史最高点 399.7 亿美元。从贸易方面来看，自 1994 年人民币汇率

----

❶ 参见冯用富：《中国金融进一步开放中汇率制度选择的方向》，《金融研究》，2000年第7期。

并轨后，中国贸易顺差不断扩大，1998年达到434.7亿美元的最高点。这种资本与贸易双顺差的格局进一步加大了治理通货膨胀的难度，对当时紧缩的货币政策产生了抵消的作用。造成这种状况的原因就在于为了维持人民币汇率的稳定，中央银行被迫在银行间外汇市场上大量收购外汇、投放基础货币，即不断买入美元、卖出人民币，其结果是在需要紧缩货币的时候反而扩大了人民币基础货币的投放。中央银行外汇占款在基础货币投放中的比重不断增加，由1993年的7%增加到1994年的75%，基础货币结构的这种变化是中央银行进行对冲操作的结果。为了稳定货币供应，中央银行又被迫回收对金融机构的再贷款，以缓解双顺差带来的通货膨胀压力，但又加剧了国内部门间资金的不平衡。因此，为维持人民币汇率的稳定，这一时期中国货币政策的灵活操作受到严重制约。

专栏9.3 对扩张货币政策的抵消

1997年以后受亚洲金融危机的影响，中国面临外需不足、经济增长不断滑坡的严峻形势。与此相对应，通货紧缩的压力逐渐加大，宏观经济政策的目标由抑制经济过热、控制通货膨胀转向扩大内需、刺激经济增长和防止通货紧缩。而此时随着人民币利率的下降和人民币贬值预期的上升，资本外流的增加导致资本收支顺差急剧减少，1998年出现了高达62.8亿美元的逆差。与此同时，中国的贸易顺差也开始减少。贸易与资本项目顺差的双减少，又会通过外汇占款渠道发放的基础货币进一步萎缩，从而加剧了通货紧缩。1998年中央银行通过外汇占款渠道投放的基础货币增长仅为1.9%，与1997年41%的增长率相比，实在是微不足道。在通货膨胀时期，中央银行还可以通过收回再贷款进行对冲操作，以缓解基础货币增长过快；而在通货紧缩时期，由于商业银行不愿扩大自己的再贷款，加之中国货币市场不发达以及公开市场业务操作受到制约，中央银行更是缺乏有效对冲手段来解决由于顺差减少引起的基础货币投放问题。由顺差减少带来的基础货币减少问题，已成为近几年中国货币供应量难以达到预定指标的一个重要原因。由此可见，即便是存在着资本控制的情况下，固定汇率制下的货币政策有效性仍然受到很大的限制。

（2）增加财政负担。当美元相对于主要货币保持强势的情况下，如果维持人民币兑美元汇率的绝对稳定，势必增加中国出口增长的难度，而扩大出口又是保持经济增长的重要途径。为了刺激出口，中国采取了提高出口退税比率、对出口商品贴息等措施，其结果一方面是保持了出口的增长，对拉动经济增长发挥了重要的作用，另一方面也增加了国家财政支出，并诱发了出口骗税等道德风险。据统计，1997—2000 年，中国出口退税额呈逐年上升的趋势，与出口增长呈明显正相关关系，出口退税额占当年出口总额的比重也呈现出上升的趋势。与此同时，出口高退税又刺激了出口骗税（即通过假出口来骗取出口退税额）案件急剧增加。据不完全的统计，仅 2000 年由出口骗税案件带来的国家税务损失就高达 300 亿元人民币之多。

（3）增加外汇管理成本和难度。为维持现行人民币汇率制度，在政策操作上中国不得不在一定程度上借助外汇管制的力量来实现既定目标。在 1998 年以前，为缓解人民币汇率升值的压力，中央银行加强了银行结汇管理，明确规定中资企业借用的国际商业贷款不得结汇成人民币使用；在 1998 年以后，为应对亚洲金融危机对人民币汇率产生的贬值压力，中央银行又加大了对银行售付汇管理的真实性审核力度。毫无疑问，严格的管制势必增加管理成本。在现行人民币汇率制度下，由于人民币汇率基本固定、汇率无风险，当国内外利率存在利差时，必然导致无风险套利机会的出现。尽管在中国资本项目外汇管制之下，这种套利活动有一定的成本，但只要收益大于成本，套利仍会通过非法逃套等形式进行。这种状况增加了资本项目外汇管理的难度。

（4）外汇储备增加的成本与风险。在现行人民币汇率制度框架下，强制性结售汇的实施、经常项目可兑换以及中央银行对外汇指定银行外汇头寸额度控制，银行、企业与居民都不能按意愿持有外汇，而中央银行则以国家外汇储备的形式持有较大数量的外汇，这种状况导致中国外汇储备持续大幅度增加，由1994年年初的212亿美元上升到2002年年底的2864.1亿美元。持有如此规模巨大的外汇储备，尽管可以看作是中国人民币汇率制度稳定以及经济发展势头良好的重要标志，或者说是为市场提供了一个稳定与信心的重要标志，但是持有如此规模巨大的外汇储备，也不可避免地会带来两个突出问题：

第一，支付巨大的成本。既然外汇储备是用于清偿国际收支逆差、进行外汇交易和国际债务清算、干预外汇市场的外汇资产，而且这种重要资源又必须具有较高流动性，因此外汇储备属于暂时闲置或只能获得很低收益的资产。由此可以这样认为：外汇储备的规模越大，意味着资源利用的效率就越低，同时需要付出的成本就越高。中国外汇储备主要用于购买美国政府的短期债券和在境外金融机构的同业存款，其资产收益率大大低于对外借款所支付的利息和为利用外商直接投资所付出的成本。中国在持有大量低收益外汇资产的同时，又以高成本从国际金融市场大量借入外资，造成巨额的资源浪费，付出了相当大的代价。

第二，承担汇率风险。中国外汇储备高度集中于中央银行，汇率变动所产生的汇率风险就不可能向其他微观经济主体分散，必然由中央银行独自来承担，在当前国际货币体系和国际金融市场存在较大的不确定性的情况下，中央银行持有巨额外汇储备特别是美元储备资产将面临巨大的汇率风险。

（5）增加社会交易成本。主要表现为：第一，在强制性的结售汇制度下，必然增加企业的额外负担，使交易成本提高，而成本的提高又在一定程度上削弱了企业的竞争力；第二，如前所述，对交易真实性的审核不仅带来了巨大的社会管理费用的支出，而且随之产生的效率下降也意味着社会成本的增加；第三，在结售汇制度下，对外汇的超额需求是外汇市场的重要特征，由外汇超额需求而出现的大量的行政审批则又是产生寻租、腐败等问题的重要根源。这样，不仅降低了外汇资源的使用效率，造成效率损失，而且又要为此支付监管的成本。所有这些，无疑会加大社会交易成本，造成社会福利的净损失。

5. 加入世界贸易组织后汇率市场化的压力增大

中国加入世界贸易组织（WTO）之后，人民币汇率市场化的压力将逐渐增大，主要表现在以下四个方面：对外贸易的扩大；外资流入增加；外资银行大量进入、业务增加；外汇市场日趋活跃。

伴随着上述重要变化，资本的流动性在中国逐渐提高，稳定汇率的难度将越来越大，外汇管制的成本也将越来越高。这些变化，必然要求人民币汇率加快市场化的改革。

第十章　人民币汇率制度改革
与汇率政策取向

第一节　人民币汇率制度改革

一、改革的必要性与紧迫性

2001 年 12 月 11 日，中国正式成为世界贸易组织的成员。加入世界贸易组织意味着中国将全面融入金融全球化的进程之中。按照与有关国家签署的协议，中国的金融对外开放将是全方位的。在新的开放形势下，人民币汇率制度面临着严峻而巨大的挑战。因此，加快人民币汇率制度的改革已经刻不容缓，改革的必要性和紧迫性主要表现在以下几个方面。

1. 应对金融开放对现行汇率制度的冲击

加入世界贸易组织后中国金融的全面对外开放必然会引起一系列重要的变化。

首先，加入世界贸易组织后五年内，外资银行和中资银行将实行同等的国民待遇，外资银行将在各方面与国内银行竞争。在日益激烈的竞争市场中，为满足各银行对本币及外汇头寸调剂的需要，现存的以会员制为主体、封闭的银行间外汇市场将难以为继，必然逐渐走向开放。

其次，外资银行在全面经营人民币业务后，可利用抵押贷款的方式进行人民币资本项目下的间接兑换。在华的外资银行与其总行及其设立在世界各地的分支机构之间，通过联行的方式调入或调出资金，从国际金融市场上向中国引进短期资本，或者使中国包括人民币在内的资本流出。其结果，使国际资本绕过中国对资本项目的管制，以间接的方式在一定程度上实现了人民币与外汇在资本项目下的兑换。

再次，随着人民币的可兑换程度的逐渐增强，企业与居民将逐渐转向按意愿持有外汇，这就使强制性的结售汇、人民币经常项目可兑换与中央银行对外汇银行外汇额度的管制产生矛盾。而且，当金融机构、企业、居民能够按意愿持有外汇的情况下，出于防范汇率风险的需要，必然要求外汇交易品种和方式的多样化，这种变化对中国现行银行间外汇市场交易品种单一、交易方式单调提出了挑战。

最后，随着中国金融市场的开放，人民币渐进地走向可自由兑换，资本的流出入、本外币资产的替代也将随之增强。这样，人民币汇率的决定就已经不可能仅取决于经常项目的外汇收支，汇率的决定将受到更多因素的影响，诸如资本项目的外汇收支以及利率、预期、各经济主体资产变化等。

综上可见，随着加入世界贸易组织后，中国金融的进一步开放，人民币汇率的决定基础发生了根本性的变化，从而对人民币汇率决定机制产生重大的影响。毫无疑问，在这种情况下，中央银行对人民币汇率的管制定价将日益困难，而且成本将越来越高。

2. 提高货币政策的有效性

随着中国金融开放的进一步扩大，现行人民币汇率制度与货币政策的有效性之间的矛盾也将日益突出。

国外经济学家对开放经济条件下汇率制度与货币政策有效性之间的关系有深入的研究。蒙代尔（Mundell）在 20 世纪 60 年代的研究表明，在对外开放情况下，如果一国实行固定汇率制，那么该国通过采用货币政策来熨平经济波动、干预宏观经济运行的效果是极为有限的，货币供给的变化只能对外汇储备产生影响，引起外汇储备的增减变化。

从中国的情况来看，中国已经是一个贸易大国，2001年中国出口额和进口额已居世界第六位，经济的对外依存度也越来越高。尽管如此，中国仍然是一个发展中大国的基本状况并没有改变：经济的开放度仍然有限，国民经济增长主要依靠国内需求拉动，而不是主要依靠净出口；人均产值仍然很低；出口产品多为原材料初级产品，其附加值较低，难以影响国际贸易品的价格；人民币尚未实现完全的自由兑换，还不是一种国际货币；资本流动对国际金融市场上资本流动的影响还比较小。在国际贸易和国际金融市场上，中国基本上仍然属于价格和利率的接受者，而并非是价格和利率的制定者。因此，蒙代尔的结论对中国也是基本上适用的。显然，在中国金融进一步扩大开放的情况下，现行的人民币汇率制度将使采用货币政策干预宏观经济运行的有效性大为降低。

美国麻省理工学院教授克鲁格曼（P. Krugman）在20世纪90年代末的研究认为，在资本完全流动、资产完全替代的情况下，一国中央银行货币政策的冲销性干预措施是无效的，既不会影响货币供给，也难以影响汇率；而在资产不完全替代的情况下，冲销性干预措施是有效的。姜波克（1999）的研究表明，在人民币不能自由兑换的条件下，外国资产与本国资产不能相互替代时，中央银行能够通过相应冲销性干预措施来实现货币供应量目标和汇率的稳定。上述研究都认为，只有在资产不完全替代的情况下，冲销性干预措施才是有效的。但是，在中国金融开放不断扩大的情况下，随着货币流动的日益增强，本国与外国资产的替代程度也将越来越高，冲销性干预的有效性将呈逐渐递减的趋势。

3. 消除汇率制度的内在不稳定性

前已指出，如果用稳定性标准来衡量中国的现行汇率制度，毫无疑问，这一汇率制度是非常成功的，中国从1994年以来，人民币汇率水平保持了基本稳定、略有升值的态势，甚至在亚洲金融危机期间，人民币汇率也保持了稳定。需要指出的是，尽管现行人民币汇率制度较好地保持了人民币汇率的稳定，但是这一制度存在着严

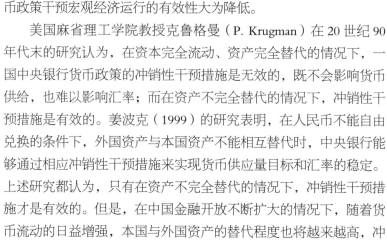

中国金融安全论

重的内在不稳定性，特别是在中国金融对外开放进一步扩大的条件下，这种内在不稳定性表现得更加突出。

首先，投机因素放大了不稳定性。在金融全球化背景下，不完全竞争的国际金融市场上，规模庞大、高速流动的国际资本正日益脱离实质经济的基础而独立地运行。这样，一国开放经济中的汇率就不是主要取决于真实经济中对商品、劳务需求而派生的外汇供求，而是主要取决于由资本流动所决定的外汇供求。换言之，由资产组合变化而导致的国际资本流动已成为决定汇率的最重要因素。在这种环境中，由于投机具有内在不稳定性，从而由资本流动所决定的汇率也就具有内在不稳定性。随着中国资本流动规模的扩大，对汇率制度的影响也日益增强。

其次，贬值预期加剧不稳定性。新兴市场化国家在经济发展中存在的诸如金融机构脆弱、股价过度波动以及产业结构失衡等问题，在特定时期都有可能引发本币贬值的预期。这种情况在我国也不例外。而强烈的贬值预期往往导致外汇市场汇率的单向变动，即不断贬值。贬值使外汇投机收益与风险不对称，而贬值幅度越大，投机者可获收益就越高。拥有巨大规模并以追求利润最大化为目标的垄断投机力量（如投资基金），在其与中央银行的较量中，由于受强烈贬值预期所产生的"羊群效应"的影响，常使一国中央银行处于相对劣势。所以，在我国金融进一步开放中，固定汇率制度是十分脆弱的，易受外部投机冲击，内在的不稳定性更加突出。

二、人民币汇率制度改革的基本原则

人民币汇率制度改革的基本原则主要包括以下三个方面。

1. 借鉴国际汇率制度安排的经验

在金融全球化浪潮迅速发展的国际大环境之下，人民币汇率制度改革需要研究借鉴现行国际汇率制度安排的一般规律。如前所述，布雷顿森林体系之后，特别是自20世纪80年代以来，国际汇率制度发生了重大的变化：选择钉住汇率制度的国家的比重呈大幅

第十章 人民币汇率制度改革与汇率政策取向

419

度下降的趋势，选择更加灵活汇率制度的国家的比重大幅度上升，选择有限灵活汇率制度的国家的比重没有发生大的变化。根据国际货币基金组织在 2001 年对 185 个成员国家或地区的汇率制度安排进行的最新分类（参见图 10.1），现行国际货币体系中汇率制度安排主要分为三大类型：完全固定的汇率制度、有管理的浮动汇率制度与自由浮动汇率制度。❶

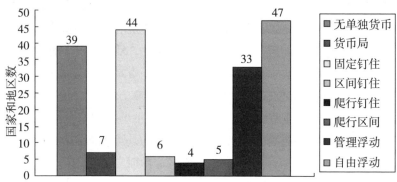

图 10.1　采用不同汇率制度的国家和地区数（2001 年）

资料来源：IMF，2001。

（1）完全固定的汇率制度，又称为"硬钉住汇率安排"（hard pegs）。实行这种汇率制度安排的国家或地区共 90 个，其基本特征是经济规模较小，或经济开放程度与经济自由化程度都比较低。完全固定的汇率制度又可分为以下三种形式。

其一，无单独法定货币的汇率制度安排（Exchange Arrangements with No Separate Legal Tender），共有 39 个国家或地区采用这种汇率制度。在这种汇率制度安排下，一国或地区采用另一国家的货币作为唯一的法定清偿工具，或者是从属于一个货币联盟，货币联盟内各国均使用同一种单一货币。采用这种汇率制度安排的国家或地

---

❶　参见孙学工：《中国加入WTO后的汇率制度选择》（博士论文）。

区将完全丧失独立的货币政策。欧元区、法郎区国家以及实行美元化的国家或地区都属于这种汇率制度安排。

其二，货币局安排（Currency Board Arrangements），共有7个国家或地区采用这种汇率制度。在这种汇率制度安排下，要求以法定的形式承诺以事先固定的汇率对本国货币和某一特定国家的货币进行自由兑换。采用这种汇率制度安排，实际上是剥夺了货币当局发行货币的权力，中央银行失去了作为最后贷款人的基本职能，而且使货币当局实行相机抉择的货币政策能力受到极大的制约。

其三，常规的固定钉住安排（Other Conventional Fixed Peg Arrangements），共有44个国家或地区采用这种汇率制度。在这种汇率制度安排下，一国的货币正式地或事实上与一个主要货币或一篮子货币保持固定的汇率，通常汇率只允许在很小的范围内，如±1%之内浮动，为此货币当局要随时准备对市场进行干预，以保证汇率能够稳定在固定的水平上。尽管这种汇率制度安排使货币当局实施货币政策的灵活性受到了限制，但与无单独法定货币的汇率制度安排和货币局安排相比，灵活性则要强一些。国际货币基金组织认为，中国属于这种汇率制度安排。

（2）有管理的浮动汇率制度（或称中间汇率制度），又称为"软钉住汇率安排"（soft pegs），实行这种汇率制度安排的国家或地区共48个，其整体特点是经济规模较小。有管理的浮动汇率制度又可分为以下四种形式。

其一，区间钉住汇率（Pegged Exchange Rates within Horizontal Bands）或称水平浮动区间，共有6个国家或地区采用这种汇率制度。区间钉住汇率有一个正式的或事实上的固定的中心汇率与一种或一篮子货币相挂钩，可允许浮动的区间在±1%以上。欧元诞生前的欧洲汇率机制（ERM）就是典型的区间钉住汇率安排，其汇率浮动区间为±2.25%。在这种汇率制度安排下，货币当局拥有的货币政策灵活性的大小取决于浮动区间的大小。

其二，爬行钉住汇率制（Crawling Pegs），共有4个国家或地区采用这种汇率制度。这种汇率制度或按照事先宣布的固定幅度对汇率进行小幅调整，或根据某些特定的指标如一国与主要贸易伙伴的通货膨胀率的差异来对汇率进行调整。由于这种调整是小幅度的，故称之为爬行，而爬行既可以是前瞻型的，也可以是后顾型的。前者是根据对通货膨胀的预期来进行调整，后者则是指根据过去某一时期的通货膨胀经历来进行调整。

其三，爬行区间汇率制度（Exchange Rates within Crawling Bands），共有5个国家或地区采用这种汇率制度。这种汇率制度基本上是在爬行钉住的基础上又增加了浮动区间，其中心汇率的调整方式与爬行钉住相似。这一制度还有一种变形，即并不宣布中心汇率平价，而只是对汇率浮动的上下区间进行非对称性的调整。爬行区间汇率制度对货币政策灵活性的影响也取决于浮动区间的大小。

其四，无预定路径的有管理的浮动汇率制度（Managed Floating with No Predetermined Path for the Exchange Rate），共有33个国家或地区采用这种汇率制度。前三种汇率制度安排的主要特点是汇率的年波动幅度超过 ±1%，按照事先宣布的一个量化指标的变化，定期或者不定期调整汇率；而这种汇率制度安排特指通过积极干预调整汇率，但对汇率变化的路径并无特定的、预定的或是事先承诺的目标，没有设定特定的中心汇率。货币当局进行的干预可依据一些重要的宏观经济变量，如国际收支、国际储备状况等，也可只是针对汇率变动进行逆向操作（leaning against the wind）。由于没有承诺明确的义务，这一汇率制度下的货币政策具有相当大的灵活性。

（3）自由浮动汇率制度（Independent Floating）。实行这种汇率制度安排的国家或地区共47个，其整体特点是经济发达、经济开放程度和自由化程度高，主要发达国家均采用这种汇率制度。在这种汇率制度下，汇率水平将由市场来决定，但货币当局也会进行一定的干预，这种干预并非为了维持一个目标汇率水平或保持市场稳定，而是为了缓和汇率波动的幅度。在这种汇率制度下，货币政策可以独立于汇率政策，有极大的灵活性。

中国金融安全论

综上可见，国际汇率制度安排的一般规律是：一国选择何种汇率制度安排将取决于该国的经济规模、对外开放程度和经济自由化程度等综合因素。一般来说，汇率制度的弹性与一国的经济规模、经济开放和经济自由化程度呈正相关变化，即一国经济规模越大、经济开放程度和经济自由化程度越高，汇率制度的弹性就越大。

2. 依据中国的经济规模和开放程度

人民币汇率制度改革需要考虑中国经济规模和开放程度，即要与中国经济规模和开放程度相适应。

改革开放以来，中国经济实力不断增强，2000 年中国国内生产总值首次突破 1 万亿美元，与意大利基本处于同一水平。据国际货币基金组织估算，"十五"期间中国将继续保持较高的经济增长速度，综合国力有望超过意大利和法国，进入世界五强。世界贸易组织统计数据表明，中国对外贸易在世界贸易中的排名迅速提高，1998 年为第 11 位，1999 年为第 10 位，2000 年上升到第 7 位，2001年又跃居第 6 位，仅次于美国、德国、日本、法国和英国，已经超过了加拿大、意大利和荷兰。毫无疑问，中国未来的发展决定了它在世界舞台上的大国地位，人民币汇率制度也要与此相适应。大国经济的突出特征是经济规模大、对世界经济活动有较大的影响，这决定了大国更倾向于实施独立的货币政策。在大国经济政策的选择中，包括汇率制度的安排、资本管制程度以及货币政策，一般以独立的货币政策为中心，同时为适应其在国际金融领域的地位和影响，需要对资本、汇兑方面的管制进行调整和放开，这就需要汇率制度更具弹性。

特别值得重视的是，尽管中国已经是一个经济大国、贸易大国，但与一个真正的经济强国还有较大的差距，中国仍然是一个发展中大国的基本状况并没有改变。因此，进行人民币汇率制度改革，绝不可忽视中国经济的现状。

3. 考虑人民币汇率总体升值的发展趋势

人民币汇率制度改革还必须考虑未来人民币汇率总体升值的

发展趋势。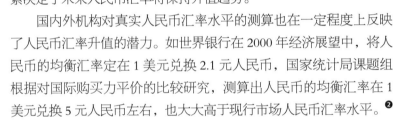从国际经验来看，发展中国家从经济起飞过渡到经济平稳增长阶段之后，通货膨胀率逐步回落到较低水平，从而有利于该国竞争力的提高；日本、韩国、中国台湾等国家和地区在经济起飞到成熟的发展过程中，都伴随本国货币的升值。从中国的情况来看，中国生产力水平已经有较大的提高，经济增长的质量也在不断提高，中国企业已逐步从价格竞争转向产品质量竞争，出口竞争力明显增强。从整体上看来，中国经济目前正处于从经济起飞时的高增长向平稳增长过渡阶段的后期，人民币汇率升值的可能性很大。而且随着西方发达国家国内投资机会的饱和，由于中国拥有世界上最大的潜在市场，且投资环境不断改善，中国将在长时期内对外资保持很大的吸引力，中国资本项目将会保持一定的净流入。这些因素决定了未来人民币汇率将保持升值趋势。

国内外机构对真实人民币汇率水平的测算也在一定程度上反映了人民币汇率升值的潜力。如世界银行在 2000 年经济展望中，将人民币的均衡汇率定在 1 美元兑换 2.1 元人民币，国家统计局课题组根据对国际购买力平价的比较研究，测算出人民币的均衡汇率在 1 美元兑换 5 元人民币左右，也大大高于现行市场人民币汇率水平。❷

既然从总体上来看，未来人民币汇率将保持升值趋势，为什么近年来市场上一直存在人民币贬值的预期？主要原因在于：一是中国外贸企业的市场竞争和适应能力较弱；二是由于存在人民币兑换环节的管制，导致市场信号的失真，使人们认为管制是因为中国外汇供求存在着缺口、外汇短缺，造成人民币贬值预期；三是对国际经济不稳定的担心和预期，特别是美国经济增长减缓带来的需求下降将导致亚洲地区出口下降的预期；四是对人民币升值趋势的理论

---

❶　参见课题组（胡晓炼等）：《金融对外开放理论若干问题研究》（讨论稿，2001年5月）。

❷　参见课题组（胡晓炼等）：《金融对外开放理论若干问题研究》（讨论稿，2001年5月）。

研究和宣传引导比较薄弱。

充分认识未来人民币汇率总体升值趋势对于人民币汇率制度的改革具有重要的意义，一方面有利于增强对未来汇率制度改革风险可控性的信心，另一方面有利于改进汇率的调节机制，如果发生某些有利因素临时性逆转时，可采取有效措施进行灵活调控，防止汇率的大幅波动对经济造成不利影响。

第二节　人民币汇率制度的选择

一、三元悖论及其制度选择组合

当一国经济金融融入金融全球化浪潮之后，不可避免地都会面临一个十分棘手的问题，即实现国内宏观经济目标、选择汇率制度安排和管理资本市场三者之间无法兼顾的难题。对一国或地区来说，不可能既选择固定汇率制度以使其经济活动减少较多的不确定性，又开放资本市场以吸引国际资本并从中获得要素转移带来的利益，同时还能实施独立的货币政策以应付通货膨胀或经济衰退的国内经济问题。

实际上，早在 20 世纪 60 年代初期，蒙代尔（Robert Mundell）与弗莱明（Makus Fleming）就通过其经典的 Mundell-Fleming 模型（即 M-F 模型），为不同汇率制度下的政策效果评价提供了一个非常有用的分析框架。M-F 模型的一个重要结论是：对于开放经济体而言，在资本高度流动的情况下，如果采取固定汇率制度安排，则货币政策是无效的；如果采取浮动汇率制度安排，则货币政策是有效的。在 M-F 模型的基础上，美国麻省理工学院教授克鲁格曼（Paul Krugman，1999）进一步提出了所谓三元悖论，也称为"三元冲突"理论（trilemma），即在开放经济条件下，货币政策的独立性、汇率的稳定性和资本的自由流动三个目标不可能同时实现，各国只能选择其中对自己有利的两个目标，参见表 10.1。

表 10.1　开放经济体三难选择的组合

货币政策	汇率政策	资本市场
无效	固定	开放
有效	固定	管制
有效	浮动	开放

根据 Mundell-Krugman 三元悖论，各国（或地区）只能在以下三种基本制度中进行选择（参见图 10.2）。

图 10.2　Mundell-Krugman 三元悖论及其制度选择组合

（1）以牺牲独立的货币政策来实现资本市场开放和确保货币稳定的固定汇率制度。在这一组合中，本国的利率水平不再由国内的货币供给和需求来决定，以套利为目的的国际资本流动将促使国内市场利率与国际市场利率趋于一致。当国内出现经济衰退时，货币当局通常会采取扩张性货币政策，降低国内市场利率以刺激投资和消费，相对较高的国际市场利率会导致大量资本外流。在这种情况下，由于国内货币供给急剧减少，致使市场利率重新接近国际市场利率水平，最终抵消了扩张性货币政策的预期效果。而当国内出现需求过剩、严重通货膨胀时，货币当局通常会采取紧缩性货币政策，提高国内市场利率来抑制投资，但相对较高的国内市场利率会吸引外资大量流入。在这种情况下，由于国内货币供给大量增加，将导致市场利率重新接近国际市场利率水平，最终抵消了紧缩性货币政策的预期效果。这一组合在中国香港最为典型。

（2）追求货币政策的独立性并坚持固定汇率制度，严格限制资本的自由流动。在这一组合中，能够把相对稳定的汇率与某种程度的货币独立性协调起来，但是却要为严格的资本管制付出巨大的代价。由于在实际操作中难以区分生产经营性的资本流动和货币投机性的资本流动，实行严格的资本管制往往就会对这两种性质完全不同的资本流动同样加以限制。其结果是使该国丧失了全面参与国际经济活动的机会，造成经济结构失衡和经济效率下降，导致该国经济竞争力受到严重损害，甚至最终失去竞争力。另外，资本管制还会助长资本外逃，产生寻租与腐败等问题，不仅加大了管制的成本，而且降低了效率。这种组合与中国当前的情况基本相似。

（3）追求货币政策的独立性并允许资本的自由流动，放弃了固定汇率制度，实行浮动汇率制度。在这一组合中，由于资本市场开放而且实行浮动汇率制度，货币当局就可以运用积极的货币政策调节国内市场利率，调控国内的总需求，从而实现充分就业、稳定物价和经济增长等宏观经济目标。但是，这种组合也存在着弊端，会使本币因套利活动而贬值或升值。尽管本币币值的变化可以缓解货币投机对本币的冲击，但该国也需要付出一定的代价，即必须承受汇率波动所带来的不确定性和较高的交易成本。这种组合在西方发达国家较为普遍，如美国就是这种组合。

二、重归有管理的浮动汇率制度

1994 年以来中国货币政策与汇率政策出现的种种矛盾和冲突表明，三元悖论对中国也是基本适用的。那么，中国究竟应当选择何种汇率制度？

1. 重新选择的必然性

现行人民币汇率制度，存在着重新选择的必然性。中国现行人民币汇率制度属于追求货币政策的独立性并坚持固定汇率制度，严格限制资本自由流动的制度安排。在这一组合中，能够把相对稳定的汇率与某种程度的货币独立性协调起来，但是却要为严格的资本管制付出巨大的代价。由于中国现行汇率制度事实上是人民币与美元挂钩的固定汇率制度，如前所述，尽管这种制度安排基本上适应当前中国经济的发展阶段，对促进经济发展发挥了重要的作用，但是也不可否认，这种汇率制度安排也存在着缺陷，如汇率的形成机制缺失、汇率缺乏灵活性或弹性、汇率的调整缺乏准确依据等。

在金融全球化不断深化的大背景下，如果中国继续维持这种制度安排，不仅面临着运行成本和风险递增的约束，而且还将使货币政策的有效性不断降低。毫无疑问，随着中国加入世界贸易组织后对外开放进程的进一步加快，这些问题和矛盾将日益突出，成为影响中国金融安全的重要因素。因此，现行人民币汇率制度必须改革，重新选择汇率制度已是大势所趋。

2. 中国不宜选择浮动汇率制度

既然人民币汇率制度不能选择固定汇率制度，那么能否选择浮动汇率制度呢？

从理论上来看，浮动汇率制度的优点主要表现在三个方面：❶一是均衡汇率水平完全由市场供求所决定，因而不会出现外汇的超额供给与超额需求的问题，外汇资金的利用服从边际成本等于边际收益的原理，从而更有效率。二是由于汇率取决于市场的供求，资本的流出入只会引起汇率水平的升降，而不会改变货币供应量，使货币政策有了较大的独立性；同时，由于汇率水平的升降能够自动地调节国际收支使之达到均衡，降低了大量国际储备的机会成本，减少了中央银行对市场的频繁干预。三是在浮动汇率制度下，汇率的变动呈连续、轻微的态势，投机者的获利空间狭小，投机行为相对减弱。

----

❶　参见冯用富：《中国金融进一步开放中汇率制度选择的方向》，《金融研究》，2000年第7期。

中国金融安全论

浮动汇率制度理论上的这些优点要能够转化为现实中的优点，有两个重要的前提条件，即金融市场必须是完善和有效的市场、利率必须由市场供求所决定。从中国的实际情况来看，完善、有效的金融市场的建立包括众多的方面，如宽松的宏观经济金融环境、健全的金融法规、高水平的监管队伍、高素质的专业人才、良好的投资理念等；而利率由市场供求决定即利率市场化，取决于微观经济主体的转型，也就是作为微观经济主体的企业和银行，能够成为按照边际成本等于边际收益进行生产和经营的真正意义上的企业和银行，这样才可能对利率的调节具有充分的弹性。显而易见，这两个前提条件的实现需要较长的时期，不可能一步到位。因此，如果中国实行浮动汇率制度，在较长的一段时期内，浮动汇率制度的理论优点无法转变为现实的优点。

浮动汇率制度也存在着缺陷，其最大问题就是存在着汇率的过度波动或汇率的易变性。弗里德曼（M. Friedman，1953）认为，浮动汇率制度之所以出现不稳定，主要是因为与之相关的宏观经济的不稳定。由于人们对货币供给、实际收入的预期决定着当前的汇率，如果人们的预期是不稳定的，汇率就会表现出易变性，且汇率波动的幅度会大大超过货币供给和实际收入的波动幅度。依据该理论，如果人们的预期是稳定的，汇率就应当是稳定的；而事实上则是，在大多数预期稳定或预期较大稳定的情况下，汇率仍然是易变的。

从中国的情况来看，宏观经济预期具有较大的不稳定性。改革开放以来，中国的经济体制和经济结构已经发生了巨大的变化，而且这种变化还在继续，因而人们对宏观经济的预期也就呈现出高度的不稳定性。而且随着中国对外开放的进一步扩大，对外经济依存度日益提高，国际竞争的加剧，对中国经常项目的影响具有一定程度的不确定性；随着金融的进一步开放，资本的流动将随之增强，其结果对中国的货币供需产生重大的影响，这些影响也具有一定程度的不确定性。因此，在中国进一步深化改革和扩大对外开放的过程中，对宏观经济波动的预期具有高度的不稳定性。在这种情况下，如果中国实行浮动汇率制度，汇率也具有高度的易变性。

总之，在中国经济转轨和金融进一步开放的背景下，选择浮动汇率制度会受到种种的硬性约束，实践中难以发挥其理论上的优点，而浮动汇率制度的缺陷却得到了加强，从而加剧汇率的过度波动。因此，中国金融进一步开放中不宜选择浮动汇率制度。

3. 有管理的浮动汇率制度是中国的必然选择

既然人民币汇率制度不能选择固定汇率制度，也不宜选择浮动汇率制度，因此，对人民币汇率制度的选择，应当考虑介于固定汇率与浮动汇率两者之间的汇率体制。

从理论上来看，较为理想的汇率制度是，既具有固定汇率制度的某些优点，又能使汇率保持一定的弹性。在实践中，世界上越来越多的国家选择有管理的浮动汇率制度或其他类型的弹性汇率制度，这只是两害相权取其轻的结果。从 20 世纪 90 年代以来汇率制度的演变来看，有管理的浮动汇率制度仍将是未来的发展方向。世界各国对汇率制度的选择呈现出一定的趋势：一般来说，经济金融实力强大的开放经济体更倾向于采取浮动汇率制度；开放度较高的小国经济体更愿意采取固定汇率制度；与贸易伙伴之间的通货膨胀率差异较大的国家，愿意采取浮动汇率或爬行固定汇率；贸易伙伴比较集中的国家倾向于采取与主要贸易伙伴国家维持固定汇率，反之则更愿意采取浮动汇率或钉住一篮子货币的汇率安排。

人民币汇率制度的改革方向可分为长远目标与近期目标。从长远来看，人民币汇率制度的改革方向是增加汇率的弹性和灵活性，扩大汇率的浮动区间；从近期和中期来看，人民币汇率制度改革不应以完全自由浮动为目的，而是重归真正的以市场供求为基础的有管理的浮动汇率制度。主要原因是：

首先，中国实际对外开放程度低于人们通常的估计。2000 年中国年进出口贸易总额占国内生产总值的比重高达 43.9%，对外开放程度似乎很高。但是，中国官方统计国内生产总值的方法和国外计算方法存在着较大差异，一些国际经济组织按照西方国家通行的统计方法，计算出的中国国内生产总值水平要远远高于中国自己计算的水平。如世界银行按照 1 美元兑换 2.1 元人民币的汇率计算，2000 年中国的国内生产总值为 4.26 万亿美元，在进出口规模一定的情况下，按此方法计算的中国对外开放程度为 11%，大大低于中国自己计算的水平，相当于目前美国的水平。如果从国际上大国经济增长对贸易的依赖程度比较来看，中国更应该注重内需对经济增长的作用，更多地将汇率作为调节进出口的工具。因此，在中国远未达到大国应该具有的经济规模之前，特别是在实际对外开放程度低于名义对外开放程度的情况下，不能过高地依靠汇率对经济增长的调节作用。

其次，中国经济自由化程度还比较低。由于中国在贸易领域、投资领域还存在着较多的限制，人民币利率仍然是非市场化的利率，因此在这种诸多管制的经济下形成的各种价格，就不可能反映真实的市场供求，扭曲的价格甚至对微观主体的经营行为产生误导。显然，货币管理当局对这种状况及时进行纠正，即所谓有管理，是十分必要的。例如，从总体上来看，人民币汇率基本上应当是升值趋势，但由于中国在汇兑等方面存在的一些限制，误导企业产生了人民币贬值的预期，这就要求货币管理当局对此进行管理和引导。

最后，在中国制度选择组合中，以独立的货币政策为中心，兼顾资本市场开放与汇率政策的灵活性。考虑到目前情况下中国资本项目管理不宜完全放开，因此也就不宜采取完全浮动的汇率制度安排。但是，面对日益频繁的国际资本流动，特别是加入世界贸易组

---

❶　2000年中国年进出口贸易总额为4742.9亿美元；国内生产总值为89403.6亿元人民币，按照当年人民币对美元年平均汇价（中间价）折算为10799.6亿美元。参见国家统计局，《中国统计年鉴》，中国统计出版社，2001年版。

织后的新形势，从中期来看，中国将会逐渐放松对资本和外汇的管制，这就要求有一个更加灵活的汇率制度，而且中国的主要贸易伙伴大部分都采用了灵活的汇率制度。因此，中国只能选择有管理的浮动汇率制度。

易纲博士对 Mundell–Krugman 三元悖论的分析提出了应用模型：❶

$$x+y+m=2$$

其中：x 代表汇率制度的安排，$x=0$ 表示汇率完全自由浮动，$x=1$ 表示汇率稳定；y 代表资本流动，$y=0$ 表示资本完全控制，$y=1$ 表示资本完全自由流动；m 代表货币政策，$m=0$ 表示货币政策无效，$m=1$ 表示货币政策完全独立，参见图 10.3。

图 10.3 列举了三种不同国家或地区的情况。

（1）经济合作与发展组织（OECD）国家的情况是：汇率完全自由浮动、资本完全自由流动、货币政策完全独立，即 $x=0$，$y=1$，$m=1$，$0+1+1=2$。

（2）中国香港特别行政区的情况是：汇率稳定、资本完全自由流动、货币局制度，即 $x=1$，$y=1$，$m=0$，$1+1+0=2$。

（3）中国目前的情况是：汇率稳定、资本完全控制、货币政策完全独立，即 $x=1$，$y=0$，$m=1$，$1+0+1=2$。

根据 Mundell–Krugman 三元悖论的应用模型，中国人民币汇率制度选择，或者说重归真正的以市场供求为基础的有管理的浮动汇率制度，其政策含义为：

$$0.5+0.5+1=2$$

即货币政策完全独立，$m=1$；汇率并非固定而是具有弹性和灵活性，$x=0.5$；逐渐放松对资本和外汇的管制，$y=0.5$。

中国金融安全论

❶　参见易纲：《当前经济形势与中国货币政策》（讨论稿），2001 年 5 月 11 日。

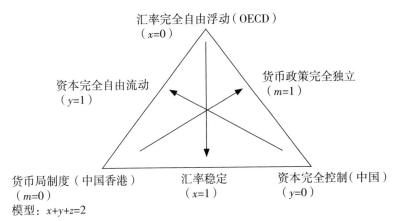

汇率完全自由浮动（OECD）
（*x*=0）

资本完全自由流动
（*y*=1）

货币政策完全独立
（*m*=1）

货币局制度（中国香港）
（*m*=0）

汇率稳定
（*x*=1）

资本完全控制（中国）
（*y*=0）

模型：*x*+*y*+*z*=2

图 10.3　Mundell–Krugman 三元悖论的应用模型

第三节　人民币汇率制度改革的操作

一、人民币汇率制度改革的操作目标

人民币汇率制度的改革方向是重归真正的以市场供求为基础的有管理的浮动汇率制度，这一汇率制度的基本内涵体现在市场供求、有管理与浮动汇率三个方面。因此人民币汇率制度的改革应当把握以下基本原则。

首先，真正反映市场的供求关系。在防范风险的前提下，适当放松外汇管制，扩大外汇管制区间，使经济主体的自愿选择尽可能落在外汇管制区间内，反映市场供求变化，体现广泛的市场参与者的真实交易意愿，为汇率进一步市场化奠定基础。

其次，管理的方式和手段多样化。既有中央银行对外汇市场的直接干预，也应包括结合当时的宏观经济环境，通过调节本外币的供求量、利率水平的调整等手段进行综合调节；为保持中国贸易条件的稳定，央行的市场基准汇率可在市场供求基础上参考一篮子货币来确定。

最后，适当扩大汇率的浮动区间。扩大浮动区间，促进人民币汇率从现行僵化的状态中解脱出来，增加人民币汇率的弹性。

二、人民币汇率制度改革的操作思路

实施人民币汇率制度改革，重归真正的以市场供求为基础的有管理的浮动汇率制度，从操作环节来看主要包括以下方面。

1. 完善人民币汇率的决定基础

随着中国资本项目管制的逐步放开和人民币逐步走向市场化，外汇市场的供求也会更多地体现经常项目外汇收支以外的外汇供求，人民币汇率的决定基础将会由经常项目外汇收支逐步过渡到以经常项目为主，兼顾其他因素特别是资本流动。

2. 改进人民币汇率的形成机制

银行结售汇的强制性与银行间外汇市场的封闭性，是导致人民币汇率的形成机制缺失的重要原因，使人民币汇率难以成为真正意义上的市场汇率。因此，应使目前国内企业的强制结售汇制逐渐过渡到意愿结汇制，使整个外汇供求有效地出清价格，同时使价格也能灵活地引导和调节供求。实行经常项目可兑换后，基本实现经常项目的意愿售汇，资本项目的意愿售汇还需要根据资本项目开放的进程逐步改进。

3. 健全和完善外汇市场

首先，增加市场交易主体，推广大额代理交易。增加外汇市场的交易主体，让更多的金融机构和企业直接参与外汇的买卖，并逐步推广银行代理企业在银行间外汇市场买卖外汇的大额代理交易，有助于避免大机构集中性的交易对市场价格水平的操纵，防止汇率的大起大落；同时也有利于有效降低大企业的交易成本，便于监管机构对交易的监控。

其次，增加外汇市场交易品种。外汇市场上交易品种和交易方式的状况对外汇交易量有重要的影响。毫无疑问，交易品种稀少和交易方式单调是制约中国银行间外汇市场交易量扩大的重要因素。

为改变这种状况，应增加市场交易的币种，可考虑增加外币与外币之间的交易，即主要西方国家货币之间的交易，如美元兑日元、马克等货币的交易，以满足外汇指定银行以及客户的不同需要；逐步开展远期外汇交易。远期外汇交易是一种较为合适的规避汇率风险的方式，而且开展远期外汇交易对于增强外汇市场供求的灵活性、改善人民币汇率的形成机制都有重要的意义。

最后，健全外汇交易方式。目前中国外汇市场主要是以电脑自动撮合方式成交的银行间外汇交易市场，和国际上通行的商业银行做市商交易制度有较大的区别。这种交易方式在强制结售汇制度下效率比较高，但是如果过渡到意愿结售汇制度后，进入原有的结售汇交易系统的交易可能萎缩。在这种情况下，需要发展商业银行做市商制度，使商业银行从目前的交易中介变为做市商，活跃外汇市场，并使汇率真正反映市场参与者的预期，汇率的价格信号作用更强。

4. 增加人民币汇率的灵活性

主要包括扩大人民币汇率的波动区间，减少中央银行在市场上的干预频率，运用其他的经济方式和手段调整汇率水平。

扩大人民币汇率波动区间。目前人民币对美元汇率的每日波动范围为基准汇率的上下各 0.3%，基准汇率是前一天的加权平均汇率，但这一波动范围一直未被突破。必须适当放宽人民币汇率的波动幅度，使市场交易主体能够比较自由地根据汇率信号做出反应，使汇率能够比较真实地反映外汇市场供求关系的变化，从而进一步完善人民币汇率形成机制与调节机制。除每天波动幅度外，还应规定每年波动的幅度，这将向市场传递中央银行减少干预的重要信号，为中央银行减少市场干预频度创造条件。

在市场供求基础上，人民币汇率调控目标可由钉住美元转为钉住一篮子货币，篮子中包括美元、日元和欧元三种货币，可根据贸易情况选择适当权数。采取钉住一篮子货币的方式，有助于淡化市场对美元兑人民币汇率的关注程度，稳定中国对美元区、欧元区和日元区的贸易条件。当市场供求关系与一篮子货币计算出的目标汇率有差异，甚至方向不一致时，必须以市场供求关系为基础进行调整。

第四节　人民币汇率政策取向

一、人民币汇率政策的目标

中国宏观经济政策目标的实现需要人民币汇率的稳定，汇率政策作为货币政策的重要组成部分，是重要的宏观经济政策。货币政策的目标是稳定人民币币值，并以此促进经济增长。中国当前的经济增长和正在推进的各项改革需要人民币汇率的稳定，人民币汇率的稳定也有利于中国国内商品价格总水平的稳定，并且关系到社会的稳定。这一切决定了中国当前和未来一个时期，人民币汇率政策的基本目标仍然是维护人民币汇率的稳定和国际收支平衡，促进国民经济持续、快速、健康发展。因此，维护人民币汇率的稳定是中国经济发展的必然选择，而人民币汇率的稳定也将继续成为亚洲金融货币稳定的一个积极而重要的因素。

二、汇率稳定政策与金融安全

在金融全球化迅速发展的情况下，汇率变动对一国经济的重要影响日益显著，而经济持续、快速、健康发展是维护国家金融安全的根本所在，因此，从这个意义上来说，保持人民币汇率稳定的意义不仅在于促进中国经济发展，更为重要的是，这也是维护国家金融安全的必然选择。

1. 汇率稳定政策有利于经济发展

汇率波动，特别是汇率的剧烈波动会对经济发展产生众多的负面影响。汇率变动，包括汇率上浮与汇率下浮，汇率上浮的影响与汇率下浮的影响正好相反，下面仅讨论汇率下浮的情况。首先，汇率变动产生价格效应，影响国内价格水平。如果汇率下浮，可促进出口，国内市场上出口商品货源相对紧张，造成价格上涨，从进口来看，同样数额进口商品的国内价格上涨，直接推动价格水平上升。其次，汇率变动增加外贸风险。在汇率不稳定的情况下，难以进行外贸的成本与利润核算，不利于外贸的发展。汇率下浮可促进出口、抑制进口。再次，汇率变动增加外资流动的不稳定性。汇率下浮，会使以外币表示的投资利润减少，不利于投资增加。如果外资是证券形式，汇率下浮使以外币表示的投资额下降，投资者将会卖出证券，抽逃资本。汇率下浮可增加以本币表示的偿还负担，也不利于利用国际贷款。最后，汇率变动放大资产选择风险。汇率是影响本币资产与外币资产之间选择的一个主要因素，本国金融资产的实际收益率等于名义收益率减通货膨胀率。当本国金融资产的实际收益率减去预期的汇率贬值率后小于国外金融资产的实际收益率，投资者就会放弃本国金融资产，选择国外金融资产，这种状况就表现为资本流出。在名义收益率和通货膨胀率既定的前提下，货币汇率的水平能影响两种货币的金融资产之间的替代。

由此可见，如果汇率保持稳定，就有利于稳定国内价格水平、减少外贸风险、消除外资流动的不稳定性、降低资产选择风险。稳定汇率政策在中国经济发展中的重要作用突出表现在：它能够增强政府的信任度和公众的信心，从而有利于经济发展。

2. 汇率稳定政策有利于防范金融风险

由于汇率不仅是外汇交易的价格，也是货币管理当局的重要政策工具，因而当货币管理当局通过市场手段来调控汇率时，汇率就成为一种市场信号，成为反映经济走势的一个重要标志。当本币对外币趋强或者显示出面临升值压力时，通常表明国内外投资者对该国市场的信心增强；如果本币对外币趋弱或者显示出面临贬值压力时，则表明投资者对该国市场的信心减弱。由此可见，汇率变动的一个深层次原因是：投资者基于对该国市场的判断而产生信心的变化，并由此引起波动。显然，汇率的稳定对于建立在社会信用基础上运行的国内金融体系的安全性无疑具有重大的影响。

本币的贬值通常会导致货币替代（Currency Substitution）现象，即一国居民对相关机会成本的变化做出反应，改变其持有的本国和外国货币的倾向。货币替代会恶化国内的货币环境，损害国内货币政策的效果。"如果国内居民在本国货币和外国货币之间相互替代，那么来自国外的扰动将影响国内的货币环境，妨害国内货币政策对这些扰动的独立性。"❶如果本国居民对本国货币丧失信心，这对于以经营本国货币为主要业务的国内金融体系将造成巨大的压力。本币贬值也将进一步增加境内机构的外债负担，并可能造成已投入的外国投资的资产缩水，这势必打击投资的积极性，引起外国对投资和信贷的紧缩，最终导致国内金融体系状况的恶化。

国际经验表明，新兴市场国家的金融危机与货币危机通常有着较高的相关性。货币贬值以后，伴随着信心的不断丧失，国内货币环境恶化，资金外流，金融危机往往接踵而来，陷入"货币贬值—金融（债务）危机—货币再贬值"的恶性循环。1997年7月泰国货币大幅度贬值，导致了亚洲金融危机，并酿成波及全球新兴市场的金融动荡。如果在当时，人民币汇率不能保持稳定而在危机中随波逐流，那么中国就很可能受到因亚洲金融危机引起的对新兴市场信心危机的传染，从而危及国内金融体系的安全。

3. 汇率稳定政策有利于保障金融体系平稳运行

20世纪90年代中期以来，中国人民币汇率稳定政策保持了连续性，极大地增强了国内外对于中国经济和人民币的信心，维护了国内金融体系的平稳运行。历史和实践已经充分证明，坚持人民币汇率稳定的汇率政策取向是正确的，这对有效地防范金融风险，维护国家金融安全起到了积极的作用。

多恩布施（Dornbusch）的汇率超调理论认为，商品市场和外汇

---

❶ 参见［美］彼得·纽曼等：《新帕尔格雷夫货币金融大辞典》，第1卷，经济科学出版社，2000年版，第548页。

市场价格调整速度存在较大的差异，外汇市场价格调整速度极快，由此可以认为外汇市场时时处于均衡状态。正是在这个意义上，短期内外部冲击的调整全部集中到外汇市场上，因而会出现超过长期均衡的短期超调反应。❶外汇市场上汇率的超调反应，也就是汇率在瞬间偏离理论上应该达到的真实水平，而只有当汇率出现明显的高估或者低估现象以后，市场预期才可能发生变化而产生逆向运动，使汇率逐渐回归其真实水平。实际上，中国在1997年以前也面临着外汇市场超调反应的状况，但是当时汇率政策的操作，选择的是以外汇储备的急剧增加来避免人民币汇率的过度升值，显然，这是一个正确的抉择：首先，有效地防止了当时人民币汇率过度升值，既保护了中国出口竞争力，又减轻了1997年亚洲金融危机爆发之后人民币贬值的巨大压力；其次，由于前期在稳定汇率政策的操作中大幅增加了国家外汇储备，因而增强了中国抵御亚洲金融危机冲击的能力。

坚持人民币汇率稳定政策，虽然在一定程度上影响了中国的出口竞争力，但这是以合理的代价取得了防范信心危机传染的作用，为中国防范金融风险赢得了时间，为保障金融体系平稳运行创造了条件。

4. 汇率稳定政策有利于外汇管理体制改革

人民币的可自由兑换是中国外汇管理体制改革的最终目标。目前人民币已经在周边地区部分流通，并逐步成为重要的亚洲货币。在亚洲金融危机期间，人民币汇率的稳定成为支持亚洲金融局势稳定的重要因素，这表明中国已经开始在维护国际金融稳定方面发挥积极作用。这不仅为人民币实现自由兑换奠定了良好的基础，而且也提高了亚洲各国对中国的信任程度，并将对中国的未来经济发展产生重大影响。

---

❶　参见［美］安妮·克鲁埃格：《汇率决定论》，中国金融出版社，1990年版。

5. 实施稳定人民币汇率政策的客观基础

事实上，中国也具备保持人民币汇率稳定的客观基础：中国宏观经济持续保持良好的发展势头，这是实施稳定人民币汇率政策的坚实基础；中国国际收支状况良好、外汇储备充足，不仅提高了对外支付能力，而且也是维护市场信心、支持人民币汇率稳定的重要保证；流入中国的外国直接投资基本保持了稳定增长的态势，外债规模控制在国际收支能够平衡的范围之内；从中国外汇市场供求关系来看，自 1994 年以来，人民币实际有效汇率处于稳中有升的态势，为人民币名义汇率的稳定创造了基本条件，近年来中国外汇市场持续存在供大于求的状况，就是这种状况的真实反映；由于中国还实行资本项目管制，人民币与外汇之间不可以自由兑换，市场预期在决定外汇供求关系中的作用比较有限。因此，人民币汇率在未来一段时期将继续保持稳定的态势。

三、改进人民币汇率调节机制

为了使人民币汇率保持稳定、合理的水平，改进人民币汇率调节机制的方法是，对汇率的短期和中期波动的调节，主要通过外汇市场来进行，即依靠中央银行在外汇市场上的操作，影响外汇市场供求关系的变化来实现调节的目标。而对于汇率的长期水平及其走向，则主要依靠中央银行通过改变基准汇率（或直接改变，或通过在外汇市场上的操作来间接改变）来实现调节的目标。

中央银行对外汇市场的调控需要进一步完善和加强，调控手段将进一步规范。中央银行主要利用法律手段和经济手段，同时辅之以行政手段对外汇市场进行管理，以维护外汇市场秩序。公开市场操作的作用将得到进一步发挥；中央银行的干预方式除了直接干预方式以外，诸如通过调整利率来影响汇率、信号宣示效应等间接干预方式也将逐渐采用。为保持汇率的相对稳定和合理水平，中央银行应建立外汇平准基金；同时应建立人民币汇率监测系统，形成市场基准汇率制度，以提高干预的有效性；还应加快推进外汇市场同

中国金融安全论

货币市场和国债市场的有机结合，灵活运用各种调控手段。对外汇市场的风险进行控制，避免或降低风险，也是中央银行调控外汇市场的一个重要方面。进行远期外汇交易是控制人民币汇率风险的有效途径，因此发展银行间的远期外汇市场势在必行。

第十一章　中国的货币政策及其协调

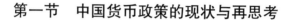

第一节　中国货币政策的现状与再思考

一、中国货币政策的困境

货币政策是中央银行采用各种工具调节货币供求以实现宏观经济调控目标的方针、政策和措施的总和，是国家宏观经济政策的重要组成部分。货币政策由最终目标、中介目标、操作目标和政策工具所组成。

最终目标是指货币政策调节最终要达到的目的，一般包括经济增长、物价稳定、充分就业和国际收支平衡四个方面，这也是一国宏观经济政策的目标。

货币政策中介目标是指中央银行为实现货币政策最终目标，运用政策工具达到中间调节的目的。中介目标是中央银行设置的可供观测和调整的指标，是实现货币政策最终目标的可传导性金融变量，如利率水平或货币供应量增长等。

通常中央银行还常常设立操作目标，即货币政策操作要达到的短期直接目标，如基础货币、短期利率等。货币政策工具是指在调节方向、调节力度、调节重点确定之后，可据以实施操作的手段。中央银行传统的、一般性的货币政策工具有法定存款准备率、再贴现率、公开市场业务等，选择性的工具有信贷控制、利率管制、信贷政策、窗口指导等。

中国具有现代意义的货币政策始于 1984 年，即中国人民银行专门行使中央银行职能，中央银行体制正式确立之后，才有了真正的货币政策。中国的货币政策按主要任务和调控方式可以分为两个阶段：第一阶段（1984—1997年），货币政策的主要任务是治理通货膨胀，实行以贷款限额管理为主的调控方式；第二阶段（1997年以后），货币政策的主要任务是治理通货紧缩，取消贷款规模控制，扩大公开市场操作，实现了由直接调控向间接调控的转变。

1997年以后，国内外经济环境发生了一系列重大变化，如亚洲金融危机的爆发使中国外部经济环境恶化，国内有效需求不足、通货紧缩等矛盾逐步显现。因此，政府宏观经济调控的重点由以前的抑制总需求膨胀转为扩大国内需求、调整供给结构。与之相适应，中国货币政策也由坚持适度从紧以治理通货膨胀，转变为适当扩大货币供应量，防范通货紧缩。尽管货币政策操作的这种调整在缓解外部冲击、促进内需增加等方面起到了一定的积极作用，但是，在金融全球化不断深化、国内市场供求关系发生重大变化的情况下，中国货币政策无论是在最终目标、中介目标、政策工具还是传导机制方面，都遇到了众多的挑战。❶

1. 货币政策受到多重目标约束

在货币政策理论中争论的焦点是货币政策的最终目标，特别是稳定物价与促进经济增长之间的矛盾在中国这样一个发展中国家更显得十分突出。1995年颁布的《中国人民银行法》第三条明确规定："货币政策目标是保持货币币值的稳定，并以此促进经济增长。"实际上，这种"单一目标论"的规定并未得到广泛认同，"单一目标论"的法律之所以获得通过是因为1993年和1994年中国正处在高通货膨胀年份。1997年以后中国进入负通货膨胀率时期，不仅理论上"单一目标"与"多重目标"之争仍在继续，而且政府和社会各界都要求货币政策"发挥更积极的作用"。中国货币

❶　参见谢平：《新世纪中国货币政策的挑战》，《金融研究》，2000年第1期。

政策实质上面临着主要来自中央政府的多重目标约束，这些目标有：物价稳定、促进就业、确保经济增长、支持国有企业改革、配合积极的财政政策扩大内需、确保外汇储备不减少、保持人民币汇率稳定。

从国际经验来看，在20世纪90年代后期，发达国家普遍进入低通货膨胀时期，各国也面临货币政策目标的动摇不定。但像中国这样明确要求货币政策实现多重目标的国家实属罕见。实际上，货币政策的多重目标是难以实现的。

首先，货币政策难以系统地影响产出。货币政策能否系统地影响产出，即货币政策有效性问题，在西方货币理论中被称为"货币中性理论"。以弗里德曼为代表的货币主义和以卢卡斯为代表的理性预期学派是货币中性理论的倡导者。弗里德曼认为货币只能影响物价等名义变量，而无法影响真实产出。卢卡斯则认为货币政策对经济增长的刺激作用会由于公众理性预期的存在而被抵消。近年来发展起来的真实经济周期模型同样认为，货币政策不影响产出和其他真实经济变量，只有资本、劳动和生产技术等真实变量的变动才是经济周期的根源。从美国的情况来看，美联储于1993年7月放弃了 M_2 调控目标，美国已经不存在主动增加货币供应量来刺激经济增长，美国经济连续数年持续增长是高技术产业革命带动的，美联储的作用是为经济增长提供了低物价基础和前瞻性信息，货币政策本身并不会刺激经济增长。而日本的情况则从另一方面证明，决定经济增长的主要因素不是货币和货币政策，货币政策对经济增长的贡献是非常有限的。日本经济连续数年负增长，日本银行的货币政策已经非常积极和扩张，甚至采取了零利率政策，但日本经济仍然低迷不振。

其次，货币政策多重目标之间难以协调一致。由于多重目标之间存在着相互矛盾，导致货币政策处于无所适从的境地，货币政策短期内的多重目标根本不可能同时实现。众多的经济学家对此都有深入的研究和精辟的论述：当国际收支盈余与国内通货膨胀并存

中国金融安全论

时，就会出现典型的"米德冲突"；❶丁伯根（J. Tinbergen）论证了实现 n 个政策目标需要 n 个独立的政策工具；蒙代尔则进一步提出了财政政策追求内部均衡，货币政策维持外部均衡的"政策搭配论"；米什金（Frederic S. Mishkin）也证明了在封闭经济条件下，物价稳定与充分就业之间存在矛盾；❷著名的蒙代尔－克鲁格曼三元悖论（Mundell-Krugman trilemma）认为，在开放经济条件下，货币政策的独立性、汇率的稳定性和资本的自由流动三个目标不可能同时实现，各国只能选择其中对自己有利的两个目标。

显然，对货币政策的多重目标约束属于理想主义式的完美要求，这种过高的要求，必然迫使中央银行在多重目标之间寻求平衡，往往可能采取机会主义的手段，注重短期效果和表面效果。

2. 货币政策传导机制受阻

货币政策传导机制是指货币政策从政策工具到操作目标，再到中介目标，最后到最终目标发挥作用的途径和传导过程的机能。货币政策分为制定和执行两个过程。制定过程从确定最终目标开始，依次确定中介目标、操作目标、政策工具。执行过程则正好相反，

---

❶　英国经济学家詹姆斯·米德（J. E. Meade）在其著名的《国际收支》一书中提出了内外均衡协调理论，他认为一种目标需要一种政策工具，要同时达到内部均衡和外部均衡两种目标，就必须同时采取支出转换政策和支出减少政策，单一的政策选择不能同时达到两个目标。米德认为，在固定汇率制度下，一国政府难以运用汇率的变动作为政策工具，政府只能运用影响总需求的政策来调节内外均衡，这样在开放经济运行的特定区间内，便会出现内外均衡难以兼顾的情形。这就是著名的"米德冲突"。而在浮动汇率制度下，因为外汇市场本身的缺陷，自发调节国际收支平衡难以实现，政府干预不可避免，浮动汇率制下，汇率浮动更加频繁，对内外均衡干扰更大。因此，"米德冲突"也存在于浮动汇率制度中。

❷　参见［美］米什金：《货币金融学》，中国人民大学出版社，1998年版。

首先从操作政策工具开始，通过政策工具直接作用于操作目标，进而影响中介目标，从而达到最后实现货币政策最终目标的目的。

近年来中国的情况表明，货币供应量的增加并不仅仅取决于中央银行的意愿和行为，还要依赖于货币政策传导机制的微观基础，即金融机构为盈利而竞争、一个工具多样化且具有流动性的货币市场，灵活的利率体系。显然这些条件在中国完全具备尚待时日。从基础货币的投放到货币供应量的增长要经历一个传导过程，这个过程中，商业银行行为、货币市场发展程度和经济体制约束都会产生较大的影响。

（1）国有商业银行改革滞后。

首先，国有商业银行还没有真正建立起治理结构。由于四大国有商业银行占有 80% 以上的资产和负债，全社会贷款增量的 70% 左右由四大国有商业银行提供，形成了客观上的垄断，所以，中国的货币政策的有效性与四大国有商业银行对货币政策的反应程度密切相关。国有独资的产权结构以及面临的风险约束和无利润约束，往往导致四大国有商业银行某种程度上达成默契和一致行动，并采取某种偏离货币政策的行为，使货币供给刺激投资的主渠道不畅。更普遍的现状是冗员、机构臃肿、低效，人为增加货币政策传导环节，使货币政策作用的时滞拉长，力度减弱。

其次，国有商业银行还没有真正建立起约束激励机制。近几年，各商业银行普遍实行贷款责任制，对强化贷款管理起到了积极作用，但也带来了某些负效应，有的基层行及信贷人员因担心贷款失误而受到严厉处罚，出现了"惧贷"倾向。由于在贷款投放方面只有约束机制而没有建立相应的激励机制，所以许多信贷人员存在不求有功但求无过的心理，对发放贷款缺乏积极性，影响了银行贷款的增加。这种状况在一定程度上加大了货币政策的执行难度。

再次，基层银行缺乏贷款自主权，使货币政策传导渠道阻滞。实行资产负债比例管理后，商业银行更加重视信贷资金的安全性、流动性和效益性。商业银行强化内控机制，加强贷款规范化管理，实行一级法人制度，通过授信与再授信的形式，限制了基层行的资金运行权，贷款规模受到上级行的严格限制。

最后，银行不良资产对货币政策产生紧缩效应。一方面，不良资产挤压正常的资金运用，抵消了扩大信贷投放的部分政策效应，相应引发其他不正常的占用，占用了本来可以投放的信贷资金，进一步缩小了可用资金余额。这就在客观上起到了紧缩的作用，使货币政策刺激经济的效应大打折扣。另一方面，不良资产影响商业银行收益，抵消了降低利率刺激投资的部分政策效应。中国银行业的利润中大部分是利差。高额不良资产的存在，严重影响了银行的收益。为了维持银行的正常运转，就必须努力扩大利差来增加收益。利差扩大，表现为存款利率偏低，贷款利率偏高，一方面侵害了存款人应得的利息收入，另一方面贷款利率的偏高，打击了投资者的积极性。

（2）货币市场发育不完善，影响了货币政策工具的调控效果。市场是宏观调控的基础，货币政策的有效传导必须依赖发达的金融市场作为基本的传导媒介。而中国货币市场很不发达，货币政策工具的运用与操作缺乏市场基础。

首先，同业拆借市场的发展远远不能适应中央银行货币政策操作的需要。中国目前同业拆借市场主体偏少，进入同业拆借市场的仅是商业银行的总行和极少数省级分行，数以万计的商业银行分支行以及非银行金融机构被排斥在市场之外；拆借市场的交易品种少、交易规模小，目前日均成交额仅有 50 亿元左右，根本不足以影响整个市场的资金流动；同业拆借市场利率机制不健全，不能完全反映货币市场真实的资金供求水平。在这种情况下，降低存款准备金利率等货币政策的操作效果只能大打折扣。

其次，票据市场的滞后发展，影响了再贴现的政策效应。中国票据市场工具单一，主要是银行承兑汇票、商业汇票比较少，票据市场的业务量非常有限，从而使再贴现引导资金流向的政策效果难以发挥。

再次，短期国债市场的不规范发展影响了中央银行公开市场操作的政策效果。短期国债市场是中央银行进行公开市场操作的市场依托，而中国国债市场中大部分是中期国债，充当货币政策工具载体的一年以下的短期国库券数量较少。而且，国债二级市场运行不畅、债券不足，持有大量国债的商业银行将国债视为低风险、高收益的优质资产而不愿出售，市场交易不旺，使央行公开市场业务缺乏交易的基础。

由上可见，中国货币政策传导机制存在很大缺陷，而其真正改善涉及诸多制度问题：如国有商业银行的深入改革、货币市场进一步改革和完善、推进利率市场化等。

3. 货币政策中介目标的有效性削弱

首先，货币供应量增长率频繁偏离预定的调控目标。1996年中国中央银行正式将货币供应量作为中介指标，并宣布在"九五"期间货币供应量控制目标为 M_2 年均增长 23% 左右，M_1 年均增长 18% 左右。但实际执行结果与控制目标相差较大。在 1996—2002 年期间，除 1996 年外，M_2 年增长率分别为 17.3%、14.8%、14.7%、12.3%、17.6%、16.8%，都较大幅度地偏离了预定的调控目标，参见表 11.1。

表 11.1　中国货币供应量变化情况（1996—2002 年）

（%）

年份	货币和准货币（M_2）	货币（M_1）	流通中现金（M_0）	国内生产总值（GDP）	居民消费价格（CPI）
1996	25.3	18.9	11.6	9.6	8.3
1997	17.3	16.5	15.6	8.8	2.8
1998	14.8	11.9	10.1	7.8	−0.8
1999	14.7	17.7	20.1	7.1	−1.4
2000	12.3	16.0	8.9	8.0	0.4
2001	17.6	12.7	7.1	7.3	0.7
2002	16.8	16.7	10.1	8.0	−0.8

资料来源：历年《中国金融年鉴》；中国人民银行统计司统计数据。

中国金融安全论

货币政策中介目标理论认为，良好的货币政策中介目标应该具有可测性、可控性、与最终目标相关性三个特点。但在中国，无论实际现金投放、实际贷款额还是货币供应量增长率都频繁地偏离预定的调控目标，而且这种偏离是顺经济周期的波动。从实践看，中央银行也难以纠正这种偏离。理论上对货币供应量是内生变量还是外生变量争论很大，如果是内生的，货币供应量便不具有可控性，不适宜作为中介目标。同时，货币供应量增长率与国内生产总值增长率、通货膨胀率之间相关性如何，也没有经过系统的实证分析。因此，根据预定的经济增长率或通货膨胀率倒推出来的货币增长目标，作为约束中央银行货币政策操作的规则，其可靠性值得怀疑。

其次，现行货币供应量统计中存在遗漏问题。中国的货币政策是以 M_1、M_2 为中介目标，但是现行货币供应量 M_2 统计遗漏了两项内容：一是国内金融机构外汇存款；二是外资金融机构存款。这两项内容所涉及的金融业务量（以及资产度量）占国内全部金融业务量的 14% 左右，对货币供应量中介目标的实现产生了一定影响。随着外资银行业务量的扩大，这种偏差还会随之放大。

再次，金融机构格局的变化。中国加入世界贸易组织后，随着外资银行大规模进入国内金融市场，呈现出金融机构多元化及其业务多元化的发展，国内企业和居民的货币需求形式将随之发生变化，货币政策中介目标和最终目标的相关性相应受到影响。同时外资银行带来的金融创新及发展、利率市场化压力的增大，也都会削弱货币供应量作为中介目标的有效性。

4. 货币政策工具选择余地狭小

目前中国中央银行可以运用的货币政策工具已为数不少，但能够真正自主运用，并且能达到预期效果的工具却不多。

（1）存款准备金率。1998 年中国推行了存款准备金制度的改革，主要内容是合并准备金账户和备付金账户，法定存款准备金率由 13% 降为 8%。1999 年 11 月，中央银行将存款准备金率由 8% 下调到 6%。存款准备金率调整属力度很大的政策工具，不能频繁使用。一般认为，下调准备金率之后，商业银行可贷资金增加，贷款总量就会增加。但是，贷款是否真的增加还要取决于商业银行的决策。商业银行也可能增加购买国债，也可能增加在央行的备付金存款。中国 1998 年下调存款准备率并没有引起货币供应量 M_2 增长，就是典型的案例。目前存款准备金比率已很低，可用余地很小，对其指望不可能过高。

（2）公开市场操作。公开市场操作中的国债交易量小是与中国国债市场发展程度密切相关的：中国国债期限较长，品种少，使公开市场业务缺乏载体；持有大量国债的商业银行将国债视为低风险、高效益的优质资产，不愿出售，市场交易不旺，以调控基础货币为目的的公开市场业务缺乏交易的基础。这里的关键问题在于：商业银行和金融机构还没有把这个银行间债券市场作为自己流动性管理的场所，其他非金融机构投资者又不能进入。至于中央银行在外汇市场上的公开市场操作，考虑的是汇率目标，即为了维持人民币汇率的稳定而被动地吞吐外汇或人民币。

（3）再贷款和再贴现。中央银行再贷款和再贴现也是货币政策工具之一。由于社会信用机制不健全，商业票据使用不广泛，再贴现始终未能形成规模，1998 年再贴现余额仅 332 亿元。中央银行再贷款在 1993—1997 年期间曾经是中国调控货币量最灵活的手段，但 1997 年后，随着商业银行再贷款逐步归还，调控余地已经不大。1998 年年末，中央银行贷款余额是 12525 亿元，比 1997 年年末减少了 2000 亿元。其中给政策性银行的 6754 亿元几乎不可调控。

（4）调整存贷款利率。近几年使用最多，也被认为最有效的政策工具是利率。从 1996 年 5 月 1 日起至 2002 年 2 月 21 日，中央银行连续 8 次下调存贷款利率，参见表 4.7。存款利率平均累计下调 6.283 个百分点，贷款利率平均累计下调 7.42 个百分点。一年期存款利率由 1996 年 5 月 1 日前的 10.98% 降为 1.98%，一年期的贷款利率由 1996 年 5 月 1 日前的 12.24% 降为 5.31%。利率下调次数之频繁、降幅之大，为历史罕见。连续下调存贷款利率，对刺激经济增长、减轻企业债务负担、降低国债筹资成本、推动个人消费信贷起到了积极作用。尤其是 1999 年 6 月 10 日第 7 次降息后，储蓄存款增幅明显下降，减轻企业财务负担 2600 亿元。2002 年 2 月 21 日，中央银行第 8 次下调存贷款利率，企业将因此次降息减少 300 多亿元的净利息支出。

但是，中国仍然是一个以管制利率为主的国家，包括存贷款利率在内的绝大多数利率由中央银行代表政府制定。政府在制定利率政策时考虑得更多的是如何通过利率改变存款人、借款人（主要是国有企业）和金融中介机构的收入分配格局，重点是对国有企业进行政策倾斜和扶持，因而利率下调的结果往往是企业财务负担减轻，存款人和银行收入减少。所以利率水平很难反映公众对未来的预期和风险贴水，利率结构也易于扭曲。

从现实情况看，中国目前一年期存款利率 1.98%，活期存款利率 0.72%，处于改革开放以来的最低水平，如果物价负增长局面不改变，利率下调空间已经不大。因此，应继续保持利率总水平的稳定。

（5）窗口指导。窗口指导也称为"信贷政策"，是近年来使用较多的货币政策工具，为了扩大内需，中央银行连续发布了支持中小企业信贷、消费信贷、农业信贷、外贸信贷的指导意见，文件下发不少，但效果有限。实质上，任何"指导意见"既不是数量性工具，也不是价格性工具，而只是一种道义劝说，是一个软约束，贷款程序、贷款数量的决定权仍掌握在商业银行手中。实际上，从货币理论看，诸如允许开办房地产信贷、助学贷款、消费信贷、证券公司进入货币市场融资、股票质押贷款等业务，都属于金融业的制度革新措施，不属于货币政策的范畴。

尽管中国中央银行拥有众多的货币政策工具，如存款准备金率、公开市场业务、再贴现、信贷政策、中央银行贷款、信贷指导性计划、利率和政策性贷款（发债）计划等，但实际上中央银行并不能"自如"有效地运用这些工具，而且这些工具的政策效果都要打一些折扣。

二、中国货币政策的重新审视

1. 货币政策的最终目标

中国货币政策的目标是"保持货币币值稳定，并以此促进经济增长"。1995 年《中国人民银行法》的这一规定，借鉴了世界范围货币政策的经验，同时也是中国货币政策历史经验的总结。它以保持人民币币值稳定为首要目标，并以币值稳定为手段，促进经济增长。

保持人民币币值稳定，对内指保持物价总水平稳定，对外指保持人民币实际有效汇率稳定。我们认为，物价总水平稳定指物价的波动幅度控制在公众预期可承受的限度内，根据中国国情，物价上涨幅度不超过 3%，应视为物价稳定。实际有效汇率稳定是保持国际收支平衡的基本条件，外汇市场供求每天都在发生变化，特别是在中国这样外汇市场机制并不健全的国家，放任人民币汇价每天随供求任意波动，不利于实体经济运行。中央银行在外汇公开市场操作，应以熨平短期名义汇率剧烈波动、保持长期实际有效汇率基本稳定为目标。

货币政策不应受多重目标的误导，货币政策也不是万能的，在制定货币政策框架时，必须把政府的经济目标和中央银行的货币政策目标分清楚，不应该混淆。货币政策尽可能避免做政府和投资者做的事情，否则，货币政策的目标就会偏离。从国际经验来看，对经济欠发达地区贷款难、中小企业贷款难以及农民贷款难在大多数国家都存在，并不是中国特有的，许多国家都是依靠财政来解决这些难题。显然，中国不应把这些问题的解决寄希望于货币政策，应通过以财政政策为主的综合政策措施来解决。中国货币政策目标关于保持货币币值稳定的这一基本规定，应当坚定不移地来执行。

2. 货币政策的中介目标

根据国际货币基金组织的分类，目前货币政策中介目标主要分为四种类型：以货币供应量为目标、以通货膨胀为目标、以利率为目标和以汇率为目标，参见专栏 11.1。从各国的情况来看，许多工业化国家采用通货膨胀目标，新兴市场国家及部分发展中国家大多采用汇率目标，经济转轨国家大多采用货币供应量目标，少数国家采用其他货币政策目标。不论采用哪一种货币政策目标，其最终目标都是充分就业、价格稳定、经济增长与国际收支平衡。尽管各国中央银行在选择货币政策最终目标时侧重点有所不同，但大多数国家都将治理通货膨胀、稳定货币作为其货币政策最终目标的首要选择。

专栏 11.1　货币政策中介目标的四种类型

1. 以货币供应量为目标

以货币供应量为中介目标的货币政策框架的核心就是控制货币总量的增长。依照货币主义的观点，"通货膨胀在任何地方都是一种货币现象"。所以，控制住货币供应量就可以控制住通货膨胀。以货币供应量为目标的前提，一是通货膨胀与货币供应量之间具有可预测的相关性，二是具有稳定的货币乘数。如果货币需求与名义收入和利率之间的关系是稳定的和可以预测的，那么货币供应量就是一个有用的中介目标。大部分工业化国家于20 世纪 70 年代末至 90 年代初都采用了这一目标。目前发达国家中，除欧洲中央银行采用较为宽松的货币供应量目标以外，其他国家已经不采用这一目标了，主要原因是这些国家金融创新加快，目标的有效性被削弱。目前许多发展中国家和转轨国家经济体仍以货币供应量为目标，主要原因有：一是金融创新的步伐缓慢；二是信贷规模能被中央银行有效控制；三是以货币供应量为目标有助于降低通货膨胀预期；四是金融市场尚不发达，因而无法依赖其他政策的选择。货币供应量目标具有可测性和较好的可控性，在今后相当长的一段时间内，仍然是转轨国家和发展中国家的货币政策中介目标。目前采用货币供应量为目标的国家有中国、印度尼西亚、斯洛文尼亚、土耳其、菲律宾等。

2. 以通货膨胀为目标

这是指货币政策的目标是为了实现预定的通货膨胀率。采用通货膨胀为货币政策目标的主要原因有：一是自20世纪70年代以来，在金融创新不断加剧的情况下，货币需求的不稳定性增加；二是部分实行固定汇率的国家为与有关国家的货币挂钩，付出了极大的代价，固定汇率制的局限性日益显现；三是通货膨胀目标为价格水平的变动提供了一个"名义锚"，容易监测；四是通货膨胀目标是公开、透明的，减轻了货币当局追求短期产出的压力。以通货膨胀为目标与其他货币政策目标最大的区别在于货币政策的支点是中央银行对通货膨胀的预测，而不是货币或汇率目标，公开和透明成为以通货膨胀为目标的货币政策标志。

以通货膨胀为目标的国家经济结构一般要达到以下标准：一是财政状况良好，宏观经济稳定；二是金融体系健全；三是中央银行的货币政策工具有独立性；四是货币政策工具与通货膨胀之间的传导渠道畅通；五是有预测通货膨胀率的模型；六是政策透明，从而能够建立责任感和可信度。通货膨胀目标的设定，从时间上看，如果正在试图降低通货膨胀，更适合使用年度目标，当通货膨胀处在长期理想水平时，更适合使用跨年度目标；从指标上看，通常使用消费物价指数或零售物价指数，大多数国家偏好"点目标"或是2个百分点以内的"区间目标"。大多数工业化国家采用的目标范围为1%~3%。一般来看，在财政状况良好、金融体系稳定的情况下实行以通货膨胀为目标的框架，成功的可能性更大。目前，实行通货膨胀目标的国家有澳大利亚、巴西、加拿大、智利、哥伦比亚、捷克、冰岛、韩国、墨西哥、以色列、新西兰、匈牙利、挪威、波兰、南非、瑞典、泰国、英国等。

3. 以利率为目标

利率不仅能够反映货币与银行信贷供给量，同时也能反映货币资金供给与需求的相对数量，即它可用来反映货币资金的相对稀缺性，并且利率也是货币当局能迅速施加影响和控制的金融变量。美国货币政策是以利率为中介目标的，自20世纪90年代开始，关联储开始设定联邦基金利率的目标，联邦基金利率的变化直接影响短期利率，并在一定程度上影响货币总量、债券利率、贷款利率、股票价格以及美元的价值。联邦基金利率目标设定是系统性的，它在很大程度上依赖对经济活动和通货膨胀的预测，同时，联邦公开市场委员会进行货币政策决策时还参考了多种指标。关联储货币政策的特征是对联邦基金利率目标的调整一般都是缓慢的（即"利率修正"），反映出政策是在高度不确定的环境下制定的。如果满足以下条件，中央银行提高利率更能有效地降低通货膨胀，并降低短期产出的负面影响：①工资和价格的预期对官方利率及货币供应量的变动反应灵敏；②工资水平对产出和就业下降的反应灵敏；③汇率保持足够的弹性；④国内价格水平对汇率变动反应灵敏。

4. 以汇率为目标

这是指货币政策的目标是实现预定的汇率。采用这一目标必须具备四个前提条件：一是一国愿意接受另一个国家的货币政策；二是汇率相互固定的国家在经济上关系密切；三是实行货币局制度，本币由专门的外汇储备提供正式的支持，并通过立法确定汇率联系；四是形式上采取的是爬行式钉住。选择以汇率为目标具有以下优势：一是通过把本币与具有低通货膨胀率的货币挂钩，能有效控制通货膨胀；二是为货币政策的实施提供了一条自动的规则，有助于减轻时间不一致的问题；三是可降低汇率风险。以汇率为目标的货币政策框架，要求本国政府可以随时调整利率和干预外汇市场。影响一国选择汇率为目标的主要因素有：与国际市场的联系程度、经济体的均一性、货币政策的独立性、经济体的灵活性、国际储备净值。以汇率为目标的货币政策框架也带来一些问题，如丧失了货币的自主权，本国经济发展与有关国家紧密挂钩，容易形成风险转移。对实行以汇率为货币政策目标的国家，金融危机带来的教训有：一是对于资本项目开放的国家，如果其外汇储备量不大，那么实行钉住汇率制度从长远看是不可行的；二是钉住汇率制度（货币联盟、货币局、美元化）适用于具有较长的货币不稳定历史的国家，或者是那些与另一国家的一体化程度很高的国家；三是实行灵活汇率制的国家偏向于以通货膨胀为目标。

目前全世界有关国家中，以地区货币和中央银行取代各国货币的正式安排的有欧洲货币联盟、非洲共同体法郎区、东加勒比货币联盟；接受美元作为法定货币的国家有南太平洋的密克罗尼西亚群岛的一些小国和中美洲的一些小国；通过立法确定汇率联系的国家和地区有阿根廷、原东欧转轨国家、中国香港等；实行爬行钉住汇率制的有埃及、匈牙利、越南、以色列、波兰等。

中国货币政策的中介目标究竟如何选择？货币政策中介目标的选择实际上是整个货币政策框架的选择。从中国的实际情况来看，不宜采用利率目标和通货膨胀目标。

首先，采用利率目标的基本条件不具备。当前中国货币市场和资本市场仍处于发育阶段，由于市场机制不健全，难以形成反映货币市场供求状况的利率水平，而且利率传导也是不通畅的。尽管中国中央银行已经能够有效地控制货币市场利率，但最重要的利率即存贷款利率尚未真正实现市场化，货币市场利率与商业银行存贷款利率之间的互动关系也有待于建立。另外，中国的人民币汇率尽管名义上是有管理的浮动汇率，当长期以来缺乏弹性，已演变成变相的固定汇率。如果采用利率目标和通货膨胀目标，至少需要这样一些基本要求：基本稳定的经济结构、发达的金融市场体系和稳健的银行体系、中央银行具有较高的独立性并能对货币政策的制定和预期目标有前瞻性的预测分析框架。显然，这些基本条件目前在中国尚不具备。

其次，采用通货膨胀目标的条件也不具备。由于当前中国利率仍未完全市场化，金融体系也有待于进一步健全，货币政策工具与通货膨胀目标之间的传导机制也有待于完善，而且目前对于通货膨胀率的预测尚无有效的方法。在这种情况下，通货膨胀就不可能作为货币政策目标。即使中国目前采用了通货膨胀目标，也不可能对公众的预期施加影响和进行有效的控制。所以，从中国现阶段的情况来看，要实现以通货膨胀为货币政策目标还需要相当长的时间。

我们认为在现阶段，货币供应量仍然是中国货币政策中介目标的最佳选择，这是因为：

第一，中国的货币供应量具有可控性。20 世纪 80 年代以来，一些西方国家放弃将货币供应量作为货币政策中介目标，纷纷采用利率或钉住通货膨胀率。其主要原因是当时金融创新迅速发展，极大地方便了货币与货币替代品之间的转换，货币供应量层次之间的界限日益模糊，这种状况使中央银行无法通过控制货币供应量达到宏观调控的目标。中国现阶段货币供应量的变动与经济增长速度以及物价水平变动的关系依然十分密切，中央银行具备对货币供应量的控制能力，中国的货币供应量不仅是可控的，而且也是可测的。

第二，现阶段中国货币供应量目标具有有效性。从货币政策中介目标的选择依据来看，如果放弃货币供应量，目前中国还找不到较为合适的、可替代的金融工具作为货币政策操作的中介目标。在中国金融市场机制不健全，难以形成反映货币市场供求状况的利率水平的情况下，货币供应量作为货币政策目标是有效的。从一些新兴市场国家的经验来看，由于其金融制度不健全，在经济高速增长时期大都以货币供应量作为货币政策的中介目标和操作目标。因此，货币政策中介目标是与一国的金融结构和货币市场状况紧密相连的，要从本国的实际出发。需要注意的是，由于金融创新日新月异，随着货币供应量作为中介目标的可测性和经济关联度不断减弱，就需要做一些修正，采用一些辅助性指标，如汇率、通货膨胀率和贷款量等。

现阶段中国以货币供应量作为货币政策中介目标，是中国经济金融条件决定的，是符合中国实际的。在未来一段时期内，中国货币政策的中介目标和操作目标仍将是货币供应量和基础货币，即实行以数量型为主的间接调控。但根据市场经济发展的趋势，货币供应量目标需要进一步完善。一是要参照国际惯例，将外汇存款和外资银行存款纳入货币供应量统计范围。同时应关注货币流通速度的变化趋势，针对网络金融、金融创新、资本市场发展对现有货币供应量 M_2 增长减缓的情况，注意及时改进货币供应量统计方法。二是中央银行在以货币供应量为中介目标的同时，应更加关注利率、汇率和资产价格等辅助指标的变化。三是随着利率市场化的推进和金融创新的发展，货币政策的中介目标应逐步由货币供应量向利率转化。

3. 未来一段时期中国货币政策方针

未来一段时期中国货币政策实施，基本方针是既要防止通货紧缩，又要防止通货膨胀。为此，需要继续坚持货币政策的稳健原则，实施稳健的货币政策。要特别注意正确处理防范金融风险与促进经济增长的关系，既要保持货币供应量适度增长，促进国民经济持续、快速、健康发展，又要提高贷款质量，保证金融稳健运行。

（1）坚持货币政策稳健原则的必然性。

坚持货币政策的稳健原则，是保持币值稳定的内在要求。实施稳健的货币政策，就是根据币值稳定的基本要求，选择适当的调控目标、控制适度的货币供应量，灵活运用各种货币政策工具，使货币政策与其他宏观经济政策协调与配合。从中国金融宏观调控的历史来看，坚持货币政策的稳健原则是一条重要的经验总结。改革开放以来，中国经济运行曾多次出现较大的波动，尽管成因较为复杂，但每次波动无不与货币信贷政策的失控密切相关。而每一次经济上的大起大落，又都会造成大量的不良资产，带来严重的金融风险。因此，坚持货币政策稳健原则是保障中国经济健康发展的必然要求。

坚持货币政策的稳健原则，也是国际金融发展的基本趋势。20世纪90年代以来，人们对中央银行的认识已基本上达成共识：中央银行的主要职责是创造稳定的货币环境，而物价或币值的稳定是保持经济长期增长的基本条件。大多数西方国家的货币政策已经完成了由多重目标向单一目标即币值稳定目标的转变。与20世纪80年代相比，90年代以来大多数西方国家的货币政策都比较稳健，这种政策环境有利于物价水平更加稳定、经济持续稳定增长。实践已经充分证明，以牺牲币值稳定为代价来实现其他任何货币政策的目标，最终都是不可靠的。

（2）防止通货紧缩仍将是近期的重要任务。通货紧缩的根本原因是总需求不足，主要表现在以下三个方面。

首先，消费需求方面。在中国的经济发展中，消费作为首要推动力的作用日益明显。但是，1997年以来，消费需求却出现了持续下降的局面，主要原因是占全国人口绝大多数的农民的收入增幅下降。加入世界贸易组织后，随着国外农产品大量进入国内市场，农民增加收入将面临更严峻的考验；国内工业品市场进一步开放后，相当大的一部分产业将面临国外产品的激烈竞争，城镇就业压力将进一步增加。这些因素将对消费需求产生一定的制约，因此中国未来一段时期消费需求能否迅速回升的不确定性增加。

其次，投资需求方面。1994年以来，全社会固定资产投资增幅总体呈下降趋势，主要原因是投融资体制改革滞后，储蓄转化为投资的机制不健全，投资资金来源不足；在买方市场条件下，投资预期收益率下降，投资者积极性不高。从中国当前及未来一段时期来看，仍存在着制约投资需求的众多因素：消化已经存在的低水平过剩仍需艰苦的努力；最具市场发展前景的高科技产业投资，由于从创业到形成规模需要有一个过程，还不可能产生强烈的拉力；国有及集体企业自身资金积累能力较低，民间资本力量有限；资本市场特别是企业债券市场很不完善，直接融资渠道仍然不畅；前些年增加财政投资对启动经济发挥了一定的作用，但其可持续性不容乐观等。因此，在中国投融资体制未得到根本改革之前，要保持投资的较快增长有较大的难度。

最后，净出口方面。加入世界贸易组织以后，中国的进口迅速增长，尽管出口也在增长，但增幅明显小于进口。由于中国已经进入还债高峰期，外商直接投资的利润汇出将逐年增加，非贸易项目已经存在逆差，今后几年如果持续出现进口增长大于出口增长，国际收支经常项目将可能出现逆差。如果国际收支经常项目出现逆差，经济增长将主要依靠国内消费和投资的增长来拉动。

因此，未来一段时期能否在结构转换中实现国内需求特别是投资的适度增长，是实现国民经济持续增长的关键。在结构性矛盾和总需求不足问题未根本解决以前，通货紧缩的阴影会始终存在。防止通货紧缩仍是中国未来一段时期的重要任务。

（3）通货膨胀的潜在压力仍在积累。

改革开放以来，中国信用主要集中于银行的基本格局仍然没有根本性的改变。以银行信用为主的融资体制，造成企业高度依赖于银行贷款，致使银行贷款高速增长，1978—1999 年金融机构贷款以年均 20.4% 的速度增长。贷款的高速增长又派生出存款的高速增长，同期存款年均增长高达 23.5%。在中国广义货币（M_2）中，存款所占比重高达 90%，1981—1999 年 17 年间广义货币年均增长达 26.4%。存款是商业银行的负债，商业银行吸收存款发放贷款。由于众所周知的原因，商业银行贷款存在着较大比例的呆账，资产缩水；而商业银行的存款负债不仅一分不能少，而且还要支付利息。广义货币中的准货币，如银行储蓄、定期存款、政府债券等在一定条件下会转变为现实的货币，形成市场的现实需求。因此，广义货币与名义国民生产总值的比率，通常被作为潜在通货膨胀压力的一个衡量指标。1998年这一比率美国为0.67，日本为1.2，韩国为0.6；而中国1998年为1.90，1999年上升到2.07，2000年为1.54，2001年为2.41，2002年为2.10，2003年一季度为1.87，由此可见中国通货膨胀的潜在压力仍在积累。加入世界贸易组织以后，中国保持货币政策独立性将面临更严峻的考验，存在着较多的影响宏观金融稳定的不确定因素。值得注意的是，近年来中央银行财政性再贷款增加较多、商业银行资金来源与运用期限匹配失衡、货币政策内外部均衡协调难度加大等问题日渐突出。毫无疑问，诸如此类的这些问题，最终都将会与通货膨胀相联系。因此，中国在货币政策的实施和操作上，特别是在中期目标的选择上，应对通货膨胀保持高度警惕。

4. 未来一段时期中国货币政策措施

近年来，中国以快速发展的银行间债券市场为依托，货币政策工具发生了根本性的变化，主要表现为公开市场业务操作成为日常货币政策操作中的主要工具。这种变化标志着，货币政策调控基本实现了由直接调控向间接调控的转变。但是，由于中国货币市场工具和货币市场中介机构发展相对滞后，货币市场规模相对较小，货币政策间接调控工具特别是利率的市场弹性依然较低，在企业改革滞后的情况下，货币政策传导机制存在诸多阻滞的状况并没有得到实质性的改变，其结果必然影响货币政策的有效性和金融运行的效率。

未来一段时期中国货币政策的一个非常重要的任务，就是要完善货币政策传导机制。显而易见，有效的货币政策传导机制，必须包括健全的商业银行体系、发达的货币市场，以及健全和高效的信息资料系统与可靠的宏观经济分析系统。因此，要进一步推动货币市场、债券市场、票据市场的发展和完善，充分发挥市场配置资源的基础性作用；要进一步推进利率市场化进程，充分发挥利率引导资金流向的作用；要进一步扩大公开市场操作，提高公开市场操作的有效性；要根据经济结构调整的需要，及时调整信贷政策，发挥商业银行信贷创新的积极性；要注重货币政策与财政政策、国际收支政策的协调配合，提高金融宏观调控的整体水平。近年来，尽管中国财政增发国债，全社会直接融资比重有明显提高，但企业部门的融资结构并没有发生根本的变化。未来几年要努力发展资本市场，提高公开市场企业股票、债券、基金等直接融资比重，同时鼓励各类投资者从非公开的股本市场获得资本金，使企业直接融资比重有较大幅度的提高。

5. 维护货币政策独立性

中国加入世界贸易组织后，随着国内金融市场对外进一步开放，货币政策独立性将面临严峻挑战，维护货币政策独立性具有十分重要的意义。

维护货币政策独立性，突出表现为妥善处理利率、汇率、资本流动三者关系。中国之所以能够成功应对亚洲金融危机的冲击，一个十分重要的原因就是维护了货币政策的独立性，坚持短期资本的不可自由兑换，从而使中国有条件选择与我有利、符合中国利益的利率和汇率政策。加入世界贸易组织以后，中国维护货币政策独立性，挑战将主要来自两个方面：一是如何防范和控制国际短期资本的冲击；二是如何实现和保持人民币实际有效汇率的基本稳定。如果中国货币管理当局能够在完善外汇市场、真正实行以市场供求为基础的有管理的浮动汇率制度的同时，确保人民币实际有效汇率的基本稳定，则基本可以保证有利于进出口贸易平衡的宏观条件。以此为前提，选择性地放开和管住资本的流入流出，整个国际收支将是基本平衡的。建立在国际收支基本平衡基础上的货币政策，其独立性自然得以保障。坚持货币政策独立性，对于中国这样的发展中大国来说极其重要，国内市场对经济的持续发展举足轻重，维护国内市场总供给与总需求的平衡，其重要性无论如何估计都不会过高。

第二节 货币政策和汇率政策的协调

长期以来，在中国的宏观调控中并没有对货币政策和汇率政策的协调给予足够的重视，货币政策和汇率政策几乎是完全分离的。1994年开始，中国实行以市场供求为基础的单一的有管理的浮动汇率制度，由此，中国货币政策和汇率政策之间的相互影响日益密切。据有关研究，❶1994年以来，中国货币政策和汇率政策出现了三次明显的冲突：1994年至1996年，外汇储备快速增加和较高的通货膨胀之间的冲突；1998年外汇储备增幅快速下降和物价持续下降之间的冲突；1998年至1999年，汇率稳定和本外币利差倒挂之间的冲突。汇率政策和货币政策的协调问题已越来越不容忽视，因而，对在金融全球化条件下中国开放经济中的金融运行提出了一个严峻的课题：汇率与货币政策的有效性。

一、利率—汇率的交互影响与传导机制

1. 利率变动对汇率的影响

利率变动不会对汇率产生直接的影响，而是通过影响经常项目、国际资本流动，间接地对汇率产生影响。

首先，通过影响经常项目对汇率产生影响。当利率上升时，信用紧缩，银根抽紧，投资和消费减少，物价下降，在一定程度上抑制进口，促进出口，减少外汇需求，增加外汇供给，促使外汇汇率下降，本币汇率上升。与利率上升相反，当利率下降时，银根放松，货币供应量增加，刺激投资和消费，促使物价上涨，不利于出口，有利于进口。在这种情况下会加大对外汇需求，促使外汇汇率上升，本币汇率下降。

---

❶　参见谢平、张晓朴：《货币政策与汇率政策的三次冲突——1994—2000年中国的实证分析》，《国际经济评论》，2002年第5、6期。

这里以人民币利率下调为例来说明利率—汇率机制的传导效应：利率下降，国内需求上升，进口需求，导致人民币汇率下降；进口需求上升和通货膨胀率上升，人民币贬值预期增加，企业进口增加而出口减少，资金外流增加，导致人民币汇率下降。实际利率的下降引起外汇汇率上升、人民币汇率下降。实际上，人民币汇率下降的效果是扩张性的：一方面，人民币汇率下降，在国外相对价格变化的影响下，由于出口扩大，在乘数作用下使国民收入得到多倍扩张；另一方面，人民币汇率下降通过收入再分配效应和资产效应导致国内需求下降；与此同时，出口企业利润增加，进口商品成本上升，推动一般物价水平上升；此外，人民币汇率下降，购买国外金融资产和偿还外债所需支付的本币增加，导致国内需求下降。总之，人民币利率下调造成人民币汇率下降，对总需求的影响是双重的。

其次，通过影响国际资本流动间接地对汇率产生影响。当一国利率上升时，就会吸引国际资本流入，从而增加对本币的需求和外汇的供给，使本币汇率上升、外汇汇率下降。而且，一国利率的提高，促进国际资本流入增加，而资本流出减少，使国际收支逆差减少，支持本币汇率走强。与利率上升相反，当利率下降时，可能导致国际资本流出，增加对外汇的需求，减少国际收支顺差，促使外汇汇率上升、本币汇率下降。

2. 汇率变动对利率的影响

与利率变动不会对汇率产生直接的影响一样，汇率变动对利率的影响也是间接的作用，即通过影响国内物价水平和短期资本流动而间接地对利率产生影响。

当一国货币汇率下降时，有利于促进出口、限制进口，进口商品成本上升，推动一般物价水平上升，引起国内物价水平的上升，从而导致实际利率下降。这种状况有利于债务人、不利于债权人，进而造成借贷资本供求失衡，最终导致名义利率的上升。如果一国货币汇率上升，对利率的影响正好与上述情况相反。

中国金融安全论

当一国货币汇率下降之后，受心理因素的影响，往往使人们产生该国货币汇率进一步下降的预期，在本币贬值预期的作用之下，引起短期资本外逃，国内资金供应的减少将推动本币利率的上升。如果本币汇率下降之后，人们存在汇率将会反弹的预期。在这种情况下，则可能出现与上述情况相反的变化，即短期资本流入增加，国内资金供应将随之增加，造成本币利率下降。

如果一国货币汇率下降之后能够改善该国的贸易条件，随着贸易条件的改善将促使该国外汇储备的增加。在其他条件不变的情况下，外汇储备的增加意味着国内资金供应的增加，资金供应的增加将导致利率的降低。相反，如果一国货币汇率上升将造成该国外汇储备的减少，则有可能导致国内资金供应的减少，而资金供应的减少将影响利率使之上升。

3. 中国利率—汇率传导机制

利率—汇率传导机制发生作用的条件是：利率变化能够通过影响货币供求引起经济总量的变化，投资和消费等经济变量对利率变化反应灵敏；有发达的外汇市场，汇率主要由外汇市场供求来决定；资本能够较为自由地流动。如果这些条件不能完全满足，利率向汇率的传导效果就会受到影响。市场化程度、经济开放程度和汇率制度不同，对上述条件的满足程度也不同，利率—汇率传导机制的效果也就不同。

从中国的情况来看，利率—汇率传导机制是通过国内经济迂回影响货币政策效应，这种传导效应的主要内容是：各种货币政策工具，主要是利率，通过国内经济迂回地影响汇率，再由汇率变化反过来影响国内金融运行和经济活动，从而影响国内货币政策的效应。然而，在中国利率—汇率传导机制发生作用的条件还很不成熟，中国目前资本项目尚未开放，仍然受到严格的管制，外汇市场仍属于封闭型的外汇头寸市场，仅限于银行间的外汇交易，而且国内货币市场不发达，货币市场与外汇市场的直接联系并未真正建立起来。因此，利率作为重要的货币政策工具，却无法通过贸易和境内外资金流动影响汇率，只能通过影响国内经济的迂回方式来影响汇率。反过来，汇率的变化又会引起国际收支和国内生产的相应变化，这些变化又会作用于金融领域，从而对货币政策的效应产生影响。

二、中国货币政策和汇率政策的协调

1. 汇率问题对货币政策的影响

（1）外汇占款变化对货币供给的影响。

从理论上来看，一国利率下降会引起短期资本外流，当期本币汇率贬值。而对本币贬值预期越高，本币利率只有高于国外利率，才能使本币资产持有者获得足够的风险补偿，从而有利于本币汇率稳定。但实际上，在国内的宏观经济调节中，人民币利率是逆向调整的，这使得上述赚取利差和汇差的潜在获利机会增加。尽管短期资本还无法在中国境内充分实现上述套利活动，但只要有利可图，市场主体的逐利行为就不可避免。例如，中国人民币多次降息以来一个比较突出的现象就是居民个人结汇减少，购汇增加。另外，还刺激了非法的逃骗汇活动，1998 年通过外汇专项检查掌握的企业逃骗汇达到 112 亿美元，这是中国一度出现外贸"顺差逆收"的重要原因。由于上述合法或非法方式的本外币资产选择偏好的逆转，中国国际收支顺差大幅度下降，外汇储备增幅大大减缓，进而使得外汇占款渠道的基础货币投放减少（参见表 11.2），这在一定程度上影响了货币政策的有效性。

表 11.2 中国外汇储备和外汇占款情况（1990—2001 年）

年份	1990	1993	1995	1996	1997	1998	1999	2000	2001
外汇储备	111	212	736	1050	1399	1450	1547	1656	2122
外汇占款	599	1431	6774	9579	13467	13728	14533	14291	17856

注：外汇储备为亿美元，外汇占款为亿元人民币。

然而，近几年情况又发生了相反的变化，中国国际收支的顺差和外汇储备增长中国经常项目、资本和金融项目将保持"双顺差"，外商直接投资快速增长，截至 2003 年 5 月底中国的外汇储备由亚洲金融危机高峰时的 1080 亿美元增加至 3400.6 亿美元。国际收支的顺差和外汇储备增长，使外汇占款渠道的基础货币投放增加，2003 年 5 月底中国 M_2 同比增长 20.2%，增幅比去年同期增长了 6.2%。这种状况又造成了人民币汇率升值的压力。

　　（2）货币替代影响了货币需求。

　　尽管人民币还不可以自由兑换，但货币替代现象在中国已是客观存在的事实，而本外币利差是影响居民本外币资产选择偏好的重要因素。例如，连续降息以来，本外币逐渐出现负向利差并不断扩大，境内居民个人外币储蓄呈现快速增长的势头。据测算，人民币利率每下调一个百分点，中国居民个人外币储蓄存款增长约 56.7 亿美元。而且从发展的趋势看，降息对于中国居民个人外币储蓄增加的刺激作用也越来越明显。1999 年 6 月降息后，下半年居民个人外币储蓄存款月均增加额达到 13.9 亿美元，较上半年多增加 4.3 亿美元，比上年同期多增加 3.6 亿美元。其结果是，中国境内的"美元化"倾向进一步加剧。1997 年 12 月，居民个人外币储蓄存款余额占 M_2 的比例为 2.65%，到 1999 年 12 月上升为 3.82%。从理论上来看，在货币市场达到均衡时，货币供给应当等于货币需求，因此，货币供给也受货币需求的影响，而不单纯是外生的、人为可控的。如果对外币需求上升，对人民币需求下降，必然导致货币乘数的下降。

2. 中国货币政策与汇率政策的协调方向

　　当前中国货币政策与外汇管理的制度框架可描述为：经常项目可兑换，资本项目实行部分管制；非市场化的利率管制；货币政策的实现手段基本市场化。中国货币政策和汇率政策的目标迄今存在很大差异。从近些年来的实际运作看，中央银行一直致力于消除通货膨胀，维护人民币币值的稳定；1998 年以来在物价持续下跌的情况下，中央银行又积极消除通货紧缩趋势。而在中国宏观调控的实际操作中，人民币汇率政策往往是为扩大外贸出口，改善外部经济平衡状况服务的，1997年以来还充当了维护信心的角色。中国在确定货币政策时，制度安排上和实践上都没有将汇率政策纳入到货币政策的大框架下。长期以来，在封闭经济下，货币政策与汇率政策的联系被割裂，迄今为止仍处于依靠传统的习惯思维、忽视二者之间联动关系的状况之中。

随着中国经济开放度的提高和资本流动障碍的减少，货币当局越来越难以用货币政策和汇率政策实现不同的经济目标，但在现实中，决策者往往面对的是一个多目标规划。在两种特殊的情况下，一是在短期内，二是存在外汇管制时，货币政策和汇率政策仍然可能被用以实现不同的政策目标。因此，必须重视货币政策与汇率政策的协调问题。从当前来看，需要把握以下几个方面：

（1）明确汇率政策是货币政策的重要组成部分。通过一系列的制度安排，将汇率政策纳入货币政策的框架之中，并使汇率政策从属于国内货币政策。在研究制定汇率政策时，要避免就汇率而论汇率；在研究制定货币政策时，要避免只考虑利率不考虑汇率。

（2）运用创新政策工具。当货币政策与汇率政策不协调时，特别是面临严重困境时，可及时采用创新政策工具，以摆脱困境。例如，当出现较大国际收支顺差时，且经济部门又无法承受本币升值，为了避免通货膨胀，可以考虑对国外资本征收托宾税，也可进行对冲操作；当国内面临通货紧缩，同时外汇占款下降时，可以通过公开市场业务买进证券投放基础货币。

（3）外汇储备的变化是货币政策与汇率政策的重要结合点。外汇储备的增减变化已经成为影响基础货币的重要渠道，中国人民银行在对货币供应量进行调控时，要特别注意对外汇储备变动的预测，并尽可能按月预测，避免外汇储备波动带来基础货币投放的不稳定。需要特别注意的是，外汇储备规模对于中国经济发展和金融安全具有重要的意义，但绝不能把外汇储备规模，特别是把外汇储备规模的增长作为货币政策的内在目标。

（4）提高外汇管理水平。外汇管理水平特别是外汇管理的电子化水平的高低，在一定程度上影响着货币政策与汇率政策的协调。高效的外汇管理及其电子化水平能够最终有利于守法企业的正常经营，而极大地震慑了违法者，并且极大地降低了制度安排的成本，为金融改革开放和独立的货币政策赢得了更多的时间和广阔的空间。

（5）妥善处理汇率稳定与汇率失调的关系。维持人民币汇率稳定是中国经济发展和经济稳定增长的重要保障，但是，也要对汇率的失调予以足够警惕。同时，外汇管理能够承受的货币政策和汇率政策的差异幅度不是无限的，存在着临界值，外汇管理在临界点之外将难以发挥作用。

从中长期看，加强货币政策和汇率政策协调的根本出路在于稳步、深入推进结构改革，实现各类市场的良好衔接，以及扩大人民币汇率浮动区间等。中国将最终形成以货币市场为主的货币政策，与以外汇市场为主的汇率政策的良性循环局面。

3. 货币政策的国际协调

中国金融业的对外开放是大势所趋。21 世纪初中国有一系列金融开放的举措，除了已经加入世界贸易组织（WTO）、对外资银行逐步开放人民币业务之外，实现人民币自由兑换将会对中国金融业产生极其重要的影响。亚洲各国的货币、金融合作进一步加强，国际货币制度也将面临大的改革。金融业开放不仅使金融监管面临新课题，而且也为中国的货币政策增加了新变数。

如果在中期内人民币实现可自由兑换，国际资本流动，特别是短期游资活动会加强。如果继续实施人民币汇率稳定的政策，那么货币当局只能被动地买卖外汇，在这种情况下，要保持国内货币政策不受干扰就成为一个严峻的考验。中国是一个发展中的大国，中国的货币政策不仅会影响国内经济，而且会影响亚洲其他国家。

1997—1999 年，人民币汇率稳定在应对亚洲金融危机中起到了巨大作用，同样将来对亚洲金融市场也有很大影响。

在国内利率市场化改革完成后，国内存款利率、同业拆借利率也会对亚洲金融市场产生影响。汇率和利率从来就是金融机构套利投机的基准，中国也是如此。中央银行如何根据人民币的汇率与利率，平衡好国内外两个金融市场的波动，也将是一个难题。

世界贸易组织尽管是一个以推行贸易自由化，协调和调解各缔约方贸易争端的国际组织，但随着全球经济一体化的发展，世界贸易组织已不局限于商品贸易，在推动国际投资自由化和劳务贸易自由化方面也卓有成效。中国加入世界贸易组织后，外资银行的引入至少会对货币政策产生两方面冲击：一是传统的以贷款指导计划为手段的直接数量控制办法失效，而间接调控体系尚不完善，外资银行在货币政策传导中作用如何尚难预料；二是国际资本流动更加容易，外资银行大多数是跨国经营的大型银行，其资金在全球范围内调拨以套取利润，当中国出于紧缩经济的目的提高利率时很可能引起短期套利资本流入，反而扩大了货币供应量，这种难题即便是在金融市场发达、中央银行调控手段完善的国家也出现过。因此，货币政策的国际协调就非常必要。

第三节　利率市场化改革与利率政策调整

一、利率市场化改革的紧迫性

利率市场化改革是指实行利率管制的国家通过建立市场机制、规范金融机构行为等措施，逐步或完全放弃对利率的直接管制，转向由市场决定利率水平的过程。简言之，利率市场化是指由市场主体自主决定利率的过程，即金融交易主体享有自主决定利率的权利，利率的数量结构、期限结构和风险结构等方面都由市场自发选择，而政府或中央银行仅享有利用间接手段影响利率的权力。

中国之所以要加快推进利率市场化改革，不仅有其必要性，而且更具有紧迫性。

1. 完善社会主义市场经济体制的需要

经过多年的改革，中国在商品和服务领域中的一般商品和劳务价格已经基本实现了由市场供求关系来决定。但是，对于资金这种重要资源的价格——利率，却仍然继续由政府管制。利率的非市场化扭曲了资金价格信号，造成了商品价格信号与资金价格信号的不一致或偏离，显然，这种状况不仅使中国难以建立和健全合理的价格形成机制和价格管理体制，而且也严重影响了资金资源的合理有效配置，误导经济主体的决策，制约着国民经济的健康发展。如果没有市场供求关系决定的利率，就难以发挥价格杠杆对资源配置的调节作用，就不可能真正建立完善的社会主义市场经济体制。

2. 有利于发挥货币政策有效性

利率是资金的价格，是中央银行货币政策的基础。如果没有市场化的利率，就不可能充分发挥利率对货币供应量的影响而使间接宏观调控的效应大为降低。利率市场化在货币政策实施过程中具有极其重要的意义，这是因为银行同业拆借市场利率、再贷款利率、国债回购市场利率等是否具有弹性、市场是否完善，都直接影响着货币政策的有效性。由于目前中国银行同业拆借市场利率仅从制度上，而并非在实质上实现了市场化，并不能完全反映市场资金的供求状况，而且银行同业拆借市场利率与基础货币、再贷款也不联动，从而难以形成通过市场传导货币政策的稳定机制，导致了货币政策效应的降低。

中国自 1996 年以来，已 8 次降低金融机构存贷款利率，利率下调频率之高、下调幅度之大，甚至可以说是史无前例。从总体上来看，这 8 次降息对于减缓和扭转中国物价负增长的态势、改变实际利率居高不下的状况、扩大消费和投资以及减轻企业的债务负担等方面都发挥了一定的作用。但利率调整的效果并不理想，利率下调的初衷是刺激信贷扩张，但由于利率的非市场化，使信贷扩张受阻，货币政策效应受到影响。

3. 深化金融体制改革的需要

近年来中国金融体制改革取得了长足的进展，但是利率改革的步伐则显得相对迟缓，这种状况在相当大的程度上制约着中国经济金融体制改革的进一步深化。中国金融体制改革的深化，一个重要方面就是要构造以市场资金供求为基础、以中央银行基准利率为引导、以货币市场利率为中介的利率形成和传导机制。一个由市场供求关系决定的利率水平，无论对于中央银行金融调控体系的完善、国有商业银行经营机制的转换，还是金融市场的发展都是至关重要的。例如，对商业银行来说，实现利率市场化，消除了对存贷款利率的干预，使利率真实反映资金的供求状况而真正成为调节资金的杠杆，这必将促进商业银行的改革，加快内部控制制度建设，加强风险管理。

4. 有利于防范金融风险

利率的非市场化不仅降低了货币政策的有效性，而且也加大了商业银行的风险，这是出现所谓商业银行"惜贷"的一个重要原因。在现阶段，由于企业亏损严重、信贷风险增加，为实现利润最大化和规避风险，商业银行资产将主要分布在国债和中央银行存款上，对企业的贷款必然减少。如果利率由市场决定，资金供给的减少会推动利率的上升，使商业银行的收益增加，商业银行必然会增加贷款。由于中国尚未实现利率市场化，难以制约贷款的减少。另外，利率非市场化难以刺激企业的有效资金需求。利率非市场化助长了企业无效的资金需求，使企业的依赖心理增加，将亏损的解决寄希望于降低利息，不利于建立市场经济所必需的社会信用体系，对企业经营机制的转换也有害无益。

利率市场化后，随着利率管制的放松，商业银行就能够根据资金市场状况自主决定资金供给和资产运用，从而有助于降低过去那种由于对国有企业信贷软约束产生的大量不良贷款所造成的风险；而且，利率市场化也会对企业或其他资金需求主体形成较硬的成本约束，必将在一定程度上抑制其对资金的过度需求和低效率经营状况，从而有助于减少不良贷款及其产生的风险。

5. 有利于应对加入世界贸易组织后的新形势

中国已经加入世界贸易组织，中国的金融业将全面融入国际金融市场，必须遵循国际银行业经营管理的"游戏规则"，也就是要按照国际银行业经营管理的基本原则和惯例来运作，国际竞争将成为中国金融体制改革及其向国际接轨的催化剂。在国际金融市场上，利率向来是市场化的，中国加入世界贸易组织之后将逐步取消对外资银行经营外汇业务和人民币业务的客户限制，中国的各类企业都可通过外资银行融资，这就意味着本币与外币的融通、国际资本的流出入将更加频繁。这一新的形势要求中国必须加快推进利率市场化，如果实行利率管制，必然导致内外部经济失衡。值得注意的是，目前在中国的外资银行可以根据国际市场情况灵活地制定存贷款利率和各种手续费率；而中资银行的存款利率基本固定，仅对贷款利率有有限的浮动权，这种状况已经使中资银行在外汇存贷款的竞争中处于不利地位。显而易见，加快推进利率市场化改革已经刻不容缓。

二、利率市场化改革的时机

1. 困扰中国利率市场化改革的主要原因

长期以来中国利率市场化改革之所以停滞不前，主要原因是基于四个方面的考虑或忧虑：利率市场化造成利率上升，导致通货膨胀；企业对利率市场化承受能力不足；利率市场化可能加剧银行业在存贷款方面的恶性竞争；金融市场还不完善等。实际上从当前来看，这些问题似乎已经不是"问题"了，随着中国经济金融改革的不断深化和经济的发展，其中有些问题已经得到解决或正在逐步解决。

2. 加快改革的时机已基本成熟

第一，近年来中国物价水平持续走低，出现了通货紧缩现象，持续的物价负增长已为中国推进利率市场化改革提供了条件，利率市场化不会引发通货膨胀。

第二，随着国有企业改革的深化，企业对利率市场化的承受能力也在不断提高，而且由于利率和其他价格一样都是国有企业改革的外部条件，利率市场化将会推动国有企业改革和经营机制转换。中国国有企业改革进入实质性阶段，企业破产兼并机制和内部约束机制正在逐步建立和加强，国有企业对利率的敏感性进一步提高。

第三，商业银行对贷款风险管理十分重视，普遍出现通过提高利率恶性竞争的基础已不存在。现实已经证明，商业银行绝不会冒本金损失的风险去赚取相对较高的利息。与此同时，企业、居民的风险意识和对利率波动的敏感性在不断增强，也为加快存款利率的市场化创造了有利条件。

第四，目前中国金融市场已初具规模，市场上的资金供求基本平衡，利率保持在 20 多年来的最低水平，放开对贷款利率的管制不会导致市场利率的大幅度上扬。

第五，中国利率形成的市场化已经取得了一定的进展，部分利率已经或基本接近市场化。如在国债发行中引入了价格竞争的招标方式发行，发行利率已经完全由竞价决定；全国统一的同业拆借市场已经联网运行，形成了全国统一的同业拆借利率，已允许部分外资金融机构进入这一市场，并且更多地运用市场手段引导市场利率的波动；扩大了对中小企业贷款的利率浮动幅度，商业银行对中小企业贷款利率的浮动幅度由 20% 扩大到 30%，下调了住房抵押贷款利率，等等。

上述情况都表明，中国加快推进利率市场化改革已经具备了一定的基础，因此加快推进中国利率市场化改革的时机已经基本成熟。

三、利率市场化改革的操作

1. 利率市场化改革的目标与思路

中国利率市场化改革的目标是：建立以中央银行利率为基础、以货币市场利率为市场中介，由市场供求决定金融机构存贷款利率水平的市场利率体系。

根据这一目标，推进中国利率市场化改革的总体思路是：进一步完善货币市场利率，形成一个可靠的市场利率（同业拆借利率等）信号，完善货币市场利率体系；以同业拆借市场利率为导向，扩大贷款利率的浮动范围直至完全市场化，并在建立银行同业利率协调机制的基础上，逐步放开存款利率；扩大再贴现业务、公开市场业务、再贷款业务，为中央银行通过基准利率调整同业拆借市场等利率创造条件，最终建立中央银行基准利率引导下的市场利率体系。

2. 利率市场化改革的主要内容

（1）促进货币市场的市场化利率信号的形成。同业拆借利率是货币市场的主要利率，由市场确定，反映市场情况；而作为货币市场重要组成部分的国债利率已基本放开，但贴现市场利率实行严格管制，银行贴现率不与银行贷款利率挂钩，由中央银行确定再贴现率，商业银行在此基础上用加点的方式解决，幅度由中央银行确定。这些利率信号的质量取决于货币市场的规模、运行的规范程度和效率、对经济运行的影响力和覆盖面等。中国货币市场发展的规模小、水平低，降低了货币市场对于经济金融运行的影响力，货币市场上形成的利率信号相对失真。因此，应当进一步扩大货币市场的覆盖面和影响力，使货币市场上形成的利率信号能够准确地反映市场资金的供求状况，为整个利率改革的推进形成一个可靠的利率信号。

（2）扩大利率浮动范围。跟踪同业拆借市场利率及时调整贷款利率，进一步扩大贷款利率的浮动范围；在此基础上，中央银行逐步放开对整个贷款利率的严格管制。随着拆借市场利率形成机制的不断完善，中央银行可以根据货币市场利率频繁地调整贷款利率，使贷款利率适当高于货币市场利率。在具体操作中，要进一步扩大商业银行的贷款利率浮动权，允许商业银行根据不同企业的资信状况和市场状况确定不同的利率水平，保持商业银行对利率变动的敏感性，促使商业银行建立以市场为导向的利率定价机制，及时将中央银行的利率政策意图及时传递到市场上去，并通过其贷款行为及时将宏观经济运行状况的变化反映到利率中来。

在扩大利率浮动范围的过程中，外币利率可以先行。目前外币贷款利率已经放开，各家商业银行参照中国银行的利率制定。外币存款利率由于受贷款利率国际水平的约束，尽管水平各异，但不会大幅度地提高，为了维护金融秩序，中央银行具有协调和指导权。在外币利率基本放开的情况下，并没有出现人们所担心的不良影响，这也为利率的市场化提供了依据。

（3）推进存款利率的市场化。在建立银行同业利率协调机制的基础上，推进存款利率的市场化。在推进存款利率市场化的过程中，可以通过建立银行同业利率协调机制加以约束，例如目前实行的"外币利率联席会议制度"。在推进存款利率市场化的过程中，可考虑从大额定期存单等品种开始，逐步放开存款利率。

（4）中央银行加强对金融的宏观调控。中央银行以同业拆借等货币市场利率为间接调控的目标利率，通过再贴现、公开市场操作、存款准备金率调整以及对金融机构再贷款等操作工具，调控货币市场，确保其处在目标范围之内。

3. 利率市场化改革的步骤

从国际上看，利率自由化主要有三种途径：一是分别规定存款利率和贷款利率的浮动范围，并不断扩大范围；二是规定最高存款利率和最低贷款利率，并不断调整利率的上下限；三是规定金融中介机构平均资金成本与贷款利率之间的最大利差。

根据中国的实际情况，从扩大浮动范围入手比较好，但在步骤的安排上应当遵循渐进、有序的原则，即先外后内、先市场后银行、先贷后存、先农村后城市、先大后小，并有可能相互交叉。

（1）先外后内，即先放开外币存贷款利率，后放开人民币存贷款利率。利率市场化改革的第一步是扩大外币利率浮动范围，目前外币贷款利率已经放开，各家商业银行参照中国银行的利率制定；外币存款利率由于受贷款利率国际水平的约束，尽管水平各异，但不会大幅度地提高，为了维护金融秩序，中央银行具有协调和指导权。

（2）先市场后银行，即先放开金融市场利率，后放开银行存贷款利率。

（3）先贷后存，即先放开贷款利率，后放开存款利率。

（4）先农村后城市，即先放开农村存贷款利率（农村信用社），后放开城市存贷款利率。

（5）先大后小，即先放开大额存款利率，后放开小额存款利率，因为小额存款多为居民储蓄，涉及面广泛，理应作为人民币利率市场化的最后阶段。

至于非利息收费，如管理费、提前还款的承诺费等，在利率市场化的初期就应取消管制。

这样，在渐进地实现利率市场化的过程中，中国的利率体系将是统一利率、有限浮动利率和自由浮动利率三个层次并存，不同的金融工具适用不同层次的利率，最终存贷款利率将彻底放开，完全实现利率市场化。

利率市场化改革需要有一系列政策措施的协调配合，如加快国有企业的债务重组与制度创新、硬化国有企业的预算约束、加快商业银行制度的建设和改革、加快发展和完善金融市场、建立统一和权威的资信评估制度、提高中央银行的宏观调控能力等，以保证中国利率市场化改革的顺利实现。

4. 外币存贷款利率管理体制改革先行

中国人民银行已于 2000 年 9 月 21 日起，对外币存贷款利率管理体制进行改革，之所以首先选择放开中资银行外币贷款利率，主要原因在于：

第一，外币利率主要受国际金融市场利率变化的影响和制约，放开之后不会出现大幅度的提高。另外，尽管国内的外币利率可以与国际金融市场的利率水平存在一定的差距，但利差不能超过一定的范围，特别是不可以长时间地存在较大的利差，否则将会助长资本外逃，显然放开外币利率将有助于缩小利差。

第二，外币利率市场化有利于中资银行与外资银行在外汇业务领域展开公平竞争。

第三，外币业务在中国商业银行业务中所占比重远远低于人民币业务，外币利率市场化对整个金融运行产生的冲击和影响比较小，有利于利率市场化的稳步推进。

第四，在中国，商业银行的外币业务主要集中在中国银行，中国银行作为国际化程度比较高的国有商业银行在长期的经营实践中积累了丰富的外币利率管理经验，这是外币利率市场化顺利实施的重要基础。外币利率市场化的成功实施又为人民币利率市场化积累了经验。

四、利率市场化改革的一些相关问题

1. 利率市场化后仍然需要利率管理

利率市场化之后，并不意味着中央银行完全放弃对利率的管理，任凭利率受市场影响而自发地无拘束地变动。前已指出，利率市场化改革是指国家逐步或完全放弃对利率的直接管制，转向由市场决定利率水平的过程，金融交易主体享有自主决定利率的权力，而政府或中央银行仅享有利用间接手段影响利率的权力。中央银行为了实现诸如经济发展、币值稳定、充分就业、国际收支平衡等宏观经济政策的目标，需要通过货币政策工具的操作来影响银行同业拆借市场利率，进而导致市场短期利率和长期利率的变动，最终达到调节货币供求总量、实现政策目标。由此可见，即便是在实现了

中
国
金
融
安
全
论

利率市场化以后，中央银行不但不会退出利率管理，而且是根据经济发展的需要，更加积极、主动、灵活地对利率进行管理。显然，这种管理与过去的直接管制有本质的区别，是利用间接的手段如公开市场操作、调整再贴现率或基准利率等来影响市场利率水平，即所谓"央行调控、市场决定、结构合理、灵活机动"。

2. 关注利率市场化后利率水平的变化

利率市场化之后，利率水平将发生什么样的变化？这是人们普遍关心的一个问题。从国际经验来看，利率市场化后，利率水平上升和下降的情况都出现过。尽管如此，利率水平的变化仍存在着一定的规律性：在资金短缺的发展中国家、垄断性银行体系的国家，利率市场化的结果通常是利率水平的持续上升；而在资金充足的发达国家、竞争性银行体系的国家，利率市场化的结果通常是利率水平呈下降的趋势。

利率市场化后，中国利率水平是上升还是下降，最终取决于市场资金的供求状况：资金供大于求，利率水平下降；资金求过于供，利率水平上升。中国属于资金短缺的发展中国家，银行业处于高度垄断状况，特别是目前中国四大国有独资商业银行拥有70%左右的存贷款市场份额，因此，有些学者认为，在这种寡头垄断的市场结构中，利率市场化后，大银行之间容易达成共谋，形成垄断性的高利率，将导致利率水平呈上升的趋势。这种担忧有一定的道理，但是如果进一步深入分析，我们可以发现，中国在利率市场化后利率水平并不一定是上升的趋势。

第一，虽然中国属于资金短缺的发展中国家，但多年来中国一直保持着比较高的储蓄率，储蓄存款余额近10万亿元人民币，❶中国资金短缺问题并没有像其他发展中国家那样严重。

第二，中国目前物价水平仍在低位徘徊，通货紧缩和投资需求

第十一章　中国的货币政策及其协调

❶　中国人民银行公布，2003年1月末，中国城乡居民本外币储蓄存款余额为9.81万亿元，参见《金融时报》，2003年2月18日。

不足问题尚未解决，这种宏观经济环境决定了推进利率市场化改革不会出现利率水平升高的情况。

第三，中国企业对于利率的敏感性较低，即使出现利率升高也不会造成企业投资的大幅度减少。

第四，尽管中国银行业处于高度垄断状态，但四大银行都拥有实行庞大的分支机构体系，大银行之间处于激烈竞争的状态，所以利率市场化后，利率水平不会长时间显著升高。

第五，中国已于 2000 年建立了银行业的自律组织——中国银行业协会，首批会员有 22 家银行。该协会依据有关法规制定银行业同业公约和自律规则，以加强行业自律管理和规范行业经营行为。在利率市场化过程中，银行业协会对于防止各家银行恶性竞争导致利率异常攀升将会发挥重要作用。

3. 利率市场化与银行倒闭的风险

从国际经验来看，的确有一些国家在利率市场化后出现了银行倒闭增加的情况。例如美国的情况最为典型，美国从 1982 年开始到 1986 年 3 月，大约用了 5 年的时间完成了利率市场化，在这一过程中及其之后，美国遇到的最严重的问题是银行倒闭数量的增加。在利率市场化的初期，美国每年倒闭的银行家数达两位数，1985 年达到了三位数，此后则急剧增加，1987—1991 年每年平均倒闭 200家，最多的一年竟然有 250 家银行倒闭。在这些倒闭的银行中绝大部分是小银行。从中国的情况来看，近年来一些中小商业银行经营出现了困难、风险较大，利率市场化后，如果不能建立有序的竞争秩序和相应的存款保险体系，不能改善经营管理水平，那么毫无疑问，商业银行尤其是中小商业银行亏损倒闭的风险将会增加。

为了防范利率市场化后中国银行倒闭的风险，需要及早采取一些预防性措施，例如建立存款保险体系；充分发挥银行业协会自律性组织的作用来保证有序竞争；严格执行国家已经颁布的限制不正当竞争的法律来约束商业银行的经营行为；在利率市场化过程中为防止利率失控，还应在一定时期内进行必要的利率管制，如对贷款利率设定下限、对存款利率设定上限等。

4. 利率市场化改革的影响

（1）利率市场化对企业的影响。利率市场化对不同的企业产生的影响不尽相同。对优质企业来说，由于是各家商业银行争夺的焦点，对其的贷款利率有下降的可能；利率市场化后，银行可以通过差别利率来区别不同的客户，从而使过去难以获得贷款的较差的一些企业或中小企业有可能得到资金的支持；利率市场化后，民营企业有可能通过正规渠道获得贷款，这将在一定程度上制约高利贷的民间或地下借贷市场的发展。总之，利率市场化有利于企业的发展。

（2）利率市场化对银行业的影响。利率市场化对于促进中国银行业的改革与发展将产生重要的影响：首先，有利于落实商业银行业务经营的自主权，真正做到商业银行法规定的"商业银行以效益性、安全性、流动性为经营原则，实行自主经营、自担风险、自负盈亏、自我约束。商业银行依法开展业务，不受任何单位和个人的干涉"。其次，促进金融市场的完善与发展，有利于为商业银行提供更加规范的经营环境。再次，有利于商业银行推出新的金融工具、产品和服务，促进商业银行业务的发展。最后，有利于商业银行科学确定经营成本和制定价格、合理配置资金资源，提高效益。

（3）利率市场化对个人的影响。利率市场化将极大地促进包括商业银行在内的金融机构的改革与发展，这是因为利率市场化对商业银行提出了更高的要求。例如要求其建立完善的风险管理机制和信贷管理机制，要求采用更多的科技手段和金融创新，要求更进一步提高服务质量。随着金融创新特别是金融工具创新的不断增加，更多的金融产品和服务的推出，老百姓可以有更多的选择。毫无疑问，这种状况必将使广大的老百姓从中得到更多的实惠。

（4）利率市场化对证券市场的影响。利率市场化对证券市场的影响主要表现在以下几个方面。

首先，利率市场化后，利率的变化将会对证券市场特别是股票市场的股价产生重要的影响。如果利率上升，则意味着股价下跌，从而影响上市公司和投资者的利益；相反，如果利率下降，则意味着股价上涨，从而使上市公司和投资者从中受益。

其次，利率市场化后，将会促进债券市场的迅速发展。一是促进债券市场上的金融创新。过去国库券或企业债券的价格一般都是根据期限不同而不同，在利率市场化之后，证券公司不仅可以根据国库券或企业债券的期限不同确定不同的价格，而且也可以根据国库券或企业债券的金额不同把价格分成不同的档次。二是债券定价更趋向合理化。由于中国债券市场流动性不足，债券与银行存款相比优势并不明显，证券市场存在获取暴利的较大空间，缺乏一个权威的定价公式。利率市场化后，一些制约债券市场的因素将不复存在，利率市场化会促进信用制度的发展，债券发行规模扩大，较大的发行规模会提高债券市场的流动性，有利于用国际通用的资本资产定价公式为债券定价。

最后，促进价值投资理念的形成。价值投资理念的内核是高风险高收益、低风险低收益，没有风险就只能获得无风险利率的收益率。在管制利率体制下，由于风险和收益率不对称，利率和风险几乎没有必然的联系，从而严重阻碍了价值投资理念的形成。利率市场化后，必然要求收益率与风险相匹配，在证券市场上，不同证券的风险与收益率不同，人们只能获取高风险下的高收益，而难以获取无风险或低风险的高收益。注重价值投资理念，使证券市场中获取暴利的空间大大缩小，这种状况将使投机更为困难，价值投资理念将逐渐成为证券市场的主流。

（5）利率市场化对人民币汇率的影响。利率和汇率都是宏观经济调控和促进内外部经济均衡的重要经济杠杆，利率的市场化只有与汇率形成机制的市场化密切配合，才有可能充分发挥宏观调控的作用。当前中国人民币汇率形成机制尚未完全市场化，人民币汇率主要是在银行间外汇市场上形成，外汇市场供求关系是决定人民币汇率的基础，但中国的银行间外汇市场仍是一个封闭型的外汇头

中国金融安全论

寸市场，有一部分外汇供求关系还不能在外汇市场上实现。另外，中国还存在资本项目的外汇管理。在这种情况下，人民币利率与汇率无法通过市场机制建立直接的必然联系，利率变化对汇率的影响只能通过商品市场来传导，也就是说，利率变化对汇率的影响更多的是通过宏观经济调控的作用以及对投资者心理预期的影响而间接实现的。因此，从当前来看，利率市场化对人民币汇率的影响不是很大；从长远来看，利率市场化有利于促进人民币汇率形成机制的市场化。

五、人民币利率政策的调整

实际上，利率市场化与利率政策的调整是两个不同的概念。利率市场化是指由市场来决定利率的水平，而利率政策则是指中央银行根据货币政策目标和宏观经济调控的需要，所制定的调整利率水平和利率结构的政策、措施。利率政策主要包括本币利率政策和外币利率政策两部分。利率政策调整的主要内容包括：金融机构存贷款利率水平、基准利率水平、优惠利率与差别利率水平，以及浮动利率政策等。

从中国的情况来看，货币政策的调整空间已经十分狭小，这是由于目前中国利率水平已降低到自改革开放以来的最低点，也是中华人民共和国成立以来的最低点，而且也低于国际金融市场上的主要货币的利率。中国不可能将利率调低到零或者零以下，如果是这样，就有可能陷入流动性陷阱。

传统的经济学理论对流动性陷阱的解释为：利率的下降是有一定限度的，当货币供应量增加使利率下降到一个临界水平时，例如利率接近于零时，货币需求趋于无穷大，继续增加的货币量几乎全部被社会以现金或储蓄的形式所吸收，尽管名义利率已经降得很低，但仍然达不到刺激投资和消费所要求的实际利率水平，中央银行无论如何扩张其货币供应量，都是无效的。美国经济学家克鲁格曼把流动性陷阱定义为：当一个经济出现总需求连续下降时，即使名义利率已经降低为零，总需求仍然小于生产能力的状况，那么就可以认为这个经济陷入了流动性陷阱。

从中国现阶段的情况来看，受多种因素的制约，利率进一步下调的空间已十分有限。

第一，国内市场的承受力有限。经过8次降低存款利息和存款利息税的征收，市场的承受能力已接近极限。

第二，造成资金的无效运用和浪费。利率是资金的价格，在管制利率条件下，利率水平不能准确地反映市场的资金供求状况，甚至存在管制利率低于市场均衡利率水平的情况，这必然导致国有企业在资金运用中过度借贷，并形成资金的无效运用甚至浪费。当前中国一些地区之所以非法集资问题屡禁不止，与利息水平过低以及较高收益的吸引有密切的关系。

第三，导致企业形成依赖和投机心理。单纯靠降息使国有企业在一定程度上形成了对降息的依赖和投机心理。长期以来，中国每当企业出现困难时总是采取降息的政策。尽管利息降低减轻了企业的债务负担，但却造成了恶性循环，即企业的困难伴随着利息下降而增加。国有企业经营困难是多种原因造成的，根本的出路在于建立现代企业制度，提高运营效率，降低利息发挥的作用极其有限。

第四，国际收支平衡和人民币汇率稳定面临压力。如果利率进一步下调，人民币利率与美元、欧元等货币利差的扩大，增加了国内利率水平与国外利率水平的差异。这种状况可能导致经济主体不断进行货币转换，引发资金外逃、促使外贸企业提前付款和推迟结汇等，从而对国际收支和人民币汇率产生不利影响。

如果在这种情况下调整利率，就会扭曲利率信号。而扭曲的利率信号对经济活动将会产生一系列的负面影响，扭曲的利率结构导致企业盈利状况失真，外币与本币之间的利差过大会产生寻租行为、滋生腐败、黑市交易等。不合理的利差持续时间越长，产生的副作用就越大。

中国利率政策的调整必须根据货币政策的要求来进行，需要考虑国内宏观经济环境和国际经济环境，特别是西方主要国家的经济走势、货币汇率的变动情况，以及一些不确定因素，因此，货币政策的调整应更灵活、更及时，使有限的调控力度用到"刀刃"上。从外币利率政策来看，仍需按照现行的外币利率调控原则，关注国际市场利率变化，服从于宏观经济增长的需要，进行灵活调整；从本币利率政策来看，由于现行存款利率水平处于历史最低水平，低物价水平和扣除利息税的实际利率水平非常有限，因此调整人民币利率政策的空间很有限。调整利率必须既有前瞻性，还必须具有及时性，以求调整效应最大化，防止有限的调整空间被浪费。

第十一章　中国的货币政策及其协调

第十二章 中国的资本项目开放

第一节 金融开放与资本项目开放

一、金融开放的进程

2001 年 12 月，随着正式加入世界贸易组织，与国民经济的其他产业部门一样，中国金融业也进入了一个新的改革与发展阶段。自 20 世纪 70 年代末以来，中国金融的改革开放进程大致可分为三个阶段。所谓"大致"，是指这种划分仅考虑一些重要的标志性政策调整，因此，并不完全严格。例如，从资本项目开放来说，20 世纪 70 年代末，中国改革开放伊始就实行了引进外资政策，而准许外资直接投资应当属资本项目开放的范畴。由于实践是丰富多彩、错综复杂的，在理论上很难予以完整概括，所以，将中国金融改革开放进程划分为若干个阶段，仅具有描述性意义，以便于把握分析，而并不具有界定性意义。

1. 第一阶段：20 世纪 70 年代末至 1996 年

20 世纪 70 年代末至 1996 年，这是中国金融体系初步形成并逐步按照市场经济的要求实行改革开放的阶段。在这一阶段，中国不仅初步形成了由银行业、证券业、信托业、保险业及其他金融产业构成的门类比较齐全的金融机构体系，形成了由同业拆借市场、票据贴现市场、国债回购市场、外汇交易市场、国债市场、企业债券市场、股票市场、基金证券市场及其他金融市场构成的金融工具、金融市场较为充分的金融市场体系，而且形成了由金融法律法规、金融监管部门、金融自律机构及其他金融执法机构构成的基本覆盖金融活动各方面的金融法制和金融监管体系。在这个过程中，外资商业银行分支机构、外资保险公司分支机构、外资投资银行分支机构等在中国境内的业务种类和业务量明显增加。

2. 第二阶段：1996—2001 年

这一阶段是中国金融加快改革开放步伐的阶段。1996 年 12 月，中国正式接受《国际货币基金协定》第八条规定，取消所有经常项目下汇兑限制，实现了人民币经常项目下完全可兑换，确立了"人民币经常项目可兑换，资本项目外汇实行管制"的外汇管理框架。这标志着，在与国际金融市场接轨、融入金融全球化的进程中，中国金融迈出了新的具有决定性意义的一大步。在此背景下，中国加快了中资金融机构和金融市场的市场化改革进程，其中包括：

（1）确立商业银行的总分行体制、发展城市商业银行、整顿城乡信用社等，用以完善存贷款金融机构系统。

（2）改革证券公司的产权结构、调整证券经营机构、规范综合类证券公司与经纪类证券公司的业务界定、发展证券投资基金等，用以完善证券经营机构系统。

（3）分立人寿保险、财产保险和再保险的经营机构，加快中资和中外合资保险公司的发展等，用以完善保险经营机构系统。

（4）整顿和重组信托投资公司、明确信托投资公司业务边界等，用以完善信托经营机构系统。在这个过程中，对应完善和发展了相关金融市场和金融工具。

与此同时，进一步完善了经常项目开放后的外汇管理体系，其中包括实行了人民币汇率有管理的浮动、经常项目下外汇收入的银行结汇、进出口收付汇核销、国际收支统计申报等一系列适应中国市场经济的外汇管理制度，取消了经常项目下外汇支付的限制，进一步完善了全国统一的银行间外汇市场。

3. 正在进行的第三阶段：2001 年 12 月之后

这一阶段是根据加入世界贸易组织承诺开放中国金融服务业的

阶段。加入世界贸易组织，中国在金融服务业开放方面做出了一系列重要的承诺，主要包括在金融业监管中改变中资金融机构与外资金融机构的差别政策，实行平等的国民待遇；在加入世贸组织后5年左右时间内，在银行业、保险业等金融产业中逐步开放人民币本币业务，使中资商业银行与外资商业银行、中资保险公司与外资保险公司在中国境内的金融业务方面处于平等竞争地位；外资投资参股中资商业银行、保险公司和证券经营机构等所占股权比重可分别达到20%~30%。

4. 尚未进行的第四阶段：开放资本项目之后

当前，尽管中国的金融改革开放尚处于第三阶段过程中，但国内外有关各方均对中国何时采取何种步骤开放资本项目的问题高度重视。究其直接原因，不仅在于开放资本项目将是中国金融对外开放的第四阶段，由此，分析和探讨从加入世界贸易组织到资本项目开放这一进程中可能发生的各种新情况（包括制度调整、政策变动、改革深化、经济发展、市场成长等）对中国国内外各方都至关重要，而且在于如何适时适度地开放资本项目对中资金融机构和外资金融机构均有着直接和长远的利益影响。在条件尚未成熟时，开放资本项目可能使中资金融机构在国际市场竞争中处于不利地位，引致中国境内的国民财富流失，反之，则可能严重限制中资金融机构的发展和国际竞争力的提高。

开放资本项目已是大势所趋，但何谓开放资本项目，为什么要开放资本项目，开放资本项目的基点是什么，在现今中国境内条件下开放资本项目主要包括哪些内容，应选择哪些步骤等都是有待进一步深入探讨的问题。这些问题不解决，开放资本项目只能是一句空话。

二、资本项目的内涵

1. 资本项目内涵的演变

资本项目又称资本账户，属国际收支账户范畴。按照1993年以前国际货币基金组织《国际收支手册》的分类，国际收支账户的两个基本大类名称为"经常账户"和"资本账户"；1993年，国际货币基金组织在《国际收支手册》第五版中将"资本账户"进一步细化为"资本与金融账户"。其中：资本账户包括资本转移，债务减免，移民转移，非生产、非金融资产（如专利、版权等无形资产）的收买或放弃等内容；金融账户则包括各类投资方式，主要有直接投资、证券投资和其他投资（如贸易信贷，各种贷款、货币和存款等）。

在第二次世界大战之后的几十年的经济发展进程中，"资本账户"一词已为国际金融界广泛接受，在1993年以后，除在一些特别正式的场合需要准确地使用"资本与金融账户"一词外，在绝大多数场合，人们用"资本账户"一词来表述"资本与金融账户"的内容，并且在一般情况下不会发生异议。中国最初在引进账户（account）这一概念时，将"account"译为"项目"，尽管这种译法不准确，但已约定俗成。为此，我们在本书中，仍使用"项目"来表述，例如用"资本项目"表示"资本账户"或"资本与金融账户"。

2. 资本项目开放内涵辨析

迄今为止，对于"资本项目开放"的含义，国内外有着各种不同的认识和界定，但尚未有一个清晰且获得多数人一致同意的定义。我们认为，可以从三个方面来把握资本项目开放（及其与资本项目可兑换）的内涵。

第一，资本项目开放主要是指放松或取消对国际收支账户中的"资本与金融账户"项下各子账户的管制，其中包括放松或取消对跨境资本转移、直接投资、证券投资及其他投资等的管制。因此，开放资本项目绝不仅仅意味着放松或取消对跨境证券投资、资本交易的管制。从中国实践情况来看，自20世纪70年代末开始实施引进外资政策开始，资本项目实际上就已处于逐步放松管制的过程中，有鉴于此，目前所强调的开放资本项目，从严格意义上说是指放松或取消资本项目项下尚未放松或取消管制的子项。

第二，"资本项目开放"与"资本项目可兑换"是不同的概念。资本项目开放主要强调资本交易的放开，并不一定要求资本项目下的汇兑自由。在资本跨境运作中，与资本交易相关的外汇管制主要表现在两个方面：一是对本外币兑换的管制，二是对资本跨境流动的管制。所谓资本项目不可兑换，通常指的是一国货币当局同时在这两个方面进行管制。虽然，随着资本项目开放的扩大和深入，跨境资本交易对实现资本项目可兑换的要求将不断提高，同时，对跨境资本流动的监管难度也将加大，从而最终将导致资本项目完全可兑换，但是在实践中，资本项目开放与资本项目可兑换依然是两个既相互关联又有着明显区别的范畴；从政策调整来说，资本项目的开放与资本项目的可兑换是两个可以分阶段操作的步骤。因此，不能认为只要实现了资本项目开放就同时实现了资本项目的可兑换。

需要指出的是，既然"资本项目开放"与"资本项目可兑换"不是等值的概念，而"资本项目可兑换"又不等于"货币完全可兑换"，那么，"资本项目开放"与"货币完全可兑换"就更不是等值概念，因此，不可相互替代。"资本项目可兑换"与"货币完全可兑换"的主要区别在于"可兑换"的深度有着明显差别，例如，"资本项目可兑换"只是允许居民有实际交易背景的外汇汇兑与汇出，但允许保留货币当局对交易的真实性审核；而"货币完全可兑换"则允许居民在从事外汇汇兑和汇出活动时，不必有任何的实际交易背景。

第三，资本项目开放在国际社会中是一个相对概念。从世界各国（包括发达国家）的资本项目开放和汇兑安排实践中可以看到：世界上既没有绝对的开放，也没有绝对的管制。在放松或取消资本项目中一些主要子项管制的条件下，一国货币当局依然可以对资本项目中另一些子项实施管制；在国内外条件发生变化的情况下，一国货币当局也可以对已取消管制的资本项目子项再度实行管制，因此，在资本项目开放的条件下（或资本项目开放以后），一国货币当局仍然可以维持对部分资本项目子项的管制。值得强调的是，迄今在国际社会中，尚无一个国家真正实现了资本项目的完全开放。例如，美国是公认的资本项目自由化程度最高的国家之一，但是，按照国际货币基金组织的界定，美国仍然存在一些限制条款，其中包括对外国共同基金在境内出售和发行股票等存在一定限制；对非居民购买证券存在一定的行业限制；对居民对外直接投资则存在国别限制等。因此，所谓资本项目开放，不是指资本项下任何子项都不受限制的完全开放，而是指资本项目的基本开放，即大部分或绝大部分子项已充分开放而少部分或个别子项依然有所管制的状态；另外，所谓资本项目开放，不是指资本项目只能对外开放不能再依据条件变化再度对某些子项实行管制，而是指资本项目的总走向是对外开放但也可根据具体情况的变化对某些子项有开有收。总之，对"开放资本项目"不应做绝对化的理解。

第二节　推进资本项目开放的动因

纵观国际社会，推进资本项目开放的动因，因各国（和地区）的具体情况不同而差异甚大，也因各国（和地区）的立场、取向等不同而不同。

一、各国推进资本项目开放的动因

1. 发展中国家推进资本项目开放的动因

对广大发展中国家来说，实现资本项目开放最重要的原因，不外乎以下两个方面。

首先，为了鼓励外资流入，以利于克服它们在发展过程中长期且普遍遇到的储蓄和外汇不足的"双缺口"困难，进而促进本国（和地区）经济增长。

其次，通过准许外国（尤其是发达国家）直接投资的自由进入，引入国际性竞争机制，以完善东道国的市场功能，提高东道国金融服务的效率，同时，通过技术、管理等方面的扩散，提高东道国的技术水平和管理水平。

2. 发达国家推进资本项目开放的动因

（1）从发达国家自身来看，发达国家之所以强调发展中国家应开放资本项目，其中最重要的原因体现在以下几个方面。

首先，为了更便利地获得发展中国家的市场份额，提高母国金融机构为其在他国的工商企业或投资的金融服务质量。

其次，通过资本自由流动来影响甚至制约发展中国家的金融市场走势引致影响或制约其他市场的态势，获得超过正常水平的收益。

最后，还可能包含有某些非经济意图。

美国等发达国家不遗余力地鼓吹资本项目开放的主要原因在于，这些发达国家在金融产品和金融服务等方面居于全球优势地位，同时又掌握着全球绝大部分的金融资源，一旦发展中国家开放资本项目，这些金融强势国家的金融机构势必将从这些资本项目开放中获得更多的利益。

（2）从全球范围来看，主张实现资本项目开放的重要意图在于以下几个方面。

首先，通过资本跨国界自由流动，提高资源在全球范围内的配置效率，从而增进全球的经济福利。

其次，促进发展中国家的居民进入国际市场进行资产组合与管理，分散内外部冲击的风险，提高其收入和财富的稳定性，分享高增长市场的经济的利益。

最后，通过发达国家资本流动对发展中国家经济的巨大影响力来形成发达国家对全球经济及金融的主导作用，甚至形成"贫富"两极差距进一步扩大的全球经济及金融架构和趋势。

显然，不能认为一切主张开放资本项目的动因都是有利于发达国家经济社会发展的，也不能认为一切有利于资本项目开放的政策和步骤都是有利于发展中国家金融发展的。

二、中国推进资本项目开放的主要动因

从中国来看，重视并积极创造条件来推进资本项目开放的主要动因包括以下几个方面。

1. 深化金融改革

中国的金融改革是一个渐进式过程。在金融经营机构主要采取国有制（或国有机制）、金融市场主要由政府行政管制的条件下，推进金融改革的直接动力与其说是各种金融经营机构不如说是政府部门。20世纪90年代以来，虽然随着金融业对外开放的展开，金融改革的步伐明显加快；虽然加入世界贸易组织以后，金融改革的深化程度将明显提高，但是，这些改革均可以在基本不改变中国金融体系的制度基础的条件下展开。例如，在加入世界贸易组织以后，只要对外资（或中外合资）金融机构的行政管制与对中资金融机构的行政管制相一致，就属实行国民待遇范畴。

要切实深化金融改革，就不仅要重视解决"引进来"的问题，更重要的是从金融制度基础上解决好"走出去"的问题；而要建立"走出去"的金融制度基础，仅在现有的金融制度基础上通过"引进来"是难以达到的。为此，需要有外部的更加有力的推动和压力，这就是"开放资本项目"。其内在机理是：在资本项目开放的条件下，如果依然固守以国有制（或国有机制）为主导、以行政管制为主要方式的金融制度，不仅将难以有效遏止境内资本的大量外逃趋势，而且将难以有效提高中资金融机构在国际金融市场中的综合竞争力和中国金融的国际地位，更重要的还在于，难以有效调控汇率波动、防范由巨额资本跨境流动带来的风险、防止国民财富的大量流失、保障中国的金融安全。因此，从深化金融改革出发来研究"资本项目开放"，实际上强调的是，将中国的金融改革引向制度深处——改革以国有制（或国有机制）为主导、以行政管制为主

要方式的金融制度，建立以民营产权（或民营机制）为主导、以市场监管为主要内容的金融制度，真正实现金融体系和金融运行机制的国际接轨。

2. 完善金融监管体系

1996年实现了经常项目开放以后，中国继续对资本项目实施管制的成本越来越大。其内在机理是，一国放开了对经常项目的管制之后，其对资本项目的管制在一定程度上会失效。如果勉强继续实施严格的资本项目管制政策，其管制成本将逐渐提高，其中，区分经常项目交易和资本项目交易的工作量将呈上升之势，实施管制的行政成本将逐日增大，同时，也将造成国际收支政策方面的一系列不协调和对外经济活动方面的一系列困难。由此，为了降低管制成本，协调内外经济政策，推进"走出去"战略的实施，完善金融监管体系和提高监管能力，有必要逐步实现资本项目开放。

3. 融入金融全球化

在经济全球化的背景下，金融全球化已是一个不可回避的趋势。由于相对于实体经济而言，金融活动具有金额巨大、流速快捷、瞬息万变、效应严重等一系列特点，受时空限制相对较小，所以，金融全球化比实体经济面的全球化覆盖面更广、深化度更强、效应力更大。鉴于经常项目开放、加入世界贸易组织等不解决资本的跨境自由流动问题，其对中国金融融入国际金融市场的影响力相当有限，因此，如果中国金融的对外开放程度停留于现状，则不仅国际资本和国际金融市场对中国经济发展的影响力度将受到明显限制，而且中国资本和金融运作进入国际金融市场的程度也将受到明显限制。第二次世界大战以后，资本的国际流动成为带动国际经贸扩展的重要机制，金融活动的广度和深度严重影响着实体经济部门在国际市场竞争中的金融支持力度，由此，在资本项目开放尚未对外开放的条件下，中国的国际投资、经贸活动及其他经济活动都难以充分得到中资金融机构提供的金融服务支持，从而使这些实体经济部门在国际舞台上施展其影响力的前景受到制约。为了有效发挥

中国金融安全论

中国经济在国际社会中的影响力度，快速提高中国经济在国际市场中的地位，开放资本项目势在必行。

4. 加快经济发展步伐

在经济全球化的背景下，资源的有效配置已突破一国边界的限制，与此对应，实现资源在全球背景下的有效配置成为保障一国经济持续发展的重要机制。20 世纪 80 年代以来，中国经济的长期高速发展实际上是在境内资源和境外资源的共同推进下取得的；进入 21 世纪以后，中国经济要继续保持稳步高速的发展趋势，客观上需要有持续不断且日益增强的这两方面资源的供给。在资本项目尚未开放的条件下，境外资本进入中国从事投资、金融活动等必然受到行政管制的严重限制，境内资本也很难通过从事国际投资和金融活动来引导或沟通国际资源在中国境内的有效配置，由此，在经济全球化背景下，中国要通过国际资源在境内的有效配置在较短时间内缩小与发达国家的经济差距，有着相当大的难度。

第十二章 中国的资本项目开放

值得注意的是，在推进中国经济发展的背景下，境外资本进入中国的主要意图在于，通过"占领"中国市场、发掘市场潜力来获取较高的投资收益。为了能够较为顺畅地实现这些意图，避免由资本项目管制所引致的各种限制，它们积极主张中国加速开放资本项目的进程。不论境外资本的意图如何，只要它们真实地加入到中国经济的运行过程中，就将有利于推进国际资源在中国的有效配置，有利于促进中国经济的持续发展。境内资本强调开放资本项目的主要意图在于，能够顺畅地实现资本的跨境流动，从而有效把握国际市场提供的各种投资机会和商业机会。这种资本流动，在短期内就直接计算而言，可能减少境内资本数量，从而对中国经济发展有着一些不利影响，但这些出境资本就总体而言最终将回归母国，更何况，与其他国家和地区相比，中国有着无数的投资空间和巨大的市场发展潜力，能够为出境资本的回流提供足够的投资机会和商业机会，因此，在资本项目开放条件下，境内资本的国际流动，从长期和整体上而言，是有利于支持中国经济的可持续发展的。

5. 资本项目开放的实质性意义

对中国的经济金融发展和安全来说，与经常项目开放、加入世界贸易组织等相比，资本项目开放更具实质性意义；对中国金融融入金融全球化过程来说，资本项目开放也是具有根本性意义的步骤。为此，深入探讨资本项目开放对中国金融改革和金融发展的各方面影响至关重要。

2002年10月11日，中国领导人在"东盟与中日韩（10+3）短期资本流动管理和资本项目开放高级研讨会"上深刻指出："资本有序的跨国流动，是现代经济发展的客观要求。发达国家有较多的资本、先进的技术和现代企业管理经验，发展中国家有工资成本较低的劳动力和价格低廉的自然资源。国际资本流动，可以改善资源的有效配置，提高资源的使用效率，促进全球经济增长。但是，国际资本的流动，也会产生一定的负面影响，尤其是短期资本大量无序流动，加剧了金融市场的波动，甚至危及一个国家或地区的经济和金融稳定，引发政治和社会动荡。因此，在经济和金融全球化发展的形势下，加强和改善对短期资本流动的管理，稳步推进资本项目开放，有效防御国际资本对本国金融市场的冲击，维护经济和金融稳定，是我们共同面临的一个重大课题。"❶

第三节　金融安全：开放资本项目的政策基本点

一、开放资本项目需持认真而慎重的态度

开放资本项目，是一国从封闭型经济转变为开放型经济的决定性步骤。资本项目的完全开放，既标志着该国的经济金融已完全融

---

❶　引自《中国证券报》2002年10月12日。

入国际社会，实现了彻底地与国际接轨，也意味着该国经济和金融运行机制与运行格局要再退回到资本项目开放前的状态已极为困难了。因此，对任何国家（或地区）来说，是否开放资本项目都是一项重大的具有深远影响的经济决策（在某些场合，甚至是一项重大的政治决策）。考虑到下述两方面情况，对中国来说，开放资本项目更需持认真而慎重的态度。

其一，不论是国际货币基金组织（或国际货币基金协定），还是加入世界贸易组织均没有关于开放资本项目的强制性条款或承诺要求，因此，是否、何时、如何开放资本项目完全属中国自主决策的事项，中国有着充分的选择权。

其二，在发达国家历史上，普遍开放资本项目也是 20 世纪 80 年代以后的事，绝大多数新兴工业国家也只是在进入 20 世纪 90 年代以后才开放资本项目的。这意味着，对中国来说，完全不必在条件尚未有效形成时匆忙开放资本项目。更不用说，一些新兴工业国家或发展中国家因过于简单地开放资本项目，无力防范国际资本流动给国内经济金融带来的严重冲击而使经济金融陷入危机困境，给我们留下了深刻的教训。鉴此，中国不应急于求成。

二、对开放资本项目一些观点的评析

1. 需要避免的三种错误倾向

既然开放资本项目属中国自主选择的政策，那么，中国就可充分审时度势、权衡利弊地做出抉择。在这个过程中，有一个基本点是必须始终坚持的，即必须有利于增强中国主权经济（包括主权金融）的发展、维护中国经济金融安全。鉴此，以下三种倾向应予以避免：

一是为"开放"资本项目而开放资本项目，即以"开放"资本项目本身为实施这一政策的目的。

二是为了获得或创造"开放"政绩而开放资本项目，即将开放资本项目当作一项实现政绩的形象工程。

三是开放资本项目的目的在于迎合境外投资者要求，忽视中国的主权利益要求和条件状况。

2. 评资本无国界与资本项目开放

一些人认为，在金融全球化的背景下，资本是无国界的，通过国际金融市场的功能发挥，任一国家的资本都可以流入另一国家，并快速地从这一国家再流入其他国家，由此，运用资本项目不开放的管制机制来阻止资本流动，既缺乏实际意义，又不利于中国经济融入国际社会。

无须讳言，资本在国际流动中的确呈现出一种无国界的现象，但是，金融是有国界的。各国具体的金融制度、金融市场、金融机构、金融工具等均有着明显差别，这不仅突出地反映了各国金融服务于经济社会的具体特点和服务于经济发展的具体要求，而且明显地反映着各国的金融主权要求以及与这种主权要求相一致的制度要求。就直接关系来说，开放资本项目涉及的并不只是资本的国际流动问题，也不只是中国金融市场、金融机构、金融工具、金融监管及中国金融体系其他方面的实质性调整，更重要的还在于中国金融制度体系的实质性调整。这种调整不仅将涉及金融活动的方方面面，而且将影响到经济社会生活的各个方面。因此，中国不应当也不可能仅从资本的无国界本性出发来考虑资本项目开放问题，而只能从中国金融的主权利益来权衡开放资本项目的各种政策、各种选择的利弊关系。

3. 评市场和市场竞争无国界与资本项目开放

一些人强调，在加入世界贸易组织以后，市场和市场竞争是无国界的。在这种背景下，继续对资本项目实行管制，只能限制国际竞争的有效展开，既不利于国际资源自由流入中国及在中国的有效配置，也不利于中国厂商、金融机构和资本自由进入境外市场从而提高在境外市场参与国际竞争的能力。

的确，在加入世界贸易组织以后，中国的商品市场、技术市场、劳动力市场、信息市场、企业家市场等呈现出一种无国界化趋

中国金融安全论

势，金融市场也将在相当大的程度上逐步实现国际化，因此，"市场和市场竞争是无国界的"是一个有意义的命题，但是，具体的市场制度、主体企业（包括厂商、金融机构等）、基本消费者、基本就业者等是有国界的。中国作为世界上最大的发展中国家，不可能将国民经济的运行和发展建立在任凭国际流动资本随意冲击的基础上，而中国作为一个有着13亿人口的国家，也不可能将经济生活秩序的稳定建立在由他国厂商控制乃至垄断中国市场的基础上，因此，中国必须从中资经济发展、国计民安、主权安全等角度来权衡市场开放、产业准入等诸多问题，也必然要从这些角度出发来考虑资本项目开放的步速。

毋庸赘述，中国作为一个发展中国家，在经济社会的许多方面明显落后于发达国家。在这种背景下，若不审时度势，根据主权要求和具体条件来适时有序地逐步实现资本项目的开放，而一味简单地追求资本项目早日开放，其结果势必造成国民财富的严重流失和经济运行秩序的混乱，这不仅不利于经济安全、金融安全，而且将严重影响政治安全。总之，是否、何时、如何开放资本项目，应充分考虑中国主权经济的内在要求，应从有利于中国主权经济安全、主权经济的稳步发展这一基本点出发，并以此为基本原则。

第四节　中国资本项目开放的实践

一、中国的资本项目管制状况

要实现资本项目开放，必须了解和掌握中国的资本项目管制状况。从表12.1中我们可以得到两个十分重要的信息。

其一，中国的资本项目开放程度明显高于人们的想象。从表12.1中可以看出，与发达国家相比，中国的资本项目似乎处于一种比较严格的管制状态。例如，在"资本项目交易"名下所列的13个子项目中，中国占了 12 个，而美国仅占 4 个，英国、法国、德国和日本分别只占 2、4、1、3 个。但如果不是停留于现象形态，而是从实践的具体情况来看，则中国的资本项目开放程度明显高于表 12.1 反映的情况。

表 12.1　国际货币基金组织成员经常项目和资本交易监管框架概要

项目 ＼ 国别	该类国家数量	中国	美国	英国	法国	德国	日本
第八条（经常项目开放）	150	●	●	●	●	●	●
资本项目交易							
对资本市场证券交易的管制	133	●	●				
对货币市场工具的管制	115	●			●		
对集体投资类证券的管制	103	●			●		
对衍生工具和其他交易工具的管制	87	●					
商业信贷	105	●					
金融信贷	112	●					
担保、保证和备用融资工具	88	●					
对直接投资的管制	149	●	●	●	●		●
对直接投资清盘的管制	52						
对不动产交易的管制	134	●					
对个人资本流动的管制	82	●					
专用于商业银行和其他信贷机构的条款	155	●		●			●
专用于机构投资者的条款	82	●			●		

资料来源：根据国际货币基金组织（IMF）《各国汇兑安排与汇兑限制》（中国金融出版社，2000 年 10 月版）中的附录而编制。

其二，全球绝大多数国家都存在着对资本项目实行一定程度的管制。就这 13 个子项来说，在接受《国际货币基金协定》第八条的

中国金融安全论

150 个成员中，大多数国家（或地区）也选择了管制政策。其中，选择"专用于商业银行和其他信贷机构的条款"的国家（或地区）数达到 155 个，超过了接受第八条的国家（或地区）数；"对直接投资的管制"国家（或地区）达到 149 个，包括了美、英、法、日等国，与接受第八条的成员相差无几；在国际货币组织的 185 个成员中，100 个以上的成员选择管制的子项达到 8 项。这些数据表明，对资本项目实行一定程度的管制在全球绝大多数国家中都是存在的。

二、资本项目开放的"紧与松"

1. 中国资本项目开放的"名紧实松"

自 20 世纪 70 年代末以来，随着中国改革开放的深入，资本项目的开放也在逐步展开。从表 12.2 中可见，中国境内的资本项目实行的是一种"名紧实松"的管制，即尽管在名义上对资本项目中的许多子项仍然保持着较为严格的管制，但在实践中，资本项目下的大部分子项目已有一定程度的开放。从"资本项目"下具有分析意义的 28 个子项来看，1999 年❶中国的情况大致有三：

一是管制较严的子项 5 个，占 17.86%；一方面主要是对外直接投资项下的流出、居民对外股本证券投资、居民对外发行债券、居民在境外购买债券和居民借用外债等，另一方面是非居民在境内证券市场（除 B 股市场）发行证券和证券交易等。

二是管制较松的子项 11 个，占 39.29%，主要是外商在华直接投资、居民在境外发行股票、居民对外借款的还本、贸易信贷流入等。

---

❶ 由于 2000 年以后公布的"国际收支平衡表"主要科目比较简单，不易反映各个子项状况，所以，我们以 1999 年的"国际收支平衡表"中"资本与金融项目"项下的各个子项为例进行分析，而这种选择并不会影响对中国境内资本项目开放状况的分析质量。

表 12.2　中国资本项目开放现状一览表

（单位：亿美元，%）

子项＼状况	交易环节	汇兑环节管制 状况	强度	流量	占比
资本项目				**0.26**	**0.0**
流出（包括资本转移，如债务减免、移民转移等）	需经有关主管部门批准，不够明确。	只进行真实性审核。	▲	0.26	（比重很小）
流入（外国对我方债务减免等）			▲	0	
金融项目				**1758.9**	**100**
1. 直接投资				**451**	**25.64**
中国在外直接投资				30	1.70
流出	有管制。境内投资者需要到外经贸部及外经贸授权的部门办理境外投资审批。	要求进行境外投资外汇风险审查和外汇资金来源审查，投资资金须登记后才能汇出。	▲▲▲	24	1.36
流入	有管制。境外投资企业变更资本，应事先报经原审批部门批准。	外汇管理局对中国境外投资利润和其他外汇收益汇回进行监督管理，境外企业停业、解散时应将外汇资产调回境内。	▲▲	6	0.34
外国在华直接投资	有管制。			421	23.94

中国金融安全论

子项 \ 状况	交易环节	汇兑环节管制		流量	占比
		状况	强度		
流入	对外商直接投资分鼓励、允许、限制和禁止四类实施产业指导。出于环境和安全考虑，一些行业不允许外国直接投资。所有外商直接投资都须经外经贸部批准。	实行外商投资企业外汇登记制度，资本金结汇须经批准（一般均予批准）。	▲▲	404	22.97
流出	有管制。外商投资的清盘、撤资、转股须经原审批部门事先批准。	外商投资企业清盘、撤资、转股后属于外方投资者的资金，经外汇局审核真实性后可现汇或购汇汇出。	▲	17	0.97
2. 证券投资				**148**	**8.42**
股本证券投资				6	0.34
流入	有管制。				
居民	境内发行体在国外出售或发行股票须经证监会批准。	要求境外发行股票的收入及时调回境内。	▲▲	6	0.34
非居民	允许外国投资者在境内购买 B 股。禁止外国投资者在境内购买 A 股。	无相关规定。	▲	0	0
流出	有管制。			0	0

第十二章 中国的资本项目开放

子项 \ 状况	交易环节	汇兑环节管制 状况	强度	流量	占比
居民	除经批准可以对外借款的金融机构、工商企业或企业集团外，居民不可以自由到境外买卖证券。中国人民银行要对金融机构到境外购买证券进行资格审查。地方政府不得对外举债。	要求境内投资者在境外购买股票或在境内购买外资股，只能用自有外汇，不得购汇。	▲▲▲		（比重很小）
非居民	禁止外国投资者在境内发行股票。外国投资者可以自由出售 B 股。	无相关规定。	▲		
债务证券投资				142	8.08
流入	有管制。			12	0.68
居民	境内机构（财政部除外）对外发债资格，由国家计委会同人民银行和有关主管部门进行评审后报国务院批准；对外发债，经国家计委审核并会签外管局后报国务院审批。地方政府不得对外举债。	对外发债须按规定办理外债登记。在外发行债券所得收入须调回境内。	▲▲▲	12	0.68

子项 \ 状况	交易环节	汇兑环节管制		流量	占比
		状况	强度		
非居民	禁止外国投资者在境内购买债券。	无相关规定。	▲	0	0
流出	有管制。			130	7.39
居民	只有经中国人民银行授权的金融机构可以在境外购买债券。	境内投资者在境外购买债券只能用自有外汇，不得购汇。	▲▲▲		
非居民	禁止外国投资者在境内出售或发行债券。	无相关规定。	▲		
3. 其他投资				**1159.9**	**65.94**
对外借款				349.9	19.9
流入	有管制。			154.9	8.81
居民	允许外商投资企业依法自主对外借款。境内其他机构对外借款，要事先取得借款主体资格，并纳入国家利用外资计划。	借用外债必须登记，本息不得擅自汇出。外债资金除经国务院批准外，一律调回境内。对外借款结汇须经外汇局批准。	▲▲▲		
非居民	非居民对中国居民还贷无限制。	无管制。	▲		
流出				195	11.09

第十二章 中国的资本项目开放

505

子项 \ 状况	交易环节	汇兑环节管制		流量	占比
		状况	强度		
居民	有管制。境内金融机构经批准可以遵照外汇资产负债比例管理规定对外放贷，境内工商企业不可以对外放贷。	境内金融机构向境外放贷事后须向外汇局备案。境内机构还本须首先使用自有外汇，不足部分经批准方可购汇。限制提前购汇还贷。	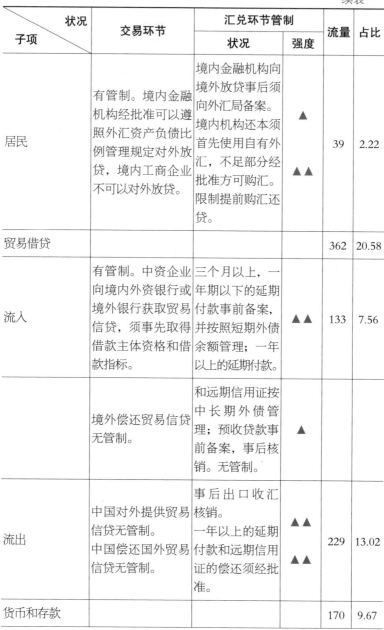▲ ▲▲	39	2.22
贸易借贷				362	20.58
流入	有管制。中资企业一向境内外资银行或境外银行获取贸易信贷，须事先取得借款主体资格和借款指标。	三个月以上，一年期以下的延期付款事前备案，并按照短期外债余额管理；一年以上的延期付款。	▲▲	133	7.56
	境外偿还贸易信贷无管制。	和远期信用证按中长期外债管理；预收贷款事前备案，事后核销。无管制。	▲		
流出	中国对外提供贸易信贷无管制。中国偿还国外贸易信贷无管制。	事后出口收汇核销。一年以上的延期付款和远期信用证的偿还须经批准。	▲▲ ▲▲	229	13.02
货币和存款				170	9.67

子项 \ 状况	交易环节	汇兑环节管制		流量	占比
		状况	强度		
流入				134	7.62
货币	有管制。居民、非居民携带外币现钞入境超过一定金额的需向海关申报。携人民币入境限额为 6000 元。在开放边民互市和小额贸易的地区，携带人民币的限额可根据实际情况并报经人民银行和海关总署批准后实施。	无管制。	▲		
存款	无管制。	无管制。	▲		
流出				36	2.05
货币	有管制。居民、非居民携带外币现钞出境超过一定金额的须向海关申报。携带人民币出境限额为 6000 元。在开放边民互市和小额贸易的地区，携带人民币的限额可根据实际情况确定并报经人民银行和海关总署批准后实施。	出境人员一般不得携带超过等值 1 万美元以上的外币现钞，超过该限额的须经外汇局批准，核发外币现钞携带证。	▲▲		

第十二章 中国的资本项目开放

子项 \ 状况	交易环节	汇兑环节管制		流量	占比
		状况	强度		
存款	有管制。资本项下流出需经有关部门审批。	有账户使用管理。境内机构在境外开立外汇账户需经批准，并按规定使用境内外外汇账户。居民个人资本项下外汇支出无限制。	▲▲		
其他（包括租赁等其他形式的投资）		其中融资租赁属于外债管理。		278	15.81
流入			▲▲	68	3.87
流出			▲▲	210	11.94

注：1. 本表根据 1999 年中国国际收支平衡表计算。

2. 表中▲▲▲代表管制较严，▲▲代表管制较松，▲代表基本无管制。

三是基本没有管制的（包括尚未有管制规定的）子项 12 个，占 42.86%，主要是外商在华直接投资流出、非居民股本证券投资（B 股）的流出入、现钞流入管理等。❶

将表 12.1 与表 12.2 相比不难看出，在现实经济活动中，中国对表 12.1 的 13 个子项中大多数子项都已有明显的放松管制政策。

❶ 2002年10月10日，中国人民银行行长在"东盟与中日韩（10+3）短期资本流动管理和资本项目开放"高级研讨会上指出，"对照国际货币基金组织确定的资本项下43个交易项目，中国完全可兑换和基本可兑换（经登记或核准）的有12项，占28%；有限制的16项，占37%；暂时禁止的有15项，占35%。"参见《中国证券报》，2002年10月12日。

中国金融安全论

其中，资本项下的流出入，除按照国际惯例进行真实性审核外，没有管制；在"直接投资"子项中，除对中资出境投资有较严格的管制外，对外资在华直接投资的管制较为宽松，而外商投资企业清盘、撤资、转股后属于外方投资者的资金，只需经外汇局审核真实性后即可以现汇方式（或购汇后）汇出；在"股本证券投资"子项中，虽然对居民从事境外股票交易有着严格的管制，但对非居民购买 B 股的交易则已完全放松管制，此外，对居民在境外发行股票募集资金的管制也相对较松；在"对外借款"子项中，居民对外借款仍有严格管制，但境内金融机构对外放贷、非居民对中国居民的还贷等则基本无限制；在"贸易借贷"子项中，不论是资金流入还是流出均管制较松；在"货币和存款"子项中，货币的流入和存款没有限制，货币的流出和存款管制较松；在"其他（包括租赁等其他形式的投资）"子项中，对资金流出入的限制都较为宽松。

2. 发达国家资本项目开放的"名松实紧"

与中国的"名紧实松"不同，相当多的发达国家在资本项目开放上实行的是一种"名松实紧"的政策。例如，美国除对古巴、伊朗、朝鲜、伊拉克、利比亚、苏丹、南斯拉夫等列入名单的国家和居民实施冻结账户等管制措施外，在资本项目交易中对有可能使美国经济主权或投资者权益受到影响的一些重要子项也实行了严格管制。在对资本和货币市场工具的管制方面，美国对非居民购买核能、海洋、通信和空运等产业等证券有着严格管制，对外国共同基金（主要是离岸基金）实施管制，以保护美国投资者的权益。在直接投资方面，美国强调"如果外国资本获取控股权会威胁到国家安全，则将被暂停或禁止。涉及银行所有权的投资受到联邦和国家银行法规的约束"，"外国居民或公司投资农用土地超过 10% 或拥有了实质控制股权的，必须向农业部申报，局限于那些受对内投资法限制之外的。美国的一些州对外国人购买其地界内的土地实施不同的限制"。❶因此，资本项目开放的程度，不能简单以文本资料为依据，还需要具体地从实践状况来分析。

3. 中国应对资本项目某些子项继续实行管制

需要强调的是，中国是世界上最大的发展中国家，同时，经济体制又处于从计划经济向市场经济的转轨过程中，在这种背景下，对资本项目中的一些子项继续实行管制的主要目的大体上有两个方面：一是防止中国资本大量外逃，严重影响境内的经济增长和可持续发展；二是防范境外短期资本大量随意流入境内，冲击境内经济和金融的平稳运行。实现这两方面目的，不论对中国来说还是对国际社会来说都是极为重要的。

我们不妨假设，如果中国资金大量外逃，造成国内经济增长和可持续发展陷于严重困难，或者境外短期资本无序地大量流入和流出，严重冲击国内经济和金融的正常运行秩序，或者两者并发，导致国内经济和金融的严重动荡，那么这种状况必然对中国经济和金融的健康发展和社会生活秩序的稳定产生极大的危害，而且也将使国际社会中主张加速本国（或本地）经济发展并以此为基础推进经济全球化的其他国家（和地区）的利益受到损害。因此，中国对资本项目中的一些子项继续实行管制，一方面是由中国现存的各种具体条件所决定的，是一种不得已而为之的选择；另一方面，则是出于维护国际经济金融秩序的稳定与健康发展的考虑，是从维护全球利益角度做出的选择。

三、实施有条件逐步开放资本项目的政策依据

自 20 世纪 90 年代以来，中国资本通过各种途径外逃的现象愈演愈烈，其数额甚至超过了通过合法渠道引入的外资数额；与此同时，外资通过非正规渠道进入中国资本市场的情况也逐渐增多。

---

❶　参见国际货币基金组织：《各国汇兑安排与汇兑限制》，中国金融出版社，2000年版，第892-893页。

国际经验证明，在经济和金融全球化的背景下，对实行开放型经济的国家来说，要实现完全的资本管制，防止任何的资本外逃、外资"热钱"流入，几乎是不可能的。从这个意义上说，资本管制只能在有限的时间内起到有限的隔离作用，并不能长期有效地保护中国经济和金融的发展，更难以有效提高有关监管部门对国际资本流动的监管能力和国内金融机构的国际竞争力。

上述实践经验并不足以成为贸然放开资本项目管制的理由，反而恰恰是实施有条件地逐步地开放资本项目的政策依据。

2001 年 12 月 11 日，中国正式加入世界贸易组织。随着中国市场准入的扩大，根据中国加入世界贸易组织的承诺，国内的银行业、保险业等金融产业将在 3~5 年内逐步实现基本对外开放，证券业、信托业等金融产业也将加快对外开放的步伐。这些开放必然伴随着大量的资本流动，由此将对资本项目开放提出更加迫切的要求。同时，随着入世后贸易自由化的推进，国际贸易呈现出从传统进出口方式向以投资带动和以承包工程带动方式转变的趋势。在这种背景下，与贸易流动相伴随的国际资本流动将会不断增加，而各类厂商、金融机构等微观经济主体也将对投资自由化以及资本流动自由化提出越来越多的要求。在加入世界贸易组织 5 年过渡期以后，随着国内经济、贸易和金融市场的国际化程度提高，各类经营机构和监管部门的经验、技能及其他条件成熟，实行资本项目开放的各方面条件也将逐步成熟，由此，在 5 年过渡期内及此后的一段时间内，中国有可能具备实现资本项目基本开放的各项主要条件。

第五节　中国基本开放资本项目的重点与步骤

一、进一步开放资本项目的主要内容

从表 12.2 中反映的情况来看，中国进一步开放资本项目的主要内容应当包括 14 个子项。

1. 直接投资方面的主要项目

在直接投资方面主要有 3 个子项：一是取消对境内机构和个人直接投资资本流出的限制，如取消对境内机构和个人直接投资资本流出的审批制；二是放松对境内机构在经营境外企业中资金流动的限制，如放松对资本变更、利润调回、企业停业或解散后的外汇资本调回等限制；三是进一步放松对境外机构和个人资本流入的限制，如取消对外商投资企业的审批制（但限制或禁止性产业除外）和外汇登记制。

2. 证券投资方面的主要项目

在证券投资方面主要有两大类 8 个子项。一个大类是股本证券投资，其中包括 4 个子项：一是放松境内企业到境外发行股票及其他股权类证券的限制；二是取消禁止境外投资者从事境内 A 股交易的规定；三是放松对境内经营性机构（包括工商企业、金融机构等，下同）和个人投资于境外股市的限制以及与此对应的购汇限制；四是放松对境外经营性机构在境内发行股票或股权类证券的限制。另一个大类是债务证券投资，其中包括 4 个子项：一是放松对境内经营性机构到境外发行公司债券及其他债务证券的限制；二是放松对境外投资者在境内从事公司债券及其他债务证券交易的限制；三是放松对境内经营性机构和个人从事投资于境外债券（及其他债务证券）市场的限制；四是放松对境外经营性机构在境内发行债券及其他债务证券的限制。

3. 其他投资方面的主要项目

在其他投资方面主要有 3 个子项：一是取消境内经营性机构对外借款的审批制，其中包括借款主体的资格审查、对外借款必须纳入国家利用外资计划和对外借款所得资金必须调回境内等；二是取消对境内金融机构对外发放贷款的审批制；三是取消对境内经营性机构获得外方贸易贷款的限制，其中包括必须事先取得借款主体资格、借款指标等。

4. 中国开放资本项目的难点与重点

如果与表 12.1 中的美、英、法、德、日等国的情况进行对比，就不难发现，中国上述 14 个子项的充分开放实际上意味着资本项目的完全开放，这种完全开放连发达国家都尚未真正实现，因此，对中国来说，也不见得需要在条件尚未成熟的背景下急急忙忙将在这些子项上的管制都予以放松或取消。尤其是考虑到中国的经济体制改革尚在深化过程中，相当多国有企业和金融机构的产权关系、治理结构和运行机制等并未真正按照市场规则实现转变，政府部门的职能转变也还有一个过程，一旦贸然将这 14 个子项都充分开放将可能导致众多的负面问题发生。因此，中国资本项目的开放就更应选择积极而审慎的步骤。

在加入世界贸易组织且银行业、保险业实现对外开放背景下，上述 14 个子项中，一些子项的对外开放是比较容易实现的，如进一步放松对境外机构和个人资本流入的限制、放松对境内机构在经营境外企业中资金流动的限制，如放松对资本变更、利润调回、企业停业或解散后的外汇资本调回等限制、取消对境内经营性机构获得外方贸易贷款的限制等，因此，实际上对中国而言，开放资本项目的真正难点和重点是在三大类 9 个子项，即国际投资类项目：

一是对境内经营性机构和个人在境外直接投资的限制。

二是对股权类投资的限制，包括对境内企业到境外发行股票及其他股权类证券的限制，对境内经营性机构（包括工商企业、金融机构等，下同）和个人投资于境外股市的限制以及与此对应的购汇限制，对境外经营性机构在境内发行股票或股权类证券的限制和对境外投资者从事境内 A 股交易的限制。

三是对债务证券投资，包括对境内经营性机构到境外发行公司债券及其他债务证券的限制，对境内经营性机构和个人从事投资于境外债券（及其他债务证券）市场的限制，对境外经营性机构在境内发行债券及其他债务证券的限制和对境外投资者在境内从事公司债券及其他债务证券交易的限制。

二、资本项目基本开放需考虑因素

面对复杂的国内外经济、金融环境和政治变化，对中国来说，资本项目的基本开放是一个渐进的过程，绝不可能一蹴而就、一步到位。在这个过程中，先开放哪些子项、后开放哪些子项，需要考虑的因素如下。

1. 国际资本流动的期限效应

国际资本在期限上可分为短期资本和长期资本。从国际资本流动对一国经济的冲击程度和一国政府对国际资本流动的监管有效程度，从该国经济金融安全的角度来看，一般来说，长期国际资本流动的冲击程度较低，也比较有利于一国政府的有效监管和国家经济金融安全，而短期国际资本流动的冲击程度可能较高，一国政府要实现有效监管难度较大，同时，对该国经济金融安全的威胁也比较大。

自20世纪70年代末中国实施对外开放战略以后，"引进外资"基本集中在引进境外长期投资资本范畴内，经过20多年的实践，在这方面已有较为成熟的法律法规体系和监管经验。而在监管国际性短期资本流动方面，中国不仅缺乏必要的法律法规，监管部门缺乏足够的实践经验，而且境内经营性机构也缺乏市场的体验和运作经验。由此来看，在开放资本项目的步骤安排上，采取"先长期投资后短期投资"的步骤将更适合中国的情况。

2. 投资者的特点

投资者大致可分为机构投资者和个人投资者。在金融市场投资中，个人投资者属于弱势群体，其权益比较容易受到伤害。这一方面是因为，境内个人投资者缺乏足够的能力、财力去了解境外金融市场的有关知识、信息和运作规则；另一方面，每一国际金融市场的法制都是以其所在地（或所在国）的法律为依据的，这意味着一旦境内个人投资于境外金融市场，境内法律对他们权益的保护就失去了效力，而境内法律法规与境外有着较多差别，同时绝大多数

中国金融安全论

个人投资者又已习惯了按照境内法律法规要求行事，由此很容易发生在某种程度上违反交易市场所在地（或所在国）的法律法规的现象。对境外的个人投资者来说，要直接进入境内金融市场也同样面临着这类问题。

个人投资者遇到的这些问题，对机构投资者来说，相对容易解决。这是因为，机构投资者有着相对充分的财力和能力来弥补它们在了解境外金融市场的有关知识、信息和运作规则等方面的不足，而且机构投资者可以通过该种组织制度的安排（如合作、合资等）、人事制度的安排（如聘用境外业内人士、人员培训等）、运作方式的安排（如聘用境外律师事务所、会计师事务所及其他中介机构为顾问）等来化解或防范由法律法规环境变化可能产生的风险，因此，机构投资者有着较强的维护自身权益的能力。由此来看，在开放资本项目的步骤安排上，采取"先机构、后个人"的步骤可能更为稳妥。

3. 证券市场的工具种类

证券市场工具大致上可分为三类：一是股权类工具，如股票、认股权证等；二是债权类工具，如政府债券、公司债券等；三是金融衍生产品，如远期、掉期、互换、期货、期权等。

首先，在这三类金融工具中，股权类金融工具的价值难以确定，同时，境内股市又长期处于一种非规范运行状态，在这种背景下，如果贸然开放股票交易，在 A 股市场中，循规蹈矩的境外机构投资者很可能无所作为，而不遵纪守法的境外机构投资者则可能选择不规范的操作行为，不利于 A 股市场的规范化建设。对中资机构投资者来说，刚迈出国门就介入境外股市交易，出于相对实力较弱、信息不充分、法制环境不同、运作经验不足等方面原因，不仅投资风险较大（由此导致损失的可能性较大），容易发生"出师不利"的现象，不利于"走出去"战略的持续展开，而且容易将在境内股市操作中习惯了的不规范行为带入境外股市，给中资机构投资者的市场信誉带来严重影响。因此，开放股市交易应当慎重。

其次，由于境内尚未启动金融衍生产品的交易，外资机构投资者进入境内证券市场当然也谈不上从事金融衍生产品交易问题，但对中资机构投资者来说，也意味着缺乏操作金融衍生产品交易的最起码的知识和经验，这样，如果中资机构投资者贸然涉足金融衍生产品交易，很可能得到的不是金融衍生产品在分散风险功能方面的益处，而是它在聚集风险功能方面的负面影响。鉴此，开放金融衍生产品的交易也应相当慎重。

最后，由于债权类工具的价格相对容易确定和把握，在一般情况下，与股权类工具和金融衍生产品相比，各类债券的本金回收相对可靠，而受利率水平限制，它们的价格变动幅度一般也不致过大，因此，有着较高的安全性。对境外机构投资者来说，进入中国境内证券市场，先从事债权类金融产品交易，不仅有利于推进境内债券市场的发展，而且有利于在交易过程中了解和熟悉境内证券市场；对中资机构投资者来说，先进入境外债券市场，从事债权类金融产品交易，既能够获得相对稳定的交易收入，也有利于通过交易活动来了解境外证券市场的各方面情况，提高自身素质。

显而易见，就资本项目开放而言，在证券市场工具上实行"先债权类工具后股权类工具和金融衍生产品"可能较为有利。

4. 证券市场的结构

证券市场大体上可分为发行市场和交易市场。一般来说，发行市场上的募集资金和投资属长期性资金，交易市场上相当多的资金属短期投资。

从对金融市场波动和经济走势冲击的直接影响来看，证券发行市场的影响力度较小而证券交易市场的影响力度较大，不论是1929年10月的美国金融危机还是1997年7月的东南亚金融危机，都与证券交易市场的剧烈变动直接相关。

从中国的情况来看，在中国证券发行市场发展不充分，而众多企业又有着通过发行证券来募集营运资金的强烈要求的条件下，放松或支持境内企业到境外发行证券，既是引进外资的重要途径，又是实现中外证券市场接轨的重要举措；在境外利率高于境内利率而境内资金又比较充裕的条件下，放松或准许境外机构到境内发行证券，也有利于推进境内证券市场的规范化建设和国际化建设。因此，就资本项目开放而言，在证券市场结构上实行"先发行市场后交易市场"可能较为妥当。

总之，在开放资本项目的步骤安排上，较好的选择是：先长期投资，后短期投资；先机构，后个人；先债权类工具，后股权类工具和金融衍生产品；先发行市场，后交易市场。

三、中国基本开放资本项目的步骤

中国资本项目基本开放的步骤大体上可分为三个阶段。

1. 第一阶段：加入世界贸易组织后 2 年内的开放内容

第一阶段是在 2001 年 12 月中国加入世界贸易组织以后的 2 年内，开放的主要内容有四个方面。

一是逐步开放境外金融机构在中国境内设立证券经营机构（包括中外合资、中外合作、外资独资等）的限制。2002 年 6 月，中国证监会出台了有关境外证券经营机构和基金管理机构参股于境内中资同类经营机构的管理办法，标志着这方面的开放已经启动。

二是放松境内企业到境外（尤其是中国香港）发行股票的限制。这方面的工作已在进展之中。

三是放松对境内外资企业（中外合资企业等）和境外企业在境内发行股票并在境内股票市场上市的限制。

四是放松对境外企业或金融机构在境内发行公司债券的限制。

2. 第二阶段：2004—2006 年的开放内容

第二阶段是 2004—2006 年，开放的主要内容有六个方面。

一是逐步放松中资金融机构走出国门在境外设立分支机构的限制，包括在境外设立基金管理机构。

二是有条件地放松对中资机构投资者从事境外证券市场交易的限制，如实行 QDII 制度、对介入的交易品种实施监管、对投入交易的资金量实行监控等。

三是放松对境外金融机构或机构投资者在境内设立独资机构的限制和在中外合资机构中所占股权不高于 49% 的限制，使外资机构能够与中资机构展开真正的市场竞争。

四是有条件地放松境内中资金融机构和中资企业到境外发行公司债券的限制，拓宽中资机构在境外募集资金的渠道，同时，推进中资机构运作的国际化进程。

五是有条件地放松对外资机构从事境内证券市场交易的限制，其中，对外资机构从事境内政府债券、公司债券等债权类工具的交易可能基本无限制，但对从事股票市场交易在资金数量、持股比例、持股时间、收益出境等方面还可能有一定的限制。

六是基本放开境内企业等机构到境外从事直接投资的限制并有条件地（如限制个人投资性换汇数额等）放松居民个人到境外进行直接投资的限制，从而基本实现"直接投资"子项的充分开放。

3. 第三阶段：2007 年后的开放内容

第三阶段是 2007 年以后的一段时间内，开放的主要内容有四个方面。

一是根据境内证券市场（尤其是股票市场）发展状况、国际接轨（包括国际联网、国际结算等）状况和其他条件的成熟状况，逐步放开对境外居民个人从事境内证券市场交易的限制。

二是根据境内金融衍生产品市场发展的状况，逐步放开对境外金融机构和机构投资者进入境内金融衍生产品市场从事经营活动或交易活动的限制，同时，充分放开对境外金融机构和机构投资者在境内股票市场交易中的限制，实现境内各种金融产品交易的充分对外开放。

三是充分放开对中资金融机构、机构投资者和企业在境外发行证券、从事境外金融经营活动和金融产品交易的限制，基本放开对居民个人从事境外金融产品交易的限制。

四是根据汇率改革的进程，逐步实现资本项目的可兑换。

需要强调指出的是：

首先，上述步骤不是彼此割裂的，而是相互衔接、相互交叉进行的。因此，不可做绝对化理解。

其次，这些步骤的具体内容都是"有条件"的，在条件尚未许可的时候，贸然出台政策或实施开放可能导致不良后果，但在条件具体形成之时，依然实施管制，同样有着负面效应。

最后，这些步骤的具体内容在实践中大多有一个"逐步"展开的过程，"逐步"意味着每一具体内容的开放都是一个错综复杂且循序渐进的过程，因此，既不可急于求成地拔苗助长，也不可坐以待时地贻误良机。

第十三章 国际收支政策调整

第一节 中国国际收支的调节

一、加入世界贸易组织后的中国国际收支

影响中国未来一段时期国际收支的最重要因素是中国加入世界贸易组织。中国加入世界贸易组织的战略决策，绝不仅仅是开放中国市场，而是要通过与国际市场接轨，抓住机遇，进一步推动中国经济的改革、开放和发展，以实现内外部经济相对平衡基础上的中国经济持续稳定增长。

1. 加入世界贸易组织对中国国际收支的影响

中国加入世界贸易组织对中国国际收支和国内生产总值增长的正面影响主要有：首先，促进出口和外资的增长，从而引致中国国内生产总值增长；其次，促进技术、设备和中间投入物进口的增长，从而提高中国企业的生产效率和产品质量，改善出口和经济增长效益。但短期代价可能包括：一是增加进口，迫使国内不具备对外竞争力的企业和产品逐步退出市场；二是减少了国家的财政收入，增加了结构调整、资源再配置和社会保障等项支出。这不仅包括资源重新配置的调整成本，也包括一些具有专用性特征的设备和固定资产无法转为他用的资源净损失。

从时间上比较上述两种效应可发现，改善国内产出和出口效益需要更长的时间，而增加进口和中国的调整成本则会发生得更快。因此，在短期中国可能有净调整成本。虽然中国的市场开放有一个

过渡期，高税产品的走私和大量进口产品享有减免税待遇，使许多产品的国内市场价格更接近于国际市场价格，预计过渡期初期的进口不会明显增加。但加入世界贸易组织以后，农产品可以通过关税配额的方式进入中国的农产品市场，调整或取消一些非关税措施也会使一些原材料和中间产品的进口变得更容易，过渡期内中国承诺降低关税的领域不会集中在最后一年进行调整，进口增加整体上会变得更加容易。

因此，加入世界贸易组织后，中国的国际收支状况在过渡期 ❶ 有可能出现先趋于下降，然后持续趋于改善的"J"字形调整轨迹。在经常项目中，预计商品进口增速快于出口的情况很难改变。虽然周边国家和地区经济的复苏有利于扩大中国的出口，经过 20 世纪 90 年代后半期出口结构的调整加之有加入世界贸易组织的利好因素，过渡期的出口形势将好于 20 世纪 90 年代后半期，但同时，由于过渡期国内经济将处于上升阶段，国内需求趋旺将拉动进口上升，加上世界贸易组织市场开放因素的影响，一些过去采取直接投资的领域现在可能转为进口，国内企业境外采购的比例也可能增大，从而可能增大进口规模。加入世界贸易组织以后，中国服务业的对外开放已成为必然趋势，但改变服务业对外竞争力薄弱环节需要更长的时间，因此，过渡期的服务贸易逆差也有可能进一步扩大。投资收益逆差的增长很大程度上取决于投资者信心，如果作为主要逆差项的投资收益转为再投资，对国际收支的整体状况影响不大，反之，则会成为一个国际收支的不稳定因素。从过渡期经常项目的整体状况看，商品贸易顺差仍可能抵补服务和收益项目逆差，但逆差总规模可能小于 20 世纪 90 年代后半期。

第十三章　国际收支政策调整

<hr>

❶　中国"十五"计划期间（2001—2005年）基本上与加入世界贸易组织后的过渡期重合，本章用"过渡期"来表示这一时期；本章中使用的"20世纪90年代后半期"有时也特指中国"九五"计划期间（1996—2000年）。

过渡期后期，世界贸易组织因素扩大出口和增加外资流入的正效应开始显露出来，然而，国际收支的状况和结构明显改善可能会出现在下个5年。

资本和金融项目在1998年出现了63亿美元的逆差，预计在过渡期前期，直接投资、证券投资和国际商贷的下降趋势仍将继续，到过渡期后期这个下降趋势将转为上升。资本和金融项目状况的根本好转主要取决于三个基本因素：一是国内经济的基本面根本好转；二是加入世界贸易组织后，国内市场规则和交易行为趋于规范和透明，投资和商业环境趋于好转，增强了境外投资者信心；三是企业和金融机构的管理和信息披露工作明显加强。预计未来几年，国内经济的基本面将明显好转，但国外投资者信心和市场预期很大程度上取决于加入世界贸易组织后中国宏观调控体制、企业和信用制度的改革。

2.抓住机遇改善中国国际收支

加入世界贸易组织，是中国第二次大的改革开放浪潮，必将促进中国国内经济和国际收支的重大转型，是提高中国国际地位、增强中国综合国力的重要契机。这项战略决策的意义，在过渡期初见端倪，下个5年以后方可确定其历史地位。

（1）提高中国经济在世界市场中的份额。世界贸易组织的核心，是实现以市场准入为基础的市场开放。加入世界贸易组织，犹如一把双刃剑，既扩大中国市场的门户开放，也促进国际市场对中国的进一步开放；既增进中国与其他国家的商品、服务、技术、要素的交流，也带来跨国公司的扩张、加快国际资本流动和金融市场融合的新情况。在这种情况下引入外来竞争压力，对促进中国经济结构和机制转换，深化国内需求和供给结构，提升满足外部需求的能力和出口购买力，改善对外贸易增长的质量和效益，有十分重要的意义。如果把握好内外部经济的相对平衡，就有可能在不提高外贸依存度的前提下，实现中国对外贸易在世界市场占有率提升一至两位的结构深化目标。

（2）作为参与经济金融全球化的实际步骤。虽然经济金融全球化是西方国家主导下的全球市场化，但我们仍可以趋利避害，通过加入世界贸易组织，加快国内市场化改革，把握好以市场竞争为中心的微观基础与以稳定增长为中心的宏观调控之间的协调。实行国民待遇和公平竞争原则，不仅是对外，更重要的是对内，通过改变超国民待遇和非国民待遇的各种扭曲现象，打破行业和地区垄断，促进要素在更大范围内流动，加快国内统一大市场的形成，这对改善投资环境和商业运作环境，具有不可忽视的作用。从更大范围看，经济金融全球化也会带来市场风险和波动的全球化，使中国经济越来越多地受到世界经济周期的影响。因此，过渡期期间防范金融风险是国际收支政策的一项中心工作。

（3）规范中国涉外经济体制并影响国际新规则的制定。世界贸易组织的规则，是权利和义务相对称的多边贸易规则体系。加入世界贸易组织，为中国未来的改革、开放和发展建立了一个新的基准，即按照国际规则进一步完善中国的外贸、外资、外汇、外债、外汇储备等涉外管理体制，规范国内市场竞争环境，减少产品和要素国际间流动的体制和政策障碍，加快实现中国涉外管理体系与国际对接的目标。同时，通过参与国际新规则的制定，既有利于建立保护中国根本利益的国际政策环境，也有利于根据国际规则变化提前进行适应性调整，这对进一步深化中国国际收支结构，提升对外经济部门对国民经济的贡献有重要作用。

（4）增强中国的整体竞争优势。加入世界贸易组织的最大意义，是增强了中国整体的国际竞争优势。过渡期时期乃至未来，中国的低成本优势和市场规模优势将不会改变。如果这种优势与人才、融资能力、资本市场、研究和开发及商业性转化、大规模现代化生产经验积累等因素进行重新组合，则有利于把中国综合竞争优势提升到一个新的水平。在新科技革命时代，进一步扩大开放和国际交流，为采用世界创新成果发展新产业、改造老产业，缩小与发达国家的技术差距，创造了最好的历史机遇。

（5）加速实现中国工业化和现代化的发展目标。在全球化和网络化时代，工业化和现代化目标模式将发生很大变化，即以传统重化工为主导的工业化、以半封闭为特征的现代化，开始让位于以动态比较优势为基础的工业化、以开放型经济为特征的现代化目标。作为一个发展中的大国，中国的动态比较优势表现为：以劳动密集型为基础的农业、制造业和服务业，以资本密集型为特征的原材料工业和装备工业，与以知识和技术密集型为主的新产业同时存在，是一个相互支持和梯次升级的结构深化过程。这就要求不断提高知识创新和集约化发展，缩短与国外市场的时空差距并延长供应链。因此，加入世界贸易组织，不仅要求重新定位中国在国际竞争中的动态比较优势，而且要重新定义工业化和现代化目标，建立现代意义的工业化发展模式。这对建立 21 世纪初的新国际收支结构，提升货物和服务贸易的技术和附加值含量，增强国际资本市场融资中的投资者信心，改善中国出口购买力和人民币的国际地位，具有不可估量的意义。

（6）在市场开放的过渡期内做好各项准备工作。引入外来竞争压力，无疑是对民族产业的巨大冲击。但放眼世界，经济全球化正在把越来越多的非贸易产业、非竞争性产业和本地产业卷入到国际竞争浪潮之中。对此，只有不断增强竞争力，才是民族产业生存和成长之本。因此，对于中国承诺逐步开放的领域，应充分利用好过渡期，做好适应性调整和准备，如提高农业、金融、电信和分销体系的市场化程度，在竞争中形成自我发展能力。对于中国暂时未承诺开放的领域，也应当扩大对内开放，增加国内市场竞争强度，以适应未来参与国际竞争和交换的新环境。

3. 应对世界贸易组织对中国国际收支的新挑战

（1）旧体制面对的新挑战。过渡期可能面对的最主要的挑战是体制调整，即加入世界贸易组织后，中国初步建立的社会主义市场经济体系如何与国际接轨。要按照国际经济规则调整国内的体制和政策，原有体制将受到更大冲击。由于中国缺少国际运作的知识和实践，按照世界贸易组织规则进行适应性体制调整，必然是一个曲折和充满风险的过程，其难度不亚于1979年的战略重心转移。但有了过去20多年改革开放的经验，我们仍然可以在实践中探索降低外来风险和应对挑战的途径。从国际收支体制来看，要实现与国际接轨，关键是加快观念转变和学习过程。这包括：制定国际收支政策的同时要兼顾国际和国内两方面的利弊影响，逐步掌握开放经济下的宏观管理技巧；坚定不移地按照市场规律办事，逐步规范中国对外贸易和吸引外资的各项政策，减少调整过程中的寻租行为；掌握好开放顺序和尺度，既要继续推进对外开放，又要建立防范风险的市场工具和监管体制，减少开放带来的市场风险和金融风险。

（2）旧结构面对的新挑战。加入世界贸易组织之前，中国资源配置格局和国际收支结构主要是按照旧赶超战略实现工业化的要求形成的。加入世界贸易组织后，旧结构要适应经济全球化的新形势，从国内和国外两个市场的对接和竞争力角度进行调整，不仅要满足动态比较优势的内在要求，也要符合新赶超战略的现代意义的工业化需要，即通过政府、市场和企业作用的合力，加快推动各个国民经济部门的市场化、高级化、信息化、城市化和全球化发展。从国际收支角度分析，加入世界贸易组织意味着中国经济结构将从半封闭状况转换到开放型经济结构，贸易、服务、外汇、资金流入流出将逐步转向更加开放。对此，必须加快经济结构和国际收支结构的战略性调整，加快企业、劳动力和资本结构根据新情况的重新定位。如何抓住机遇，最大限度地降低结构调整成本和代价，是过渡期国际收支结构调整的战略性课题。

（3）外来竞争压力所带来的挑战。加入世界贸易组织，必然加剧外来竞争压力，这主要表现在三个方面：一是全球化和信息化加剧了全球竞争压力，并且在加入世界贸易组织后将会更大，这需要解决国家竞争优势在全球定位问题；二是外来投资和进口增加将进一步加剧国内市场竞争压力，这将影响到国内企业竞争优势的定位问题；三是市场开放加剧了科技、人才和战略性资源的竞争压力，这将影响到中国未来竞争优势的定位问题。这三个层次的竞争压力既是挑战，更是机遇，关键是如何面对挑战，变压力为动力，在日益激烈的竞争中提升中国国家、企业和科技的国际竞争力。

（4）社会心理预期所面对的挑战。加入世界贸易组织的利弊影响目前在国内引起不同的讨论，但世界贸易组织因素的真实影响只有在实践中方可显现出来。届时有可能引起结构性失业增加，一些企业减产或停产，以及人们持币待购进口品、对新进口品牌的盲目崇拜、提前兑换或囤积外汇资产等现象，不仅会影响到内外部经济的"两个平衡"，而且会影响到社会稳定和发展。因此，重视社会经济大转型时期的心理预期因素，向全社会广泛宣传加入世界贸易组织的重大意义和作用，切实解决好转型中可能发生的部分企业和地区利益受损的矛盾，是实现加入世界贸易组织的战略决策目标的根本保证。

二、中国国际收支调节需解决的问题及对策

扩大外需应当以内需为基础，引入外来竞争压力应当以不断提升国内竞争力为基础，这是探讨实现"两个平衡"途径的重要前提条件。

1. 中国国际收支调节需解决的几个问题

（1）保持内外部经济的"两个平衡"。内部平衡的目标是保持货币稳定和促进经济增长，外部平衡的目标是改善国际收支状况。20世纪90年代后半期内部平衡所遇到的主要矛盾是通货紧缩压力导致经济增长速度下降，体制和结构调整承受着失业增加的压力。外部平衡所遇到的问题主要是出口和外资流入下降。在过渡期，预计国内通货紧缩压力将有所减缓，但失业压力将只增不减，如果不能保持一定的经济增长速度，世界贸易组织因素、结构调整和体制改革释放出来的失业压力将可能危及宏观稳定。因

此，保持过渡期的内部平衡，仍需要继续坚持"发展是硬道理"。从外部平衡看，由于预期进口和非贸易项目支出增长可能快于出口，经常项目顺差将会比 20 世纪 90 年代后半期有所减少；资本和金融项目顺差由于世界贸易组织因素和国内投资环境改善外资净流入可能增加；保持外部平衡的重心应是国际收支结构调整。过渡期保持"两个平衡"的关键还是实现宏观稳定增长和提升国际竞争力。

（2）"双顺差"与保持"两个平衡"之间的关系。双顺差，即经常项目与资本和金融项目顺差，是中国 1994 年人民币汇率并轨改革以来（除 1998 年外）的一种新现象。"双顺差"对"两个平衡"的影响主要体现在两个方面：一是维系"双顺差"，将增大汇率升值压力或外汇储备资产继续增加的压力，这对国内宏观稳定增长影响很大。要保持人民币汇率稳定，新增顺差只能通过增加储备资产加以消化，在目前的发展阶段，保持过高的储备资产规模是不经济的。如果外汇储备不再增加，则通过汇率升值来化解巨额盈余，现阶段汇率升值会降低中国的国际竞争力，从而影响到经济增长。二是资本和金融项目盈余意味着增加外国资本净注入，对国内经济增长有正面影响，但也会增大投资收益流出和资本外流的风险。出口收益净增加，虽然可以拉动国内的经济增长，但是净出口盈余转化成对国外债权增加（用储备资产购买国外金融资产），等于为国外提供了巨额外贸信贷，并没有达到对外盈余为国内结构升级和经济增长服务的目的。因此，过渡期应通过保持"两个平衡"的角度调整"双顺差"的国际收支格局。

（3）保持经常项目与资本和金融项目的基本平衡。由于全球资本流动规模大于贸易的趋势将会继续下去，随着中国经济的发展，直接投资和证券投资等涉外金融资产交易增长快于贸易，资本流动对国际收支和汇率的影响大于经常项目，也将成为中国国际收支结构变动的一个新趋势。通过进一步改善投资环境并维护境外投资者的信心，扩大资本净流入来为经常项目赤字融资，也不失为一种选择。20 世纪 90 年代后半期出现的人民币贬值预期和千方百计地扩大出口，主要不是由于中国国际收支的恶化，而是由于金融危机导致的信心危机和国内经济增长率下降引发的。因此，在维系现有外汇储备规模的条件下保持国际收支的基本平衡，应在保持出口增长的同时，重视进口对发展国民经济的重要作用，重视提升中国服务业的国际竞争力，使经常项目保持在略有盈余（或略有赤字）的水平上，即商品出口略大于（或小于）商品进口和非贸易项目逆差。在扩大直接投资的同时，重视国际资本市场融资和增加境外投资，使资本和金融项目保持在略有赤字（或略有盈余）的水平上。在这种条件下，发挥汇率对国际收支的调节作用，完善外汇市场体系防范外汇风险的功能，促进国内信贷市场和利率市场化改革，整顿境外上市公司的管理，加强对企业、部门和地方各类境外债务的清理和监管，将使中国国际收支及管理进入一个更加规范、健康的发展轨道。

（4）中国是否仍处于资金和外汇短缺阶段。长期以来，中国的经济发展始终面对着"两缺口"（即资金和外汇缺口）的制约。但在 20 世纪 90 年代后半期，巨额的国内储蓄和外汇储备证明"两缺口"制约已得到根本性缓解。在这种情况下，是否还需要外资的净流入？结论是肯定的。一是中国还需要进一步引进直接投资，这不仅是为了资金，更重要的是引入外来竞争机制、管理经验、人才培养和技术；二是中国还需要进一步扩大国际资本市场融资，也不仅是为了资金，更重要的是获得为科技融资、为商业融资、为大型发展项目融资的理念和经验；三是中国还需要进一步引入其他投资，如贸易信贷、商业贷款等，当国际资本充裕和便宜时，扩大这些融资更有利于促进中国出口和经济发展。需要解决的问题不是减少外资净流入，而是如何进一步促进中国投融资体制的改革，提高资金利用效益，解决资金软约束，以及资本和金融项目的信息披露和有效监管问题。

2. 中国国际收支政策取向

（1）进一步发展和完善"开放型经济"。加入世界贸易组织后，随着市场准入和国民待遇的各项承诺逐步实施，外来竞争压力会在深度、广度和强度上逐步上升，很可能出现加入后的权利与义务不平衡、预期目标与现实进展不平衡、国内动力与国外压力不平衡等复杂情况，尤其不可低估体制、机制和结构调整中的不稳定性和不可预见性因素。在这种情况下，应对开放的领域、顺序、时机和力度做出很好的预评估和研究，并制定防范各种风险的应对措施和方案。

（2）进一步实施"科技兴贸"战略和"以质取胜"战略。以改善贸易质量和效益为中心，促进出口产品的科技创新、结构升级以及物流和信息流的全球化程度，改善出口的购买力和经济效益，增加技术、关键设备和新型中间投入物的进口，增加油气、木材、高品质矿石的进口，更好地为国内经济增长服务。过渡期期间有四个问题应引起重视：一是在实施"出口市场多元化"战略的同时，集中精力做好对美、日、欧市场的开拓，这一时期世界经济增长的亮点仍是发达国家市场；二是高度重视服务业的发展，制定提升服务业国际竞争力的专项发展战略，如促进国际运输（货运、空运和铁路）的网络化、入境旅游、国际通信、建筑、金融保险、信息和技术服务的发展；三是大力鼓励国营和民营企业全球化发展，制定出口和境外投资相结合的新出口战略；四是抓住加入世界贸易组织的契机，扩大内地与港澳经济的一体化，并研究东亚经济一体化的可能性。

（3）逐步实施对国内外投资者和生产者的国民待遇和公平竞争原则。要减少地方或部门保护主义和行政干预，增加政策透明度和信息的公开性，进一步改善中国的投资环境和商业环境。过渡期期间应扩大吸引国外对中国中西部的直接投资力度，提供国内企业进入国际资本市场的便利，鼓励国内高科技企业进入中国香港创业板、发达国家第二板市场融资，同时加强对境外上市企业的规范和管理，使过渡期境外证券融资和其他融资方式上一个新台阶。

（4）进一步发展和完善外汇市场体系。这一外汇市场体系包括同业交易和零售业务，除离岸市场外，应逐步探索建立国内企业、金融机构和贸易商都可以参与的外汇即期市场、远期市场，条件成熟时可以考虑建立和完善外汇期货市场和期权市场，提供外汇风险管理的机制和手段。可以考虑在上海、深圳等金融基础较为发达的城市发展外汇市场体系，同时建立配套的交易、结算、信息披露和金融监管体系。

（5）进一步完善人民币汇率制度和外汇管理体制。要完善以市场为基础的、有管理的浮动汇率制度，发挥好汇率、利率和货币政策的调节作用，有步骤、有计划地推进货币可兑换进程，有选择地放松外汇和资本管制，减少跨国交易的成本和风险。同时加强对国际游资、短期资本流动和资本外逃的监管，在实践中探索开放经济条件下的宏观调控手段、管理体制以及法律法规体制。通过几年的努力，不仅初步建立起符合国际规则的政策环境，而且建立起符合经济金融全球化发展需要的市场主体和国际收支结构，使加入世界贸易组织成为中国经济腾飞的最好契机和增长动力。

第二节　外汇储备政策及其调整

一、中国外汇储备的基本格局

1. 中国外汇储备增长变化轨迹

1994 年中国进行了外汇管理体制改革，国家外汇储备增加与人民币汇率稳定被视为改革获得成功的两个重要标志。其中，外汇储备的大幅增长格外为世人所瞩目，参见表 13.1 与图 13.1。

表 13.1　20 世纪 90 年代以来中国外汇储备增长情况

年份	外汇储备（亿美元）	增长（％）
1990	110.93	99.87
1991	217.12	95.73
1992	194.43	−10.45
1993	211.99	9.03
1994	516.20	143.50
1995	735.97	42.57
1996	1050.49	42.74
1997	1398.90	33.17
1998	1449.60	3.62
1999	1546.75	6.70
2000	1655.74	7.05
2001	2121.65	28.14
2002	2864.07	34.99

注：为年度增长率。

资料来源：国家统计局，《中国统计年鉴》，中国统计出版社，2002；国家外汇管理局。

　　在外汇管理体制改革前的 1993 年年末，中国外汇储备仅为 211.99 亿美元，到 1997 年年末达到 1398.9 亿美元。1994—1997 年，储备累计增加了 1187 亿美元，年均增加近 300 亿美元。受亚洲金融危机的影响，1998—2000 年中国外汇储备增长放缓，三年累计增加 257 亿美元，仅相当于前三年年平均增加额的 85.7%。

　　自 2001 年起，中国外汇储备呈快速增长趋势。继 2001 年增长达到创纪录的 466 亿美元后，2002 年又增加了 742 亿美元。到 2002 年年末，外汇储备规模达到 2864.07 亿美元，较上年末增长

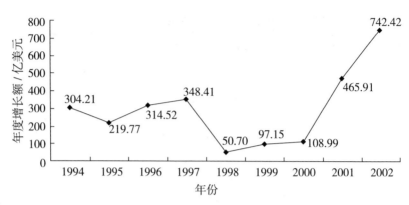

图 13.1　1994—2002 年中国外汇储备变动情况

资料来源：国家外汇管理局。

约 35%，是中国历史上外汇储备增加数额最多的一年。这一规模比 1993 年年末增加了 12.5 倍，比 1996 年年末（即亚洲金融危机爆发前）增加了 1.7 倍。

2. 近年来中国外汇储备快速增长的原因

近年来，中国外汇储备呈现出快速增长的势头，究其原因主要在于中国经济运行的良好表现、改革开放举措的积极效应、本外币利差和人民币汇率预期改善、外汇管理政策的调整等。

（1）中国经济运行的良好表现。外汇储备有两个重要的来源：一是经常项目的顺差，即出口大于进口的部分；二是资本与金融项目的顺差，即资本流入大于资本流出的部分。近年来，中国的外汇储备持续快速增长，充分反映了中国经济运行情况良好。进入 21 世纪之后，世界经济呈现出衰退的迹象，尽管 2002 年出现了复苏的迹象，但是经济复苏的基础尚不稳固。而中国由于采取积极、灵活的宏观调控政策，继续深化改革、扩大开放，克服了世界经济持续低迷带来的不利影响，国民经济保持了持续快速增长的势头。中国经济运行的良好表现吸引外汇资金大量流入，2002 年中国新设立外商投资企业 34171 家，比上年增长 30.7%；合同利用外商直接投资 827.7 亿美元，增长 19.6%；实际利用外商直接投资 527.4 亿美元，增长 12.5%。2002 年中国实际利用外商直接投资超过美国跃居世界第一位。与此同时，中国外贸进出口也保持了良好的发展态势，2002 年中国进出口总值达 6207.9 亿美元。其中，出口 3255.7 亿美元，比上年增长 22.3%；进口 2952.2 亿美元，增幅达 21.2%；进出口顺差 303.5 亿美元，增长 35%，比上年增加 78 亿美元。

（2）改革开放举措的积极效应。中国外汇储备在 1994 年、1996 年、1997 年和 2001 年，都有较大幅度的增长（参见图 13.1）。而这几个增长较快的年份，也都有重大改革开放举措出台的背景。例如，1994 年实行了人民币汇率并轨；1996 年实现了人民币经常项目可兑换；1997 年是中国完全取消经常项目汇兑限制的第一年，尽管亚洲金融危机于当年下半年已经爆发，但其传染效应对中国的影响直到 1998 年才开始显现；而 2001 年中国外汇储备的大幅增加，则主要是由于受中国即将加入世界贸易组织市场预期的影响。2002 年是中国正式加入世界贸易组织的第一年，也是中国开始正式落实对世界贸易组织的承诺，转变政府职能，减少行政审批，进一步扩大对外开放的第一年。加入世界贸易组织意味着中国加速与国际市场和国际规则接轨，推动中国建立更加稳定的、透明的、可预期的市场环境，这极大地改善了中国对外开放的形象，增强了海内外对中国经济前景的信心。

（3）本外币利差和人民币汇率预期改善。中国本外币利差和人民币汇率预期改善也起到了增加外汇流入、减少外汇支出的效果。实证分析的结果表明，本外币利差和人民币汇率预期（一般用中国香港无本金交割的远期人民币溢价即 NDF 来表示）能够较好地解释中国外汇收支状况的变化。亚洲金融危机期间，由于本外币利差的倒挂和人民币贬值预期的增强，中国曾经出现了较为严重的外汇流失和企业及个人囤积、争购外汇的现象。然而，随着亚洲金融危机的结束以及中国经济发展状况日益好转，人民币汇率预期逐步改善。2002 年以来，无本金交割的人民币远期溢价从亚洲金融危机时的上万点跌至 1000 点左右，有时甚至出现了远期贴水。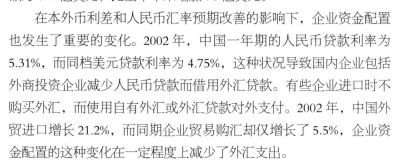❶

受本外币利差和人民币汇率预期改善的影响，境内企业和个人的结汇积极性显著提高，持有外汇的意愿逐渐减弱。2002 年 11 月，在美联储第 12 次降息后，中国人民银行也将境内美元存款利率下调至 0.8125%，人民币与美元存款的利差已达到 1 个多百分点。扣除 20% 的利息税以后，利差为 0.934%。而且，由于中国的通货膨胀水平要低于美国，因此人民币存款的实际收益率还要高一些。2002 年，国内居民个人结汇达到创纪录的 170 亿美元，比上年同期增加了 2.5 倍，而个人购汇却在越来越便利的情况下下降了 50%。同时，居民外币储蓄存款继续保持增长势头，2002 年年末外币储蓄存款余额为 894 亿美元，比上年年末增加 78 亿美元。

在本外币利差和人民币汇率预期改善的影响下，企业资金配置也发生了重要的变化。2002 年，中国一年期的人民币贷款利率为 5.31%，而同档美元贷款利率为 4.75%，这种状况导致国内企业包括外商投资企业减少人民币贷款而借用外汇贷款。有些企业进口时不购买外汇，而使用自有外汇或外汇贷款对外支付。2002 年，中国外贸进口增长 21.2%，而同期企业贸易购汇却仅增长了 5.5%，企业资金配置的这种变化在一定程度上减少了外汇支出。

（4）外汇管理政策的调整。近年来，中国外汇管理部门应对加入世界贸易组织的挑战，规范监管、减少审批、放宽限制，采取了一系列措施：在经常项目外汇管理方面，简化进出口收付汇核销手续以便利外贸的发展，允许所有中资企业保留经常项目外汇收入，允许边境贸易出口中收取的人民币和外币现钞进行核销；改革资本项目外汇管理方式，授权外汇指定银行办理外商投资企业外方投资款的结汇审核和国内外汇贷款登记及正常还本付息的核准，放宽购汇对外投资的限制，取消购汇归还对外或对内外汇借款的限制；改进个人外汇收支

❶　管涛等：《中国外汇储备》，转引自《国际金融报告2002—2003》（刘明康，经济科学出版社，2003年版）。

管理，提高居民个人自费出国留学的供汇标准，鼓励银行增加结汇网点并缩小钞汇收购差价，放宽境内居民个人外币现钞划转限制，等等。这些简化手续、放宽限制的措施，进一步增强了各界对人民币币值稳定的信心，促进企业和个人的外汇收支进入了银行体系，鼓励了其结汇的积极性。外汇管理部门实施了缩小银行外币现钞和现汇收购差价的措施，运用经济手段打击外汇非法交易。在第一次调整钞汇差价前，个人将 1 美元现钞卖给银行只能得到 8.07 元人民币，而经过两次调整后可以得到 8.22 元人民币（参见表 13.2）。这些严厉打击外汇违法违规行为和采取便利企业、个人外汇收支的措施，遏制了外汇非法交易和逃套汇等活动，同时也大大增强了银行相对外汇黑市的竞争力。中国外汇市场秩序已经发生了根本性的好转，外汇非法交易价格已基本接近银行间挂牌汇价，交易量趋于萎缩，逃套汇等违法案件呈逐步减少趋势。外汇管理政策调整的效应进一步显现，国内外汇收支呈现收大于支的强势状况。

表 13.2　中国银行挂牌的四种主要外币现钞收兑价格

日期	100 美元	100 日元	100 欧元	100 港币
2001－11－30	807.0500	6.5142		103.4800
2001－12－3	819.4400	6.6430		105.0800
2002－9－30	821.5000	6.6764	803.7000	105.3300
2002－10－8	821.5100	6.5890	805.1400	105.3300

注：1. 为 100 外币兑换人民币的数额，单位为人民币元。

2. 由于人民币对欧元和日元的汇率随国际外汇市场波动而变化，因此不具有可比性。

资料来源：中国银行网站（http：//www.bank-of-china.com）。

❶　从2001年12月1日起，银行收兑美元现钞的价格从过去相对基准汇率下浮2.5%缩小到1%。从2002年10月1日起，银行对美元和港币现钞的收购价进一步缩小到基准汇率的0.75%，对日元和欧元的收购价缩小到基准汇率的1%。

二、中国外汇储备的安全性分析

在国际收支平衡表中，储备资产由货币黄金、特别提款权、在基金组织的储备头寸、外汇储备与其他债权等五个项目所组成，由于中国货币黄金的各年变动量均为零，特别提款权和储备头寸在储备资产增减额中所占的比重很小，所以储备资产变动主要取决于外汇储备的变动，参见表13.3。在国际收支平衡表中，储备资产增减额等于经常项目差额、资本项目差额、误差与遗漏三项之和，由于中国储备资产变动主要取决于外汇储备的变动，从而外汇储备增减额实际上近似等于储备资产增减额。从国际收支状况来看，与外汇储备变动紧密相关的主要因素有进出口贸易、外债和外商直接投资，因此在分析外汇储备的安全性时，将围绕这些因素进行。

表13.3　中国国际收支平衡表中的储备资产项目

（单位：百万美元）

项目	1999 年	2000 年	2001 年	2002 年
储备资产	−8505	−10548	−47325	−75507
1. 货币黄金	0	0	0	0
2. 特别提款权	−41	−57	−52	−143
3. 在国际货币基金组织的储备头寸	1252	407	−682	−1122
4. 外汇储备	−9716	−10898	−46591	−74242
5. 其他债权	0	0	0	0

资料来源：《中国金融年鉴2002》；国家外汇管理局（2003年5月10日《金融时报》）。

1. 外汇储备与外贸进口的关系

国际上通常将外汇储备支持外贸进口的时间作为衡量外汇储备的重要指标。一般认为，最低外汇储备额不能少于3个月进口需要量，并以此作为警戒线；在正常情况下，以能支持3~6个月的进口需要为标准。从国际经验来看，爆发金融危机的国家，往往都达不到这一标准。例如，1994年墨西哥金融危机爆发时，其外汇储备仅能支付 1 个月的进口用汇；1997 年亚洲金融危机爆发时，亚洲五国（泰国、印度尼西亚、马来西亚、菲律宾、韩国）该指标都低于前一年的水平，特别是马来西亚、菲律宾和韩国都已接近警戒线或低于警戒线。从中国的情况来看，外汇储备支持外贸进口的时间，在 1989—1993 年（1991 年除外）不足 3 个月，低于警戒线；从 1994 年开始超过警戒线，1997 年和 1998 年达到最高峰，可支持 12 个月的外贸进口，此后一直维持在较高的水平。2002 年为可支持 11.6 个月的外贸进口，参见图 13.2。

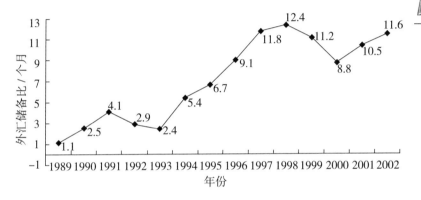

图 13.2　中国外汇储备支持进口的时间变化

资料来源：根据《中国统计年鉴 2002》、国家外汇管理局提供的数据制作。

2. 外汇储备与外债的关系

首先，外汇储备与外债余额比率。该指标反映一国在偿还外债的其他支付手段不足时，可动用外汇储备资产清偿外债的能力。按照国际经验，外汇储备与外债余额比率的警戒线为 30%，一般以保持在 30%~50% 为宜。1997 年在亚洲金融危机爆发时，泰国、印度尼西亚、马来西亚、菲律宾、韩国的该项指标分别为 27%、19%、26%、19% 和 21%，明显低于警戒线。中国的这一指标在 1990 年是 21%，为最低点，低于警戒线；从 20 世纪 90 年代中期开始，中国这一指标超过正常值一倍以上,1999 年超过 100% 达到 102%,2002 年达到最高点 170%,参见表 6.2。这表明中国的外汇储备已远远超出外债偿付的需要。

其次,外汇储备与短期外债的比率。该指标是反映一国快速偿债能力的最重要标志。根据国际经验,这一指标的警戒线为 100%。如果该指标过低,就会打击投资者的信心,有可能引发金融危机。例如,1994 年墨西哥发生资本大量外逃前,该项指标仅为 20%。在亚洲金融危机爆发前的 1996 年,泰国这一指标为 95%、印度尼西亚为 73%、菲律宾为 80%,均低于警戒线;韩国和马来西亚也接近警戒线边缘。亚洲金融危机爆发后,亚洲各国为维持固定汇率相继损失了大量外汇储备,从而使其对短期债务的清偿能力进一步削弱,1999 年上述五国该项指标全部急剧下降到警戒线以下。中国的这一指标自 20 世纪 90 年代后期以来大幅度上升,1999 年为 1018.94%,2000 年曾上升到 1265.86%,远远高于警戒线,表明中国短期债务控制良好;2001 年该指标有较大幅度的下降,为 419.46%,2002 年微弱回升为 540.64%,参见表 13.4。

表 13.4　中国外汇储备与短期外债余额的比率（1996—2002 年）

（单位：亿美元）

年份	1996	1997	1998	1999	2000	2001	2002
外汇储备	1050.49	1398.90	1449.60	1546.75	1655.74	2121.65	2864.07
短期外债余额	141.08	181.40	173.40	151.80	130.80	505.80	529.76
比率(%)	744.61	771.17	835.99	1018.94	1265.86	419.46	540.64

注:2001 年外债余额按新口径统计,比 2000 年及以前的登记债务余额增加了 3 个月以内贸易项下的对外融资余额。

资料来源:根据《中国统计年鉴 2002》、国家外汇管理局提供的数据计算。

外汇储备与短期外债的比率,即快速偿债能力指标,也并非越高越好,过高则表明外汇储备规模过大。一般认为,当外汇储备超

中国金融安全论

过短期外债余额的 5 倍时，将会因大量的资源闲置而承受巨大的经济损失，因此该指标的安全有效区间为 100%~500%，即外汇储备为短期外债余额的 1~5 倍。从中国的情况来看，1989—1993 年期间，快速偿债能力指标在 1.3~2.1 倍之间徘徊；从 1994 年开始迅速攀升，到 2000 年达到最高点，外汇储备超过短期外债余额的 12.7 倍，2002 年已下降到 5.4 倍，参见图 13.3。

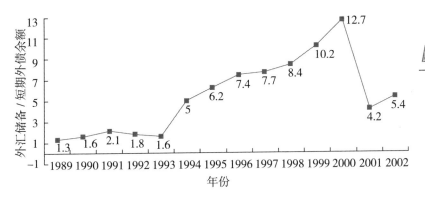

图 13.3　中国快速偿债能力的变化

资料来源：根据《中国统计年鉴 2002》、国家外汇管理局提供的数据制作。

3. 外汇储备与国内生产总值（GDP）

首先，经常项目顺差与国内生产总值的比率。国际经验表明，对发展中国家而言，如果将这一指标控制在 −5%~0% 的范围之内，将有利于经济增长；如果该指标低于 −5% 或超过 0%，都会对经济增长造成损害。例如，在 1994 年墨西哥金融危机爆发时，该指标为 −7.8%，明显低于 −5% 的下限。在亚洲金融危机爆发之前，1996 年泰国、印度尼西亚、马来西亚、菲律宾和韩国的该项指标分别为 −8%、−4%、−4.9%、−4.3% 和 −4.9%，泰国已远远超出警戒线，其余四国也接近警戒线。到 1997 年 5 月，上述五国该指标全部超过 −5%，最终纷纷陷入金融危机。从中国的情况来看，自 1994 年以来经常项目连年顺差，外汇储备迅速增加。1996 年经常项目顺差与国内生产总值的比率为 0.89%，到 1998 年已跃升至 3.33%。此后尽管有所下降，但仍然维持在较高的水平，2002 年为 2.86%，参见表 13.5。诚然，这种状况对于维护中国金融安全是极为有利的，但是也不可否认，这种物质资源持续净输出的状况，不利于中国经济增长，对经济增长造成损害的程度也随之增加。

表 13.5　中国经常项目顺差与国内生产总值的比率（1996—2002 年）

（单位：亿美元）

年份	1996	1997	1998	1999	2000	2001	2002
经常项目顺差	72.42	297.17	314.71	211.14	205.19	174.05	354.22
GDP	8164.9	8982.4	9463.0	9913.6	10804.3	11590.4	12377.0
比率(%)	0.89	3.31	3.33	2.13	1.90	1.50	2.86

注：国内生产总值的单位原为人民币，按当年人民币对美元平均汇价（中间价）折算成美元，2002 年以年末人民币对美元汇价折算成美元。

资料来源：根据《中国统计年鉴 2002》《中国金融年鉴 2002》、国家外汇管理局提供的数据计算。

其次，FDI 加经常项目顺差与国内生产总值的比率。国际经验表明，这一指标警戒线为 −2.5%，合理区间应为 −2.5%~+5%。以墨西哥为例，由于墨西哥过早地开放了资本市场，短期资本在资本流入中占有较大的比重，而外国直接投资相对较少。1994 年墨西哥的这一指标仅为 −5.6%，低于国际警戒线。当墨西哥比索贬值时，短期资本迅速外逃，加剧了金融市场动荡，导致了金融危机的爆发。在亚洲金融危机爆发之前，1996 年泰国该指标仅为 −7.5%，远远低于国际警戒线，在其所引进的外资中 FDI 的比重不足 10%，这对泰国金融动荡无疑起到推波助澜的作用。实践证明，在引进外资中如果外国直接投资比例越高，东道国利用外资越稳定，外资突然撤离的难度就越大。从中国的情况来看，由于利用外资以吸收外商直接投资为主，FDI 加经常项目顺差与国内生产总值的比率一向都比较高。1996 年该指标为 6.00%，已超出理想区间的上限（+5%），

1997 年达到最高点 8.35%，2002 年为 7.12%，参见表 13.6。显而易见，FDI 与经常项目的双顺差，是造成近年来中国外汇储备过快增长的最重要的原因。

表 13.6 中国 FDI、经常项目顺差与国内生产总值的比率
（1996—2002 年）

（单位：亿美元）

年份	1996	1997	1998	1999	2000	2001	2002
（1）FDI	417.25	452.57	454.63	403.19	407.15	468.78	527.40
（2）经常项目顺差	72.42	297.17	314.71	211.14	205.19	174.05	354.22
（1）+（2）	489.67	749.74	769.34	614.33	612.34	642.83	881.62
国内生产总值	8164.9	8982.4	9463.0	9913.6	10804.3	11590.4	12377.0
比率（%）	6.00	8.35	8.13	6.20	5.67	5.55	7.12

注：国内生产总值的单位原为人民币，按当年人民币对美元平均汇价（中间价）折算成美元，2002 年以年末人民币对美元汇价折算成美元。

资料来源：根据《中国统计年鉴 2002》《中国金融年鉴 2002》、国家外汇管理局提供的数据计算。

综上可见，外汇储备的安全性是金融安全的重要组成部分，与外汇储备直接相关的各种因素相对于国内生产总值的比值是衡量金融安全的重要指标。一方面，如果一国外汇储备不足或上述指标低于警戒线，就会削弱或损害调控和干预外汇市场的能力，加剧金融风险，有可能危及金融安全；另一方面，如果一国外汇储备过量或超出适度区间，则将会走向另一个不合理极端，即会因大量的资源闲置而承受巨大的经济损失、损害经济增长的潜力。从中国的情况来看，外汇储备保持相当大的规模，巨额外汇储备为金融安全增加了保险系数。但是，值得关注的是：由于外汇储备过于庞大，当然不可避免地会降低资源使用效率、损害经济增长的潜力，给宏观经济带来众多的负面影响。

三、中国外汇储备合理规模问题

1. 界定外汇储备合理规模的理论

对一个国家来说，如果外汇储备不足，往往会引起国际支付危机，长此以往，将可能导致金融危机的爆发；如果外汇储备过多，则会损害经济增长的潜力，影响其经济发展。因此，正确确定一国外汇储备的合理规模就成为一个极其重要的问题，事关金融安全和经济发展。关于外汇储备规模的理论众说纷纭，其中有代表性的主要有：机会成本分析法、定性分析法、储备进口比例分析法、储备债务分析法、货币学派分析法和标志分析法，参见专栏 13.1。

专栏 13.1 外汇储备合理规模的理论

----

1. 机会成本分析法

1968 年，经济学家阿洛沃尔（J. Agaraual）等人提出了该理论：持有外汇储备的机会成本就是国内的投资收益率。由于外汇储备代表对实际财富的支配权，如果不将其用于储备就可以投入生产，获得收益，促进经济增长；如果将这种财富用于储备，就等于放弃了获取投资收益的机会，从而造成经济利益损失。所以，一般情况下各国都希望保持较小的储备，以减少持有外汇储备的机会成本。合理的储备规模应由持有储备的边际成本和边际收益来决定，即取决于两者达到均衡时的数量。经济学家海勒（H. R. Heller）建立了机会成本分析法的模型，综合考察了外汇储备变动平均数、持有外汇储备的机会成本、进口倾向、国际收支差额、逆差出现概率等因素。由于海勒对一国储备合理规模的分析是使持有储备的成本等于持有储备的收益，成本等于持有储备的机会成本，可以用储备转化为生产性投资所能增加的产量来表示，而收益可用国际收支调节政策所带来的产量变动来表示，所以储备需求决定于持有储备的成本和收益的平衡点。

2. 定性分析法

1976 年，经济学家卡包尔（R. J. Carbaugh）等人提出该理论，认为影响一国外汇储备需求量的因素有六个方面：储备资产质量；各国经济政策的合作态度；国际收支调节机制的效力；政府采取措施的谨慎态度；所依赖的清偿力的来源及稳定程度；国际收支的动向及其经济状况等。这种方法通过多因素分析来确定外汇储备规模，并由此扩展到对国家整体清偿能力的研究。

3. 储备进口比例分析法

1980 年，美国经济学家特里芬（R. Triffin）提出了该理论，并成为一种标准方法得到普遍应用。根据该理论，一国的外汇储备应与其贸易进口额保持一定的比例关系。这一比例以 40% 为标准，以 20% 为最低限。一般认为，外汇储备应能满足 3~4 个月的进口需要量。这个数额按全年外汇储备对进口之比算得为 25%~30%。

4. 储备债务分析法

该理论产生于 20 世纪 80 年代中期。该理论认为外汇储备规模与外债规模之间应保持一定的比例关系。通过对各国历史资料计量回归的结果分析，这一比例应大致保持在 40% 左右，即外汇储备量约等于全部外债余额的 40%。

5. 货币学派分析法

该理论由货币主义学派约翰逊（Herry Johnson）等经济学家提出。该理论是从货币供给角度来确定合理外汇储备规模的。该理论认为，国际收支不平衡本质上是一种货币现象，当国内货币供应量超过国内需求时，货币就会流向国外，从而引起超现金余额减少。因此，外汇储备的需求主要取决于国内货币供给的增减。

6. 标志分析法

该理论的基本思想是：外汇储备短缺或过剩将对某些关键性经济变量产生影响，这种影响通过国内货币供应量或通过鼓励特定政策而发生作用。所以人们只需观察所执行的政策或某些关键性经济变量，便可得知外汇储备是否合理。一般认为：实施紧缩性需求政策，利率上升、汇率下跌，进口限额和出口补贴等现象，是外汇储备不充分的标志。反之，实施扩张性需求政策，汇率上升、利率下降，进口自由化和控制资本内流的混合，是外汇储备过剩的标志。

2. 对外汇储备合理规模理论的评析

在上述界定外汇储备规模的理论中，影响较大的定量分析方法是储备进口比例分析法，用支持 3 个月的进口量作为衡量外汇储备合理规模已成为国际惯例。因此，这里重点对该理论进行剖析。

（1）关于储备进口比例计量法

首先，该理论自相矛盾。例如，美国的外汇储备仅能支持不足 1 个月的进口，远低于理论警戒线，即使如此并没有任何国家和个人对美国的国际清偿能力产生丝毫怀疑，长期以来美国保持了对外国投资者强劲的吸引力。而 1984 年巴西的外汇储备足以支持 9 个月的进口，远远超过理论警戒线，但巴西仍然陷入了 20 世纪 80 年代拉美债务危机之中；1997 年亚洲金融危机爆发时，亚洲的一些危机爆发国都为高外汇储备国，但也纷纷身陷困境、在劫难逃。

其次，单一指标缺乏可靠性。这种分析方法最大的优点是简单易行，但无法全面反映整个国际经济交易收支情况对外汇储备需求的影响，而且它本身又是根据经验数值推算出来的。从理论上分析，一国外汇储备是用来弥补赤字，而非支付贸易的，所以外汇储备需求同贸易和支付的变动有关，而同贸易总额无关。以单向进口贸易流量来确定外汇储备需求，理由是不充分的。在影响外汇储备需求的因素中，进口仅仅是其中的一个因素，还有众多的因素如国际收支平衡表中的其他项目。而且，各国的国情存在较大的差异，对外汇储备规模的要求也不尽相同，单一指标很难适应各国的具体情况。

最后，忽视对外债务偿还的需要。外汇储备除应付进口支付需要外，还有对外债务偿还的需要。该理论是分析 20 世纪 60 年代在国际资本流动规模较小的情况下各国储备状况提出来的，它仅从贸易支付的角度考虑外汇储备需求，而忽略了日益活跃的国际资本流动的因素，这显然是不全面的。当前，短期外债余额与外汇储备的比率已成为考察一国对外清偿能力的重要指标。在 1997 年 6 月，泰国、印度尼西亚和韩国的短期外债余额相当于其外汇储备的 1.5 倍到 2.2 倍，这种状况加剧了市场恐慌，最终爆发了金融危机。

（2）关于机会成本分析法。尽管从理论上来看，该分析方法可以从全球的角度或从一国的角度来评价外汇储备的合理规模，但在操作中却是困难重重，这是因为：首先，要在全球基础上对外汇储备的边际收益进行精确量化分析几乎是不可能的，机会成本分析法只能用于测算特定国家的外汇储备量；其次，即便是特定国家的资本边际社会收益也难以精确计量，只能以估计资源的社会收益法代用。显然，机会成本分析法实际上只是一种高度概括的理论模型，再难以进行具体的操作与实施。

（3）对其他几种理论的评析。首先来看定性分析法，该理论为合理界定外汇储备规模提供了新的思路，但是其分析方法较为繁杂，而且缺乏较为精确的量化模型，从而使其可操作性和实用价值大为降低；其次来看储备债务分析法，该分析法忽略了外汇储备对外贸的支付功能，在对资本项目的分析中忽略了外国直接投资对外汇储备需求的影响，所以有失偏颇；再次关于货币学派分析法，这种分析方法在解释长期外汇储备的行为时有一定的参考价值，但对于现实外汇储备水平则无法做出正确的解释；最后关于标志分析法，该理论的核心在于运用借以观察所执行的政策或某些关键性经济变量，这就要求必须将这些指标进行量化，但这又是一个棘手的难题，而且外汇储备规模的合理与否也难以通过严格的理论模型验定，从而使该分析法的准确性难以确定。

确定外汇储备合理规模是一个极其复杂的问题，而以上各种理论都有其优点和缺陷，由此可见寻求一种较为科学、完善的外汇储备合理规模的方法仍然是任重道远。随着金融全球化的不断发展，国际经济金融环境千变万化，更为重要的是各国的国情不同，经济实力、发展阶段、金融体制、外汇制度等千差万别，特别是各国的对外依存度不同、外债的规模和结构不同、进出口商品的结构及其相应的供需弹性不同，这些因素都会对外汇储备的合理规模产生影响。毫无疑问，在这种情况下要找到一个适用于各国的外汇储备规模的确定方法是十分困难的。

需要注意的是，尽管上述理论存在着局限性，但是毕竟其中不少理论受到金融危机的检验，具有一定的参考价值。考虑到发展中国家经济实力较弱，金融体制不健全、大多采用钉住汇率制度和债务水平较高等实际情况，为有效防范金融风险和支付危机，可将这些理论中提出的一些指标作为预警指标来使用。从维护金融安全的角度出发，发展中国家一般需要保持高于常规水平的外汇储备。

3. 外汇储备的基本功能与作用

在金融全球化迅速发展的当今时代，外汇储备基本功能的内涵也发生了新的重要变化，对外汇储备不仅存在交易性需求和预防性需求，而且也产生了发展性需求；与此同时，对外汇储备作用的认识也有了新的发展，在过去仅局限于应付国际收支逆差、维持本国货币汇率的稳定，如今，在此基础上又增加了维护本国国际信誉、提高国际竞争优势等新的内容，参见专栏 13.2。

民币汇率稳定，中央银行被迫大量收购外汇，导致外汇储备增加。外汇储备增加是以增加中央银行外汇占款形式的基础货币投放为代价，基础货币投放速度加快，将影响和制约中央银行的金融调控能力。如果外汇储备继续增加下去，不仅影响人民币汇率稳定，而且也将逐步削弱中央银行进行冲销干预货币市场的能力，使央行调控货币政策的空间将越来越小。

第五，影响对国际优惠贷款的利用。外汇储备过多会使中国失去国际货币基金组织（IMF）的优惠贷款。根据 IMF 的有关规定，成员发生外汇收支逆差时，可以从"信托基金"中提取相当于本国所缴纳份额的低息贷款，如果成员在生产、贸易方面发生结构性问题需要调整时，还可以获取相当于本国份额 160% 的中长期贷款，利率也较优惠。相反，外汇储备充足的国家不但不能享受这些优惠低息贷款，还必须在必要时对国际收支发生困难的国家提供帮助。

第六，导致经济结构失衡。外汇储备政策的不当，已使一些发展中国家陷入了一种恶性循环：外汇储备越多，也就越担心美元贬值和本币升值，担心对出口不利，因此又会更多地增加美元储备，购买美国的债券。正是由于陷入了这种恶性循环，发展中国家之间激烈的出口竞争也在不断加剧。各国都希望得到更多的出口盈余，而美国和欧洲市场容量有限，其结果是产品价格继续下降，美国越来越难以减少贸易逆差和经常项目的赤字。中国和一些亚洲国家的状况就是如此，由于外汇储备在不断增加，对出口的依赖越来越重，将导致经济结构失衡、经济发展失去持久力。

我们认为，上述对中国外汇储备规模与增长态势的不同评价，是从不同的角度进行分析的结果，都有其一定的合理性，对中国外汇储备合理规模的确定具有重要的参考价值。

5. 确定外汇储备规模需澄清的一些问题

首先，确定外汇储备规模必须综合考虑国情。外汇储备是国际收支的平衡项目，而国际收支又与中国经济的各个方面，以及世界经济变化密不可分，在考虑中国合理的外汇储备水平时，应综合考虑中国经济的各方面因素，包括国民经济规模和发展速度、经济开放和对外依赖程度、对外贸易发展水平和结构、利用外资的程度和国际融资能力、经济调控的效率和外汇管理制度等。从国际经验来看，发达国家综合实力较强，宏观调控体系较完善，本币是国际货币，可以履行对外支付的功能，对外汇储备的需求就比较低；而发展中国家经济发展水平落后，宏观调控体系不健全，外汇资源短缺，本币不是国际货币，对国际市场有较强的依赖性，对外汇储备的需求就比较大。

其次，正确认识利用外汇储备调节国际收支的作用。利用外汇储备来调节国际收支平衡，只能是临时性的措施，不过是为国内经济结构的调整赢得时间而已。当一国出现较长时期的较大国际收支逆差时，尽管可以利用外汇储备进行干预，但外汇储备规模无论多大，都是有限度的，最终都可能告罄，并且随着外汇储备的急剧下降，还可能导致社会公众信心的崩溃，给国内经济发展带来灾难性的影响。如墨西哥1994年年中的外汇储备可以支持6个月左右的进口，但同样难逃金融危机爆发的厄运，转瞬间外汇储备就下降了200多亿美元，不得不紧急求助国际社会的支援；泰国在1997年金融危机爆发前，外汇储备也可以支持6个月的进口，但仍无法应对由国内经济结构性矛盾激化引发的外汇投机的冲击，最终陷入危机。

最后，不能把外汇储备增加作为政策目标。外汇储备是一国货币政策的重要组成部分，外汇储备变动是国际收支的平衡项目，外汇储备变动通常是各国中央银行干预外汇市场的结果，其主要目的是为了稳定汇率。即外汇储备增减本身并不是目的，而是为了维持汇率的稳定，保护本国企业的出口竞争力，这与促进经济增长、保护充分就业等对内均衡目标又是密切相关的。显然，外汇储备变动绝非货币政策的目标。从中国的情况来看，存在着把外汇储备增加作为政策目标的倾向。受其影响，认为中国外汇储备越多越好、可

中国金融安全论

以无限制地积累外汇储备的观点颇为流行。对此，必须注意几个问题：一是中国不应刻意通过维持国际收支巨额顺差，追求高额外汇储备，以被动的方式增强抵御外来冲击的能力，而应该采取积极的手段，通过不断深化改革，扩大开放，加快两个根本性转变，积极参与国际分工与合作，主动提高中国国际竞争力，增强中国经济抵御外来冲击的能力。二是在中国实行较为严格的外汇管制的情况下，维持庞大的外汇储备作为反挤兑的应急基金必要性值得探讨，例如巨额外汇储备是否真正能够有助于提高外国投资者的信心。日本的外汇储备额在全球排名第一，2002 年 11 月底其外汇储备为 4605 亿美元；2002 年 10 月份，中国台湾省外汇储备为 1576.28 亿美元，外汇储备占国内生产总值的比例也超过了中国大陆。但迄今为止并没有数据表明日本与中国台湾省对于外国投资者具有很大的吸引力。

6. 中国外汇储备合理规模的政策选择

总结前面的分析，已经得出一些重要的结论。

中国外汇储备规模的确定存在着两难的抉择：一方面，如果外汇储备不足或低于警戒线，就会削弱或损害调控和干预外汇市场的能力，加剧金融风险，有可能危及金融安全；另一方面，如果外汇储备过量或超出适度区间，则将会走向另一个不合理极端，即会因大量的资源闲置而承受巨大的经济损失、损害经济增长的潜力。

中国的情况是，外汇储备保持了相当大的规模，巨额外汇储备为金融安全增加了保险系数；但也正是由于外汇储备过于庞大，不可避免地会降低资源使用效率、损害经济增长的潜力，给宏观经济带来众多的负面影响。

因此，我们认为，中国外汇储备合理规模的政策选择应当是：

---

❶　国家统计局负责人在接受记者采访时对中国外汇储备规模的看法是"外汇储备当然是越多越好"，并认为"日本外汇储备有4000多亿美元，中国才不到3000亿美元，怎么说我们的外汇就太多了呢。"（参见《中国经济时报》，2002年12月16日）。

稳定外汇储备规模与加强外汇储备管理两者并举。

（1）关于稳定外汇储备规模

由于中国是一个发展中的大国，正处于建设社会主义市场经济，实现经济体制和经济增长方式的转变，到 2010 年把国民生产总值翻一番，需要有较多的外汇资金。加入世界贸易组织，中国经济将会进一步融入世界经济，将逐步放宽资本项目的管制，走向人民币自由兑换，国际经济金融的变动对中国经济将会有更大的影响，我们必须做好准备。为了保证中国经济稳定发展，应付国际金融危机对中国的冲击，保持较多的外汇储备是必要的。

具体来看，考虑中国外汇储备规模至少不能忽视以下因素。

第一，中国已成为国际贸易大国，尽管中国进出口规模日益扩大，但出口商品结构和档次较低，国际竞争力不强，易受市场变化影响。

第二，中国已成为世界上利用外商直接投资最多的国家之一，2002 年中国实际利用外商直接投资超过美国跃居世界第一位。到 2002 年年底，中国累计批准设立外商投资企业 424196 家，实际使用外资金额 4479.66 亿美元。这些投资将逐渐进入投资回报期，而且不少投资是投向不创汇的基础设施和基础产业，需向银行购汇返还利润。

第三，中国的外债规模已经达到较高的水平，是世界上最大的债务国之一。截至 2002 年 6 月，中国外债余额为 1691.1 亿美元，而且正处于外债偿还的高峰期。

第四，人民币还不是可自由兑换货币，不能像发达国家那样可以用本国货币直接对外支付。

第五，中国实行的是强制结售汇制度，从而使外汇储备由经营性外汇和储备性外汇所组成，其中经营性外汇约占储备总额的 1/3 左右，这表明中国外汇储备不仅是中央银行的外汇储备，而是全社会的对外支付能力。显然，中国的外汇储备与实行意愿结汇的西方国家以及大多数发展中国家外汇储备的含量是有区别的。这种状况致使中国外汇储备的后备性降低，削弱了抵御风险的能力。

第六，国内企业正处于改革过程中，出口竞争力不强，市场适应能力较弱，因此需要维持汇率的相对稳定，这也要持有较多的外汇储备。

第七，中国正处于经济转轨时期，不确定因素较多，为应付可能出现的意外风险，也要求持有一定的外汇储备。

所有这些因素，都要求中国必须持有较大规模的外汇储备，以应付不时之需。毫无疑问，如果要将上述需求量化，来测算中国下限外汇储备规模，这将是一个动态指标，它随着进口、外债和外商直接投资规模的扩大而扩大。而且，在不同的发展阶段和经济政策下，对适度水平的要求不一样。就中国的具体情况看，应有充裕的外汇储备，并根据一段时间内经济发展的情况和国际收支变动的状况进行调整。

从当前中国的情况来看，中国外汇储备应当保持在目前的水平上，不宜再继续增加，主要有以下理由：

首先，鉴于中国外汇储备已经达到相当大的规模，外汇储备的各项指标均高于国际警戒线（尽管这些警戒指标不具备绝对的可靠性，但仍具有一定的参考价值），表明已具备维护金融安全的能力。

其次，中国外汇储备来源的可靠性在逐步增强。如果按照外汇储备的来源来划分，可分为债权性储备与债务性储备，前者是来源于经常项目的外汇储备，后者是来源于资本项目的外汇储备。发展中国家国际收支典型特征是外汇储备主要由债务性储备所构成。20世纪90年代后半期以来，中国外汇储备的来源结构发生了较大的变化（参见表13.7）：1994—1996年，中国外汇储备的债务性特征十分明显，外汇储备的增加主要是因为资本项目的顺差，而且资本项目的顺差又主要来源于外商直接投资的增加；从1997年以后，中国外汇储备的债权性特征逐渐显现和增强，尽管2001年出现了债务性储备回升的情况，但中国外汇储备债权性特征增强已成为未来的趋势。

中国金融安全论

表 13.7　中国外汇储备来源变动情况（1994—2002 年）

（单位：亿美元）

项目	1994 年	1995 年	1996 年	1997 年	1998 年	1999 年	2000 年	2001 年	2002 年
经常项目差额	76.58	16.18	72.42	297.17	314.71	211.14	205.19	174.05	354.22
资本项目差额	326.44	386.74	399.67	229.58	-63.21	51.79	19.22	347.75	322.91
其中：FDI	337.87	358.49	401.80	442.36	437.52	387.52	383.98	96.97	493.08
外汇储备增减额	-304.21	-219.77	-314.31	-348.62	-50.69	-97.16	-108.98	-465.91	-742.42
净误差与遗漏	-97.75	-178.10	-155.58	-169.52	-187.24	-177.88	-118.93	-48.56	77.94

资料来源：《中国金融年鉴》1995—2002 年各期；国家外汇管理局（《金融时报》，2003 年 5 月 10 日）。

最后，中国在 1990—2002 年，外汇储备由 110.93 亿美元增加到 2864 亿美元，外汇储备的平均发展速度为 131.12%，即外汇储备每年平均递增 31.12%，如果继续以这样的速度递增，中国将无法承受如此巨大规模的外汇储备。

（2）关于加强外汇储备管理

在当前形势下，中国除了要控制外汇储备规模，使其保持在稳定的水平上之外，更重要的是要管理好外汇储备，利用好外汇储备。

首先，创造最佳的外汇储备经济效益和社会效益。在管理外汇储备的过程中，除了要注意减轻其对宏观经济的负面影响外，当务之急是要发挥大量的人民币储蓄和外汇储备对经济增长的积极作用，建立将储备转化为投资、将资金转化为资本的新机制。应制定更积极的对外投资战略，可以考虑将外汇储备与国有企业的跨国经营战略、银行的国际化经营战略结合。如推进中国有竞争力的企业"走出去"；成立美元技术创新基金，支持国内企业加强与跨国大公司的技术合作和开发；大力发展资本市场，促使更多的人民币储蓄和外汇储备向资本市场流动；中国还要利用外汇储备增加石油等战略性物资的储备。

其次，提高外汇储备运营效率。外汇储备经营与管理的总目标首先是要保持外汇储备资金的流动性，在此基础上再考虑保持外汇储备金的价值，并在保证流动性、保本的基础上寻求长期稳定的收益。所谓保持流动性就是要根据中国的进出口贸易收支、外债偿还以及国际国内政治、经济等因素，建立流动性安排，通过流动性安排保障中国的对外支付的需要。在安排流动性时要考虑中国对外结算使用的货币、对外支付时间以及短期内国际国内政治、经济形势等因素的变化。所谓保本就是指保持外汇储备资产价值不减少。为了减少因汇率、利率变化而产生的外汇储备资产价值的减少，一般通过各种交易工具的协调运用、合理的资金安排等实现外汇储备资产的保值。所谓寻求稳定的收益是指在投资上不以短期投机性交易为主要投资方式，而是以投资性交易为主要投资方式，以追求稳定的、长期的回报为目的。

　　再次，合理选择外汇储备的货币结构和资产结构。国际清算银行（BIS）的研究报告估计，在中国外汇储备和个人外汇存款中，80%左右是美元；中国把大部分剩余的外汇用来购买美国债券，其中绝大部分购买的是美国国债、政府下属机构或者政府担保的债务。美国财政部资料表明，中国是除美国本国之外第四大拥有美国国债的国家，2001年年底中国拥有美国国债达600多亿美元。❶为防范风险，中国应尽快改变将外汇储备都压在美元和美国债券上的状况，增加欧元等币种在中国外汇储备中的比重。外汇储备有三种持有动机，即流动性动机、市场干预性动机和投资性动机，考虑到中国对于满足流动性动机、市场干预性动机的储备需求在未来一段时期并不是十分突出，中国外汇储备资产管理中可对投资性动机的要求高一些，以获得最大的回报。

　　最后，注重对外汇储备的风险管理。要求外汇管理当局在外汇储备管理过程中建立和完善风险管理框架，该框架应当包括运用先进的风险管理技术、建立完善的内部风险管理制度和风险披露制度等。

❶　参见国际清算银行（BIS）的季度报告（2002年5月27日）。

参考文献

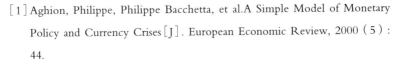

一、英文参考文献

［1］Aghion, Philippe, Philippe Bacchetta, et al.A Simple Model of Monetary Policy and Currency Crises［J］. European Economic Review, 2000（5）: 44.

［2］Bacha, Edmar Lisboa, Carlos F Diaz-Alejandro. International Financial Intermediation: A Long and Tropical View［J］. Princeton Essays in International Finance, 1982（5）: 147.

［3］Bardhan P K. Optimum Foreign Borrowing［J］. Essays on the Theory of Optimal Economic Growth, The MIT Press, Cambridge,1967: 117-128.

［4］Bergin, Paul R, Robert C, et al. Pricing-to-Market, Staggered Contract, and Real Exchange Rate Persistence［J］. Journal of International Economics, 2001.

［5］Black, Stanley W. International Money Markets amt Flexible Exchange Rates［J］. Princeton Studies in International Finance, 1973（3）: 32.

［6］C Frateschi, G Salvini. A Comparative Analysis of Economics Reforms［M］. Dartmouth, 1992.

［7］Calvo, Gtullermo. On Dollarization［J］. University of Maryland, 1999.

［8］Crockett, Andrew.Monetary Policy Implications of Increased Capital Flow, Changing Capital Market:Implications for Monetary Policy［J］. Symposium sponsored by Federal Reserve Bank of Kansas City, Jackson Hole, 1993（1994）.

[9] Devereux, Michael B.Real Exchange Rates and Macroeconomics: Evidence and Theory [J]. Canadian Journal of Economics, 1997:30.

[10] Eichengreen, Barry, Paul Masson. Exit Strategies: Policy Options for Countries Seeking Greater Exchange Rate Flexibility [J].Occasional Paper No. 168, International Monetary Fund, Washington DC, 1998.

[11] Eichengreen, Barry. International Monetary Arrangements for the 21st Century [J]. Bookings Institution, Washington D. C., 1994.

[12] Engel, Charles. Local−Currency Pricing and the Choice of Exchange−Rate Regime [J]. European Economic Review, 2000: 44.

[13] Engel, Charles M.Accounting for U.S. Real Exchange Rate Changes [J]. Journal of political Economy, 1993 (6) : 107.

[14] Evans C.Do National Borders Matter? imeo, Federal Reserve Bank of New York, 2000.

[15] Feldstein M, Horioka C. Domestic Savings and International Capital Flows [J]. Economic Journal, 1980 (6) : 90.

[16] Fleming, J Marcus. Domestic Financial Policies under Fixed and under Floating Exchange Rates [J]. Staff papers, International Monetary Fund (Washington) , 1962 (11) : 9.

[17] Foley, Duncan K, Miguel Sidrauski. Monetary and Fiscal Policy in a Growing Economy [M]. London: Macmillan, 1971.

[18] Frankel, Jefrery A. No Single Currency Regime Is Right For All Countries Or At All Times [J]. National Bureau of Economic Research Working Paper: 1999 (9) : 7338.

[19] Frederic S, Mishkin. Financial Markets and Institutions [M]. Addison Wesley Longman, 1999.

[20] Hallwood, C Paul, Ronald MacDonald. International Money and Finance [M]. 3rd ed. Blackwell Publishers, Malden MA, 2000.

[21] IMF. Capital Account Convertibility [R]. Washington D.C., 1995.

[22] IMF. Capital Account Liberalization: Theoretical and Practical Aspects [R].

中国金融安全论

Washington D.C., 1998.

[23] IMF. Capital Controls: Country Experiences with Their Use and Liberalization [R]. Washington D.C., 1998.

[24] IMF. China: Economic Reform and Macroeconomic Management [R]. Washington D.C., 1993.

[25] IMF. China's Trade Flows: Changing Price Sensitivities and the Reform Process [R]. Washington D.C., 1999.

[26] IMF. Current Account and External Sustainability in the Baltics Russia, and Other Countries of the Former Soviet Union [R]. Washington D.C., 2000.

[27] IMF. Determinants and Systemic Consequences of International Capital Flows [R]. Washington D.C., 1997.

[28] IMF. Exchange Rate Regimes in an Increasingly Integrated World Economy [R]. Washington D.C., 2000.

[29] IMF. Financial Sector Crisis and Restructuring: Lessons from Asia [R]. Washington D.C., 1999.

[30] IMF. Liberalization of Capital Account: Experiences and Issues [R]. Washington D.C., 1993.

[31] IMF. Liberalization Policy and Welfare in a Financially Repressed Economy [R]. Washington D.C., 1987.

[32] IMF. Monetary and Exchange System Reforms in China: An Experiment in Gradualism [R]. Washington D.C., 1996.

[33] IMF. Monetary Policy in Dollarized Economies [R]. Washington D.C., 1999.

[34] IMF. Sequencing Capital Account, Liberalization and Financial Sector Reform [R]. Washington D.C., 1999.

[35] J Daniels, D Vanhoose. International Monetary and Financial Economics [M]. South-Western College, 1999.

[36] Lane, Philip. The New Open Economy Macroeconomics: A Survey [J].

Journal of International Economics, 2001.

[37] Lane R, G Milesi−Ferretti. The External Wealth of Nations: Measures of Foreign Assets and Liabilities for Industrial and Developing Countries[J]. International Monetary Fund Working Paper, 1999 (8) : 99−115.

[38] M Lavigne. The Economics of Transition[M]. St. Martin's Press, 1995.

[39] Manuel Guitidn. Capital Account Liberalization[M]. Cambridge Press, 1995.

[40] Mark, Nelson C. International Macroeconomics and Finance: Theory and Econometric Methods[M]. Blackwell Publishers, 2001.

[41] O H M Yau, H C Steele. Chinese Business: Challenges in 21st Century [M]. The Chinese University of Hong 2000.

[42] Obstfeid, Maurice. Open−Economy Macroeconomics: Developments in Theory and Policy[J]. Scandinavian Journal of Economics, 1998 (3) : 100.

[43] Paul Krugman, Maurice Obstfeld. International Economics: Theory and Policy[M]. 5th ed. Addison Wesley Longman, 2000.

[44] Polak, Jacques J. Two Monetary Approaches to the Balance of Payments: Post−Keynesian and Johnsonian, mimeo[J]. International Monetary Fund, 2000 (6).

[45] R I Mckinnon. Money in International Exchange[M]. Oxford: Oxford University Press, 1979.

[46] R Vernon. International Investment and International Trade in the Product Cycle[J]. The Quarterly Journal of Economics, 1996 (5).

[47] Rose A. One Money, One Market: Estimating the Effect of Common Currencies on Trade[J]. Economic Policy, 2000 (4) : 30.

[48] Secretariat of the Basel Committee on Banking Supervision. The New Basel Capital Accord: an explanatory note. www. bis. org.

[49] The Banker, July 2002, Top 1000 World Banks.

[50] Tirole, Jean. The Theory of Industrial Organization[M]. Cambridge, MA:

中国金融安全论

MIT Press, 1988.

[51] UNCTAD（United Nations Conference on Trade and Development）: World Investment Report 2002.

[52] Walmsley, Julian. The New Financial Instruments[M]. New York: John Wiley & Sons, 1988.

[53] W W Zhang. Transforming China[M]. Macmillan Press Ltd., 2000.

[54] W Gordon. Institutional Economics[M]. University of Texas Press, 1980.

[55] Basel Committee on Banking Supervision. The New Basel Capital Accord, issued for comment by 31 May 2001.

二、中文参考文献

[1] J. 弗雷德·威斯通，等 . 兼并、重组与公司控制[M]. 唐旭，等译 . 北京：经济科学出版社，1998.

[2] J. 佩帕德，等 . 业务流程再造[M]. 高俊山，译 . 北京：中信出版社，1999.

[3] 弗朗索瓦·沙奈 . 金融全球化[M]. 齐建华，译 . 北京：中央编译出版社，2001.

[4] R. 多恩布什，等 . 如何开放经济[M]. 杨越，等译 . 北京：经济科学出版社，1990.

[5] 艾什顿·卡特，等 . 预防性防御：一项美国新安全战略[M]. 胡利平，杨韵琴，译 . 上海：上海人民出版社，2000.

[6] 克鲁埃格 . 汇率决定论[M]. 张志超，等译 . 北京：中国金融出版社，1990.

[7] 巴瑞·易臣格瑞 . 迈向新的国际金融体系[M]. 成小洲，李莹，译 . 北京：北京出版社，2000.

[8] 保罗·克鲁格曼 . 汇率的不稳定性[M]. 张兆杰，译 . 北京：北京大学出版社，2000.

[9] 保罗·克鲁格曼，等 . 国际经济学[M]. 海闻，等译 . 北京：中国人民大学出版社，1998.

参
考
文
献

[10] 安·玛丽亚·缪兰德克.美国货币政策与金融市场[M].朱隽，等译.北京：中国金融出版社，1995.

[11] 贝内特·T.麦克勒姆.国际货币经济学[M].陈未，张杰，译.北京：中国金融出版社，2001.

[12] 彼得·德鲁克，等.公司绩效测评[M].李焰，江娅，译.北京，波士顿：中国人民大学出版社，哈佛商学院出版社，1999.

[13] 彼得·S.罗斯.商业银行管理[M].唐旭，等译.北京：经济科学出版社，1999.

[14] 彼得·纽曼，等.新帕尔格雷夫货币金融大辞典[M].北京：经济科学出版社，2000.

[15] 丹尼·罗德瑞克.全球化走得太远了吗？[M].熊贤量，何蓉，译.北京：北京出版社，2000.

[16] 曼昆.经济学原理[M].梁小民，译.北京：北京大学出版社，2001.

[17] 吉利斯，等.发展经济学[M].黄卫平，等译.北京：中国人民大学出版社，1998.

[18] 卡尔·E.瓦什.货币理论与政策[M].王芳，等译.北京：中国人民大学出版社，2001.

[19] 罗伯特·J.希勒.非理性繁荣[M].廖理，施红敏，译.北京：中国人民大学出版社，2001.

[20] 罗伯特·吉尔平.世界政治的战争与变革[M].武军，等译.北京：中国人民大学出版社，1994.

[21] 米尔顿·弗里德曼.弗里德曼文萃[M].高榕，范恒山，译.北京：北京经济学院出版社，1991.

[22] 米什金.货币金融学[M].李扬，等译.北京：中国人民大学出版社，1998.

[23] 尼古拉斯·R.拉迪.中国未完成的改革[M].隆国强，等译.北京：中国发展出版社，1999.

[24] E.J.斯蒂格利茨.经济学[M].梁小民，黄险峰，译.北京：中国人民大学出版社，2000.

中国金融安全论

[25]唐纳德·J.马西森.资本账户自由化：经验和问题[M].王晓蕾，王志芳，译.北京：中国金融出版社，1995.

[26]温迪·多布森，等.WTO中的金融服务自由化[M].彭龙，译.北京：北京出版社，2000.

[27]希拉·赫弗南.商业银行战略管理[M].万建华，等译.深圳：海天出版社，2000.

[28]约瑟夫·F.辛基.商业银行财务管理[M].潘功胜，等译.北京：中国金融出版社，2002.

[29]兹维·博迪，罗伯特·莫顿.金融学[M].伊志宏，译.北京：中国人民大学出版社，2000.

[30]铃木淑夫.日本的金融政策[M].张云方，等译.北京：中国金融出版社，1995.

[31]青木昌彦，等.转轨经济中的公司治理结构[M].北京：中国经济出版社，1995.

[32]约翰·伊特韦尔，等.全球金融风险监管[M].成家军，郑薇，译.北京：经济科学出版社，2001.

[33]约翰·伊特韦尔，等.新帕尔格雷夫经济学大辞典[M].北京：经济科学出版社，1992.

[34]陈彪如，冯文伟.经济全球化与中国金融开放[M].上海：上海人民出版社，2002.

[35]陈炳才.国际收支理论与实践[M].北京：中国计划出版社，1996.

[36]陈雨露，赵锡军.国际金融[M].北京：中国人民大学出版社，1995.

[37]陈雨露.国际资本流动的经济分析[M].北京：中国金融出版社，1997.

[38]戴相龙，等.中华金融辞库[M].北京：中国金融出版社，1998.

[39]戴相龙.中国人民银行五十年：中央银行制度发展历程[M].北京：中国金融出版社，1998.

[40]丁志杰.发展中国家金融开放：效应与政策研究[M].北京：中国发展出版社，2002.

[41] 樊纲 . 金融发展与企业改革 [M]. 北京：经济科学出版社，1999.

[42] 范从来 . 现代金融制度 [M]. 南京：南京大学出版社，1994.

[43] 范恒森 . 金融制度学探索 [M]. 北京：中国金融出版社，2000.

[44] 方洁 . 发展中国家银行危机研究 [M]. 北京：中国经济出版社，2002.

[45] 冯邦彦 . 香港英资财团（1841—1996 年）[M]. 香港：三联书店（香港）有限公司，1996.

[46] 冯宗宪，郭根龙 . 国际金融服务贸易自由化与中国金融业 [M]. 北京：中国金融出版社，2001.

[47] 甘培根 . 外国金融制度与业务参考资料 [M]. 北京：中央广播电视大学出版社，1985.

[48] 高明华 . 公司治理：理论演进与实证分析 [M]. 北京：经济科学出版社，2001.

[49] 高培勇，等 . 中国债券市场透视 [M]. 北京：中国财政经济出版社，1999.

[50] 国际货币基金组织 . 各国汇兑安排与汇兑限制 [M]. 北京：中国金融出版社，2000.

[51] 国际货币基金组织 .《世界经济展望》与《国际资本市场》中期评估报告：1998 年 12 月 [M]. 康以同，等译 . 北京：中国金融出版社，2000.

[52] 罗平 . 货币可兑换和金融部门改革 [M]. 北京：中国金融出版社，1996.

[53] 何泽荣 . 中国国际收支研究 [M]. 成都：西南财经大学出版社，1998.

[54] 洪银兴 . 转轨时期中国经济运行与发展 [M]. 北京：经济科学出版社，2002.

[55] 江春 . 产权、货币自由兑换与经济发展 [M]. 武汉：武汉大学出版社，2003.

[56] 姜波克，陆前进 . 汇率理论和政策研究 [M]. 上海：复旦大学出版社，2000.

[57] 姜波克，等 . 金融全球化与风险防范 [M]. 上海：复旦大学出版社，

中国金融安全论

1999.

[58]姜建清.美国银行业的科技革命[M].上海：上海财经大学出版社，
1999.

[59]姜瑶英.20世纪90年代美国银行业的改革与战略[M].北京：中国财
政经济出版社，2000.

[60]金立群，尼古拉斯·斯特恩.经济发展：理论与实践[M].北京：经
济科学出版社，2002.

[61]景学成，等.人民币可兑换性理论与政策探索[M].北京：中国金融
出版社，1996.

[62]雷家骕.国家经济安全导论[M].西安：陕西人民出版社，2000.

[63]雷家骕.国家经济安全理论与方法[M].北京：经济科学出版社，
2000.

[64]李翀.国家金融风险论[M].北京：商务印书馆，2000.

[65]李扬，何德旭.经济转型中的中国金融市场[M].北京：经济科学出
版社，1999.

[66]李扬，黄金老.金融全球化研究[M].上海：上海远东出版社，1999.

[67]李晓西.20年观察与思考[M].北京：经济科学出版社，1999.

[68]厉以宁，等.中国资本市场发展的理论与实践[M].北京：北京大学
出版社，1998.

[69]梁勇.开放的难题：发展中国家的金融安全[M].北京，上海：高等
教育出版社，上海社会科学院出版社，1999.

[70]刘伟，高明华.转型期的国有企业重组[M].上海：上海远东出版社，
1999.

[71]刘亚.国际金融风险论[M].北京：中国金融出版社，1995.

[72]刘广富.入世后中国金融创新与金融竞争力培育必备手册[M].北京：
金版电子出版公司，2002.

[73]刘积余.美国银行业大变革透视[M].北京：中国金融出版社，2001.

[74]刘金宝.互联网与银行电子化[M].香港：香港文汇出版社，2000.

[75]刘克崮，陆百甫.转轨时期财政货币政策的协调与配合[M].北京：

参考文献

经济管理出版社，2000.

[76] 刘明康. 国际金融报告 2000—2001 [M]. 北京：经济科学出版社，
2001.

[77] 刘明康. 国际金融报告 2001—2002 [M]. 北京：经济科学出版社，
2002.

[78] 刘明康. 国际金融报告 2002—2003 [M]. 北京：经济科学出版社，
2003.

[79] 刘明康. 领导干部国际金融知识读本 [M]. 北京：经济科学出版社，
2002.

[80] 中共中央马克思恩格斯列宁斯大林著作编译局. 马克思恩格斯选集：
第 1 卷 [M]. 北京：人民出版社，1972.

[81] 马克思. 资本论：第 1～3 卷 [M]. 中共中央马克思恩格斯列宁斯大
林著作编译局，译. 北京：人民出版社，1975.

[82] 穆怀朋，等. 利率和汇率政策协调与维护国家经济安全 [M]. 北京：
经济科学出版社，2001.

[83] 倪健民. 国家金融安全报告 [M]. 北京：中共中央党校出版社，1999.

[84] 潘金生. 中央银行金融监管比较研究 [M]. 北京：经济科学出版社，
1999.

[85] 裴桂芬，等. 跨国公司与跨国银行经营战略 [M]. 北京：人民出版社，
1995.

[86] 钱小安. 中国货币政策的形成与发展 [M]. 上海：上海三联书店，上
海人民出版社，2000.

[87] 世界银行.1985 年世界发展报告 [M]. 北京：中国财政经济出版社，
1985.

[88] 世界银行.2020 年的中国：新世纪的发展与挑战 [M]. 北京：中国财
政经济出版社，1997.

[89] 世界银行. 世界银行 2001 年度报告：第 1 卷、年度回顾.

[90] 世界银行. 中国的参与：参与全球经济的一体化 [M]. 北京：中国财
政经济出版社，1997.

中国金融安全论

［91］世界银行报告小组.金融与增长：动荡条件下的政策选择［M］.北京：
经济科学出版社，2001.

［92］世界银行驻中国代表处.世界银行集团中国业务概览［M］.

［93］孙杰.汇率与国际收支［M］.北京：经济科学出版社，1999.

［94］孙学工.中国加入 WTO 后的汇率制度选择［D］.北京：中国社会科学
院，2002.

［95］汤敏，茅于轼.现代经济学前沿专题（第一辑）［M］.北京：商务印
书馆，1989.

［96］唐旭，等.金融理论前沿课题［M］.北京：中国金融出版社，1999.

［97］王广谦.经济发展中金融的贡献与效率［M］.北京：中国人民大学出
版社，1997.

［98］王国刚.进入 21 世纪的中国金融［M］.北京：社会科学文献出版社，
2000.

［99］王松奇.金融学［M］.北京：中国金融出版社，2000.

［100］王雪冰.国际金融报告 1999—2000［M］.北京：经济科学出版社，
2000.

［101］王元龙，吴雪林.欧元帝国的崛起：从理想到现实［M］.北京：中央
民族大学出版社，1999.

［102］王元龙.外商直接投资宏观调控论［M］.北京：中国人民大学出版
社，1998.

［103］王元龙，等.商业银行国际业务［M］.北京：中国金融出版社，1998.

［104］王子先.论金融全球化［M］.北京：经济科学出版社，2000.

［105］韦伟.金融危机论［M］.北京：经济科学出版社，2001.

［106］卫兴华.卫兴华经济学文集（第二卷）［M］.北京：经济科学出版
社，2002.

［107］魏杰.资本经营论纲［M］.上海：上海远东出版社，1998.

［108］吴敬琏.当代中国经济改革［M］.上海：上海远东出版社，1998.

［109］吴念鲁，等.人民币汇率研究［M］.北京：中国金融出版社，2002.

［110］吴晓求，等.中国资本市场：未来 10 年［M］.北京：中国财政经济

出版社，2000.

[111]席来旺.国家安全战略[M].北京：红旗出版社，1996.

[112]谢平.中国金融制度的选择[M].上海：上海远东出版社，1996.

[113]谢太峰.商业银行资本营运[M].成都：西南财经大学出版社，1999.

[114]邢毓静，巴曙松.经济全球化与中国经济运行[M].北京：中国金融出版社，2000.

[115]徐忠.金融全球化与金融风险[M].昆明：云南人民出版社，1999.

[116]薛敬孝.金融全球化与国际金融危机[M].天津：天津人民出版社，2001.

[117]严骏伟.国际监管：跨国银行的金融规范[M].上海，北京：上海社科院出版社，高等教育出版社，2001.

[118]阎学通.中国崛起[M].天津：天津人民出版社，1997.

[119]杨帆.人民币汇率研究[M].北京：首都经济贸易大学出版社，2000.

[120]杨瑞龙.现代企业产权制度[M].北京：中国人民大学出版社，1996.

[121]叶辅靖.全能银行比较研究[M].北京：中国金融出版社，2001.

[122]易纲，海闻.国际金融[M].上海：上海人民出版社，1999.

[123]张杰.中国国有金融体制变迁分析[M].北京：经济科学出版社，1998.

[124]张礼卿.发展中国家的资本账户开放[M].北京：经济科学出版社，2000.

[125]张幼文，等.经济安全：金融全球化的挑战[M].上海，北京：上海社会科学院出版社，高等教育出版社，1999.

[126]章彰.商业银行信用风险管理：兼论巴塞尔新资本协议[M].北京：中国人民大学出版社，2002.

[127]赵海宽.经济转轨时期的宏观调控与货币政策[M].北京：中国金融出版社，1996.

[128]赵英，等.中国经济面临的危险：国家经济安全论[M].昆明：云南人民出版社，1994.

[129]郑汉通.经济全球化中的国家经济安全问题[M].北京：国防大学出

版社，1999.

[130] 郑先炳. 西方商业银行最新发展趋势 [M]. 北京：中国金融出版社，2002.

[131] 中国人民银行研究局. 国有商业银行公司治理结构专论 [M]. 北京：中国财政经济出版社，2002.

[132] 周天勇. 金融风险与资本社会化：国有企业与银行债务关系的制度分析 [M]. 北京：经济科学出版社，1998.

[133] 周小川，谢平. 走向人民币可兑换 [M]. 北京：中国经济出版社，1993.

[134] 巴塞尔银行监管委员会. 核心原则评价方法 [N]. 金融时报，1999-12-3.

[135] 巴塞尔银行监管委员会. 加强银行机构的公司治理 [J]. 中央财经大学学报，2000（4）.

[136] 巴塞尔银行监管委员会. 新巴塞尔资本协议（征求意见稿，2001年1月）.

[137] 陈浪南，等. 汇率变动对外国直接投资影响的实证研究 [J]. 投资研究，1999（2）：14-17.

[138] 陈学彬. 近期人民币实际汇率变动态势分析 [J]. 经济研究，1999（1）：24-30.

[139] 程新章. 经济全球化的政治经济学分析 [J]. 华东师范大学学报，2001（1）：89-96.

[140] 冯用富. 中国金融进一步开放中汇率制度选择的方向 [J]. 金融研究，2000（7）：52-61.

[141] 傅利平. 我国汇率政策的效应及汇率制度的选择 [J]. 南开学报，2002（1）：103-110.

[142] 郭树清. 努力创造外汇管理新局面 [J]. 中国外汇管理，2003（1）：8-9.

[143] 国际货币基金组织. 国际资本市场展望. 1999.

[144] 贺力平. 银行业的竞争主要是非价格竞争：加入世界贸易组织与完

善中国银行机构的支付服务体系[J].国际经济评论,1999(Z4):
17-19.

[145]胡代光.经济全球化和我们的对策[J].经济学动态,2000(9):
46-50.

[146]蒋清海.机遇与挑战:资本市场发展对商业银行的冲击[J].经济工
作者学习资料,1999(5).

[147]课题组.经济全球化进程中的社会主义[J].求实,2001(1).

[148]李婧.人民币汇率制度的选择:文献综述[J].世界经济,2002(3):
62-65.

[149]李庆云,田晓霞.中国资本外逃规模的重新估算:1982—1999[J].金
融研究,2000(8):72-82.

[150]李晓峰.中国资本外逃的理论与现实[J].管理世界,2000(4):
123-133.

[151]李园丁.金融业监管体制选择的比较研究[J].国际金融研究,2001
(6):47-52.

[152]廖理,等.防止金融危机的希望在于限制外汇债务[J].国际经济评
论,2000(Z2):62-64.

[153]刘沛.金融安全的概念及金融安全网的建立[J].国际金融研究,2001
(11):50-56.

[154]刘筱琳.美国"银证分业"法律制度研究[J].南开经济研究,1999
(2):64-69.

[155]毛晓威,巴曙松.巴塞尔资本协议的演变与国际银行业风险管理的新
进展[J].国际金融研究,2001(4):45-51.

[156]钱小安.建立中国统一的金融监管体制的构想[J].财经科学,2002
(1):6-12.

[157]秦凤鸣.金融全球化的矛盾与冲突[J].世界经济与政治,2001(8):
68-72.

[158]秦启岭.发展中国家汇率制度改革方案评析[J].经济学动态,2000
(6):74-76.

中国金融安全论

[159]任碧云.重建我国金融监管体制之探讨[J].经济问题,2002(6):47-50.

[160]任兴洲.建立我国社会信用体系的政策研究[J].经济研究参考,2002(17).

[161]唐旭,等.论建立中国金融危机预警系统[J].经济学动态,2002(6):7-12.

[162]唐任伍.论世界经济的"美元化"趋势[J].中央财经大学学报,2001(6):23-27.

[163]田晓军.银行再造简析[J].国际金融研究,1999(4):33-38.

[164]王军.中国资本流出的总量和结构分析[J].改革,1996(5):91-102.

[165]王康.略论中国商业银行制度的缺陷[J].中央财经大学学报,2000(1).

[166]王逸舟.关于经济安全的若干观点综述[J].学术动态,1998(23):31-32.

[167]王元龙.关于发展我国全能银行问题的探讨[J].经济研究参考,1999(A7):23-26.

[168]王元龙.国际银行业发展的新潮流与我国的抉择[J].经济学动态,1999(11):61-67.

[169]王元龙.加入WTO后的中国银行业发展战略研究[J].金融研究,2000(3):37-46.

[170]王元龙.控制资本非法流出入的若干思考[J].经济研究参考,1997(A1):15-21.

[171]王元龙.人民币汇率稳定条件下外贸增长的财政货币政策选择[J].国际金融研究,1999(7):57-63.

[172]王元龙.我国对外开放中的金融安全问题研究[J].国际金融研究,1998(5):33-39.

[173]王元龙.西方银行兼并潮评析[J].首都经济,1997(6):38-40.

[174]王元龙.中国外债问题分析[J].中国外汇管理,1999(2):14-15.

[175] 王振富. 中国外债风险的实证研究[J]. 上海经济研究, 2001 (12):
45-52.

[176] 魏加宁. 关于"加快金融改革, 迎接入世挑战"的若干思考: 写于亚
洲金融危机三周年之际[J]. 金融研究, 2000 (9): 40-45.

[177] 文源. 论我国汇率与货币政策的有效性[J]. 银行与经济, 2002 (6):
8-10.

[178] 吴念鲁. 德国商业银行股东构成和参股现况的启示[N]. 金融时报,
2000-5-27.

[179] 吴晓灵. 我国外汇体制改革的新发展[J]. 金融研究, 1997 (1).

[180] 吴易风. 全球化的性质和利弊[J]. 中国人民大学学报, 2001 (4):
9-13.

[181] 吴永恒. "一体化"还是"美元化"[J]. 中外经贸信息, 1999
(14): 9.

[182] 夏斌. 金融控股公司: 分业混业难局下的现实选择[J]. 财经, 2000
(8): 43-45.

[183] 谢平, 张晓朴. 货币政策与汇率政策的三次冲突[J]. 国际经济评论,
2002 (Z3): 30-35.

[184] 谢平. 新世纪中国货币政策的挑战[J]. 金融研究, 2000 (1): 1-10.

[185] 叶辅靖. 新兴市场经济国家对资本流动的监管[J]. 经济研究参考,
2002 (40): 2-8.

[186] 易纲. 汇率制度的选择[J]. 金融研究, 2000 (9): 46-52.

[187] 尹龙. 网络银行发展的原因和趋势[J]. 经济导刊, 2001 (2):
47-51.

[188] 余永定. 中国应从亚洲金融危机中汲取的教训[J]. 金融研究, 2000
(12): 1-13.

[189] 月异. 从经济全球化看当代资本主义的本质和趋势[J]. 求是, 2000
(7): 59-62.

[190] 张曙光. 中国贸易自由化进程的理论思考[J]. 经济研究, 1996
(11): 30-38.

[191] 张陶伟. 加入 WTO 对人民币资本项目自由兑换进程的影响[J]. 中国外汇管理，1999（8）：10-11.

[192] 张维迎. 所有制、治理结构与委托—代理关系[J]. 经济研究，1996（9）.

[193] 张晓朴. 均衡与失调：1978—1999 人民币汇率合理性评估[J]. 金融研究，2000（8）：13-24.

[194] 张燕生. 对中国加入 WTO 后的几点思考[J]. 宏观经济研究，2002（1）：29-33.

[195] 张宇燕. 美元化：现实、理论及政策含义[J]. 世界经济，1999（9）：17-25.

[196] 张志超. 汇率制度理论的新发展：文献综述[J]. 世界经济，2002（1）：13-22.

[197] 郑良芳. 对经济金融全球化问题的研究[J]. 财经问题研究，2002（2）.

[198] 钟伟. 21 世纪初金融全球化及中国的政策选择[J]. 世界经济与政治，2001（4）.

[199] 周元元. 建立和完善跨境资金流动监测体系的思考[N]. 金融时报，2002-10-30.

参考文献

后　记

　　本书是国家社科基金项目"金融全球化与我国金融安全问题研究"的一项成果，从构思到完成写作经历了一个漫长的过程。在本书的写作过程中，我得到了各方面的帮助与支持，感激之情，难以用语言来表达。

　　本书的构思始于 1997 年年底。《金融时报》理论部主任徐永健研究员约我写一篇关于亚洲金融危机与我国资本流动问题的文章。文章初稿写成后，徐永健研究员以敏锐的目光看到了金融安全问题的重要性，当即决定将该文章提交《中国金融论坛》进行讨论。1998 年年初在《金融时报》等单位联合召开的"中国金融论坛"专题讨论会上，我以《我国对外开放中的金融安全问题研究》为题做了主旨发言，对我国的金融安全问题发表了初步的看法。与会的赵海宽教授、甘培根教授、秦池江教授等众多国内著名金融专家对我发言的主要观点给予了肯定，实际上这是国内关于金融安全问题的第一次研讨会。会后，《金融时报》陈建新编辑将我发言的主要内容整理成《对外开放的中国与金融安全》一文在《金融时报》上发表。因此，首先我要感谢徐永健研究员、陈建新编辑对本书观点的初步形成所起的促进作用。

　　1999 年年中，在初步研究的基础上，我准备对我国对外开放中的金融安全问题进一步深入研究，这一想法得到了中国人民大学卫兴华教授、中国社科院当代中国现代化研究中心杨德明研究员、国家计委对外经济研究所所长张燕生研究员的积极支持和鼓励，他们对研究课题框架结构、主要内容都提出了指导和重要建议。

中国金融安全论

在本书的写作过程中，我还参与了一些课题的研究：由改革开放论坛倪健民博士、林融研究员主持的《国家金融安全》课题研究；由澳大利亚国立大学宋立刚教授与中国人民大学经济学院黄卫平教授主持的《对外经济、经济增长与体制改革》课题研究；由中国社科院李扬教授、王国刚教授主持的《资本项目开放与中国金融改革》课题研究；等等。从中吸取了丰富的营养，受到了很大的启发。

2000 年 8 月我参加了中国科协"青年科学家论坛"第 51 次活动——国家经济安全研究的分析技术。论坛围绕着国家经济安全研究的方法论与基础性分析技术、国家经济安全监测预警系统的设计开发技术，以及具体领域经济安全问题研究的分析技术等内容进行了深入的讨论。同与会专家学者的广泛、深入讨论使我受益匪浅。

后
记

在本书即将出版之际，我要特别感谢国务院发展研究中心魏家宁研究员、张小济研究员、隆国强研究员、张士铨研究员，中国人民银行谢平研究员、戴根友研究员，国家发展和改革委员会宏观经济研究院张燕生研究员、张汉亚研究员，国家外汇管理局陈炳才研究员，外经贸部国际贸易经济合作研究院李雨时研究员、马宇研究员、刘雪琴研究员，中央党校刘海藩教授、周天勇教授、王天义教授，国家行政学院周绍朋教授、王健教授，中国社会科学院王振中教授、李扬教授、王国刚教授、张蕴岭教授、何德旭教授，北京师范大学李晓西教授，清华大学胡鞍钢教授、雷家骕教授，中国人民大学陈雨露教授，中央财经大学王广谦教授、张礼卿教授，首都经济贸易大学贾墨月教授，对外经济贸易大学夏友富教授、华晓红教授、史燕平教授，北京天则经济研究所茅于轼研究员、张曙光研究员，北京台湾经济研究中心方生教授，《改革开放论坛》黄范章教授等专家学者，他们的热情帮助和支持，使我获得了众多学术交流的机会，参加了一系列国际与国内学术研讨会，特别是我能够有机会参加对美国、加拿大、日本及中国香港、中国台湾等国家和地区的考察和学术交流。这些学术交流不仅使我开拓了思路，而且也极大地丰富了我的研究领域。

在这里，我还要感谢国务院国有资产监督管理委员会李克明博士，国务院发展研究中心赵怀勇博士，中国建设银行蒋清海博士，北京大学经济学院张元鹏副教授，中国人民大学郑超愚博士、吴越博士，中国人民银行郭建伟博士、徐忠博士和孙涛博士，国家外汇管理局管涛博士，中国工商银行樊志刚博士，中国农业银行刘建博士，以及中国银行黄金老博士、徐振东博士和章彰博士。他们为本书提供了许多重要的建议和大量的参考资料，对我的研究助益很大。

中国社科院金融研究所王国刚教授撰写了"我国的资本项目开放"部分、国家发展与改革委员会对外经济研究所张燕生研究员撰写了"中国国际收支的调节"部分，为本书增色不少。

在本书出版之际，我还要感谢所有帮助过我的同事们和朋友们。他们热情鼓励和无私帮助，从各方面为我提供了无微不至的关怀和精神物质上的支持，我都铭记在心，谨在此致以最诚挚的感谢。

由于自身能力所限，本书还存在一些缺陷和不足，敬请读者批评指正，不胜感激。

王元龙

2003 年 6 月于北京冠英园

中国金融安全论